Kompetenzmanagement in Organisationen

Serienherausgeber
Simone Kauffeld
Inga Truschkat
Ralf Knackstedt

Simone Kauffeld

Frerich Frerichs

Hrsg.

Kompetenzmanagement in kleinen und mittelständischen Unternehmen

Eine Frage der Betriebskultur?

Mit 17 Abbildungen

 Springer

Herausgeber
Simone Kauffeld
Institut für Psychologie
Technische Universität Braunschweig
Braunschweig
Deutschland

Frerich Frerichs
Institut für Gerontologie
Universität Vechta
Vechta
Deutschland

Kompetenzmanagement in Organisationen

ISBN 978-3-662-54829-5   ISBN 978-3-662-54830-1   (eBook)
DOI 10.1007/978-3-662-54830-1

Die Deutsche Nationalbibliothek verzeichnet diese Publikation in der Deutschen Nationalbibliografie; detaillierte bibliografische Daten sind im Internet über http://dnb.d-nb.de abrufbar.

Gedruckt auf säurefreiem und chlorfrei gebleichtem Papier

Springer ist Teil von Springer Nature
Die eingetragene Gesellschaft ist Springer-Verlag GmbH Deutschland
Die Anschrift der Gesellschaft ist: Heidelberger Platz 3, 14197 Berlin, Germany

Vorwort der Reihenherausgeber/-innen

Der demografische Wandel führt zu einer Veränderung der Altersstruktur in Deutschland. Die erwerbsfähige Bevölkerung wird abnehmen, die Belegschaften werden älter und heterogener (z. B. hinsichtlich ihres Qualifizierungshintergrunds und demografischer Merkmale). Eine über die Berufsausbildung hinausgehende, kontinuierliche Weiterentwicklung und Qualifizierung von Beschäftigten wird zur zentralen Aufgabe für Unternehmen, Gesundheitseinrichtungen, öffentliche Institutionen, soziale Dienste, Handwerksbetriebe etc., um ihre Wettbewerbsfähigkeit zu erhalten. Neben dem demografischen Wandeln führen technologische Veränderungen sowie die zunehmende Digitalisierung zu veränderten Aufgabenfeldern.

Diese neuen Herausforderungen treffen in besonderer Weise kleine und mittelständische Betriebe, wie sie oftmals in der Landwirtschaft, dem Handwerk und der Gesundheits- und Sozialwirtschaft anzutreffen sind. Diese Branchen sind besonders vom Fachkräftemangel betroffen, was sie herausfordert, neue Wege der Fachkräftesicherung zu entwerfen. Dies bedeutet, Frauen bzw. Männer für neue Berufe zu begeistern, Fachkräfte über Ländergrenzen hinweg zu gewinnen und zu begleiten, aber auch jungen Menschen interessante Perspektiven zu bieten, um sie an das Unternehmen zu binden. Im Gegensatz zu großen Konzernen verfügen kleine und mittelständische Betriebe jedoch oftmals nicht über große Budgets und gesonderte Abteilungen, die sich dieser Aufgabe widmen können. Kleine und mittelständische Betriebe müssen diesen Herausforderungen vielmehr „nebenbei" begegnen, weshalb sich viele Konzepte des Kompetenzmanagements nicht ohne Weiteres auf kleine und mittelständische Betriebe übertragen lassen.

Eine weitere Besonderheit kleiner und mittelständischer Betriebe ist die hohe Bedeutung der Betriebskultur. Gemeinsame Werte werden oftmals nicht über ein formales Leitbild entwickelt und gesteuert, sondern sie werden gelebt im alltäglichen Tun: im Umgang mit den Azubis und Mitarbeitern/-innen, mit Kunden/-innen bzw. Klienten/-innen oder Lieferanten/-innen. Gemeinsame Werte und Normen stellen in kleinen und mittelständischen Betrieben somit in der Regel Grundannahmen dar, die sich in die alltägliche Praxis eingeschrieben haben. Auch diesbezüglich lassen sich entwickelte Konzepte und Modelle des demografiesensiblen Kompetenzmanagements nicht ohne Weiteres auf kleine und mittelständische Betriebe übertragen.

Der Band *Kompetenzmanagement in kleinen und mittelständischen Unternehmen: Eine Frage der Betriebskultur?* widmet sich nun genau diesen Herausforderungen kleiner und mittelständischer Betriebe unter Berücksichtigung der besonderen Bedeutung ihrer Betriebskultur. Die einzelnen Beiträge stellen Ergebnisse aus dem BMBF-Förderschwerpunkt „Betriebliches Kompetenzmanagement im demografischen Wandel" vor. Sie diskutieren die spezifischen Bedarfe unterschiedlicher Branchen und zeigen in ihrer Gesamtschau Lösungsansätze der systematischen Ermittlung und Modellierung der Kompetenzbedarfe, der betriebsgerechten Gestaltung der Kompetenzentwicklung und Möglichkeiten der Identifizierung, Anerkennung und Nutzung von Kompetenzen in kleinen und mittelständischen Betrieben auf. Damit leistet der Band *Kompetenzmanagement in kleinen und mittelständischen Unternehmen: Eine Frage der Betriebskultur?* einen spezifischen und wissenschaftlich sowie praktisch hoch relevanten Beitrag in der Reihe *Kompetenzmanagement in Organisationen*.

Simone Kauffeld, Inga Truschkat und Ralf Knackstedt
Braunschweig und Hildesheim, im Februar 2017

Vorwort der Bandherausgeber/-innen

Während die Fachkräftesicherung künftig in vielen Branchen an Bedeutung gewinnen wird, ist sie bereits heute in einigen Sektoren wie der Landwirtschaft, dem Handwerk und der Pflege eine aktuelle Herausforderung geworden. Die „leer gefegten" Arbeitsmärkte führen insbesondere für kleine Betriebe in diesen Branchen zu der Notwendigkeit, die vorhandenen Humanressourcen besser zu nutzen. Diese öffnen sich inzwischen immer stärker dafür, wie die Kompetenzen ihrer Beschäftigten sowohl auf betrieblicher als auch individueller Ebene optimal genutzt und weiterentwickelt werden können, damit die Fachkräftelücke möglichst klein bleibt oder vermieden werden kann.

Die fünf Verbundprojekte der Fokusgruppe „Betriebskultur und Kompetenznutzung" zielen darauf ab, in diesen kleinbetrieblichen Strukturen Ansätze für ein betriebliches Kompetenzmanagement zu implementieren, die die in den Betrieben existierende Betriebskultur einbeziehen.

In Handwerksbetrieben und Einzelunternehmen wie Personengesellschaften der Landwirtschaft haben z. B. Inhaber/-innen und deren Führungsstil einen außerordentlich großen Einfluss auf die Betriebskultur. In der Pflege spiegelt sich das Berufsethos in besonderer Weise in der Betriebskultur wider. Diese Betriebe sind zudem durch gegenderte Berufskulturen geprägt. Im branchenübergreifenden Vergleich zeigt sich ferner in der Landwirtschaft, im Handwerk und in der Pflege, dass Führungskräfte stärker als in anderen Bereichen und vor allem in größeren Unternehmen aus ihrer Fachlichkeit kommen. Diese sowie andere Unterschiede in der Betriebskultur, z. B. das geringe Ausmaß, in dem jene Kompetenzen, die nicht auf dem formellen Bildungsweg erworben werden, Anerkennung erfahren, oder auch die wenig systematische Unterstützung von Beschäftigten beim Verfolgen von beruflichen Anerkennungsverfahren, beeinflussen die Art und Weise, wie Kompetenzen durch die Beschäftigten im Arbeitsprozess genutzt und weiterentwickelt werden können. Die Kultur der kleinen Betriebe sieht bisher wenig Explikation dieser informellen Kompetenzen vor. Nutzen jedoch die Beschäftigten ihre Kompetenzen, z. B. ihr Fachwissen oder ihre Kommunikationsfähigkeit, und explizieren diese, so wird auch die Betriebskultur beeinflusst. Dies bedeutet, dass Veränderungen von Kompetenzen und ein Wandel der Betriebskultur sich wechselseitig bedingen können.

Die in den Verbundprojekten erarbeiteten praktikablen Lösungen (z. B. die Entwicklung einer webbasierten Kompetenzdiagnose, Modelle zur kompetenzbasierten Laufbahngestaltung, Instrumente zur Optimierung des Anerkennungsprozesses, arbeitsprozessintegrierte Aktivierung und Entwicklung von Kompetenzen, Entwicklung eines diversitäts- und integrationssensiblen Personalinstruments, ein Aus- und Weiterbildungsmodell für angehende Verantwortungsträger in den Betrieben) tragen branchenspezifischen Besonderheiten Rechnung, die sich z. B. aufgrund unterschiedlicher Akzeptanz gegenüber Technologien, Geschlechtsrollen und Erwerbsbiografien sowie Anforderungen in den Arbeitsprozessen ergeben, und ziehen in die Lösungsentwicklung zentrale Akteure auf verschiedenen Ebenen mit ein (Beschäftigte, Führungskräfte, Beraterinnen und Berater).

Die Fokusgruppe zielt auf übergeordneter Ebene darauf ab, branchenübergreifend die Wechselwirkung von Betriebskultur und Kompetenznutzung zu untersuchen und Methoden aufzuzeigen, wie Lösungsansätze in den Arbeitsalltag kleiner Betriebe integriert und implementiert werden können. Inwieweit und unter welchen Voraussetzungen funktionale Strukturen und Prozesse des Kompetenzmanagements in der Praxis kleiner Betriebe auch Modellcharakter für allgemeinere Organisationsstrukturen haben können, bleibt zu beantworten.

Dies ist die Klammer mit der sich die fünf auf den ersten Blick sehr unterschiedlichen Verbundprojekte beschäftigt haben. Diese Verbundprojekte haben sich in der Fokusgruppe „Betriebskultur und Kompetenznutzung" zusammengeschlossen, um die jeweiligen inhaltlichen Bezüge zu diesem Themenkreis zu diskutieren und weiterzuentwickeln:

1. Das Projekt „Akip – Arbeitsprozessintegrierte Kompetenzaktivierung und -entwicklung in der Pflege", ein Verbund der Goethe-Universität Frankfurt am Main/Institut für Wirtschaft, Arbeit und Kultur, der Privaten Universität Witten/Herdecke gGmbH, der Häuslichen Kranken- und Seniorenpflege Thomas Rehbein sowie der Gesellschaft für Diakonische Einrichtungen in Hessen und Nassau mbH, Altenzentrum an der Rosenhöhe, erarbeitete partizipativ ein Konzept zur gezielten arbeitsprozessintegrierten Kompetenzentwicklung, das erprobt und evaluiert wurde.

2. Das Projekt „Alfa Agrar – Kompetenzmanagement zum Aufbau ausländischer Arbeitskräfte zu Fachkräften in der Landwirtschaft", ein Verbund des Zentrums für Sozialforschung Halle e. V. an der Martin-Luther-Universität Halle-Wittenberg (ZSH), des Leibniz-Instituts für Agrarentwicklung in Transformationsökonomien (IAMO) und des Agrarunternehmens Barnstädt e. G. adressiert die „Integration ausländischer Fachkräfte", was u. a. die Besonderheiten der Genossenschaft als Unternehmensform einschließt.

3. Das Projekt „BePeSo – Berufswege und vorausschauende, nachhaltige Personalentwicklung in der Sozialwirtschaft", ein Verbund aus der Arbeitsgemeinschaft Jugendfreizeitstätten Sachsen e. V. (AGJF), der Hochschule Mittweida/Fakultät Soziale Arbeit, der Technischen Universität Chemnitz/Allgemeine und Biopsychologie, der FAB e. V. Crimmitschau und der Arbeiterwohlfahrt (AWO) Kreisverband Auerbach/Vogtland e. V erforscht, erstellt und verankert unter aktiver Mitwirkung der Projekt- und Umsetzungspartner maßgeschneiderte Instrumente der Personal- und Organisationsentwicklung auf allen Organisationsebenen bei Trägern der Kinder- und Jugendhilfe.

4. Ein integriertes Konzept der Kompetenzentwicklung wird im Projekt „In-K-Ha – Integrierte Kompetenzentwicklung im Handwerk: regional, gewerkspezifisch, betrieblich, individuell" im Verbund aus Wissenschaft und Handwerk (der Technischen Universität Carolo-Wilhelmina zu Braunschweig/Lehrstuhl für Arbeits-, Organisations- und Sozialpsychologie, der Universität Vechta/Fachgebiet Altern und Arbeit, dem Berufsbildungs- und Servicezentrum des Osnabrücker Handwerks GmbH, der Handwerkskammer Braunschweig-Lüneburg-Stade sowie der ebm GmbH & Co. KG) in vier wirtschaftlich bedeutsamen Gewerken des Handwerks – Metall, Elektro, Kraftfahrzeugtechnik und Sanitär-Heizung-Klima – entwickelt und erprobt. Integriert werden verschiedene Prozesse: die gegenwärtige und zukünftige gewerkspezifische Anforderungsentwicklung, die Erfassung von vorhandenen Kompetenzen und Kompetenzlücken mit einer im Projekt entwickelten webbasierten Kompetenzdiagnose, das Erproben von Maßnahmen der Kompetenzentwicklung im Arbeitsprozess, der Anerkennungsprozess der im Arbeitsleben erworbenen Kompetenzen sowie der Prozess der Laufbahngestaltung durch Nutzung der Kompetenzpotenziale.

5. Das Projekt „Webutatio: Erfassung, Aufbau und Stärkung der Reputationskompetenz von Mitarbeitenden im arbeitsprozessintegrierten Umgang mit sozialen Medien (Web 2.0)", ein Verbund der Universität Koblenz-Landau, der Friedrich-Schiller-Universität Jena, der Check24 Services GmbH, der Industrie- und Handelskammer (IHK) Akademie Koblenz

e. V. und der Berge & Meer Touristik GmbH, befasste sich mit der Stärkung der Reputationskompetenz von Mitarbeitenden. Ziel des Projektes ist es, das reputationswirksame Verhalten von Unternehmensmitarbeitenden zunächst zu erfassen und zu analysieren, um darauf aufbauend ein Konzept zur Verbesserung und Stärkung der Reputationskompetenz von Mitarbeitenden zu entwickeln.

Dieser Band *Kompetenzmanagement in kleinen und mittelständischen Unternehmen: Eine Frage der Betriebskultur?* ist das sichtbare Ergebnis einer produktiven Zusammenarbeit, in fünf sehr unterschiedlichen Verbundprojekten und einer Fokusgruppe.

Wir haben in einer sehr heterogenen Gruppe hinsichtlich Disziplinen und Zugängen zum Thema unsere Kompetenzen entwickeln und zum Nutzen der Projektpartner im Verbund und in der Fokusgruppe einsetzen dürfen. Dabei konnten wir viel voneinander lernen, Einblicke in andere Gewerke erhalten sowie betriebsspezifische Lösungen und Konzepte und adaptierbare Produkte, die sich zum Transfer eignen, erarbeiten.

In diesem Buchband werden die Erfahrungen anhand von Fallbeispielen, ausgehend von der Betriebskultur, bisherige Vorgehensweisen und neue Ansätze der Kompetenzentwicklung und -nutzung, explizit gemacht. Insgesamt wird ein breites Spektrum an Konzepten und konkreten Handlungsansätzen aufgezeigt, das Praktikerinnen und Praktikern in Betrieben und Verbänden die Möglichkeit gibt, konkrete Anregungen für die eigene Arbeit zu erhalten und eine kompetenzsensible Betriebskultur zu schaffen.

Die Verbundprojekte der Fokusgruppe „Betriebskultur und Kompetenznutzung" danken dem Bundesministerium für Bildung und Forschung (BMBF) und dem Europäischen Sozialfonds (ESF) für die Förderung ihrer Forschungs- und Entwicklungsarbeit im Rahmen des Förderschwerpunktes „Betriebliches Kompetenzmanagement im demografischen Wandel". Wir danken Frau Dr. Aulerich vom Projektträger Deutsches Zentrum für Luft- und Raumfahrt (DLR), die die Fokusgruppe zusammengebracht, das Profil geschärft und Gemeinsamkeiten aufgezeigt hat. Die Herausgeber/-innen dieses Bandes richten einen besonderen Dank an alle Autorinnen und Autoren für ihr Engagement bei der Erstellung des gemeinsamen Werkes.

Simone Kauffeld und Frerich Frerichs
Braunschweig und Vechta, im Februar 2017

Die Autorinnen und Autoren

Jennyfer Adami-Burke

ist Krankenschwester für Intensivpflege und Anästhesie und verfügt über einen Master-Abschluss in Pflegewissenschaften. Sie ist seit 2014 wissenschaftliche Mitarbeiterin am Altenzentrum an der Rosenhöhe, GfdE Darmstadt, beschäftigt.

Gabriele Brümmer

ist Personalentwicklerin bei der ebm GmbH & Co. KG. Ihre Arbeitsschwerpunkte umfassen die Förderung und betriebliche Weiterbildung der Mitarbeiter und Führungskräfte sowie die Organisationsentwicklung. Wesentliches Ziel ist, einerseits die Beschäftigungsfähigkeit (Employability) zu sichern und andererseits zur Motivation und zum Commitment der Mitarbeiter beizutragen.

Prof. Dr. Frerich Frerichs (Hrsg.)

absolvierte sein Studium der Soziologie und Psychologie in Berlin. Seit 2006 ist er Leiter des Fachgebietes „Altern und Arbeit" am Institut für Gerontologie der Universität Vechta. Arbeitsschwerpunkte: Arbeitsmarkt und Altersstrukturwandel sowie die Entwicklung der Erwerbsbeteiligung älterer Arbeitnehmer, betriebliche Personal- und Arbeitspolitik sowie Arbeit und Lebenslagen über den Erwerbsverlauf.

Christa Gotter

ist Soziologin und wissenschaftliche Mitarbeiterin im Projekt Alfa Agrar. Derzeit promoviert sie am Leibniz-Institut für Agrarentwicklung in Transformationsökonomien (IAMO) in Halle (Saale). In ihrer Doktorarbeit beschäftigt sie sich mit der sozialen Konstruktion der Berufsrollen in der Tierwirtschaft.

Kerstin Hagmann

ist examinierte Krankenschwester und verfügt über einen Master-Abschluss in Pflegewissenschaften. Seit 2014 ist sie an den Hochtaunus-Kliniken gGmbH als wissenschaftliche Mitarbeiterin beschäftigt.

Dr. Isabella Hoffend

ist wissenschaftliche Mitarbeiterin am Institut für Management der Universität Koblenz-Landau. Im Rahmen des Forschungsprojektes Webutatio erforscht sie die Themengebiete Reputation, soziale Medien und Reputationskompetenz. Isabella Hoffend studierte Technikjournalismus an der Hochschule Bonn-Rhein-Sieg in St. Augustin und absolvierte das Masterstudium mit dem Schwerpunkt Management an der Università della Svizzera italiana in Lugano sowie das Doktorat in Betriebswirtschaftslehre an der Universität St. Gallen (HSG). Neben dem Doktorat arbeitete Isabella Hoffend mehrere Jahre als wissenschaftliche Mitarbeiterin an der Universität St. Gallen (HSG) in der Schweiz.

Prof. Dr. Simone Kauffeld (Hrsg.)

ist Inhaberin des Lehrstuhls für Arbeit-, Organisations- und Sozialpsychologie sowie Vizepräsidentin für Lehre und Diversity der Technischen Universität (TU) Braunschweig. In zahlreichen Forschungsprojekten setzt sie sich mit den Themen Kompetenz, Team, Führung, Coaching, Karriere und Veränderungen in der Arbeitswelt auseinander. Um ihre Gestaltungskonzepte der Praxis zugänglich zu machen, hat sie 2008 unter Beteiligung der Transfergesellschaft der TU Braunschweig die 4A-Side GmbH, die Konzepte und Tools u. a. IT-gestützt umsetzt, gegründet.

Dr. André Körner

ist ausgebildeter Bankkaufmann und studierte Psychologie in Chemnitz und Zürich. Im Juni 2016 promovierte er und koordiniert an der TU Chemnitz die Forschungsaktivitäten im Projekt be/pe/so. Neben der Lehre arbeitet Dr. Körner in praxisnahen Projekten (Elektromobilität, Usability, Organisationspsychologie) sowie als forensischer Gutachter. Herr Körner ist freiberuflich als Dozent tätig und berät Unternehmen in den Bereichen Prävention, Gesundheit und Personal. Er ist ehrenamtlich 2. Vorsitzender im Verein Huckepack-Kinderförderung e. V. und geschäftsführender Partner des Instituts für angewandte Wissenschaft.

Prof. Dr. Harald von Korflesch

ist Wirtschaftswissenschaftler und Entrepreneurshipforscher sowie Vizepräsident für Forschung, Transfer, Internationalisierung und Digitalisierung der Universität Koblenz-Landau. Er ist Gründer und Leiter des Zentralen Instituts für Scientific Entrepreneurship & International Transfer sowie der School of Entrepreneurial Design Thinking.

Timo Kortsch

hat den M. Sc. in Psychologie und ist wissenschaftlicher Mitarbeiter am Lehrstuhl für Arbeits-, Organisations- und Sozialpsychologie an der TU Braunschweig. Er beschäftigt sich in seiner Forschung mit dem Lernen im Prozess der Arbeit, der Digitalisierung der Arbeit sowie der Kompetenzentwicklung in kleineren und mittleren Unternehmen (KMU). Außerdem ist er als Trainer für handlungsbezogene Kompetenzen tätig.

Carsten Kuniß

ist Diplom-Sozialpädagoge (FH) und Projektkoordinator von be/pe/so sowie angestellt bei der AGJF Sachsen e. V. Neben der Steuerung des Verbundprojektes ist er für die inhaltliche Entwicklung und Erprobung der Qualifizierungsformate verantwortlich. Zudem unterstützt er Fach- und Führungskräfte als Supervisor, Coach und Trainer.

Oliver Lauxen

ist examinierter Altenpfleger und verfügt über einen Master-Abschluss in Pflegewissenschaften. Er ist seit 2010 wissenschaftlicher Mitarbeiter am Institut für Wirtschaft, Arbeit und Kultur (IWAK), Zentrum der Goethe-Universität Frankfurt am Main.

Ireen Mobach

ist in der Berufsbildungs- und Servicezentrum des Osnabrücker Handwerks GmbH, einer gemeinnützigen Organisation der Handwerkskammer Osnabrück-Emsland-Grafschaft Bentheim, tätig. Im Verbundprojekt „Integrierte Kompetenzentwicklung im Handwerk" hat sie die Untersuchung der Anerkennungsprozessketten in den Gewerken Sanitär-Heizung-Klima, Kraftfahrzeugtechnik, Elektro und Metall und die Entwicklung des Anerkennungstools übernommen.

Laura Naegele

absolvierte ihr Studium der Soziologie in Bochum und Berlin. Seit 2014 ist sie Mitarbeiterin im Fachgebiet „Altern und Arbeit" am Institut für Gerontologie der Universität Vechta im Forschungs- und Entwicklungsprojekt „Integrierte Kompetenzentwicklung im Handwerk". Arbeitsschwerpunkte: demografischer Wandel in der Arbeitswelt, Beschäftigungsfähigkeit alternder Belegschaften, Kompetenzentwicklung über den Lebensverlauf, qualitative Forschungsmethoden.

Bernd Neumann

ist in der Berufsbildungs- und Servicezentrum des Osnabrücker Handwerks GmbH, einer gemeinnützigen Organisation der Handwerkskammer Osnabrück-Emsland-Grafschaft Bentheim, tätig. Im Verbundprojekt „Integrierte Kompetenzentwicklung im Handwerk" hat er die Untersuchung der Anerkennungsprozessketten in den Gewerken Sanitär-Heizung-Klima, Kraftfahrzeugtechnik, Elektro und Metall und die Entwicklung des Anerkennungstools übernommen.

Dr. Hilko Frederik Klaas Paulsen

ist wissenschaftlicher Mitarbeiter am Lehrstuhl für Arbeits-, Organisations-
und Sozialpsychologie der TU Braunschweig und war u. a. Verbundkoordinator in dem durch das Bundesministerium für Bildung und Forschung (BMBF)
geförderten Projekt „Integrierte Kompetenzentwicklung im Handwerk". Seine
Forschungsschwerpunkte sind Stimmungs- und Interaktionsprozesse in
Gruppen, Motivation in Veränderungsprozessen, Kompetenzentwicklung und
-management sowie Zukunft der Arbeit.

Jun.-Prof. Dr. Mario Schaarschmidt

forscht und lehrt an der Universität Koblenz-Landau in den Themenfeldern
Innovations- und Technologiemanagement mit besonderem Bezug zu neuen
Medien. Er ist zudem Mitglied des Instituts für Web Science and Technologies
(WeST), welches sich primär der sozioökonomischen und technischen Erfor-
schung des Internets verschrieben hat. Er ist Autor von über 80 Zeitschriften-,
Konferenz- und Buchbeiträgen.

Elke Schug

ist Diplom-Soziologin und beschäftigte sich in ihrer Abschlussarbeit mit Le-
bensverläufen pflegender Angehörige. Sie ist seit 2014 wissenschaftliche Mitarbeiterin in dem Projekt „Arbeitsprozessintegrierte Kompetenzaktivierung
und -entwicklung in der Pflege" (AKiP) des ambulanten Pflegedienstes „Häusliche Kranken- und Seniorenpflege Thomas Rehbein" in Wiesbaden.

Laura Schwarz

ist Diplom-Pädagogin und verfügt über einen Master-Abschluss in Multipro-
fessioneller Versorgung von Menschen mit Demenz. Sie ist wissenschaftliche
Mitarbeiterin am Lehrstuhl für Multiprofessionelle Versorgung chronisch
kranker Menschen an der Universität Witten/Herdecke im Rahmen des Forschungsprojektes AKiP.

Elisabeth Sperber

schloss Ende 2016 den Bachelor of Science im Fach Psychologie an der TU
Chemnitz ab. Seit Beginn des Jahres 2016 engagiert sie sich im Projekt be/
pe/so, in dem sie auch ihre Abschlussarbeit schrieb (Thema: „Kompetenzentwicklung von Arbeitskräften in der Sozialwirtschaft Westsachsens"). Seit
mehreren Jahren ist sie aktives Mitglied der Fachgruppe Psychologie der TU
Chemnitz und studentische Hilfskraft im Projekt TU4U im Rahmen des Quali-
tätspakts Lehre. Momentan absolviert sie ihren Master in Psychologie an der
TU Chemnitz.

Stefan Uhlig

schloss 2011 das Psychologiestudium (M. Sc.) an der TU Chemnitz mit Auszeichnung ab. Bereits während seines Studiums engagierte er sich im gemeinnützigen Verein Huckepack-Kinderförderung e. V. und tut dies bis heute. Direkt nach seiner Ausbildung begann er seine Promotion mit dem Schwerpunkt „Herzratenvariabilität". Darüber hinaus kann er auf eine mehrjährige Dozententätigkeit in den interdisziplinären Studiengängen „Integrative Lerntherapie" und „Gerontopsychologie" (TUCed GmbH) zurückblicken und ist seit 2015 geschäftsführender Partner des Instituts für angewandte Wissenschaft.

Katja Wagner

absolvierte den M. A. „Erwachsenenbildung und betriebliche Weiterbildung" und ist Projektmitarbeiterin in be/pe/so sowie angestellt bei der AGJF Sachsen e. V. Ihre Arbeitsschwerpunkte liegen in der Entwicklung, Organisation und Umsetzung der Qualifizierungsformate. Neben der fachlichen Unterstützung der Ergebnissicherung lässt sie ihre Erfahrungen bei der Anwendung von Kreativitätstechniken in Ideenfindungsprozesse einfließen.

Daniela Wiemers

ist Soziologin (M. A.) und Mitarbeiterin der Handwerkskammer Braunschweig-Lüneburg-Stade. Arbeitsschwerpunkt ist die Unterstützung von Führungskräften im Handwerk bei Fragen der Mitarbeiterführung und Personalentwicklung. Im Verbundprojekt „Integrierte Kompetenzentwicklung im Handwerk" gehören die Entwicklung von gewerkespezifischen Kompetenzmodellen und der Transfer der Projektergebnisse in die Handwerksorganisation und -betriebe zu ihren zentralen Aufgaben.

Bettina Wiener

arbeitet als Soziologin seit 1997 am Zentrum für Sozialforschung Halle e. V. (ZSH) und ist seit 2002 Geschäftsführerin. Ihre Forschungsschwerpunkte sind Arbeitsmarkt und berufliche Bildung, Fachkräfteentwicklung sowie Organisations- und Personalentwicklung in KMU, zu denen sie hauptsächlich in der Chemieindustrie und Landwirtschaft forscht.

Susanne Winge

ist seit 2002 als Soziologin wissenschaftlich am Zentrum für Sozialforschung Halle e. V. (ZSH) tätig. Ihre Forschungsschwerpunkte sind Fachkräfteanalysen mit einem Branchenfokus auf die Landwirtschaft sowie Organisations- und Personalentwicklung in KMU.

Inhaltsverzeichnis

II   Ansätze der Kompetenzentwicklung und Betriebskultur

Förderhinweis

Dieses Forschungs- und Entwicklungsprojekt wurde mit Mitteln des Bundesministeriums für Bildung und Forschung (BMBF) im Programm „Innovationen für die Produktion, Dienstleistung und Arbeit von morgen" gefördert. Die Verantwortung für den Inhalt dieser Veröffentlichung liegt bei den Autoren.

GEFÖRDERT VOM

Bundesministerium
für Bildung
und Forschung

Kompetenzbedarfe ermitteln und Kompetenzen entwickeln – Ansätze und betriebskulturelle Prägungen

Simone Kauffeld, Frerich Frerichs

© Springer-Verlag GmbH Deutschland 2018
S. Kauffeld, F. Frerichs (Hrsg.), *Kompetenzmanagement in kleinen und mittelständischen Unternehmen*,
Kompetenzmanagement in Organisationen, DOI 10.1007/978-3-662-54830-1_1

Zusammenfassung

Vor dem Hintergrund des Fachkräftemangels gewinnt die Identifizierung, Entwicklung und Nutzung von Kompetenzen der vorhandenen Beschäftigten eine hohe Bedeutung. Der folgende Beitrag gibt einen zusammenfassenden Überblick über die in der Fokusgruppe „Betriebskultur und Kompetenznutzung" entwickelten Ansätze für Betriebe, vor allem im Agrar-, Gesundheits- und Pflegesektor sowie im Handwerk, und stellt insbesondere die prägende Rolle unterschiedlicher Betriebskulturen heraus. Im Einzelnen werden Instrumente der Kompetenzmodellierung und -ermittlung, z. B. das Kompetenz-Navi, konkrete Ansätze der Kompetenzentwicklung mit Schwerpunkt auf arbeitsbezogenen und arbeitsintegrierten Formaten sowie vorwärtsweisende Formate der Kompetenznutzung, z. B. eine kompetenzbasierte Laufbahngestaltung, vorgestellt.

1.1   Kompetenzentwicklung und Fachkräftesicherung

Während die Fachkräftesicherung künftig in vielen Branchen an Bedeutung gewinnen wird, ist sie bereits heute in einigen Sektoren wie der Landwirtschaft, dem Handwerk und der Gesundheits- und Sozialwirtschaft eine Herausforderung geworden. Die Bewerbungslage ist schlecht. Oft finden sich gar keine Bewerbungen. Und wenn Bewerbungen eingehen, dann sind die Kandidaten und Kandidatinnen oft ungeeignet. Für Engpassberufe z. B. aus dem Bereich Sanitär-Heizung-Klima kommen auf 100 Stellen nur 48 angemessen qualifizierte Personen (Bußmann, 2015). Über 120 Tage müssen Betriebe durchschnittlich warten, um Stellen im Bereich der Elektrotechnik zu besetzen (Bundesagentur für Arbeit, 2016). Die „leer gefegten" Arbeitsmärkte stellen insbesondere für kleine und mittelständische Betriebe in diesen Branchen eine große Herausforderung dar.

Wie reagieren kleine und mittelständische Unternehmen auf diese Herausforderung? Viele der Betriebe investieren in ihre Beschäftigten. Sie sehen z. B. Auszubildende als die Zukunft, bauen diese systematisch auf, tragen Sorge dafür, dass sie nach der Ausbildung gezielt eingesetzt werden können, und versuchen, diese frühzeitig an den Betrieb zu binden. Es werden dabei neue Zielgruppen in den Blick genommen wie Frauen im Handwerk oder Migrantinnen und Migranten. Grundsätzlich gilt, dass Betriebe zunehmend darauf abzielen, **alle** Mitarbeiterinnen und Mitarbeiter zu binden. Alle vorhandenen Potenziale müssen ausgeschöpft werden. Unternehmen öffnen sich für Fragestellungen, wie die Kompetenzen ihrer Beschäftigten sowohl auf betrieblicher als auch individueller Ebene optimal genutzt und weiterentwickelt werden können, damit die Fachkräftelücke möglichst klein bleibt oder vermieden werden kann.

Ob und wie Kompetenzen entwickelt und genutzt werden, hängt oft von der in den Betrieben existierenden **Betriebskultur** ab. Betriebskultur meint die Werte und Normen eines Unternehmens, die bestimmen, welches Verhalten in den Betrieben als wichtig und zielführend betrachtet wird (Schein, 1985). Diese müssen von allen neuen Betriebsmitgliedern geteilt werden. Entsprechend werden im Anfangsstadium eines Betriebes die Beschäftigten gezielt ausgewählt und die Werte und Normen von dem/der Unternehmensgründer/-in direkt an diese weitergegeben. Mit zunehmender Betriebsgröße werden die Werte und Normen dann stärker formalisiert und bilden die Grundlage der weiteren Sozialisation neuer Beschäftigter.

In Handwerksbetrieben und Einzelunternehmen wie Personengesellschaften der Landwirtschaft haben z. B. Inhabende und deren Führungsstil einen außerordentlich großen Einfluss auf die Betriebskultur. In der Gesundheits- und Sozialwirtschaft spiegelt sich das Berufsethos in besonderer Weise in der Betriebskultur wider. Alle genannten Branchen sind zudem durch von stark ungleichen Geschlechterverhältnissen beeinflussten Berufskulturen geprägt.

Übergreifend zeigt sich ferner in der Landwirtschaft, im Handwerk und in der Gesundheits- und Sozialwirtschaft, dass **Führungskräfte** stärker als in anderen Bereichen und vor allem in größeren Unternehmen aus ihrer Fachlichkeit heraus in die entsprechenden Positionen gelangen. Führung übernehmen vor allem Beschäftigte, die sich durch eine hohe Fachkompetenz auszeichnen. Die für die Führungsaufgaben erforderlichen Kompetenzen müssen oft im Prozess der Arbeit erworben werden.

Unterschiede in der Betriebskultur beeinflussen die Art und Weise, wie Kompetenzen durch die Beschäftigten im Arbeitsprozess genutzt und weiterentwickelt werden können. Zum Beispiel kann das Ausmaß, in dem im Arbeitsleben erworbene Kompetenzen (formale) Anerkennung erfahren, Einfluss auf deren Lernmotivation haben. Die Kultur der Betriebe sieht bisher wenig Explikation dieser informellen Kompetenzen vor. Nutzen jedoch die Beschäftigten ihre Kompetenzen, z. B. ihr Fachwissen oder ihre Kommunikationsfähigkeit, und explizieren diese, so wird auch die Betriebskultur beeinflusst. Dies bedeutet, dass Veränderungen von Kompetenzen und der Wandel der Betriebskultur sich wechselseitig bedingen können.

Auch sind die Betriebe einer großen Zahl von **Außenanforderungen** ausgesetzt. Hierzu zählen z. B. neue Richtlinien und Standards, aber auch veränderte gesellschaftliche Werte. Diese können zu einem Diskrepanzerleben mit eigenen Werten und Ansprüchen führen. Der Umgang mit diesen Außenanforderungen wird dabei nicht zuletzt von der Betriebskultur geprägt. Gänzlich neue Anforderungen ergeben sich durch die Existenz digitaler Medien, die die Trennung von privaten und beruflichen Lebenswelten infrage stellt und neue Kompetenzen von den Beschäftigten erfordert. Beschäftigte tragen in sozialen Medien beispielsweise zur Reputation ihres Arbeitgebers positiv bei oder schaden dieser. Die Betriebskultur ist in diesem Kontext wieder eine entscheidende Größe, die zum Aufbau von Kompetenzen zum erfolgreichen Umgang mit neuen Medien (z. B. soziale Medien) beiträgt.

Durch Fachkräftemangel und Migration werden Belegschaften heterogener. Bei **Arbeitsmigration** kann nicht von einem dauerhaften Verbleib ausgegangen werden. In einem Aushandlungsprozess zwischen Betrieb und Beschäftigten wird geklärt, wie viel der Betrieb in die Integration investiert. Über Vertragskonditionen kann die Dauer der Betriebszugehörigkeit beeinflusst werden. Migrantinnen und Migranten können oft nur dann langfristig an den Betrieb gebunden werden, wenn sie umfassend begleitet werden. So sollten Unternehmen bereit sein, in Sprachkurse und andere Weiterbildungen für ausländische Fachkräfte sowie in praktische Unterstützungen wie Alltagshilfen zur Wohnungssuche und -anmeldung, Krankenversicherung etc. zu investieren. Dies erfordert besondere Aufmerksamkeit und Achtsamkeit, um z. B. integrationssensible Kompetenzen aufzubauen und Sprachkompetenzen im Betrieb zu fördern.

Vor diesem Hintergrund werden im Folgenden Ergebnisse aus den Projekten verdichtet und resümierend in den Blick genommen. Im Vordergrund steht dabei der eingangs formulierte Anspruch, konkreten Gestaltungsperspektiven der Kompetenzentwicklung und -nutzung mit Bezug auf die Betriebskultur einschließlich ihrer Wirkungen und Erfolgsbedingungen nachzugehen: Zum einen soll deutlich werden, dass eine systematische Kompetenzentwicklung ein breites Maßnahmenspektrum umfasst, das integrativ behandelt werden muss. Auch wenn die einzelnen Beiträge in diesem Spektrum durchaus unterschiedliche Schwerpunkte setzen, so heben doch alle darauf ab, dass nur eine konsequente Ableitung von Kompetenzbedarfen, die daran anknüpfende systematische Entwicklung und die wiederum darauf aufbauende konsequente Anerkennung und Nutzung von Kompetenzen zum Ziel führen kann. Die Ausführungen sind daher – ebenso wie die Beiträge in diesem Band – entlang folgender **Entwicklungsschritte** dargestellt:

1. Kompetenzbedarfe ermitteln und modellieren.
2. Kompetenzentwicklung gestalten.
3. Kompetenzen identifizieren, anerkennen und nutzen.

Zum anderen soll zum Ausdruck gebracht werden, dass Kompetenzentwicklung spezifisch durch die Betriebskultur geprägt ist. Da die Entwicklung von Kompetenzen auf die Bewältigung von Aufgaben in konkreten Arbeitssituationen ausgerichtet ist, ergibt es sich aus der Natur der Sache, dass diese wesentlich durch Elemente der Betriebskultur – wie z. B. dem Grad der Wertschätzung der Beschäftigten – mitbestimmt wird. In den einzelnen Entwicklungsschritten werden diese zu beachtenden Einflüsse daher jeweils gesondert herausgestellt – sowohl in Bezug auf die Heraus-bildung von Kompetenzen als solche als auch auf die zur Bedarfsermittlung und Kompetenzent-wicklung verwendeten Verfahren.

1.2   Kompetenzbedarfe ermitteln und modellieren

Gesellschaftliche Megatrends wie der demografische Wandel oder eine zunehmende Technologi-sierung bedingen Kompetenzentwicklungsbedarfe in Betrieben nahezu aller Branchen. Auch die vielfältigen Restrukturierungserfordernisse in Betrieben gehen häufig mit neuen Kompetenzan-forderungen einher. In schnell gewachsenen kleinen und mittleren Unternehmen (KMU) ist ein klassischer Fall, dass Fachkräfte plötzlich Führungsaufgaben übernehmen müssen, ohne dass sie dafür vorbereitet wurden. Im Handwerk müssen z. B. Gesellen Führungsaufgaben wahrnehmen, ohne für diese ausgebildet worden zu sein (▶ Kap. 10). Steigende Beschäftigtenzahlen, Verände-rungen in der Belegschaftsstruktur und die Schaffung neuer Laufbahnen erfordern ebenso wie sich wandelnde Marktverhältnisse und die Einführung innovativer Produkte oder Verfahren den Erwerb von Kompetenzen. In einigen Branchen und Regionen, z. B. der Landwirtschaft Sachsen-Anhalts, werden immer weniger Meisterinnen und Meister ausgebildet, die Führungsaufgaben in den Betrieben übernehmen können. Diese Führungskräftelücke soll zunehmend – ohne entspre-chende Aus- und Weiterbildung – von ausländischen Fachkräften gefüllt werden und bringt für diese entsprechende Kompetenzentwicklungsbedarfe mit sich (▶ Kap. 8). Im Bereich der Pflege wird deutlich, dass zunehmende Innovationsanforderungen, z. B. im Rahmen der Beschäftigtenbin-dung, ein hohes Maß an Gestaltungskompetenz bei den Beschäftigten voraussetzen (vgl. ▶ Kap. 6).

Aber nicht nur die Kompetenzbedarfe nehmen zu und entwickeln sich weiter, auch die Anfor-derung, Kompetenzen zu erkennen und systematisch zu erfassen, steigen. Infolge von wachsen-der Unternehmensgröße, heterogeneren Belegschaften, zunehmender Bedeutung überfachli-cher Kompetenzen sowie gesellschaftlichen Trends wird es für Betriebe schwerer, den Überblick über vorhandene Kompetenzen zu behalten. Eine systematische und detaillierte Erfassung der **Kompetenzen der Beschäftigten** ist gleichzeitig aber wichtig für eine strategische Ausrichtung des Betriebes und für die effiziente Steuerung der Kompetenzentwicklung. Oft fehlt der Über-blick über die vorhandenen Kompetenzen der eigenen Beschäftigten und entstehen Unsicher-heiten, ob der Betrieb künftigen Herausforderungen gewachsen sein wird. Kompetenzmodelle, auf die zurückgegriffen werden kann und die gleichzeitig aktualisiert und mit denen aktuelle Trends berücksichtigt werden können, systematisieren die im Betrieb notwendigen Kompeten-zen (vgl. ▶ Kap. 11).

Durch die starke Ausrichtung auf das Tagesgeschäft und die konkrete Auftragslage sind z. B. die Planungshorizonte von Handwerksbetrieben bis heute selten lang- oder mittelfristig ausgerichtet. Tatsächlich sehen sich viele Betriebe nicht ausreichend auf künftige Trends vorbereitet (Naegele et al., 2015). Es fehlt an Instrumenten wie dem Kompetenz-Navi (http://kompetenz-navi.de/), um Kompetenzanforderungen zu erfassen, die sich z. B. aus der zunehmenden **Digitalisierung** ergeben (vgl. ▶ Kap. 11). Dies trifft z. B. auf die Reputationskompetenz zu, die definiert ist als die in berufli-cher und privater Sphäre gezeigte Handlungsfähigkeit von Beschäftigten, soziale Medien in Über-einstimmung mit unternehmerischen Reputationszielen zu nutzen (Walsh et al., 2016). Aber auch in der Landwirtschaft wurde die Technisierung vorangetrieben. Die Produktivität hat sich zwischen 1993 und 2013 fast verdoppelt. Unter dem Stichwort „Farming 4.0" hat die digitale Durchdringung alle Arbeitsbereiche erfasst. Auf echtzeitbasierte Wissensmanagementsysteme müssen die Beschäftigten vorbereitet werden (Wiener et al., 2015).

Am Beispiel von Kompetenzentwicklung durch „Kompetenz-Tandems" zeigt sich, dass eine vorgeschaltete **Bedarfsplanung** der Maßnahme eine Zielrichtung vorgibt. Die Evaluation der Maßnahmen gibt auch während der Durchführung schon Hinweise für Optimierungen (vgl. ▶ Kap. 9). Auch bei den Kompetenzentwicklungsformaten „Seminar" und „Kollegiale Beratung" im Kontext der Sozialwirtschaft zeigen sich diese Effekte (▶ Kap. 7). Kleine Betriebe können durch Poollösungen unterstützt werden. Im Agrarbereich Sachsen-Anhalt werden Aufgaben der Kompetenzentwicklung im Qualifizierungspool Landwirtschaft (http://www.qualifizierungspool.de/) mit Unternehmen zusammen vorbereitet, organisiert und durchgeführt. Somit werden die Aufwendungen für diese Aufgaben zeitlich und unter Kostengesichtspunkten für KMU umsetzbar. Eine externe enge fachliche Begleitung ist Grundvoraussetzung in diesem Prozess (Lukanow-Arndt et al., 2015).

Die vorliegenden Beiträge zeigen eindrücklich, wie spezifisch Kompetenzbedarfe durch die Betriebskultur geprägt sind und dass sich die Bedarfe oft nicht im Rahmen üblicher Qualifizierungsbedarfsanalysen erkennen lassen. **Anforderungsanalysen** aus Sicht der Organisation und Mitarbeitenden weisen Gemeinsamkeiten, aber auch Unterschiede auf. Besonders die Berufsbiografien in der Sozialwirtschaft sind geprägt von erhöhter Diskontinuität und zeigen besonders den Bedarf für Maßnahmen zum Gesundheitsschutz (▶ Kap. 4) und zur individuellen Emotionsarbeit (▶ Kap. 2). Für den Bereich der Sozialwirtschaft entwickeln Uhlig und Körner (▶ Kap. 2) ein umfangreiches, multimodales Instrumentarium, um Ressourcen und Beanspruchungserleben der Beschäftigten zu identifizieren. Instruktiv mit Bezug auf die Betriebskultur ist hier, dass abweichende Belastungen – z. B. bezüglich der Arbeitsplatzsicherheit – zwischen öffentlichen und freien Trägern formuliert werden und die Betriebskultur (z. B. Zusammenarbeit mit Vorgesetzten und Kollegen und Kolleginnen, Integration in den Betrieb) als eine Ressource freier Träger verstanden werden kann – die Abdeckung von Kompetenzbedarfen kann somit in dieser Hinsicht eher gewährleistet werden.

Die zunehmende Durchdringung der Unternehmenskommunikation durch **soziale Medien** schafft wie bereits erwähnt gänzlich neue Kompetenzbedarfe. Diese müssen erst neu dimensioniert und geeignete Determinanten identifiziert und über Messskalen zugänglich gemacht werden (vgl. ▶ Kap. 5). Hierbei weisen Hoffend, Schaarschmidt und von Korflesch darauf hin, dass sich betriebskulturell sehr unterschiedliche Ausgangslagen ergeben können: Während bei Unternehmen der Old Economy (z. B. Banken) eher eine größere Sensibilität für ihre Reputation angenommen werden kann, ist in Unternehmen der New Economy (z. B. E-Commerce) eher von einer grundsätzlich höheren Medienkompetenz auszugehen. Auch wenn genauere Untersuchungen dazu noch fehlen, zeigt sich schon daran, dass betriebskulturelle Unterschiede Art und Umfang des Kompetenzbedarfs entscheidend mitprägen können.

Kompetenzbedarfen in einem speziellen und aktuell stark problematisierten Bereich des primären Sektors – der Nutztierhaltung in der Landwirtschaft – geht Gotter (▶ Kap. 3) nach. Sie zeigt eindrücklich auf, dass die Regeln und Normen der **betrieblichen Berufsrolle** in die Betriebskultur eingebettet sind. Am Beispiel einer Agrargenossenschaft macht sie deutlich, dass erst im beruflichen und insbesondere betrieblichen Sozialisationsprozess Verhaltenserwartungen – z. B. im Umgang mit kranken und/oder nicht leistungsfähigen Tieren – angeeignet und die Kompetenzen, mit ihnen umzugehen, spezifisch entwickelt werden. Da die Rollen- und Kompetenzerwartungen oft nicht formalisiert sind, ist es für externe Beobachter umso wichtiger, diese möglichst in situ erfassen zu können. Dies hebt die Bedeutung des ethnografischen Ansatzes als eine wichtige Methode zur Ermittlung von Kompetenzbedarfen noch einmal besonders hervor.

1.3   Kompetenzentwicklung gestalten

Kompetenzentwicklung kann auf vielfältige Weise gestaltet werden, und je nach Entwicklungsbedarf und betrieblichen Ressourcen sind unterschiedliche Strategieansätze sinnvoll. Neben klassischer formaler Fort- und Weiterbildung in Bildungseinrichtungen, die bewusst ein- und angeleitet, aber eher fremdgesteuert und fern vom Arbeitsplatz erfolgt, können Kompetenzen zudem im Arbeitsprozess teilweise unbewusst, selbstgesteuert und während der Arbeitsausführung erworben werden. Natürlich sind auch Mischformen möglich. So können Kompetenzen arbeitsintegriert in webbasierten Maßnahmen, auf betriebliche Bedarfe angepassten Seminaren im Unternehmen oder in Netzwerken entwickelt werden (vgl. Kauffeld, 2016).

Wichtig zu betonen ist hierbei, dass in allen Fällen nicht nur auf Qualifizierung abgehoben wird, die in formellen Lernkontexten und nach einem definierten Curriculum erworben sowie mit Zeugnissen dokumentiert werden. Bei den Kompetenzen sind alle Fähigkeiten, Fertigkeiten und Wissensbestände, die eine Person, ein Team oder eine Organisation bei der Bewältigung konkreter sowohl vertrauter als auch neuartiger Arbeitsaufgaben handlungs- und reaktionsfähig machen und sich in der erfolgreichen Bewältigung konkreter Arbeitsanforderungen zeigen, adressiert (Kauffeld, 2006). Es geht also um mehr als bloßes Wissen. Erst das Können, Wollen, Handeln und der Erfolg tragen zur Kompetenz dabei.

Beispiel: Ein Mitarbeiter eines Sanitär-Heizung-Klima-Betriebes möchte eine komplexe Lüftungsanlage installieren. Um die Anlage zu installieren, reicht es nicht, dass er gerade kürzlich ein Zertifikat (Qualifikation) erworben hat, das belegt, dass er dazu eine Schulung besucht hat (er hat das Wissen). Er ruft deshalb seinen erfahrenen Kollegen zur Hilfe. Der hat dieses Zertifikat nicht, aber schon erfolgreich einige vergleichbare Anlagen installiert und kann sofort mit der Arbeit loslegen (er hat die Kompetenz). Er schaut dem erfahrenen Kollegen über die Schulter und hilft ihm. Beim nächsten Mal hat er dann zusätzlich zur Qualifikation die Kompetenz und kann die Anlage alleine installieren.

Kompetenzentwicklung gestaltet sich jedoch nicht nur als solche vielfältig, sondern ist vor der Kulisse der Branchen- und Betriebskultur auch jeweils unterschiedlich ausgestaltet. Auch die Kultur des Berufsstandes und die Betriebsgröße spielen eine Rolle. Beispielsweise prägt in KMU das Handeln von Betriebsinhabenden und Führungskräften in besonderer Weise die Betriebskultur. Betriebe unterschiedlicher Branchen und Größen sind daher unterschiedlich gut in der Lage, zeitliche und finanzielle Ressourcen für die Kompetenzentwicklung bereitzustellen.

So stößt z. B. im Handwerk eine **arbeitsintegrierte Kompetenzentwicklung** auf besonders fruchtbaren Boden, da diese die traditionelle Meister-Gesellen- sowie Gesellen-Auszubildenden-Beziehung aufgreift. Auch entspricht es den erfahrungsbasierten und individualisierten Lernweisen älterer Beschäftigter (▶ Kap. 9). Arbeitsintegrierte Kompetenzentwicklung eignet sich z. B. im Handwerk, um Wissen zwischen erfahrenen und weniger erfahrenen Beschäftigten auszutauschen (▶ Kap. 9). Voraussetzung ist hierfür aber nicht nur, dass die Wissensträger identifiziert und motiviert werden, sondern das gezielt arbeitsbezogene Lern- und Austauschmöglichkeiten geschaffen werden. Die geschilderte Mikrobaustelle ist ein eindrückliches Beispiel dafür, wie in einem abgegrenzten Arbeitsbereich bisher fehlende Kompetenzen selbstständig erarbeitet werden können. Zugleich wird deutlich, dass erst die Verankerung in einer die Beschäftigten als Kompetenzträger wertschätzenden Betriebskultur die Bereitschaft zur Umsetzung nachhaltig geweckt werden kann.

Das Agrarunternehmen Barnstädt setzt die betriebliche Integration und Kompetenzentwicklung ebenfalls auf einem ähnlichen, arbeitsintegrierten Weg um (vgl. ▶ Kap. 8). In den jeweiligen Einsatzbereichen wird versucht, Team-Tandems zwischen erfahrenen und neuen Beschäftigten im Sinne eines **Mentorings** zu bilden, damit nicht nur über sprachliche Anweisungen, sondern auch durch direktes Beobachten und Nachahmen wichtige Prozesse erlernt werden. Diese Form der Zusammenarbeit ist für viele Beschäftigte neu, und es brauchte einige Zeit sowie auch einen gewissen Grad an Kontrolle, um dies nachhaltig umzusetzen. Die hohe Wertschätzung des „Anpacken-Könnens und Anpacken-Wollens" im Unternehmen wirkte sich hier bei besserem Kennenlernen der Arbeitsteams durch Wahrnehmen und Anerkennung der Arbeitsleistung förderlich auf die Teambildung aus.

Auf ein spezifisches Potenzial der arbeitsintegrierten Kompetenzentwicklung in dem Agrarunternehmen weist Gotter (▶ Kap. 3) hin. Sie zeigt auf, wie die in der Nutztierhaltung geforderte Kompetenz im Umgang mit diskrepanten emotionalen Anforderungen – Empathie und Distanz – entwickelt werden kann, indem **Handlungsspielräume** für die Beschäftigten gewährt werden, in denen diese eigenständig Umgangsweisen erproben können. Diese Spielräume müssen nicht nur anforderungsreich sein, sondern auch zeitlich ausreichend bemessen. Auch hier ist mitentscheidend, dass diese Vorgehensweise betriebskulturell eingebettet ist: Nur ein partizipativer, wertschätzender Umgang ermöglicht entsprechende Erfahrungsspielräume, zeitlich zu eng getaktete, eher tayloristisch geprägte Arbeitsstrukturen verhindern diese.

Auf die Bedeutung eines arbeitsplatzorientierten Lernsettings weisen auch Lauxen, Schwarz, Adami-Burke, Hagmann und Schug (▶ Kap. 6) für den gesamten Bereich der Pflege hin. Sie gehen davon aus, dass die geforderte **Gestaltungskompetenz bei Innovationsprozessen** (▶ Abschn. 1.2) entscheidend von einer reflexiven Praxis im Team vorangetrieben werden kann, die einrichtungsspezifische Notwendigkeiten in den Blick nimmt. Sie zeigen dabei auf, dass diese reflexive Praxis durch ganz unterschiedliche betriebskulturelle Prägungen – sei es durch eine kommunikationsorientierte Führungskultur, sei es durch experimentierfreundliche, flache Hierarchien – wesentlich mit befördert werden kann.

Einen eher klassischen **Seminar- und Beratungsansatz** scheinen Kuniß und Wagner (▶ Kap. 7) für die Kompetenzentwicklung in der Sozialwirtschaft zu wählen. Hervorstehend bei der Seminarkonzeption ist aber zum einen, dass diese konsequent an die vorherige Bedarfsanalyse in der Sozialwirtschaft anknüpft (vgl. hierzu ▶ Kap. 2) und diese im Rahmen eines Workshop-Konzeptes vertieft und angepasst wird. Zum anderen wird durch ein partizipatives und handlungsorientiertes Vorgehen eine praxisorientierte Basis für die Kompetenzentwicklung ermöglicht. Dies befördert nachweislich auch einen nachhaltigen Transfer in den Berufsalltag (▶ Kap. 7). Hierbei steht zu vermuten, dass die aufgezeigten Wertschätzungskulturen in den Herkunftsbetrieben, die z. B. stärker auf Förderung der Selbstständigkeit bei gleichzeitiger Einbeziehung in Teams setzen, dies zusätzlich unterstützen können, da so die erworbenen Kenntnisse besser am Arbeitsplatz angewendet und Informationen besser an andere weitergegeben werden können.

Für den **Aufbau von Reputationskompetenzen**, d. h. die in beruflicher und privater Sphäre gezeigte Handlungsfähigkeit von Mitarbeitenden, soziale Medien in Übereinstimmung mit unternehmerischen Reputationszielen zu nutzen, eignen sich dagegen auch rein online-basierte Schulungsangebote sowie kombinierte Blended-Learning-Konzepte, wie erste Interviewanalysen im Projekt Webutatio zeigen (vgl. ▶ Kap. 5).

Noch deutlicher an der Berufspraxis und dem Arbeitsumfeld orientiert ist der ebenfalls von Kuniß und Wagner (▶ Kap. 7) vorgestellte Beratungsansatz, da er fallorientiert an konkreten betrieblichen bzw. persönlichen Problemlagen ausgerichtet ist. Auf diese Weise werden Reflexions-, Problemlöse- und Beratungskompetenz besonders gefördert. Die Autoren verweisen in diesem Zusammenhang explizit darauf, dass die Betriebskultur in sozialwirtschaftlichen Organisationen vielfach von intrinsischen Leistungsmotiven der Beschäftigten, die Sinn und Wirksamkeit der eigenen Arbeit erfahren, persönliche Werte einbringen können und das Miteinander im Team fördern, geprägt ist und sich daher bei der Wahl der Kompetenzentwicklungsformate, -inhalte und -methoden die **„Kollegiale Beratung"** besonders anbietet (▶ Kap. 7).

Der Beratungsansatz im Sinne eines **Führungskräftecoachings** scheint auch bei der Entwicklung von Führungskompetenz im Handwerk erfolgreich zu sein, wie Wiemers (▶ Kap. 10) aufzeigt. Da vor dem Hintergrund der handwerkskulturellen Prägung des einbezogenen Unternehmens die besondere Herausforderung in der Aufgabe lag, die Reziprozität und Zusammenarbeit zwischen Führungskräften und Beschäftigten wiederherzustellen, wurden Einzelcoachings auf Abteilungs- und auf der Inhabendenebene gewählt, um eine neues Führungsverständnis zu entwickeln. In diesem Zusammenhang war die Perspektivübernahme – die Betrachtung der Situation aus Sicht der Beschäftigten – ein wichtiger Aspekt, um effizient im Prozess der Arbeit Unterstützung geben zu können (▶ Kap. 10). Es wurden dabei nicht nur die betriebskulturellen Vorprägungen bei der Wahl und konkreten Ausgestaltung des Kompetenzentwicklungsformates berücksichtigt, der Perspektivwechsel selbst hat ebenfalls zum Wandel der Betriebskultur beigetragen und aufseiten der Führungskräfte die Wertschätzung für die Fähigkeit und das Wissen der Beschäftigten erhöht.

Insgesamt war bei allen hier vorgestellten Formaten wichtig, dass die Kompetenzentwicklung inhaltsadäquat und betriebs- bzw. branchenkulturell angepasst erfolgt und es gelingt, die erworbenen Kompetenzen im Arbeitsprozess nutzen zu können. Bei arbeitsintegrierten Maßnahmen kann dies oft direkt erfolgen, bei der klassischen Weiterbildung muss das Arbeitsumfeld gesondert berücksichtigt werden (Kauffeld, 2016). Ohne eine systematische Begleitung – so zeigen die Erfahrungen in unseren Projekten – können die Maßnahmen ihre Wirksamkeit jedoch nicht entfalten.

1.4   Kompetenzen identifizieren, anerkennen und nutzen

Eine integrativ verstandene Kompetenzentwicklung setzt voraus, dass branchendifferenziert und betriebsbezogen nicht nur Kompetenzanforderungen identifiziert und Kompetenzen weiterentwickelt werden, sondern dass Letztere auch tatsächlich anerkannt und adäquat genutzt werden. Die Anerkennung von im Arbeitsleben erworbenen Kompetenzen bildet eine wichtige Ergänzung zu formalen Qualifikationen, da viele Kompetenzen außerhalb formaler Ausbildungsformate erworben werden. Und die Motivation der Beschäftigten, ihre Kompetenzen zu entwickeln, steht und fällt mit der Möglichkeit, diese auch tatsächlich im Betrieb nutzen zu können und dafür Wertschätzung zu erhalten.

Kompetenzfeststellungsverfahren zielen allerdings bisher in der Regel auf formale Anerkennung ab und werden von den zuständigen Stellen vorgenommen. Sie setzen bei Kriterien des deutschen Schul- und Berufsausbildungssystems an und sind deshalb z. B. schwer mit ausländischen Abschlüssen vergleichbar. Eine starke Fokussierung auf die formale, dokumentenbasierte Prüfung stellt eine große Barriere dar. Zur Arbeitsmarktintegration ausländischer oder auch niedrigqualifizierter Beschäftigungsgruppen braucht es Instrumente, durch die arbeitsmarktnahe, berufliche Kompetenzen erfasst werden können, um sie an qualifizierte Beschäftigung heranzuführen (▶ Kap. 8).

Wiener und Winge (▶ Kap. 8) verweisen darauf, dass es für Betriebe unterschiedliche Instrumente zur Kompetenzerfassung im Arbeitsprozess – z. B. Arbeitsproben, mehrtägige und mehrwöchige Beobachtungen und Praktika – gibt. Das von ihnen gewählte Mittel der **Profilanalyse** erlaubt es, die Tätigkeitsfelder des geplanten Arbeitsplatzes den unterschiedlichen Ausprägungen der Fähigkeiten der Beschäftigten gegenüberzustellen und so eine gezielte Weiterentwicklung zu ermöglichen. Diese Profilanalyse basiert auf Stellenbeschreibungen, die mit Anlagen-, Bereichs- und Abteilungsleiter/-innen erarbeitet wurden. Im Projekt erfolgte in gemeinsamer Arbeit die Anpassung auf im Unternehmen typische Arbeitsplätze hin. Als förderlich kann hier gelten, dass das vorgestellte Agrarunternehmen über eine gute qualifikatorische Basis verfügt und die Weiterqualifizierung seiner Fachkräfte einen hohen Stellenwert genießt.

Wie dagegen auch im Handwerk grundsätzlich eine **Öffnung des Anerkennungsprozesses** und die arbeitsintegrierte Feststellung mit anschließender Dokumentation von im Arbeitsleben erworbenen Kompetenzen möglich ist, zeigen Mobach und Neumann (▶ Kap. 12) auf. Durch die

Integration einer erweiterten Beratungs- und Korrekturschleife in den formalen Anerkennungsprozess kann stärker auf die betriebliche Personalentwicklung Bezug genommen sowie zusätzliche Kompetenzfeststellungen können angeregt und Anpassungs-, Nachqualifizierungs- oder betriebliche Kompetenzentwicklungsmaßnahmen durchgeführt werden. Da es keine formellen Vorgaben für die zusätzlichen Kompetenzen gibt, kann eine solche Dokumentation auch mithilfe des Anerkennungstools des KOMPETENZ-NAVI (vgl. ▶ Kap. 12; siehe auch Paulsen et al., 2016) erstellt werden. Einschränkend ist darauf zu verweisen, dass sich diese Verfahren eher außerhalb des bewährten Instrumentariums der Personalentwicklung im Handwerk befinden und sich die Betriebskultur im Handwerk noch stärker auf diese alternativen Wege ausrichten muss.

Instrumente wie das KOMPETENZ-NAVI stellen Lösungsansätze dar, die dabei helfen können, die eigenen Beschäftigten auf die Kompetenzanforderungen von morgen vorzubereiten. Mithilfe solcher Softwarelösungen kann die Personalarbeit professionalisiert und systematisiert werden. So zeigen Kortsch, Paulsen und Kauffeld (▶ Kap. 11) am Beispiel interner Trainings, wie das KOMPETENZ-NAVI beispielsweise zur Bedarfsanalyse und der Zusammenstellung von Lern-Tandems genutzt werden kann. Es wird herausgestellt, dass für die erfolgreiche Nutzung einer solchen Software flanierende Kümmerstrukturen nützlich sind. Einmal eingeführt, bieten Instrumente wie das KOMPETENZ-NAVI für den Betrieb Lösungen für eine Reihe weiterer praxisrelevanter Fragen des Personalmanagements: im Rahmen der Personaleinsatzplanung, zur Ermittlung von Kompetenzentwicklungsbedarfen, für die Laufbahngestaltung, für die Nachfolgeplanung oder zur Strategieplanung, um z. B. neue Geschäftsfelder für den Betrieb zu identifizieren (vgl. auch Kortsch et al., 2016).

Einen wesentlichen Ansatz der nachhaltigen Anerkennung und betrieblichen Nutzung von Kompetenzen stellen Naegele und Frerichs in ihren Ausführungen zu einer **kompetenzbasierten Laufbahngestaltung** im Handwerk vor (▶ Kap. 13). Maßnahmen der Laufbahngestaltung ermöglichen demnach eine längere und gezielte Kompetenznutzung von vorhandenem Fach- und Erfahrungswissen älterer Beschäftigter, z. B. durch die Bündelung von Fachkompetenzen in Service und Wartung in einer neuen Expertenfunktion des Facility-Managements. Die Anerkennung basiert in diesem Fall eher auf der Wertschätzung der bereits länger bekannten Fähigkeiten – ein Anerkennungsprozess wie oben dargestellt war hier weniger gefordert.

Auch bei der Laufbahngestaltung als Form der Kompetenznutzung und -anerkennung sind allerdings die tradierten Qualifikationswege und Betriebskulturen im Handwerk zu bedenken, da der Weg vom Auszubildenden über den Gesellen zum Meister lange Zeit als einzige Karriereentwicklungsmöglichkeit galt, welche sich Beschäftigten im Handwerk bot. Auf der anderen Seite scheinen die kleinbetriebliche Struktur und Betriebskultur im Handwerk an dieser Stelle erhebliches Potenzial zu eröffnen: Durch flache Hierarchien und „soziale Nähe" zwischen der Führungs- und der Beschäftigtenebene können interne Betriebs- und Arbeitsabläufe zeitnah und flexibel auf veränderte Ausgangslagen angepasst werden (vgl. ▶ Kap. 13).

1.5 Fazit: Betriebskultur und Kompetenzentwicklung

Der Mangel an Fachkräften und neue Trends erfordern in vielen klein- und mittelständischen Unternehmen zweierlei:
1. Beschäftigte müssen gebunden und
2. Beschäftigte müssen entwickelt werden.

Um Beschäftigte zielgerichtet zu entwickeln, müssen individuelle Bedarfe ermittelt werden. Verschiedene Methoden der Kompetenzentwicklung müssen kulturspezifisch ausgewählt, angepasst und eingesetzt werden. Fachlich geprägte Inhabende und Führungskräfte prägen in vielen

Kleinbetrieben die Betriebskultur und geben einen Rahmen vor, wie Beschäftigte lernen können. Kompetenzentwicklung und Beschäftigtenbindung konkurrieren nicht, sondern ergänzen sich. Um eine erfolgreiche Kompetenzentwicklung im Betrieb umzusetzen, sollten Betriebe ihre Betriebskultur reflektieren, die Kompetenzentwicklung entsprechend anpassen und kulturelle Voraussetzungen für das Lernen im Betrieb schaffen.

Dabei nehmen Führungskräfte eine Schlüsselrolle ein, die vor allem bei arbeitsintegrierten Kompetenzentwicklungsprozessen zum Tragen kommt: Führungskräften obliegt die Aufgabe, Kompetenzentwicklung zu initiieren und zu etablieren, indem sie z. B. Instrumente zur Verfügung stellen, Anreize setzen und Freiräume für Reflexion schaffen. Dabei stehen Sie oft vor besonderen Herausforderungen. So verändert z. B. die Arbeitsmigration Belegschaften. Integration wird zu einem notwendigen Bestandteil betrieblicher Kompetenzentwicklung, die nur im kooperativen Miteinander der politischen und sozialen Akteure im betrieblichen Umfeld gelingen kann. Führungskräfte müssen auf die neuen Anforderungen vorbereitet werden (▶ Kap. 8, ▶ Kap. 10).

Zudem ist ein **partizipatives Vorgehen** im Betrieb gefordert. Bei der Auswahl der zu entwickelnden Kompetenzen sollten die betriebliche Strategie und die Interessen der Beschäftigten berücksichtigt werden. Betriebe müssen einerseits auf veränderte Rahmenbedingungen reagieren, können andererseits aber auch durch eigene Strategien Schwerpunkte setzen. In beiden Fällen ergeben sich Kompetenzentwicklungsbedarfe. Indem die Interessen der Beschäftigten bei der Kompetenzentwicklung berücksichtigt werden, kann ein Commitment für die betrieblichen Strategien und eine erhöhte Bereitschaft zur Mitwirkung erreicht werden. Beschäftigte bekommen so gleichzeitig die Möglichkeit, ihre eigene Karriere im Sinne des Betriebes zu gestalten. Am Beispiel von Wissens- und Karriere-Tandems zeigt sich, dass sowohl strategische Entscheidungen des Betriebes als auch die Autonomie der Beschäftigten bei der Durchführung der Kompetenzentwicklungsmaßnahme von großer Bedeutung für deren Erfolg sind (▶ Kap. 9).

Zur Durchführung der Kompetenzentwicklungsmaßnahmen sind darüber hinaus **Ressourcen** essenziell. Kompetenzentwicklung ist mit zeitlichen und finanziellen Ressourcen verbunden und sollte daher bedarfsgerecht und zielgerichtet erfolgen. Eine systematische Kompetenzentwicklung umfasst vor der Planung eine Bedarfsanalyse, während der Durchführung eine Begleitung und am Ende der Maßnahme eine Bewertung des Erfolges und Identifizierung erfolgsrelevanter Einflussfaktoren. Arbeitsintegrierte Maßnahmen bedürfen dabei ebenso wie klassische Weiterbildungsmaßnahmen der Bereitstellung von Ressourcen. Intermediäre Organisationen können Betriebe unterstützen, indem sie Führungskräften und anderen Akteuren in Organisationen das Wissen über die Vielfalt von Kompetenzentwicklungsmaßnahmen vermitteln.

1.6   Aufbau des Bandes

Im ersten Teil dieses Bandes werden Kompetenzentwicklungsbedarfe und die Herausbildung von Kompetenzmodellen vor dem Hintergrund unterschiedlicher branchen- und betriebskultureller Kontexte analysiert. Exemplarisch für den Bereich der Sozialwirtschaft zeigen Uhlig und Körner, dass das dortige Beanspruchung- und Belastungserleben prägend für die Kompetenzentwicklungsbedarfe ist (▶ Kap. 2). Besondere Herausforderungen für den landwirtschaftlichen Bereich benennt Gotter in ihrem Beitrag zum Spannungsfeld vom empathischer Fürsorge und emotionaler Distanz in der Arbeit mit Nutztieren (▶ Kap. 3). Für die Herausbildung von Kompetenzmodellen wird ein ganz anderer unternehmenskultureller Kontext exemplarisch herangezogen, in dem Hoffend, Schaarschmidt und von Korflesch die geforderte Reputationskompetenz im Bereich der Internetunternehmen analysieren (▶ Kap. 4). Abschließend stellen Körner,

Uhlig und Sperber Kompetenzmodelle für die Akteure der Sozialwirtschaft vor und zeigen auf, welche Themenbereiche besondere Relevanz haben (▶ Kap. 5).

Der zweite Teil dieses Bandes beschäftigt sich mit der Frage, wie notwendige und bisher nicht vorhandene Kompetenzen in unterschiedlichen betriebskulturellen Kontexten inhaltlich und methodisch entwickelt werden können. In dem Beitrag von Lauxen, Schwarz, Adami-Burke, Hagmann und Schug werden spezifische Aspekte der Herausbildung und Entwicklung von Gestaltungskompetenz in Einrichtungen der gesundheitlichen und pflegerischen Versorgung adressiert und hierzu u. a. die Bedeutung unterschiedlicher Innovationskulturen im ambulanten und stationären Versorgungsbereich herausgearbeitet (▶ Kap. 6). Kuniß und Wagner erweitern in ihren Ausführungen Ansätze der Kompetenzentwicklung mit Blick auf die Sozialwirtschaft und stellen passgenaue Entwicklungsformate in Form eines Seminarkonzeptes und eines transferförderlichen Beratungskonzeptes vor (▶ Kap. 7). Wiener und Winge stellen dar, wie eine betriebliche Integrationskompetenz für ausländische Fachkräfte in der Landwirtschaft entwickelt werden kann (▶ Kap. 8). Stärker methodisch ausgerichtet ist der Beitrag von Naegele, Brümmer und Frerichs, die Formen der arbeitsintegrierten Kompetenzentwicklung in einem Beispielbetrieb des Handwerks vor dem Hintergrund einer bestimmten Wertschätzungskultur schildern (▶ Kap. 9). Der Beitrag von Wiemers nimmt mit der Entwicklung von Führungskompetenz eine besondere Zielgruppe im Handwerk in den Blick und reflektiert zugleich die Rückwirkungen auf die Betriebskultur (▶ Kap. 10).

Im dritten Teil dieses Bandes steht die Identifizierung, Anerkennung und Nutzung von Kompetenzen im betriebskulturellen Kontext im Vordergrund. Auch wenn die Beschäftigten bereits über zahlreiche fundierte fachliche oder soziale Kompetenzen verfügen, werden diese vom Betrieb oft nicht erkannt oder zu wenig genutzt. Die Rolle, die die webbasierte Kompetenzdiagnose im innovationskulturellen Kontext des Handwerks hierbei einnehmen kann, analysieren Kortsch, Paulsen und Kauffeld (▶ Kap. 11). Der Frage, wie die Anerkennung vorhandener Kompetenzen die Lernkultur im Handwerk unterstützt, gehen Mobach und Neumann nach (▶ Kap. 12). Im abschließenden Beitrag dieses Teiles werden die Nutzungsmöglichkeiten von Kompetenzen im Rahmen der betrieblichen Laufbahngestaltung im Handwerk von Naegele und Frerichs dargestellt (▶ Kap. 13).

> **Fazit**
> In diesem Buchband wird anhand von Fallbeispielen der Zusammenhang zwischen Betriebskultur und Kompetenznutzung und -entwicklung beschrieben. Jeweils ausgehend von der Betriebskultur werden bisherige Vorgehensweisen und neue Ansätze der Kompetenzentwicklung explizit dargelegt. Insgesamt wird ein breites Spektrum an Konzepten und konkreten Handlungsansätzen aufgezeigt, das Praktikerinnen und Praktikern in Betrieben und Verbänden die Möglichkeit gibt, konkrete Anregungen für die eigene Arbeit zu erhalten und eine kompetenzsensible Betriebskultur zu schaffen.

Weiterführende Literatur und Links

- Fokusgruppe 2„Betriebskultur und Kompetenznutzung" (2016). Thesen zur Kompetenzentwicklung der Fokusgruppe 2„Betriebskultur und Kompetenznutzung". im BMBF-Förderschwerpunkt„Betriebliches Kompetenzmanagement im demografischen Wandel". Positionspapier: http://www.in-k-ha.de/wp-content/uploads/2017/03/Positionspapier_Thesen_zur_Kompetenzentwicklung.pdf

Literatur

Bußmann, S. (2015). *Fachkräfteengpässe in Unternehmen – Geschlechterunterschiede in Engpassberufen*. Köln: Institut der deutschen Wirtschaft Köln e. V.

Bundesagentur für Arbeit (2016). *Fachkräfteengpassanalyse*. Nürnberg: Bundesagentur für Arbeit.

Kauffeld, S. (2006). *Kompetenzen messen, bewerten, entwickeln*. Stuttgart: Schäffer-Poeschel.

Kauffeld, S. (2016). *Nachhaltige Personalentwicklung und Weiterbildung. Betriebliche Seminare und Trainings entwickeln, Erfolge messen, Transfer sichern* (2. Aufl.). Berlin: Springer.

Kortsch, T., Paulsen, H., Naegele, L., Frerichs, F., & Kauffeld, S. (2016). Branchentrends und Betriebskultur als Basis strategischer Kompetenzentwicklung. *PERSONALquarterly* 2, 16–21.

Lukanow-Arndt, K., Stein, A., Wiener, B., & Winge, S. (2015). *Weiterbildungsberatung vor den Herausforderungen des demografischen Wandels*. Halle/Saale: Qualifizierungspool Landwirtschaft.

Naegele, L., Kortsch, T., Paulsen, H., Wiemers, D., Kauffeld, S., & Frerichs, F. (2015). *Zukunft im Blick: Trends erkennen, Kompetenzen entwickeln, Chancen nutzen. Drei Perspektiven auf die Zukunft des Handwerks. Ergebnisse aus dem Projekt "Integrierte Kompetenzentwicklung im Handwerk" (In-K-Ha)*. Braunschweig: Technische Universität Braunschweig.

Paulsen, H. F. K., Kortsch, T., Kauffeld, S., Naegele, L., Mobach, I., & Neumann, B. (2016). Anerkennung der beruflichen Kompetenzen von Flüchtlingen - Ein Beitrag zur Integration. Gruppe. Interaktion. Organisation. *Zeitschrift für angewandte Organisationspsychologie* 47(3),243–254.

Schein, E. A. (1985). *Organizational culture and leadership*. San Francisco, CA: Jossey-Bass.

Walsh, G., Schaarschmidt, M., & von Kortzfleisch, H. (2016). Employee company reputation-related social media competence: Scale development and validation. *Journal of Interactive Marketing* 19, 46–59.

Wiener, B., Winge, S., & Hägele, R. (2015). Die Digitalisierung in der Landwirtschaft – Deutschland und Osteuropa im Vergleich. In C. Schlick (Hrsg), *Arbeit in der digitalisierten Welt. Beiträge der Fachtagung des BMBF 2015* (S. 171–181), Frankfurt: Campus.

Kompetenzentwick-lungsbedarfe und -modelle im betriebs-kulturellen Kontext

Kompetenzentwicklungsbedarfe in der Sozialwirtschaft: Das Belastungs- und Beanspruchungserleben bei freien Trägern in Südwest-Sachsen

Stefan Uhlig, André Körner

© Springer-Verlag GmbH Deutschland 2018
S. Kauffeld, F. Frerichs (Hrsg.), *Kompetenzmanagement in kleinen und mittelständischen Unternehmen*, Kompetenzmanagement in Organisationen, DOI 10.1007/978-3-662-54830-1_2

Zusammenfassung

Auf der einen Seite erfordert das Tätigkeitsfeld der Sozialwirtschaft hochkompetente Fachkräfte, die künftig möglichst lange, gesund und motiviert im Job bleiben sollen. Demgegenüber stehen jedoch zum einen ein Mangel an strukturierten und erprobten Instrumenten der Personal- und Organisationsentwicklung (vor allem im Vergleich zu profitorientierten Unternehmen) sowie zum anderen wachsende Herausforderungen im Rahmen des demografischen Wandels.

In diesem Beitrag werden wir die Situation der Beschäftigten der Sozialwirtschaft Südwest-Sachsens charakterisieren, die wir im Rahmen des Verbundprojektes be/pe/so („Berufswege und Personalentwicklung in der Sozialwirtschaft") untersucht haben. Am Beispiel ausgewählter Unternehmen werden wir wahrgenommene Belastungen, Ressourcen und das Beanspruchungserleben der Beschäftigten skizzieren (z. B. quantitative und emotionale Arbeitsanforderungen, Balance zwischen Beruf und Privatleben, Entscheidungsspielraum etc.) und korrespondierende Kompetenzentwicklungsbedarfe ableiten. Darüber hinaus trägt dieses Kapitel auch dazu bei, anderen Forschungsteams oder praktisch arbeitenden Personen einen Einblick in die konkrete Umsetzung von Mitarbeiterbefragungen in der Sozialwirtschaft zu geben. Diesem Anspruch folgend, werden – neben den Befragungsergebnissen – zentrale Erkenntnisse zur Vorbereitung, Durchführung und Rückmeldung von Mitarbeiterbefragungen dargestellt.

Abschließend werden wir auf Möglichkeiten passgenauer Kompetenzentwicklungsmaßnahmen verweisen, die sich sowohl an den festgestellten Bedarfen als auch an der jeweiligen Betriebskultur orientieren.

2.1 Einleitung

Wir werden in diesem Beitrag zunächst den demografischen Wandel und dessen Folgen beleuchten und aufzeigen, warum der strategischen Personalentwicklung in diesem Kontext eine erfolgskritische Rolle zukommt. Vor diesem Hintergrund skizzieren wir anschließend für die Beschäftigten der Sozialwirtschaft typische Belastungsfaktoren und Ressourcen, welche wiederum Ausgangspunkt einer strategischen Personalentwicklung sein können. Um Personal strategisch entwickeln zu können, sollten zunächst konkrete Kompetenzentwicklungsbedarfe bekannt sein. Dabei fokussieren wir nicht die sogenannten professionellen Kompetenzen, die vor allem inhaltliche Fähigkeiten zur erfolgreichen Aufgabenbewältigung beschreiben, sondern vielmehr soziale und Selbstkompetenzen wie kommunikative und motivationsassoziierte Fähigkeiten (detailliertere Ausführungen zum Kompetenzbegriff siehe Kauffeld, 2006; Kauffeld u. Grote, 2014).

Zur Feststellung dieses Kompetenzentwicklungsbedarfs beschreiben wir den quantitativen Teil eines multimethodalen Zugangs, während die qualitative Herangehensweise ausführlich von Körner, Uhlig und Sperber beschrieben wird (▶ Kap. 4). Der qualitative Ansatz kann als obligatorische, wenn auch synergetische Ergänzung zu diesem Kapitel betrachtet werden. Im Anschluss werden wir die zentralen Ergebnisse der quantitativen Mitarbeiterbefragung herausstellen, welche als Indikatoren für das Belastungs- und Beanspruchungserleben der Beschäftigten und somit als Anhaltspunkte für konkrete Kompetenzentwicklungsbedarfe gelten können. Darüber hinaus liefern die Ergebnisse auch Hinweise auf die Betriebskultur. Im Ausblick verweisen wir abschließend auf Möglichkeiten passgenauer Kompetenzentwicklungsmaßnahmen.

2.2 Demografischer Wandel, strategische Personalentwicklung und Sozialwirtschaft

Unabhängig vom betrachteten Wirtschaftssektor steht der demografische Wandel immer häufiger im Zentrum wissenschaftlicher und politischer Diskussionen (Frerichs, 2016). Mit der „demografischen Wende" im Jahr 2000, also dem erstmalig größeren Anteil an über 60-Jährigen im Vergleich zum Anteil an unter 20-Jährigen in Deutschland, wurden die demografischen Entwicklungstendenzen deutlich (Blüher u. Kuhlmey, 2016; Walla et al., 2006). Bis zum Jahr 2030 wird sich die Bevölkerungsstruktur weiterhin massiv verändern (Statistische Ämter des Bundes und der Länder, 2011). Die Prognosen deuten darauf hin, dass

1. die Einwohnerzahl auf ca. 77 Millionen Menschen schrumpfen wird. Dies sind 5,7 % weniger Einwohner im Vergleich zum Jahr 2008.
2. Dieser Rückgang wird sich mit rund 17 % insbesondere bei den unter 20-Jährigen manifestieren, was dazu führt, dass
3. Personen, die sich im erwerbsfähigen Alter befinden (zwischen 20 und 65 Jahren), weniger werden (minus 7,5 Millionen, entspricht 15 %).
4. Auf der anderen Seite wird sich die Gruppe der über 65-Jährigen um ein Drittel vergrößern. Die bundesweite Folge ist, dass die Akteure unserer Arbeitswelt weniger und älter werden.

Bemessen an der Einwohnerzahl werden vor allem die neuen Bundesländer, so auch Sachsen, die demografischen Entwicklungen besonders zu spüren bekommen (Statistische Ämter des Bundes und der Länder, 2009, 2011): Einer älter werdenden Bevölkerung, deren Pflegeaufwand und Erkrankungsvulnerabilitäten steigen dürften (vgl. Bickel, 2012; Blüher u. Kuhlmey, 2016; Motel-Klingebiel et al., 2010), steht eine schrumpfende Gruppe an Erwerbstätigen und somit potenziellen Pflegekräften gegenüber.

Was bedeuten diese Entwicklungen nun für die (Sozial-)Wirtschaft? Insbesondere in der Sozialwirtschaft treffen hohe Arbeitsanforderungen auf älter werdende Mitarbeitende (Kaufmann u. Knapp, 2013). In Kombination mit dem „Attraktivitätsproblem" der Sozialwirtschaft (u. a. ausgelöst durch prekäre Beschäftigungsverhältnisse) ergibt sich hier eine besonders schwierige Situation (vgl. Boeßenecker u. Markert, 2012). Vor dem Hintergrund der dargestellten Entwicklungen erscheint es nun umso problematischer, dass es der Sozialwirtschaft – im Gegensatz zu Unternehmen der freien Wirtschaft – nur bedingt gelingt, eine strategisches Personal- und Organisationsentwicklung in der Unternehmensstruktur und Betriebskultur zu verankern (Körner u. Uhlig, 2016). Gerade der kleinteiligen Trägerstruktur, wie wir sie in Ostdeutschland vorfinden, fehlt es bisher sowohl auf individueller Ebene als auch organisationsübergreifend an Strukturen, um die Kompetenzen der Beschäftigten zu entwickeln und zu managen. Dieser Mangel an Strukturen und das vergleichsweise geringe Budget, welches der Sozialwirtschaft für Personalentwicklung zur Verfügung steht (DGQ, 2012), stellen eine sehr ungünstige Ausgangssituation dar, um angemessen auf den demografischen Wandel und dessen Anforderungen reagieren zu können.

Die beschriebenen Entwicklungen machen es mehr denn je erforderlich, hochkompetentes Personal bedarfsgerecht aus- und weiterzubilden. Neben den fachlichen Kompetenzen sollte vor allem sozialen Kompetenzen und Fähigkeiten zum Erhalt der individuellen Psychohygiene, die eine lange und gesunde Erwerbstätigkeit begünstigen, große Beachtung geschenkt werden. Die Betonung liegt hierbei auch auf dem Wort „bedarfsgerecht" – nur wenn die täglichen Anforderungen, Belastungen, aber auch Ressourcen der Beschäftigten bekannt sind, können maßgeschneiderte Kompetenzentwicklungsmaßnahmen abgeleitet werden. Möglicherweise kann so den steigenden Anforderungen an die Akteure der Sozialwirtschaft dauerhaft begegnet und das bislang nicht genutzte Arbeitskräftepotenzial der Älteren besser verwertet werden (Brussig, 2016). Wir möchten daher nachfolgend die Situation der in der Sozialwirtschaft Beschäftigten näher beleuchten, bevor wir unsere eigene Untersuchung in Südwest-Sachsen detailliert darstellen.

2.3 Belastung, Beanspruchung und Ressourcen der Beschäftigten in der (Sozial-)Wirtschaft

2.3.1 Begriffsdefinitionen

Ohne definitorisch zu sehr in die Tiefe zu gehen, werden wir zunächst die wichtigsten Begrifflichkeiten präzisieren und in Zusammenhang stellen. Da unsere Mitarbeiterbefragung vornehmlich die Wahrnehmung oder subjektive Bewertung der eigenen Arbeitssituation fokussiert, sind wir vor allem an den Konzepten der psychischen Belastung und psychischen Beanspruchung interessiert. Die Norm DIN EN ISO 10075-1 „Ergonomische Grundlagen bezüglich psychischer Arbeitsbelastung" begreift **psychische Belastung** als „Gesamtheit aller erfassbaren Einflüsse, die von außen auf den Menschen zukommen und psychisch auf ihn einwirken" (DIN Normenausschuss Ergonomie, 2000; zitiert nach Metz u. Rothe, 2017, S. 7). Auch wenn die Norm den Begriff Belastung neutral begreift, werden in der Praxis, z. B. im Rahmen von Gefährdungsbeurteilungen, häufig negative Belastungsfaktoren eruiert (sogenannte Stressoren; Metz u. Rothe, 2017). Die „Leitlinie Beratung und Überwachung bei psychischer Belastung am Arbeitsplatz" nennt in diesem Zusammenhang die Merkmalsbereiche Arbeitsinhalt (z. B. Handlungsspielraum), Arbeitsorganisation (z. B. Arbeitszeit), soziale Beziehungen (z. B. Beziehung zu Vorgesetzten oder Kollegen), Arbeitsumgebung (z. B. Zugang zu Arbeitsmitteln) und neue Arbeitsformen (z. B. räumliche Mobilität; BAuA, 2015). Unter **psychischer Beanspruchung** wird nach DIN EN ISO 10075-1 „die unmittelbare (nicht langfristige) Auswirkung der psychischen Belastung im Individuum in Abhängigkeit von seinen jeweiligen überdauernden und augenblicklichen Voraussetzungen, einschließlich der individuellen Bewältigungsstrategien" verstanden (DIN Normenausschuss Ergonomie, 2000; zitiert nach Metz u. Rothe, 2017, S. 11). Auch wenn das Alltagsverständnis von Beanspruchung eher negative Assoziationen weckt, werden hier negative (z. B. psychische Ermüdung) und positive Effekte (z. B. Aktivierung) von psychischen Belastungen gleichermaßen subsumiert (Metz u. Rothe, 2017). Das Zusammenspiel von Belastung und Beanspruchung wird beispielsweise am Belastungs-Beanspruchungs-Modell deutlich (Rohmert u. Rutenfranz, 1975).

Einen positiven Kontrast zu diesen eher negativ konnotierten Termini stellen die **Ressourcen** dar. Ressourcen sind (protektive) Faktoren, mit deren Hilfe bedrohliche oder schwierige Situationen besser bewältigt werden können. Unterschieden werden dabei die Ressourcen der Person (z. B. Selbstwirksamkeitserwartungen) und Ressourcen der Situation bzw. Umwelt (z. B. arbeitsplatzbezogener Handlungsspielraum oder soziale Unterstützung; Schaper, 2014). Im Kontext der Arbeitstätigkeit können Ressourcen als Puffer gegen Belastungen wirken und somit die Auftretenswahrscheinlichkeit von negativen Beanspruchungen mindern (Knoll u. Burkhardt, 2013). Diese Perspektive, d. h. die Betrachtung von Belastungen auf der einen und Ressourcen auf der anderen Seite, orientiert sich u. a. am Job-Demands-Resources-Modell (JD-R; Bakker u. Demerouti, 2007) und findet sich auch in unserer Befragung wieder.

Eine tiefer greifende Auseinandersetzung mit der Thematik Belastung, Beanspruchung, Ressourcen und Stress(-modelle) findet der geneigte Leser z. B. bei Kauffeld und Hoppe (2014), Metz und Rothe (2017) sowie Richter und Hacker (1998).

2.3.2 Belastungs- und Ressourcenfaktoren in der Sozialwirtschaft: Eine Frage der Betriebskultur?

Welche Belastungen und Ressourcen finden wir nun in der Sozialwirtschaft vor? Prekäre Beschäftigungsverhältnisse, u. a. gekennzeichnet durch untertarifliche Einkommen sowie Teilzeitbeschäftigungen und befristete Anstellungsverhältnisse, sind sicherlich als ein zentraler Belastungsfaktor zu nennen (SDB, 2011). Eine „Befragung zur sozialen und beruflichen Lage von Fachkräften der sozialen Dienste in Berlin und Brandenburg" konnte aufzeigen, dass rund 39 % der Befragten ihre aktuelle Einkommenssituation als stark belastend einschätzen (SDB, 2011). Dieser Anteil schwankt in Abhängigkeit vom tatsächlichen Nettoeinkommen (<1.250 €: 61 %; zwischen 1.300 und 1500 €: 44 %; >2.000 €: 21 %). Beinahe 60 % aller Teilzeitbeschäftigten beklagten in dieser Studie die Auslastungsprobleme und die damit verbundene Unterbeschäftigung. Beim Vergleich zwischen Mitarbeitenden öffentlicher Träger mit Mitarbeitenden freier Träger fällt auf, dass sowohl übereinstimmende (z. B. hoher Zeitdruck) als auch abweichende Belastungen (z. B. personelle Unterbesetzung und Überlastung durch Arbeitsanforderungen bei den öffentlichen Trägern bzw. geringe Arbeitsplatzsicherheit und Auslastungsprobleme bei freien Trägern) formuliert werden. Ein weiterer interessanter Befund der Berliner Kollegen besteht darin, dass die Zufriedenheit mit der Betriebskultur (z. B. Zusammenarbeit mit Vorgesetzten und Kollegen/-innen, Integration in den Betrieb) bei den freien Trägern deutlich höher ist als bei den öffentlichen Trägern. Eine positiv erlebte Betriebskultur könnte in diesem Beispiel als Ressource freier Träger verstanden werden.

Knoll und Burkhardt (2013) befragten 493 Fach- und Führungskräfte der sächsischen Sozialwirtschaft zu deren Arbeitssituation. Einerseits schätzten die Beschäftigten die Möglichkeiten der persönlichen Entwicklung, die Sinnhaftigkeit der eigenen Tätigkeit und die Zufriedenheit mit dem Kollegium positiv ein, zum anderen wurde aber auch deutlich, dass ein großer Anteil der Befragten Burn-out-Symptome schilderte und sich nicht vorstellen konnte, bis zur Rente ihren Beruf auszuüben. Darüber hinaus beklagten die Beschäftigten einen Anstieg der psychischen Belastung und des ökonomischen Drucks. Betrachten wir eine spezielle Berufsgruppe der Sozialwirtschaft, Erzieherinnen und Erzieher, werden noch einmal besondere Belastungsfaktoren offensichtlich: Insbesondere eine ungünstige Körperhaltung, Lärm und Termindruck erschweren hier die tägliche Arbeit (Jakob u. Klewer, 2013). Im Rahmen einer qualitativen Studie zur Resilienz von Beschäftigten im Gesundheitswesen berichten die Mitarbeitenden von einer Betriebskultur, die durch „einen Mangel an Anerkennung, Rückendeckung und Wertschätzung von Seiten der Institution" gekennzeichnet ist (Richter u. Heckemann, 2014, S. 43). Die teaminterne Unterstützung, z. B. in Form von Gesprächen, Humor und gegenseitiger Rücksichtnahme, ist demgegenüber als herausragende Ressource genannt worden. Heisig und Kollegen (2009) diskutieren darüber hinaus weitere Belastungsfaktoren in der sozialen Arbeit, z. B. Berufsrollenunklarheit und (zu großer) Handlungs- und Entscheidungsspielraum, verweisen aber andererseits auch auf potenzielle Ressourcen (z. B. berufliche Selbstwirksamkeit und soziale Unterstützung).

Zusammenfassend lässt sich bis hierhin festhalten, dass für die Sozialwirtschaft eine Reihe von Belastungs- und Ressourcenfaktoren bekannt sind. Die Bewertung und Auswirkungen dieser Faktoren scheinen auch von der jeweiligen Betriebskultur abhängig zu sein. Wenngleich die hier dargelegten Befunde nur einen kleinen Auszug der bisherigen Forschung darstellen, liefern sie für die Zusammenstellung unserer Erhebungsinstrumente wichtige Informationen. Inwieweit die genannten Faktoren nun Einfluss auf die Beschäftigungsfähigkeit, Motivation und Gesundheit der Erwerbstätigen haben, ist sowohl vom konkreten Einsatzgebiet (z. B. Altenpflege versus Kinder- und Jugendhilfe) als auch von individuellen, sozialen, organisationalen, politischen und gesellschaftlichen Voraussetzungen und Prozessen abhängig. Insofern ist es zwingend notwendig, die

Belastungen und Ressourcen sowie resultierende Beanspruchungen der Beschäftigten vor Ort zu kennen, um darauf aufbauend maßgeschneiderte Kompetenzentwicklungsprozesse anzustoßen. Dieser Logik folgend empfehlen wir in Übereinstimmung mit anderen Autoren und Autorinnen (z. B. Kauffeld, 2016; Kauffeld u. Grote, 2014) zunächst immer die systematische Ermittlung des Kompetenzentwicklungsbedarfs, bevor entsprechende Trainingsmaßnahmen erarbeitet, initiiert und durchgeführt werden. Wie diesem Anspruch im Rahmen des Projektes be/pe/so ("Berufswege und Personalentwicklung in der Sozialwirtschaft") nachgekommen wurde, werden wir nachfolgend darstellen.

2.4 be/pe/so: Berufswege und Personalentwicklung in der Sozialwirtschaft

Das Verbundprojekt be/pe/so (http://www.bepeso.de/) hat es sich zur Aufgabe gemacht, auf die besonders ausgeprägten demografischen Auswirkungen auf soziale Organisationen in Westsachsen zu reagieren. Zentrales Ziel des Projektes ist es, die Beschäftigungsfähigkeit in den entsprechenden Arbeitsfeldern zu sichern und zu erhöhen, indem Möglichkeiten der strategischen Personal- und Organisationsentwicklung für die Sozialwirtschaft erforscht, entwickelt, erprobt und begleitend evaluiert werden. Die Erkenntnisse werden anschließend einer möglichst breiten Öffentlichkeit zugänglich gemacht. In dem dreijährigen Forschungs- und Entwicklungsvorhaben werden der Verbundkoordinator, die Arbeitsgemeinschaft Jugendfreizeitstätten Sachsen (AGJF) e. V., und die Verbundpartner Technische Universität Chemnitz (Professur für Allgemeine und Biopsychologie), Hochschule Mittweida (Fakultät Soziale Arbeit), AWO Kreisverband Auerbach/Vogtland e. V. und der Verein zur Förderung von Ausbildung, Beschäftigung, Beratung und Betreuung Jugendlicher und Erwachsener (FAB) e. V. ihre unterschiedliche Expertise nutzen, um diesen Zielen gerecht zu werden.

Die Entwicklung eines Werkzeugkastens der strategischen Personalentwicklung setzt voraus, dass spezifische Kompetenzentwicklungsbedarfe bekannt sind. Um Zugang zu diesen Bedarfen zu erhalten, haben wir uns, wie bereits erwähnt, für einen multimethodalen Ansatz entschieden, der quantitative Befragungsmaße mit qualitativen Ansätzen kombiniert. Die detaillierte Darstellung des qualitativen Vorgehens kann dem ▶ Kap. 4 entnommen werden. Wir werden uns in diesem Beitrag ausschließlich auf die quantitative Mitarbeiterbefragung bei den beteiligten Praxispartnern konzentrieren.

2.5 Quantitativer Zugang zur Erfassung des Kompetenzentwicklungsbedarfs: Eine Mitarbeiterbefragung in sächsischen Sozialorganisationen

Die Durchführung von quantitativen Erhebungen im organisationalen Kontext sind zweifelsohne ein spannendes und nützliches Instrument in vielen Phasen der Personal- und Organisationsentwicklung. Allerdings sollte bei diesen Befragungen im Feld auch immer berücksichtigt werden, dass eine Mitarbeiterbefragung in vielerlei Hinsicht ein sehr sensibles Thema ist.

Gerade aufseiten der Personen, um die es letztendlich gehen sollte – nämlich die Beschäftigten –, existieren nicht selten Erwartungen und Befürchtungen, die einerseits begründet (z. B. Anonymitätsängste), andererseits aber auch überzogen und unrealistisch (z. B. „es wird sich sowieso nichts ändern") sein können. Im schlimmsten Fall können diese Vorannahmen dazu führen, dass eine Befragung gar nicht durchgeführt werden kann (z. B. aufgrund einer großen

Abwehrhaltung der Belegschaft) oder die Befragungsdaten nicht sinnvoll auswertbar sind (z. B. durch selektive Teilnahme an der Befragung, einen hohen Anteil an fehlenden Angaben, undifferenzierte Beantwortung der Fragen usw.).

Befragungshinderliche Erwartungen und Befürchtungen können selbstverständlich auch aufseiten der Forschenden (z. B. keine Bereitschaft zu „methodischen Kompromissen") oder der Auftraggebenden (z. B. Angst vor „negativen" Ergebnissen) bestehen. Voraussetzung für das Gelingen einer Mitarbeiterbefragung ist somit auch eine Betriebskultur, die einerseits von Offenheit, Vertrauen und Transparenz geprägt ist, und andererseits das kurz- und langfristige Wohl aller Mitarbeitenden in den Fokus stellt. Dies schließt natürlich auch die Bereitschaft für potenzielle Veränderungen mit ein.

Mitarbeiterbefragungen müssen also sehr sorgfältig geplant werden, um für alle Beteiligten gewinnbringend zu sein. Dies betrifft in Anlehnung an Borg (2003) insbesondere folgende Aspekte:

- Design und Positionierung der Befragung
- Kommunikation, Planung und Vorbereitung der Befragung
- Auswahl und Konstruktion der Items/Fragebögen
- Datenerhebung und -analyse
- Rückmeldung der Befragungsergebnisse
- Konsequenzen, die sich aus der Befragung ergeben

Borg (2002, 2003) stellt in diesem Zusammenhang eine Vielzahl an Tipps, Hilfen und Erfahrungen bereit, die das Gelingen einer Mitarbeiterbefragung begünstigen. Auch unsere Befragung orientiert sich an diesen Tools, die wir in den folgenden Abschnitten mit unseren eigenen Erfahrungen unterfüttern werden.

2.5.1 Teilnehmende und Stichprobe

Die Befragung fand im Oktober 2015 bei unseren Praxispartnern statt. Bei diesen Partnerunternehmen handelt es sich um drei für die sächsische Sozialwirtschaft repräsentative, Organisationen in freier Trägerschaft:

1. AWO Kreisverband Auerbach/Vogtland e. V. (inklusive AWO Soziale Dienste Vogtland gemeinnützige GmbH und AWO Soziale Dienste Göltzschtal gemeinnützige GmbH) mit den Schwerpunkten Altenpflege, Jugendhilfe und Gastronomie sowie insgesamt 422 Beschäftigten (nachfolgend AWO)
2. FAB e. V. mit den Schwerpunkten Berufseinstieg und Kinder- und Jugendhilfe sowie 184 Beschäftigten
3. Kinder-, Jugend- und Familienhilfe (KJF) Chemnitz e. V. mit dem Schwerpunkt Kinder- und Jugendhilfe und insgesamt 426 Beschäftigten.

Schon die Namen der Träger weisen darauf hin, dass es sich formal um Vereine handelt, die jedoch aus struktureller und Wettbewerbsperspektive eher mit mittelständischen Unternehmen als mit klassischen Vereinen vergleichbar sind. Diese Organisationsstruktur ist ein prototypisches Merkmal der freien Träger der sächsischen Sozialwirtschaft.

Die Fragebögen wurden an alle Führungskräfte und Mitarbeiter/-innen ($N = 1.032$) der jeweiligen Unternehmen ausgeteilt, im Falle der AWO an $n = 422$, für die FAB an $n = 184$ und beim KJF an $n = 426$ Beschäftigte. Die Rücklaufquote betrug 49,6 %, was einer finalen

Beteiligung von $N = 512$ Beschäftigten entspricht. Methodisch gesehen ist diese Quote durchaus als zufriedenstellend zu bewerten (Borg, 2003), wobei organisationsspezifische Unterschiede zu beobachten waren (AWO: 37,4 %; FAB: 57,5 %; KJF: 59,2 %). Insgesamt ist eine für die Sozialwirtschaft typische Demografie der Befragten zu beobachten (71 % Frauen, Durchschnittsalter 42 Jahre, durchschnittlich seit 10 Jahren im Unternehmen, 22 % der Befragten mit Führungsverantwortung).

Zu beachten ist, dass innerhalb der Fragebögen stellenweise Angaben fehlten: Entweder haben einige Mitarbeitende auf bestimmte Fragen nicht geantwortet oder die Antwortoption „keine Angabe", die extra für solche Fälle vorgesehen war, gewählt. Der Anteil an fehlenden Werten (inklusive „keine Angabe") beträgt über alle Variablen hinweg 10,6 % und kovariiert, wenn auch nicht quantifizierbar, mit der Sensibilität der Fragen.

2.5.2 Erhebungsinstrument

Bei der Auswahl und Konstruktion des Erhebungsinstrumentes wurde ein Fragebogen erstellt, der es erlaubt, ein umfassendes und repräsentatives Bild der Arbeitssituation der Beschäftigten zu zeichnen, um daraus Trainingsbedarfe und Ansatzpunkte abzuleiten. Neben diesem inhaltlichen Anspruch wurden natürlich auch Gütekriterien wie Objektivität, Reliabilität, Validität, Normierung, Vergleichbarkeit, Ökonomie und Zumutbarkeit der Verfahren beachtet (vgl. Bühner, 2010).

Nach eingehender Literaturrecherche und einem Experteninterview haben wir uns dafür entschieden, den **COPSOQ** (Copenhagen Psychosocial Questionnaire) als Kernelement unserer Befragung einzusetzen. Unter Beachtung der eben genannten Gütekriterien fiel die finale Entscheidung auf das verkürzte Instrument der deutschen Version (Nübling et al., 2005), welche sich wiederum an der dänischen Originalversion orientiert (vgl. Kristensen et al., 2005). Neben dem COPSOQ wurden weitere Instrumente einbezogen bzw. Items konstruiert, deren Einsatz wir aufgrund der dargestellten Literatur und des Experteninterviews als relevant erachteten. Die Auswahl erfolgte mit dem Ziel, Anhaltspunkte für Kompetenzentwicklungsbedarfe im Sinne von sozialen und Selbstkompetenzen zu liefern (Kauffeld u. Grote, 2014). Der COPSOQ ist hierfür ein hervorragendes Beispiel, da sowohl psychische Belastungen als auch Beanspruchungen erfasst werden und berufsgruppenspezifische Vergleichswerte zur Verfügung stehen (http://www.copsoq-datenbank.de/; Nübling et al., 2011). ◘ Tab. 2.1 zeigt eine Übersicht über die erfassten Konstrukte und deren Herkunft.

Die durchschnittliche Bearbeitungszeit des so entwickelten Paper-Pencil-Fragebogens lag bei ca. 35 Minuten. Die Möglichkeit des Rückschlusses auf Einzelpersonen wurde eliminiert, indem die Teilnehmenden einen individuellen Code anstelle ihres Namens generierten. Dieser Code war und ist ausschließlich durch die Befragten selbst zu entschlüsseln.

2.5.3 Befragungsprozess

In diesem Abschnitt werden wir sowohl den Prozess unserer Befragung skizzieren als auch auf Erfahrungen hinweisen, die wir während der Befragung gemacht haben (▶ Exkurs: Mitarbeiterbefragung in Südwest-Sachsen: Lessons Learned). Wir hoffen, dass Letzteres vor allem für Forschende, praktisch arbeitende Personen und andere Interessierte, die eine ähnliche Erhebung planen, nutzbringend ist.

◘ Tab. 2.1 Zentrale Konstrukte der quantitativen Befragung (siehe auch Körner u. Uhlig, 2016)

Verwendetes Konstrukt	Quelle/Autoren
Demografische und berufsbiografische Angaben	Eigene Konstruktion (mit Elementen von Nübling et al., 2005)
Arbeitszeit	in Anlehnung an Rohrbach-Schmidt u. Hall (2013)
Bindungsfaktoren	Eigene Konstruktion
Arbeitsanforderungen (quantitativ, emotional), Balance zwischen Beruf und Privatleben	COPSOQ (zur genauen Zusammenstellung und Herkunft der einzelnen Skalen, siehe Nübling et al., 2005)
Einfluss bei der Arbeit, Entscheidungsspielraum, Entwicklungsmöglichkeiten, Bedeutung der Arbeit, Verbundenheit mit Arbeitsplatz	COPSOQ (Nübling et al., 2005)
Führungsqualität, soziale Unterstützung, soziale Beziehungen, Feedback, Gemeinschaftsgefühl, Mobbing	COPSOQ (Nübling et al., 2005)
Gedanken an Berufsaufgabe, allgemeiner Gesundheitszustand, Burn-out	COPSOQ (Nübling et al., 2005)
Präsentismus	in Anlehnung an Aronsson u. Gustafsson (2005)
Erwartung, bis zum Renteneintritt den Beruf auszuüben	in Anlehnung an Liebermann et al. (2013)
Arbeitszufriedenheit	Körner (2007)
Identifikation	in Anlehnung an Postmes et al. (2013)
Persönlichkeitseigenschaften: Extraversion, Neurotizismus, Offenheit, Verträglichkeit, Gewissenhaftigkeit	Big-Five-Inventory-10 (BFI-10; Rammstedt u. John, 2007)
Organisationsinterne Kommunikation	Knoll u. van Dick (2013)
Arbeitspausen	in Anlehnung an Lohmann-Haislah (2012) sowie Wendsche (2014)
Anerkennung und Würdigung der eigenen Arbeit	Eigene Konstruktion

Vor der Befragung: Planung, Vorbereitung und Kommunikation

Circa zwei Monate vor dem Erhebungsbeginn fanden gemeinsame Treffen mit der Leitungs-ebene (Geschäftsführung und Führungskräfte) der jeweiligen Unternehmen statt. In diesen Gesprächen, die durch Transparenz sowie ein offenes und wertschätzendes Klima gekenn-zeichnet waren, konnten alle Beteiligten ihre Vorstellungen, Erwartungen und Befürchtun-gen frei äußern. Fragen und Unstimmigkeiten auf dieser Ebene konnten somit frühzeitig ausgeräumt und das Commitment zur Befragung selbst erhöht werden. Die Unternehmens-leitung bekam ferner eine Vorstellung von Hintergrund, Vorgehen und Inhalt der Befra-gung. In den Gesprächen wurde deutlich, dass sich die Vertreter/-innen der jeweiligen Organisationen die Befragung ausdrücklich wünschten und Ergebnisse – gleich welcher Art – willkommen waren, was als Ausdruck der vorherrschenden Betriebskultur gewertet werden kann. Außerdem wurden in jeder Organisation konkrete Ansprechpartner/-in-nen festgelegt, die den Befragungsprozess organisationsintern begleiteten. Im Anschluss wurden auch alle Mitarbeitenden über die geplante Erhebung informiert. Dabei wurden

Anonymität und Freiwilligkeit der Teilnahme betont, genauso wie die Möglichkeit eines individuellen Feedbacks und der Nutzen der Befragung. Fragen und Befürchtungen der Mitarbeitenden konnten wir somit ebenfalls im Vorfeld klären bzw. ausräumen, was sich naturgemäß positiv auf die Teilnahmebereitschaft auswirkt. Vor der Fertigstellung der Fragebögen hatten die organisationsinternen Ansprechpartner noch einmal die Möglichkeit, Veränderungswünsche zu äußern, welche lediglich formaler Natur waren. Das finale Instrument haben wir vor dem Verteilen abschließend auf Durchführbarkeit und Zumutbarkeit geprüft.

Während der Befragung: Durchführung

Da sich die jeweiligen Träger auf insgesamt über 40 Standorte in Südwest-Sachsen verteilen, haben wir jeden dieser Standorte einzeln aufgesucht, um die Fragebögen zu verteilen. Die Befragung und der Fragebogen selbst wurden erneut vorgestellt und alle Fragen der Beschäftigten (z. B. Anonymitätsbefürchtungen) beantwortet. Ferner haben wir Aushänge mit Kerninformationen und Kontaktdaten verteilt, um auch die nicht anwesenden Mitarbeitenden zu erreichen. Zur Wahrung der Anonymität und Erhöhung der Rücklaufquote haben wir außerdem versiegelte Urnen an den Standorten aufgestellt, in welche die ausgefüllten Fragebögen eingeworfen werden sollten. Nach einer Frist von drei Wochen wurden alle Urnen durch Projektmitarbeiter wieder eingeholt.

Nach der Befragung: Dateneingabe, Auswertung und Ergebnisrückmeldung

Nach dem Einholen der Fragebögen und vor der Dateneingabe haben wir die Rückläufer zunächst auf Vollständigkeit geprüft. Angaben innerhalb der Fragebögen, die einen Rückschluss auf die Person zuließen, wurden nicht weiter verwendet. Im Anschluss wurden alle Daten zur Weiterverarbeitung in ein Datenverarbeitungssystem eingegeben und für verschiedene Auswertungssoftware aufbereitet.

Bei Befragungen, zu denen die Befragten selbst einen persönlichen Bezug haben, sollte nicht nur auf eine gute Vorbereitung, Planung und Durchführung geachtet werden, sondern auch auf den informativen Charakter im Sinne einer informativen Verstärkung – gerade wenn weitere Befragungszeitpunkte geplant sind. Aus diesem Grund haben wir uns für einen vierstufigen Rückmeldeprozess entschieden:

1. Eine ausführliche Rückmeldung auf Leitungsebene: In gemeinsamen Treffen haben wir die Befragungsergebnisse vorgestellt und diskutiert.
2. Eine schriftliche Rückmeldung für alle Adressaten der Befragung: Wir haben für jede Organisation eine individuelle Rückmeldebroschüre erstellt, in welcher die Ergebnisse grafisch aufbereitet und leicht verständlich erklärt wurden. Diese Broschüren wurden allen Mitarbeitenden physisch und digital zur Verfügung gestellt.
3. Ein „Rückmeldetag" in jeder Organisation: Nachdem die Broschüren in den Unternehmen verteilt wurden, fand in jedem Unternehmen ein Treffen statt, in dem wir die Befragungsergebnisse vor der gesamten Belegschaft darstellten. Alle Mitarbeitenden konnten auf freiwilliger Basis teilnehmen. Zu Fragen und Missverständnissen bezüglich der Befragungsergebnisse konnten wir somit Stellung beziehen.
4. Individuelle Rückmeldungen: Alle Befragten hatten die Möglichkeit, ein individuelles Feedback zu erhalten. Hierfür mussten sich die Befragten selbstständig reanonymisieren und Kontakt zu den Untersuchern aufnehmen.

Mitarbeiterbefragung in Südwest-Sachsen: Lessons Learned

Kommunikation und Partizipation: Kommunikation ist alles. Dieser Ausspruch ist im Rahmen von Mitarbeiterbefragungen keine Floskel, sondern ein wichtiges, wenn nicht sogar das entscheidende Erfolgskriterium. Kommunikation umfasst Abstimmungen und Gespräche mit allen beteiligten Akteuren vor, während und nach der Datenerhebung. Ängste und unrealistische Erwartungen können so frühzeitig abgebaut, Missverständnisse vermieden und das Commitment sowie die Teilnahmebereitschaft erhöht werden. Dabei sollte stets ein von Transparenz geprägtes, offenes und wertschätzendes Klima eingefordert und hergestellt werden. In diesem Zusammenhang werden auch Aspekte der gelebten Betriebskultur (z. B. gelebte Offenheit, Umgang mit Kritik) deutlich.

Anonymität: Gerade bei Erhebungen, die kritische, persönliche oder intime Fragen beinhalten, sollte die Wahrung der individuellen Anonymität großgeschrieben werden. Eine oft kommunizierte Befürchtung in unserer Befragung war, dass man sich nicht kritisch äußern könne, weil die Vorgesetzten die Möglichkeit hätten, nachzuverfolgen, welcher Mitarbeitende was geantwortet hat. Um diesen Ängsten entgegenzuwirken, sollte ein Fragebogen niemals Daten enthalten, die eine Identifizierung von Einzelpersonen ermöglichen. Ferner sollten die Fragebögen, ob ausgefüllt oder nicht, nur von den Befragenden in Augenschein genommen werden können. Mit der Verwendung von Rückmeldeurnen, dem persönlichen Austeilen und Einholen der Fragebögen und den mehrfachen Hinweisen auf Wahrung der Anonymität haben wir insgesamt sehr gute Erfahrungen gemacht. Wenngleich sich auch gezeigt hat, dass selbst diese Vorgehensweise nicht alle Ängste beseitigen kann.

Planung und Vorbereitung: Eine gründliche Vorbereitung ist die halbe Miete. So sollten mindestens Ziele, Nutzen, Kosten, etwaige Risiken, Anforderungen, Phasen und deren Inhalte sowie geeignete methodische Zugänge und Zielgruppen festgelegt werden (mehr Details hierzu liefert u. a. Borg, 2002, 2003). Auch die jeweiligen Rollen innerhalb der Erhebung sind frühzeitig zu definieren. Je besser dies im Vorfeld der Befragung gelingt, desto unwahrscheinlicher werden unvorhergesehene Hindernisse und Barrieren. Allerdings sollte man sich von der Illusion befreien, dass diese nicht trotzdem auftreten können. Daher plädieren wir dafür, Barrieren und Widerstände, die nicht auf eine mangelnde Vorbereitung zurückzuführen sind, als integralen Bestandteil des Befragungsprozesses wahrzunehmen.

Fragebogenauswahl und Konstruktion: Hier möchten wir auf die bekannten testtheoretischen Gütekriterien verweisen (z. B. Bühner, 2010). Dies mag lapidar erscheinen, stellt sich aber in der Praxis als sehr zielführend heraus. Vor allem die Faktoren Ökonomie und Zumutbarkeit sollten Beachtung finden.

Rückmeldung: Unterschätzen Sie niemals die Wirkung von Feedback oder den Schaden, der durch fehlendes Feedback entstehen kann. Was man lerntheoretisch als Kontingenz zwischen Verhalten und Konsequenz bezeichnet, spielt bei Mitarbeiterbefragungen eine wichtige Rolle. Das heißt, auf das Verhalten der Befragten (= Ausfüllen des Fragebogens) sollte – so zeitnah wie möglich – eine Konsequenz (= Rückmeldung von individuellen oder/und kollektiven Ergebnissen) folgen. Dabei sollte auch berücksichtigt werden, wer die Adressaten der Rückmeldung sind und welche Sprache gewählt werden sollte. In jedem Fall ist auf eine verständliche Sprache und verstehbare Statistiken zu achten. Die Motivation zur Teilnahme an weiteren Befragungen kann so erheblich erhöht werden.

2.6   Zentrale Befragungsergebnisse im Überblick

Wir präsentieren im Folgenden ausgewählte Ergebnisse der vorgestellten Mitarbeiterbefragung. Auf Vergleiche zwischen den Organisationen und Tätigkeitsfeldern werden wir nur dann eingehen, wenn deutliche Unterschiede vorliegen. Außerdem konzentrieren wir uns vornehmlich auf deskriptive Ergebnisse und weniger auf komplexe Modelle, um vor allem interessierten Personen aus der Praxis ein einfaches Verständnis zu ermöglichen.

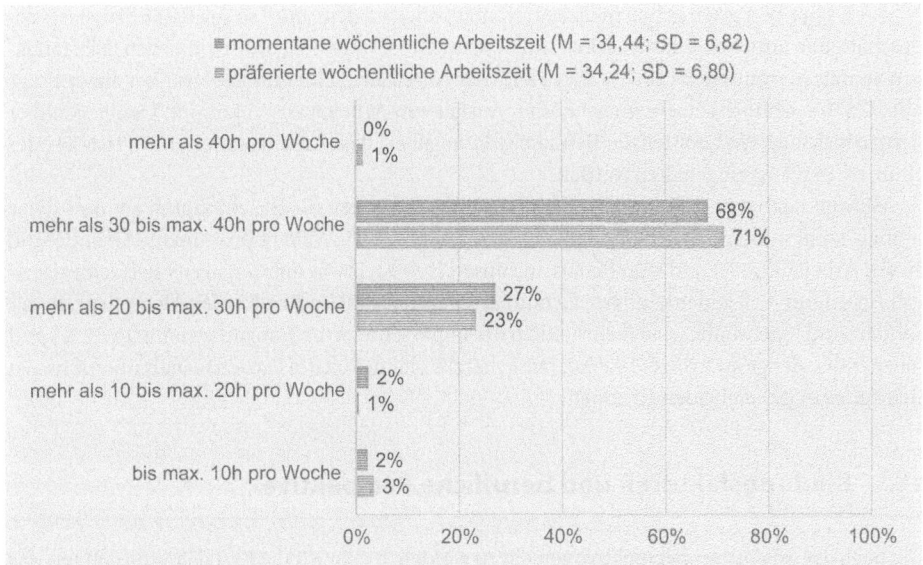

■ momentane wöchentliche Arbeitszeit (M = 34,44; SD = 6,82)
▨ präferierte wöchentliche Arbeitszeit (M = 34,24; SD = 6,80)

□ **Abb. 2.1** Vergleich zwischen aktueller und präferierter wöchentlicher Arbeitszeit der Beschäftigten (*N* = 456). *M* Mittelwert, *SD* Standardabweichung

2.6.1 Momentane versus präferierte wöchentliche Arbeitszeit

Wie bereits in ▶ Abschn. 2.3.2 dargelegt, scheint ein Belastungsfaktor der in der Sozialwirtschaft Beschäftigten darin zu bestehen, dass Auslastungsprobleme zu einer verringerten Arbeitszeit und damit zu finanziellen Einbußen führen. Daher haben wir die Beschäftigten einerseits gefragt, in welchem Stundenumfang sie momentan beschäftigt sind, und andererseits, welchen wöchentlichen Stundenumfang sie sich – bei entsprechender Gehaltsänderung – wünschen würden.

Dieser Aussage können wir anhand unserer Ergebnisse nur bedingt zustimmen. Wie in □ Abb. 2.1 zu sehen ist, findet nur eine geringfügige Verschiebung hin zu mehr Arbeitszeit statt (plus 3,2 % bei mehr als 30 Wochenstunden; minus 3,7 % bei mehr als 20 und maximal 30 Wochenstunden). Auffällig ist auch, dass die meisten Personen mit einem Arbeitsumfang von mehr als 30 Wochenstunden beschäftigt sind. Zum Vergleich: Die durchschnittliche Arbeitszeit in der Kinder- und Jugendhilfe liegt bei ca. 36 Wochenstunden, während die Beschäftigten der Altenpflege mit ca. 33 Wochenstunden einen signifikant geringeren Arbeitszeitumfang aufweisen. Interessanterweise ist die präferierte wöchentliche Arbeitszeit in beiden Gruppen fast identisch mit der tatsächlichen Arbeitszeit (35 bzw. 33 Stunden).

2.6.2 Arbeitspausen

Da die Forschung zu Arbeitspausen und deren (protektive) Effekte auf die psychische Beanspruchung ein zunehmendes Interesse erfährt (z. B. Wendsche u. Lohmann-Haislah, 2016; Wendsche et al., 2012), haben auch wir die Beschäftigten zu deren Arbeitspausen befragt. Betrachten wir den prototypischen Arbeitstag (zwischen 6 und 9 Arbeitsstunden), dann sollte eine Pausenzeit von mindestens 30 Minuten gewährleistet werden, die spätestens nach 6 Stunden Arbeitszeit in Anspruch genommen wird (nach § 4 Arbeitszeitgesetz).

5,8 % aller Befragten gaben in diesem Kontext an, dass dem „nie" so sei. 6,9 % bzw. 8,0% der Beschäftigten antworteten mit „selten" oder „manchmal", was bedeutet, dass es den Selbstangaben zufolge in mindestens 20,7 % aller Fälle (der Anteil an „keine Angabe" war bei dieser Frage mit 20,8 % sehr hoch) zu einem gehäuften Ausfall von Arbeitspausen kommt. Demgegenüber steht jedoch auch ein Großteil der Befragten, die angaben, dass Arbeitspausen „oft" (16,6 %) oder „immer" (41,9 %) eingehalten werden.

Gefragt nach den Gründen für den Pausenausfall gaben die Beschäftigten an, dass diese oftmals nicht in den Arbeitsablauf passen würden (38,9 %). Weitere prominente Gründe sind zu viel Arbeit (22,4 %) und kein Bedarf an Pausen (9,9 %). Etwas differenzierter betrachtet ist zu viel Arbeit mit 37,3 % der häufigste Grund für Pausenausfall im Bereich der Altenpflege, in der Kinder- und Jugendhilfe wird mehrheitlich der unpassende Arbeitsablauf genannt (47,7 %) und seltener die Menge an Arbeit (19,8 %). Die generelle Häufigkeit des Pausenausfalls unterscheidet sich kaum zwischen beiden Gruppen.

2.6.3   Bindungsfaktoren und berufliche Perspektive

Um auch der Ressourcenperspektive gerecht zu werden, haben wir die Beschäftigten gefragt, was die Hauptbindungsfaktoren an die eigene Tätigkeit sind. Wenig überraschend benennen die Mitarbeitenden in erster Linie eher intrinsisch bzw. sozial konnotierte Faktoren wie die Tätigkeit selbst (26,6 %), das Team (22,7 %) und das jeweilige Klientel (12,8 %). Die Unterschiede zwischen den Organisationen oder den verschiedenen Berufsfeldern sind minimal. Eine Übersicht über die Bindungsfaktoren vermittelt ◻ Abb. 2.2.

Wie bereits Knoll und Burkhardt (2013) haben auch wir die Beschäftigten nach deren beruflicher Perspektive gefragt. Im Speziellen, ob sie sich vorstellen könnten, bis zur Rente in der aktuellen Tätigkeit, der gegenwärtigen Organisation oder dem gegenwärtigen Beruf zu arbeiten. Hier wird deutlich, dass die Zustimmungsrate für den gegenwärtigen Beruf am höchsten ist (67,8 %), gefolgt von der gegenwärtigen Organisation (62,2 %) und der aktuellen Tätigkeit in der Organisation (48,7 %). Dies spricht dafür, dass sich die Mitarbeitenden persönliche Veränderungen tendenziell auf kleinerer Ebene (z. B. Tätigkeitswechsel innerhalb der Organisation) wünschen. Nennenswerte Unterschiede zwischen den Organisationen oder Berufsfeldern wurden nicht offensichtlich.

◻ **Abb. 2.2**   Faktoren, welche die Beschäftigten an ihre aktuelle Tätigkeit binden (Mehrfachantworten möglich; N = 512)

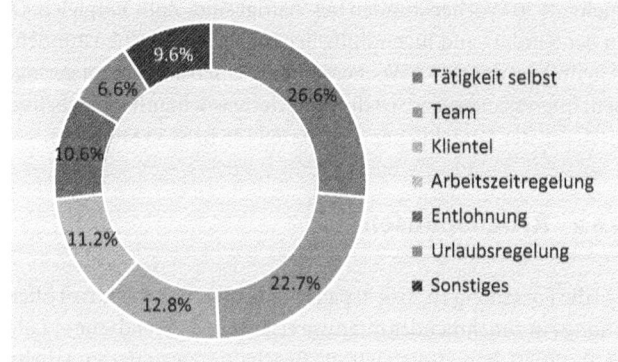

2.6.4 Anerkennung und Würdigung der eigenen Arbeit

Die Würdigung und Anerkennung der eigenen Arbeit durch andere kann im beruflichen Alltag ein wichtiger Motivator sein. Gleichzeitig kann das Fehlen dieser Anerkennung natürlich auch negative Auswirkungen auf die Beschäftigten haben. Deshalb möchten wir an dieser Stelle folgende zwei Aussagen und deren Beantwortung gegenüberstellen:

1. „Mit meiner Arbeit leiste ich einen wichtigen Beitrag zum Allgemeinwohl der Gesellschaft."
2. „Verglichen mit anderen Berufsfeldern wird meine Arbeit ausreichend von der Allgemeinheit gewürdigt."

Während die erste Aussage eine Zustimmungsrate von 90,2% erfährt, stimmten der zweiten Aussage lediglich 19,9 % der Befragten eher bzw. voll zu. Hier wird also eine Diskrepanz zwischen Selbstwahrnehmung und antizipierter Fremdwahrnehmung der eigenen Arbeit deutlich, die sich bereits in persönlichen Gesprächen mit den Beschäftigten angedeutet hat. Unterschiede zwischen den Organisationen existieren scheinbar nicht, allerdings schätzen die Beschäftigten der Altenpflege die organisationsinterne Würdigung der Arbeit (z. B. durch Kollegen oder Vorgesetzte) im Vergleich signifikant geringer ein, was möglicherweise auch als Hinweis auf die Betriebskultur interpretiert werden kann.

2.6.5 Burn-out-Symptome

Betrachten wir die Häufigkeit der berichteten Burn-out-Symptome, dann fällt zunächst eine Verteilung auf, die einer Normalverteilung recht nahekommt (◘ Abb. 2.3). Auf den zweiten Blick ist festzustellen, dass Müdigkeit das am häufigsten berichtete Symptom ist. Körperliche und

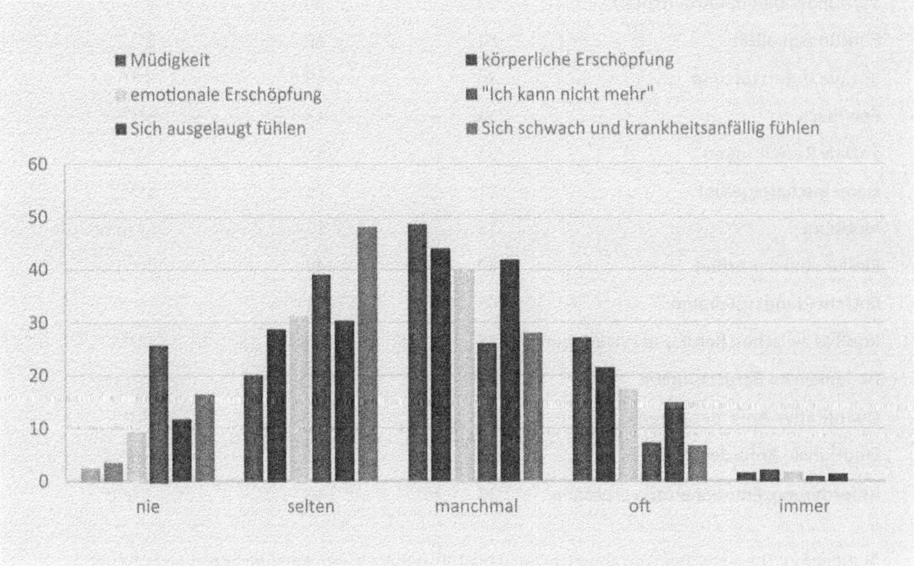

◘ **Abb. 2.3** Häufigkeitsverteilung für typische Burn-out-Symptome in % ($N = 490$)

emotionale Erschöpfung folgen auf den Plätzen zwei und drei, der Gedanke „Ich kann nicht mehr" an letzter Stelle. Die Einzelsymptome für sich genommen sind nicht aussagekräftig, betrachtet man aber die Symptomkombination (also die Summe aller Burn-out-Symptome pro Person), dann erreichen ungefähr 27 % der Befragten einen kritischen Gesamtwert. Auch das ist noch keine Diagnose, sagt aber etwas über die Situation der in der Sozialwirtschaft Beschäftigten im Allgemeinen aus. Bei dem Vergleich der einzelnen Organisationen untereinander oder der verschiedenen Tätigkeitsbereiche in der Sozialwirtschaft zeigt sich, dass diese Zahlen nur unwesentlich schwanken.

2.6.6   COPSOQ: psychosoziale Aspekte der Arbeitssituation

Haben wir bislang vornehmlich über Anteile und Verteilungen berichtet, werden wir uns nachfolgend einige Mittelwertvergleiche anschauen. Verglichen wird jeweils der in der Befragung beobachtete Mittelwert mit der bereitgestellten Norm für Sozial- und Erziehungsberufe (Nübling et al., 2011).

Potenzielle Differenzen zwischen beiden Werten wurden auf Signifikanz geprüft (◘ Tab. 2.2). Übergreifend lässt sich sagen, dass die Befragten insgesamt ein positiveres Bild ihrer Arbeitssituation zeichnen, als es die Norm hätte erwarten lassen. So werden z. B. die eigenen

◘ **Tab. 2.2** Vergleich zwischen den Befragungsmittelwerten mit der gängigen Norm

	Befragungswert	Normwert	Differenz
Entwicklungsmöglichkeiten	80	75	5***
Bedeutung der Arbeit	86	81	5***
Verbundenheit mit Arbeitsplatz	63	60	3**
Führungsqualität	61	58	3**
Soziale Unterstützung	76	68	8***
Feedback	53	47	6***
Soziale Beziehungen	54	41	13***
Gemeinschaftsgefühl	81	77	4***
Mobbing	15	17	−2 (n.s.)
Einfluss bei der Arbeit	52	49	3**
Entscheidungsspielraum	48	54	−6***
Konflikt zwischen Beruf und Privatleben	38	46	−8***
Gedanken an Berufsaufgabe	17	15	2 (n.s.)
Quantitative Anforderungen	49	58	−9***
Emotionale Anforderungen	52	63	−11***
Anforderung, Emotionen zu verbergen	36	46	−10***

Anmerkung: Theoretischer Wertebereich von 0 bis 100, höhere Werte entsprechen einer höheren Ausprägung; *** = signifikant auf einem Niveau von p <0,001; ** = signifikant auf einem Niveau von p <0,01; (n.s.) = nicht signifikant

Entwicklungsmöglichkeiten, die Bedeutung der Arbeit, die soziale Unterstützung, das Feedback durch Vorgesetzte oder Kollegen/-innen, die sozialen Beziehungen und das Gemeinschaftsgefühl zum Teil deutlich höher eingeschätzt. Der wahrgenommene Entscheidungsspielraum, der Konflikt zwischen Beruf und Privatleben und die quantitativen sowie emotionalen Anforderungen äußern sich durch geringere Ausprägungen im Vergleich zur Norm, was – außer im ersten Fall – als positiv zu werten ist.

Ob die gefundenen Werte bereits ein wünschenswertes Niveau erreichen, lässt sich anhand des Normvergleichs leider nicht feststellen. Möglicherweise liefern die kommenden Befragungen in dieser Frage aufschlussreichere Informationen. Wir möchten auch darauf hinweisen, dass die hier dargestellten Werte organisations- und bereichsspezifisch (z. B. zwischen Kindertagesstätten- und Pflegebereich) variieren. Dies betrifft insbesondere die wahrgenommenen Entwicklungsmöglichkeiten, die wahrgenommene Führungsqualität, die berichtete soziale Unterstützung, das erlebte Mobbing, den Einfluss bei der Arbeit und die berichteten emotionalen Anforderungen.

2.6.7 Arbeitszufriedenheit

Die Arbeitszufriedenheit, ein Kernbereich organisationspsychologischer Forschung, kann erfahrungsgemäß je nach erfragtem Bereich sehr unterschiedliche Ausprägungen annehmen. Wir haben uns in diesem Zusammenhang für eine fünfstufige Skala (von 1 = *sehr unzufrieden* bis 5 = *sehr zufrieden*) entschieden, deren Erwartungsmittelwert bei $MW = 3,0$ liegt.

Zunächst lässt sich festhalten, dass alle gemittelten Zufriedenheitsangaben über dem theoretischen Erwartungswert liegen. Die größte Zufriedenheit berichten die Befragten in puncto Team und Zusammenarbeit ($MW = 4,2$), gefolgt von der Zufriedenheit mit der Tätigkeit selbst ($MW = 4,1$) und der Zufriedenheit mit den Vorgesetzten ($MW = 4,0$). Die niedrigsten Mittelwerte lassen sich bei der Zufriedenheit mit dem Management des Unternehmens ($MW = 3,4$) und der Zufriedenheit mit Bezahlung und Sozialleistungen ($MW = 3,2$) beobachten.

Organisationsspezifische Unterschiede zeigen sich vor allem bei der Zufriedenheit mit dem Lohn, dem Team, den Vorgesetzten und dem Management; bereichsspezifische Unterschiede werden hingegen kaum evident.

2.6.8 Absentismus war gestern, Präsentismus ist heute

Präsentismus bezeichnet das Verhalten, trotz Erkrankung am Arbeitsplatz zu erscheinen (siehe z. B. Aronsson u. Gustafsson, 2005; Gosselin et al., 2013). Mittlerweile existieren einige Studien, die nahelegen, dass Präsentismus sowohl negative Konsequenzen für die Personen selbst (z. B. erhöhte Gefahr schwerer Folgeerkrankungen; Kivimäki et al., 2005) als auch für die Organisation/Gesellschaft hat (z. B. erhöhte Kosten; Goetzel et al., 2004). Im Rahmen unserer Befragung wollten wir zwei Dinge wissen:

1. Sind die Befragten in den vergangenen 12 Monaten trotz gefühlter Erkrankung zur Arbeit gegangen? Diese Frage bejahten 77,2 % aller Beschäftigten, wobei die Quote in Abhängigkeit von der Organisation und dem Tätigkeitsfeld zwischen 61,1 % und 83,5 % variiert.
2. An wie vielen Tagen sind die Befragten während der letzten 12 Monate trotz gefühlter Erkrankung zur Arbeit gegangen? Ergebnis: Im Mittel waren es rund 15 Tage. Dies entspricht drei vollen Arbeitswochen und gilt für alle drei Organisationen.

Der bereichsspezifische Spitzenwert im negativen Sinne liegt bei 24 Tagen (Kindertageseinrichtungen), das Minimum bei 8 Tagen (Berufsausbildungszentrum).

2.7 Quantitative Analyse des Belastungs- und Beanspruchungserlebens in der sächsischen Sozialwirtschaft: Wie geht es weiter?

Neben der hier komprimiert dargestellten Querschnittsanalyse haben wir die quantitative Befragung zusätzlich in einer Online-Version bereitgestellt und als Zielgruppe alle Beschäftigten der sächsischen Sozialwirtschaft einbezogen. Dies ermöglicht es uns, sowohl sachsenweite Aussagen für die Sozialwirtschaft zu treffen als auch die hier dargelegten Ergebnisse mit denen der Online-Befragung zu vergleichen. Außerdem werden wir die Entwicklungen im Verlauf erfassen, indem die vorliegenden Daten um Erhebungen in den Jahren 2016 und 2017 erweitert und längsschnittlich analysiert werden. Die Ergebnisse dieser quantitativen und qualitativen (vgl. ▶ Kap. 4) Analysen sollen zum Projektende passgenaue Kompetenzmodelle hervorbringen, die sich an der jeweiligen Betriebskultur orientieren.

Der hier vorgestellten Mitarbeiterbefragung kommt demnach aus Projektsicht einerseits die Rolle einer quantitativen Bedarfsanalyse zu, deren Ergebnisse Implikationen für konkrete Trainingsmaßnahmen liefern. Zum anderen betrachten wir die Befragung auch als Status-quo- oder Baseline-Erhebung, um potenzielle Effekte der Kompetenzentwicklungsmaßnahmen bestimmen zu können.

Aus den quantitativen Befragungsergebnissen haben wir Kompetenzentwicklungsbedarfe abgeleitet, die sich in folgende Domänen einordnen lassen:

- Zeit- und Pausenmanagement
- Stress und funktionale Copingstrategien
- Maßnahmen der Psychohygiene und (langfristigen) Gesundheit
- Umgang mit sozialen Ambivalenzen und Konflikten

Diese Bedarfe fokussieren, wie bereits in ▶ Abschn. 2.1 erwähnt, vornehmlich die Förderung sozialer und Selbstkompetenzen. Die konkrete Ausgestaltung und Umsetzung der Kompetenzentwicklungsmaßnahmen für Mitarbeitende und Führungskräfte ist Gegenstand von ▶ Kap. 7 und wird an dieser Stelle nicht weiter vertieft.

> **Fazit**
> **Kompetenzentwicklungsbedarfe in der sächsischen Sozialwirtschaft**
> Die Feststellung von Kompetenzentwicklungsbedarfen sollte konkreten Personalentwicklungsmaßnahmen stets vorauslaufen. Die Kombination von quantitativen und qualitativen Methoden verspricht zwar Synergieeffekte, ist aber unserer Meinung nach kein zwingend notwendiger Ansatz, um Bedarfe zu eruieren. Jeder Ansatz für sich liefert bereits wichtige Erkenntnisse. Wenn beispielsweise die übergreifende Betrachtung von größeren Organisationseinheiten im Vordergrund steht und kollektive Bedarfe anhand psychischer Belastungen und Beanspruchungen ermittelt werden sollen, empfehlen wir – auch aus ökonomischen Gründen – eine quantitative Herangehensweise. Es ist dafür nicht unbedingt eine so umfangreiche Befragung erforderlich, wie die hier vorgestellte. Bereits mit der

Verwendung der Kurzversion des COPSOQ (Nübling et al., 2005) werden viele wichtige psychosoziale Aspekte der Arbeitssituation abgedeckt. Auf der anderen Seite empfehlen wir die Verwendung von qualitativen Methoden, wenn

- konkrete Kompetenzentwicklungsbedarfe von einzelnen Personen (respektive kleinen Personengruppen) ermittelt werden sollen,
- wenig Vorwissen über geeignete quantitative Methoden besteht, oder
- quantitativ ermittelte Aspekte detailliert betrachtet werden sollen (im Sinne eines „Heranzoomens").

Ferner erhoffen wir uns von diesem Beitrag, dass die geschilderten Erfahrungen und Hinweise zur Planung, Durchführung und Auswertung von Mitarbeiterbefragungen für praktisch arbeitende Personen oder Forschende hilfreich sind. Wir plädieren außerdem dafür, sich von Barrieren und Hindernissen nicht abschrecken zu lassen – diese gehören oftmals zum Befragungsprozess. Wir selbst lernen stetig dazu.

Neben den ermittelten Belastungs- und Beanspruchungsfaktoren (z. B. Ausfall von Arbeitspausen, nennenswertes Burn-out-Risiko, hoher Anteil an Präsentismustagen) wurden auch die Ressourcen der Befragten offensichtlich, z. B. die sozialen Komponenten der täglichen Arbeit (Vorgesetzte, Kollegium, Klientel) oder die Verbundenheit mit der eigenen Tätigkeit und dem Arbeitsplatz. Diese Aspekte sind darüber hinaus auch Indizien für die jeweilige Betriebskultur (Welche Werte werden in den Organisationen besonders gelebt? Worauf wird weniger geachtet?), die nicht nur in den Befragungsergebnissen, sondern auch im gesamten Befragungsprozess manifest wurde.

Weiterführende Literatur und Links

- Borg, I. (2002). *Mitarbeiterbefragungen kompakt*. Göttingen: Hogrefe.
- Borg, I. (2003). *Führungsinstrument Mitarbeiterbefragung: Theorien, Tools und Praxiserfahrungen* (3. Aufl.). Göttingen: Hogrefe.
- Bühner, M. (2010). *Einführung in die Test- und Fragebogenkonstruktion*. München: Pearson.
- Webseite zu dem Projekt be/pe/so: http://www.bepeso.de/
- Informationen zum COPSOQ: https://www.copsoq.de/ oder http://www.copsoq-datenbank.de/

Literatur

Aronsson, G., & Gustafsson, K. (2005). Sickness presenteeism: prevalence, attendance-pressure factors, and an outline of a model for research. *Journal of Occupational and Environmental Medicine* 47(9),958–966.

Bakker, A. B., & Demerouti, E. (2007). The Job Demands-Resources model: state of the art. *Journal of Managerial Psychology* 22(3),309–328.

Bundesanstalt für Arbeitsschutz und Arbeitsmedizin (BAuA). (Hrsg.). (2015). Leitlinie „Beratung und Überwachung bei psychischer Belastung am Arbeitsplatz". Berlin: Geschäftsstelle der Nationalen Arbeitsschutzkonferenz, Bundesanstalt für Arbeitsschutz und Arbeitsmedizin. http://www.gda-portal.de/de/pdf/Leitlinie-Psych-Belastung.pdf. Zugegriffen: 12. Februar 2017.

Bickel, H. (2012). Epidemiologie und Gesundheitsökonomie. In C.-W. Wallesch, & H. Förstl (Hrsg.), *Demenzen* (2. Aufl., S. 18–35). Stuttgart: Thieme.

Blüher, S., & Kuhlmey, A. (2016). Demographischer Wandel, Altern und Gesundheit. In M. Richter, & K. Hurrelmann (Hrsg.), *Soziologie von Gesundheit und Krankheit* (S. 313–324). Wiesbaden: Springer Fachmedien Wiesbaden.

Boeßenecker, K.-H., & Markert, A. (2012). Aus- und Weiterbildung in der Sozialwirtschaft: Fakten, Probleme und eine Vision. In H. Bassarek, & S. Noll (Hrsg.), *Personal im Sozialmanagement* (S. 91–104). Wiesbaden: VS Verlag für Sozialwissenschaften.

Borg, I. (2002). *Mitarbeiterbefragungen kompakt.* Göttingen: Hogrefe.

Borg, I. (2003). *Führungsinstrument Mitarbeiterbefragung: Theorien, Tools und Praxiserfahrungen* (3. Aufl.). Göttingen: Hogrefe.

Brussig, M. (2016). Demografischer Wandel, Alterung und Arbeitsmarkt in Deutschland. In K. Hank, & M. Kreyenfeld (Hrsg.), *Social Demography Forschung an der Schnittstelle von Soziologie und Demografie* (S. 295–324). Wiesbaden: Springer.

Bühner, M. (2010). *Einführung in die Test- und Fragebogenkonstruktion.* München: Pearson.

Deutsche Gesellschaft für Qualität (DGQ). (2012). *DGQ-Weiterbildungsbarometer.* Frankfurt a.M.: DGQ.

Deutsches Institut für Normung e. V. (DIN), Normenausschuss Ergonomie. (2000). *DIN EN ISO 10075-1. Ergonomische Grundlagen bezüglich psychischer Arbeitsbelastung.* Berlin: Beuth.

Frerichs, F. (2016). Demografischer Wandel in der Erwerbsarbeit – Anforderungen an die Arbeits- und Laufbahngestaltung. In F. Frerichs (Hrsg.), *Altern in der Erwerbsarbeit* (S. 11–22). Wiesbaden: Springer.

Goetzel, R. Z., Long, S. R., Ozminkowski, R. J., Hawkins, K., Wang, S., & Lynch, W. (2004). Health, absence, disability, and presenteeism cost estimates of certain physical and mental health conditions affecting U.S. employers. *Journal of Occupational and Environmental Medicine* 46(4),398–412.

Gosselin, E., Lemyre, L., & Corneil, W. (2013). Presenteeism and absenteeism: Differentiated understanding of related phenomena. *Journal of Occupational Health Psychology* 18(1),75–86.

Heisig, S., Dalbert, C., & Schweikart, R. (2009). Berufliches Belastungserleben in der Sozialarbeit: Gibt es Unterschiede zwischen angehenden und berufserfahrenen SozialarbeiterInnen hinsichtlich ihrer Belastung und ihrem berufsspezifischen Befinden? *Diskurs Kindheits- und Jugendforschung* 2, 279–296.

Jakob, N., & Klewer, J. (2013). Analyse der Belastungen und Beanspruchungen von Erziehern in Kindertageseinrichtungen. *HeilberufeScience* 4(3),100–105.

Kauffeld, S. (2006). *Kompetenzen messen, bewerten, entwickeln.* Stuttgart: Schäffer-Poeschel.

Kauffeld, S. (2016). Entwicklung von Trainingsprogrammen. In S. Kauffeld (Hrsg.), *Nachhaltige Personalentwicklung und Weiterbildung* (S. 13–37). Berlin, Heidelberg: Springer.

Kauffeld, S., & Grote, S. (2014). Personalentwicklung. In S. Kauffeld (Hrsg.), *Arbeits-, Organisations- und Personalpsychologie für Bachelor* (S. 119–149). Berlin, Heidelberg: Springer.

Kaufmann, D., & Knapp, C. (Hrsg.). (2013). Demografischer Wandel in der Sozialwirtschaft – Herausforderungen, Ansatzpunkte, Lösungsstrategien. Stuttgart: Kohlhammer.

Kauffeld, S., & Hoppe, D. (2014). Arbeit und Gesundheit. In S. Kauffeld (Hrsg.), *Arbeits-, Organisations- und Personalpsychologie für Bachelor* (S. 241–264). Berlin, Heidelberg: Springer.

Kivimäki, M., Head, J., Ferrie, J. E., Hemingway, H., Shipley, M., Vahtera, J., & Marmot, M. (2005). Working while ill as a risk factor for serious coronary events: The Whitehall II Study. *American Journal of Public Health* 95(1),98–102.

Knoll, M., & Burkhardt, M. (2013). Ergebnisse der Befragung zur Arbeitssituation von Fachkräften in der sächsischen Sozialwirtschaft. Corax. *Magazin für Kinder- und Jugendarbeit in Sachsen* 3, 3–13.

Knoll, M., & van Dick, R. (2013). Do I hear the whistle …? A first attempt to measure four forms of employee silence and their correlates. *Journal of Business Ethics* 113(2),349–362.

Körner, A. (2007). *Zum Zusammenhang zwischen Arbeitszufriedenheit und Commitment – Mitarbeiterbefragung bei der Volkswagen Sachsen GmbH.* Chemnitz: Technische Universität Chemnitz.

Körner, A., & Uhlig, S. (2016). Berufswege und Personalentwicklung in der Sozialwirtschaft – Welche Kompetenzen brauchen Fachkräfte um lange, gesund und motiviert im Job zu bleiben? In Gesellschaft für Arbeitswissenschaft (GfA) (Hrsg.), *Arbeit in komplexen Systemen. Digital, vernetzt, human?! Bericht zum 62. Frühjahrskongress vom 2.–4. März 2016.* Dortmund: GfA-Press.

Kristensen, T. S., Hannerz, H., Høgh, A., & Borg, V. (2005). The Copenhagen Psychosocial Questionnaire – a tool for the assessment and improvement of the psychosocial work environment. *Scandinavian Journal of Work, Environment & Health* 31(6),438–449.

Liebermann, S. C., Wegge, J., & Müller, A. (2013). Drivers of the expectation of remaining in the same job until retirement age: A working life span demands-resources model. *European Journal of Work and Organizational Psychology* 22(3),347–361.

Lohmann-Haislah, A. (Hrsg.). (2012). *Stressreport Deutschland 2012: Psychische Anforderungen, Ressourcen und Befinden.* Dortmund: Bundesanstalt für Arbeitsschutz und Arbeitsmedizin.

Metz, A.-M., & Rothe, H. J. (2017). Psychische Belastung, psychische Beanspruchung und Beanspruchungsfolgen. In A.-M. Metz, & H. J. Rothe (Hrsg.), *Screening psychischer Arbeitsbelastung* (S. 5–21). Wiesbaden: Springer Fachmedien.

Motel-Klingebiel, A., Wurm, S., & Tesch-Römer, C. (2010). *Altern im Wandel. Befunde des Deutschen Alterssurveys (DEAS)*. Stuttgart: Kohlhammer.

Nübling, M., Stößel, U., Hasselhorn, H.-M., Michaelis, M., & Hofmann, F. (2005). *Methoden zur Erfassung psychischer Belastungen - Erprobung eines Messinstrumentes (COPSOQ). Schriftenreihe der Bundesanstalt für Arbeitsschutz und Arbeitsmedizin, Fb 1058*. Bremerhaven: Wirtschaftsverlag.

Nübling, M., Vomstein, M., Haug, A., & Lincke, H.-J. (2011). Erfassung psychischer Belastungen anhand eines erprobten Fragebogens – Aufbau der COPSOQ-Datenbank. http://www.copsoq-datenbank.de/. Zugegriffen: 12. Februar 2017.

Postmes, T., Haslam, S. A., & Jans, L. (2013). A single-item measure of social identification: Reliability, validity, and utility. *British Journal of Social Psychology* 52(4),597–617.

Rammstedt, B., & John, O. P. (2007). Measuring personality in one minute or less: A 10-item short version of the Big Five Inventory in English and German. *Journal of Research in Personality* 41(1),203–212.

Richter, D., & Heckemann, B. (2014). Resilienzförderung für Mitarbeitende im Gesundheitswesen: Bedarfsermittlung und Schulung im Umgang mit psychosozialen Belastungen am Arbeitsplatz. Bern: Berner Fachhochschule. http://www.gesundheitsdienstportal.de/files/Resilienz-Schlussbericht-Februar-2014.pdf. Zugegriffen: 27. Februar 2017.

Richter, P., & Hacker, W. (1998). *Belastung und Beanspruchung. Stress, Ermüdung und Burnout im Arbeitsleben*. München: Asanger.

Rohmert, W., & Rutenfranz, J. (1975). *Arbeitswissenschaftliche Beurteilung der Belastung und Beanspruchung an unterschiedlichen industriellen Arbeitsplätzen*. Bonn: Der Bundesminister für Arbeit und Sozialordnung.

Rohrbach-Schmidt, D., & Hall, A. (2013). BIBB/BAuA-Erwerbstätigenbefragung 2012, BIBB-FDZ Daten- und Methodenberichte Nr. 1/2013. Version 4.0. Bonn: Bundesinstitut für Berufsbildung. https://www.bibb.de/dokumente/pdf/FDZ_DuMB_ETB12_4.0_DE.pdf. Zugegriffen: 12. Februar 2017.

Schaper, N. (2014). Wirkungen der Arbeit. In F. W. Nerdinger, G. Blickle, & N. Schaper (Hrsg.), *Arbeits- und Organisationspsychologie* (3. Aufl., S. 517–539). Berlin, Heidelberg: Springer.

Soziale Dienste Berlin-Brandenburg e. V. (SDB). (2011). Macht und Ohnmacht in der Sozialen Arbeit: Strukturen sozialer Dienstleistungen in Berlin und Brandenburg und ihre Bedeutung für die Beschäftigungssituation der Fachkräfte. Abschlussbericht: Befragung zur sozialen und beruflichen Lage von Fachkräften der Sozialen Dienste in Berlin und Brandenburg. Berlin: Soziale Dienste Berlin-Brandenburg e. V. http://www.gew-berlin.de/public/media/MO_Abschlussbericht_Fachkraeftebefragung.pdf. Zugegriffen: 12. Februar 2017.

Statistische Ämter des Bundes und der Länder. (2009). Demografischer Wandel in Deutschland, Heft 4. Auswirkungen auf die Zahl der Erwerbspersonen. Stuttgart: Statistisches Landesamt Baden-Württemberg. https://www.destatis.de/DE/Publikationen/Thematisch/Bevoelkerung/DemografischerWandel/EntwicklungErwerbspersonenzahl.html. Zugegriffen: 12. Februar 2017.

Statistische Ämter des Bundes und der Länder. (2011). Demografischer Wandel in Deutschland, Heft 1. Bevölkerungs- und Haushaltsentwicklung im Bund und in den Ländern. Wiesbaden: Statistisches Bundesamt. https://www.destatis.de/GPStatistik/servlets/MCRFileNodeServlet/DEHeft_derivate_00012505/5871101119004.pdf. Zugegriffen: 12. Februar 2017.

Walla, W., Eggen, B., & Lipinski, H. (2006). *Der demografische Wandel. Herausforderungen für Politik und Wirtschaft*. Stuttgart: Kohlhammer.

Wendsche, J. (2014). *Das Pausencheckverfahren*. Dresden: TU Dresden.

Wendsche, J., & Lohmann-Haislah, A. (2016). *Psychische Gesundheit in der Arbeitswelt – Pausen*. Dortmund: Bundesanstalt für Arbeitsschutz und Arbeitsmedizin.

Wendsche, J., Wegge, J., & Obst, M. (2012). Kurzpausen puffern die Zunahme von Fehlbeanspruchungsfolgen bei steigendem Zeitdruck ab –die moderierende Wirkung der Erholungsfähigkeit. In Gesellschaft für Arbeitswissenschaft e.V. (Hrsg.), *Gestaltung nachhaltiger Arbeitssysteme –Wege zur gesunden, effizienten und sicheren Arbeit* (S. 653–656). Dortmund: GfA-Press.

Kompetenzanforderungen und Kompetenzentwicklung in der Arbeit mit Nutztieren: Eine explorative Betriebsfallstudie im Spannungsfeld von empathischer Fürsorge und emotionaler Distanz

Christa Gotter

© Springer-Verlag GmbH Deutschland 2018
S. Kauffeld, F. Frerichs (Hrsg.), *Kompetenzmanagement in kleinen und mittelständischen Unternehmen*,
Kompetenzmanagement in Organisationen, DOI 10.1007/978-3-662-54830-1_3

Zusammenfassung

Im Mittelpunkt des Beitrags stehen die Kompetenzentwicklung und Kompetenznutzung im Umgang mit Nutztieren in einer ostdeutschen Agrargenossenschaft. Anhand von Beobachtungen der Arbeitstätigkeiten der Mitarbeitenden, informellen Gesprächen und explorativen Experteninterviews mit Akteuren/-innen des Betriebes wird aufgezeigt, dass Beschäftigte teilweise widersprüchlichen Kompetenzanforderungen gegenüber stehen, und zwar als fürsorgliche Pfleger der Tiere einerseits und als Produzenten von tierischen Waren wie Fleisch und Milch andererseits. Dies wird von ihnen mitunter als emotional spannungsreich empfunden, was eine Anforderung für die Kompetenzentwicklung darstellt. Im Beitrag werden hemmende und fördernde Eigenschaften der Betriebskultur hinsichtlich der Entwicklung und Nutzung der Kompetenzen im Hinblick auf den fürsorglichen Umgang mit Nutztieren dargestellt. Es wird aufgezeigt, wie Führungskräfte die Betriebskultur im Sinne einer gelingenden Kompetenzentwicklung positiv beeinflussen und damit zur Fachkräftesicherung beitragen können.

3.1   Ausgangslage: Der Fachkräftemangel in der ostdeutschen Landwirtschaft

Vielen ostdeutschen landwirtschaftlichen Betrieben fällt es derzeit schwer, frei werdende (Ausbildungs-)Stellen zu besetzen (z. B. Böttcher u. Winge, 2015, S. 33). Zum einen bewerben sich immer weniger Interessenten/-innen für eine landwirtschaftliche Berufstätigkeit, zum anderen erscheinen die Bewerber/-innen den Betrieben aber auch häufig nicht geeignet. So beklagen sich landwirtschaftliche Betriebe etwa über nicht ausreichende Zeugnisnoten der Ausbildungsplatzbewerber/-innen und bemängeln, dass sich Bewerber/-innen während der Probearbeit nicht ausreichend motiviert zeigen würden. Diese Situation wird von den Betrieben als problematisch wahrgenommen, denn sie trifft auf eine für die Betriebe ungünstige betriebliche Altersstruktur, in der in den kommenden Jahren viele gut qualifizierte Beschäftigte aus dem Erwerbsleben ausscheiden (Winge u. Heyme, 2015). Vor diesem Hintergrund setzen landwirtschaftliche Betriebe zur Fachkräftesicherung neben der traditionell bewährten Berufsausbildung im eigenen Betrieb und der Einstellung von Fachkräften aus dem Arbeitsmarkt zunehmend auch auf andere Strategien. So sind sie zunehmend aufgeschlossen gegenüber Bewerber/-innen, die keine landwirtschaftliche Berufsausbildung absolviert haben, oder auch gegenüber Zuwanderern, die sich für einen dauerhaften Arbeitsplatz in der Landwirtschaft interessieren (Lukanow-Arndt u. Winge, 2015, S. 47f.).

Das Verbundprojekt Alfa Agrar („Kompetenzentwicklung ausländischer Arbeitskräfte zum Aufbau zu Fachkräften in der Landwirtschaft", gefördert vom BMBF) baut auf dieser kurz umrissenen Situation auf und geht der folgenden Kernfrage nach: Vor welchen Aufgaben bezüglich der beruflichen Integration und Sozialisation deutscher und ausländischer beruflicher Quereinsteiger, aber auch Auszubildender stehen die landwirtschaftlichen Betriebe, und wie können sie diese bewältigen?

Der vorliegende Beitrag fokussiert die Tierwirtschaft, speziell die Milchkuh- und Schweinehaltung. Dabei strebt er grundlegendere wissenschaftliche Erkenntnisse über den Beruf des Tierwirtes (Exkurs: Begriffsklärung und Begriffsverwendung Tierwirt und Landwirt) und die berufliche Tätigkeit im Umgang mit Nutztieren an:

- Für welche beruflichen Anforderungen sollen sich die Mitarbeiter/-innen und Bewerber/-innen motiviert zeigen?
- Welche Kompetenzen, außer dem von landwirtschaftlichen Betriebsleitern/-innen genannten Durchhaltevermögen, werden von ihnen erwartet?
- Wie bzw. unter welchen Bedingungen können die fraglichen Kompetenzen herausgebildet werden?

Im Zentrum der Betrachtung stehen somit die Bedingungen, unter denen die beruflichen Integrations- und Sozialisationsprozesse von Beschäftigten in der Tierwirtschaft stattfinden sowie welche Rolle die landwirtschaftlichen Führungskräfte und die Betriebskultur hierbei spielen. Anhand einer explorativen Untersuchung einer ostdeutschen Agrargenossenschaft werden im vorliegenden Beitrag erste Antworten auf diese Fragen formuliert.

Im folgenden Abschnitt werden, aufbauend auf ersten theoretischen Vorüberlegungen, die Fragen spezifiziert.

Exkurs

Begriffsklärung und Begriffsverwendung Tierwirt und Landwirt

Tierwirt und Landwirt sind zwei verschiedene Berufe, die im Rahmen einer Berufsausbildung erlernt werden können. Die Ausbildung zum Tierwirt kann in fünf unterschiedlichen Bereichen absolviert werden, u. a. im Bereich Rinderhaltung und im Bereich Schweinehaltung. Während es sich bei der Ausbildung zum Tierwirt vor allem um eine eher spezialisierte Ausbildung handelt, in deren Verlauf Auszubildende das Wissen und die Fähigkeiten zur Tierzucht, Tierfütterung, Stallhygiene oder den Umgang mit der Stalltechnik erlernen, ist die Ausbildung zum Landwirt breiter gefächert und schließt u. a. den Pflanzenanbau mit ein (BMEL, 2016). In dem hier im Mittelpunkt stehenden Betriebsfall arbeiten auch Menschen in der Tierhaltung, die keine ausgebildeten Tierwirte/-innen sind, sondern die zuvor eine Ausbildung zum Landwirt oder in einem der anderen sogenannten „Grünen Berufe" absolviert haben. Ebenso haben zahlreiche Beschäftigte ihre Berufsausbildung während der DDR-Zeit absolviert. Zu dieser Zeit unterschieden sich die Berufsbezeichnungen der landwirtschaftlichen Berufe von den aktuellen Bezeichnungen. So gab es beispielsweise von 1985 bis 1990 die Ausbildung zum „Facharbeiter/-in für Tierproduktion" (Rinder- oder Schweineproduktion) sowie zuvor bis zum Jahr 1985 die Ausbildung zum/r Zootechniker/-in in Rinder- und Schweineproduktion (Bundesagentur für Arbeit 2005a-c). Des Weiteren arbeiten einige Beschäftigte im Bereich Tierproduktion, die als sogenannte Quereinsteiger/-innen keinen landwirtschaftsnahen Beruf erlernt, sondern eine nicht-landwirtschaftliche Berufsausbildung absolviert haben. Entscheidend für die Ausführungen in diesem Beitrag ist demnach der Tätigkeitsbereich Tierwirtschaft, in dem die Mitarbeitenden arbeiten – unabhängig von ihrem erlernten Beruf. Aus diesem Grund werden die Begriffe Landwirt und Tierwirt in diesem Beitrag synonym verwendet, auch wenn es sich streng genommen um zwei verschiedene Berufsbezeichnungen handelt, und die in der Tierwirtschaft arbeitenden Menschen diese beiden Berufe nicht notwendigerweise erlernt haben.

3.2 Forschungsgegenstand: Die Berufsrolle des Tierwirtes und die Arbeit mit empfindsamen Lebewesen

Das Erlernen berufsspezifischer Kompetenzen ist eine wichtige Bedingung für eine langfristige Integration in das Berufsfeld der Tierwirtschaft. Eine langfristige berufliche Integration und Kompetenzentwicklung obliegt jedoch nicht nur der Verantwortung der einzelnen Mitarbeitenden, sondern ist ebenso abhängig von den strukturellen Bedingungen des landwirtschaftlichen Betriebes und der in ihm gelebten Betriebskultur, die es Arbeitskräften erschweren oder erleichtern kann, sich im Berufsfeld der Tierwirtschaft zu kompetenten und autonom arbeitenden Fachkräften zu bilden und zu sozialisieren. In diesem Beitrag wird auf diese Verflechtungen zwischen Betriebskultur und Kompetenzentwicklung eingegangen. Da die berufliche (Weiter-)Bildung und der Kompetenzerwerb von Beschäftigten immer auch eine berufliche Sozialisation in eine Berufsrolle darstellt (Heinz, 1995, S. 54ff.), wurde hier ein rollentheoretischer Ansatz gewählt.

Allgemein gesprochen sind soziale Rollen und damit auch Berufsrollen „Bündel von Erwartungen, die sich in einer gegebenen Gesellschaft an das Verhalten der Träger von Positionen knüpfen" (Dahrendorf, 1977, S. 33). Diese Definition lässt sich noch erweitern, wenn man die Arbeiten der Emotionssoziologin Arlie Hochschild (1979, 1990) hinzuzieht. So sind Rollen immer auch mit „Gefühlsregeln" bzw. Erwartungen im Hinblick auf die Einstellungen und Gefühle verbunden. Auch eine Berufsrolle ist mit speziellen Erwartungen im Hinblick auf das Verhalten, die Einstellungen und Emotionen verknüpft. Im Verlauf der beruflichen und betrieblichen Sozialisation lernen Individuen die Regeln und Erwartungen, die an ihren Beruf und ihre Position im Betrieb geknüpft sind, kennen. Die Regeln sind mehr oder weniger formalisiert und werden von Vorgesetzten, von Ausbildern/-innen, von Kollegen/-innen oder auch von Kunden/-innen auf verschiedene Weise vermittelt.

Die Regeln und Normen der betrieblichen Berufsrolle sind in die Betriebskultur eingebettet. Im Sozialisationsprozess eignen sich Individuen diese Erwartungen an, lernen mit ihnen umzugehen und bilden so ihre berufliche Identität. Wichtig ist, dass dies kein einseitiger Anpassungsprozess ist, da Individuen auch ihre bereits vorgeformten Haltungen, also die zu ihrem Selbstbild zugehörigen, zuvor verinnerlichten Erwartungen mit einbringen. Dies kann dazu führen, dass sie die Erwartungen, die an ein Berufsfeld oder eine Position im Betrieb geknüpft sind, manchmal auch ablehnen oder neu interpretieren, was wiederum zu einer Veränderung der Regeln und damit auch der Betriebskultur führen kann (Mikl-Horke, 2007, S. 167ff., Heinz, 1995, S. 45). Ein weiterer Grund, weshalb Individuen Rollenerwartungen oft auch erst selbst interpretieren müssen, besteht darin, dass die Erwartungen häufig nicht formalisiert sind (Kreckel, 1975, S. 168ff.). Eine Rolle ist immer an mehrere Erwartungen geknüpft. Zwischen diesen Erwartungen können Widersprüche bestehen, die als Rollenkonflikt bezeichnet werden (Mikl-Horke, 2007, S. 168).

Im Mittelpunkt dieses Beitrags stehen die Erwartungen, die mit der Berufsrolle eines Tierwirtes hinsichtlich des direkten, täglichen Umgangs mit den Tieren im Stall verknüpft sind. Diese Erwartungen sind ambivalent und teilweise widersprüchlich. Die Widersprüchlichkeit und Ambivalenz geht mit dem spezifischen Doppelcharakter der Nutztiere einher. So sind Nutztiere einerseits empfindsame Lebewesen, andererseits stellen sie für die Menschen in der Nutztierhaltung aber auch Produktionsmittel dar, aus deren Körpern sie Nahrung bzw. Waren herstellen. Diese möglicherweise zunächst banal anmutende Tatsache hat für die Menschen, die mit Nutztieren arbeiten, jedoch weitreichende Folgen. So zeigen die wenigen soziologischen Untersuchungen hierzu auf, dass aufgrund dieses Doppelcharakters, den die Tiere einnehmen, die Mensch-Nutztier-Beziehung emotional spannungsreich für die Menschen sein kann, die täglich in der Tierwirtschaft arbeiten (Jürgens, 2008, 2009; Wilkie, 2005, 2010).

An diese Vorüberlegungen anknüpfend, geht der Beitrag in ▶Abschn. 3.4 auf zwei miteinander verbundene Fragen ein:

- Mit welchen Einstellungs-, Verhaltens- und Kompetenzerwartungen ist die Berufsrolle eines Tierwirtes hinsichtlich der Mensch-Nutztier-Beziehung und -Interaktion verbunden?
- Mit welchen Widersprüchen und emotionalen Ambivalenzen sind die Erwartungen an den Umgang von Tierwirten mit ihren Nutztieren verknüpft?

Darauf aufbauend, werden in ▶Abschn. 3.5 erste Hinweise hinsichtlich der Verflechtungen von Kompetenzentwicklung und Betriebskultur gegeben. Hier wird der Frage nachgegangen, welche betriebskulturellen und betriebsstrukturellen Gegebenheiten sowohl förderlich als auch hinderlich für die Mitarbeitenden sein könnten, um

- die an sie gestellten Kompetenzerwartungen umzusetzen und
- mit den berufsimmanenten Widersprüchen und emotionalen Ambivalenzen umgehen zu können.

Zur Beantwortung dieser Fragen fließen neben den Ergebnissen der wenigen soziologischen Untersuchungen über Menschen, die mit Nutztieren arbeiten, die ersten Ergebnisse einer explorativen, aktuell noch andauernden Betriebsfallstudie ein, die in einem überdurchschnittlich großen, konventionelle Landwirtschaft betreibenden Betrieb – hier Agrargenossenschaft Fliedersdorf genannt – durchgeführt wird.

Bei dieser Betriebsfallstudie handelt es sich um eine ethnografische Studie. Ethnografie ist eine Forschungsperspektive, in der vor allem nicht-standardisierte, qualitative Forschung betrieben wird. Zwei unterschiedliche Praktiken der Datengewinnung kamen zur Anwendung. Zum einen wurden Mitarbeitende während ihrer Arbeitszeit im Stall tage- oder stundenweise besucht und begleitet sowie manchmal auch bei Arbeitstätigkeiten unterstützt. Die Beobachtungen und informellen Gespräche, die während der Arbeitsprozesse mit ihnen geführt wurden, wurden entweder schriftlich dokumentiert oder mit ihrem Einverständnis aufgezeichnet (Breidenstein et al., 2013, S. 71ff.). Zum anderen wurden mit den Betriebsleitern explizite Interviews in Form von explorativen Experteninterviews (Kruse, 2015, S. 166ff.) geführt. Erste Ausschnitte aus den Interviewtranskripten und schriftlichen Protokollen wurden in einer Gruppe von Wissenschaftlern/-innen interpretiert (Breidenstein et al., 2013, S. 139ff.; Kruse, 2015, S. 376f.).

Die folgenden Abschnitte gehen auf die drei oben genannten Fragen ein. Zuvor wird in einem ersten Schritt (▶ Abschn. 3.3) kurz geklärt, welche allgemeinen betriebsstrukturellen und betriebskulturellen Kontextfaktoren die Beziehung und Interaktion der Landwirte/-innen mit den Nutztieren beeinflussen.

3.3 Allgemeine betriebsstrukturelle und betriebskulturelle Kontextfaktoren der Mensch-Nutztier-Beziehung

Menschen, die mit Nutztieren im Allgemeinen bzw. Milchkühen oder Schweinen im Besonderen arbeiten, erledigen vielfältige Aufgaben, bei denen sie in unterschiedlicher Art und Weise sowie Intensität Kontakt zu den Tieren haben. So füttern sie u.a. die Tiere, melken und besamen sie, pflegen sie gesund und kastrieren sie. Manchmal müssen sie auch kranke Tiere nottöten (▶ Exkurs: Nottötung). Oder sie müssen Krankheiten und das Wohlbefinden der Tiere erkennen, Geburtsvorgänge begleiten und hier manchmal eingreifen. Ebenso reinigen sie die Ställe oder verladen die Tiere auf den LKW, der zum Schlachthof fährt.

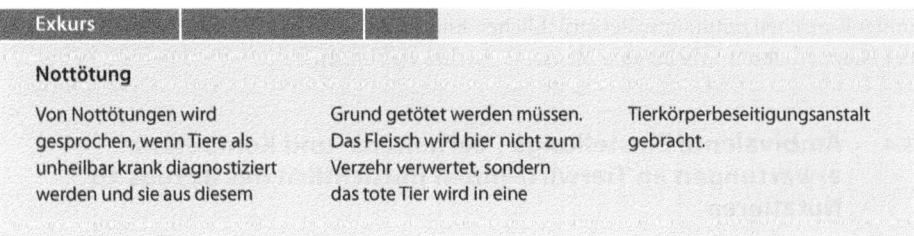

Exkurs

Nottötung

Von Nottötungen wird gesprochen, wenn Tiere als unheilbar krank diagnostiziert werden und sie aus diesem Grund getötet werden müssen. Das Fleisch wird hier nicht zum Verzehr verwertet, sondern das tote Tier wird in eine Tierkörperbeseitigungsanstalt gebracht.

So unterschiedlich die Arbeitstätigkeiten von Landwirten/-innen bei ihrer täglichen Arbeit in der Nutztierhaltung sein können, so verschieden gestalten sich auch die Beziehungen und die

Haltungen, die sie gegenüber den Tieren einnehmen. Die Verschiedenheit der Mensch-Nutz-tier-Beziehungen geht allerdings weniger auf biologische Unterschiede zwischen den einzelnen Tierarten zurück, sondern vielmehr auf soziale und kulturelle Kontextfaktoren (Bock et al., 2007; Ellis, 2014; Hamilton u. Taylor, 2013; Jürgens, 2005; Wilkie, 2005).

Wilkie (2005) und Bock et al. (2007) zeigen auf, dass die Einstellung der Menschen zu ihren Nutztieren und in dessen Folge der Umgang mit ihnen vor allem durch das Produktionssystem und die Haltungsbedingungen beeinflusst wird. Demnach ist entscheidend, um wie viele Tiere sich Tierhalter/-innen kümmern und wie arbeitsteilig der Produktionsprozess organisiert ist. Ein Land-wirt, der seine Tiere auf allen Produktionsstufen, beispielsweise vom Kalb bis zur Milchkuh oder vom Ferkel bis zum Mastschwein, begleitet, was in bäuerlichen Familienbetrieben wahrscheinlich häufiger vorkommt als in landwirtschaftlichen Großbetrieben, hat womöglich eine engere Bezie-hung zu einzelnen Tieren als Mitarbeitende in einem größeren landwirtschaftlichen Betrieb, die tagtäglich in der Ferkelaufzucht Hunderte neu geborener Ferkel auf fließbandförmige Art und Weise erstversorgen. Das heißt, für die Mensch-Tier-Beziehung und -Interaktion kann es entschei-dend sein, wie lange und intensiv Landwirte/-innen einzelne Tiere sehen und mit ihnen arbeiten.

Die Kontakthäufigkeit und Kontaktintensität von Tierwirten/-innen zu den Nutztieren ist von einer Reihe weiterer Faktoren abhängig. So kann es bedeutend sein, in welcher Lebensphase und welchem Gesundheitszustand sich ein Tier befindet, um das sich ein Landwirt kümmert. Zu einem kranken Kalb, das nicht in der Lage ist, selbstständig Nahrung zu sich zu nehmen, können Tierhalter/-innen eine andere Beziehung haben oder aufbauen als zu einer gesunden, zu melken-den Kuh. Ebenso wichtig kann die Lebensdauer der einzelnen Tiere sein. Eine Melkerin, die jeden Tag Hunderte Kühe melkt, hat zwar vielleicht keinen intensiven Kontakt zu einzelnen Tieren, dennoch kann es vorkommen, dass sie während der vergleichsweise langen Lebensdauer einer Kuh von mehreren Jahren eine emotionale Beziehung zu einer bestimmten Milchkuh aufbaut.

Die Lebensdauer und Lebenserwartung hängt wiederum von der Nutzung der Tiere ab. Eine Zuchtsau, die genutzt wird, um Ferkel zu gebären, wird älter als ein Schwein, das gemästet wird und nach wenigen Monaten zum Schlachthof gebracht wird. Ebenso hat ein Mastbulle ein kürze-res Leben als eine Milchkuh. Das Alter wird auch von der Tierart bestimmt, wobei hier nicht nur die rein biologische Lebenserwartung entscheidend ist, sondern die Lebensdauer von mensch-lichen Eingriffen abhängt (Bock et al., 2007; Wilkie, 2005).

Die mit diesen verschiedenen möglichen betrieblichen Kontextfaktoren verbundene Kom-plexität und Vielschichtigkeit der Mensch-Nutztier-Beziehung besteht nicht nur zwischen ver-schiedenen Tierwirten/-innen. Auch ein Landwirt allein erlebt zumeist komplexe und ambi-valente Haltungen und Einstellungen, sowohl zu verschiedenen Tieren in seinem Stall als auch nur zu einem einzelnen Tier (Bock et al., 2007; Convery et al., 2005; Ellis, 2014; Wilkie, 2005). Die Beziehungen und Haltungen der Menschen zu den Nutztieren, mit denen sie arbeiten, sind somit nicht statisch und eindeutig, sondern wechselvoll und ambivalent, was von den Menschen als emotional spannungsreich empfunden werden kann. Doch worin liegt nun diese Spannbreite und mit welchen mitunter widersprüchlichen Einstellungs- und Verhaltenserwartungen der in der Nutztierhaltung arbeitenden Menschen ist dies verbunden?

3.4   Ambivalente Einstellungs-, Verhaltens- und Kompetenz-erwartungen an Tierwirt/-innen hinsichtlich des Bezugs zu Nutztieren

Wie in ▶ Abschn. 3.2 bereits erwähnt, ist die Spannbreite der Mensch-Nutztier-Beziehung nach Wilkie (2005) vor allem in der doppeldeutigen Natur der Nutztierhaltung begründet. So werden Tiere von Tierhaltern/-innen zum einen als „empfindsame Waren" („sentient commodities";

Wilkie, 2005, S. 218) bzw. Produktionsmittel in objektivierter Form, und zum anderen als empfindsame Subjekte individualisiert wahrgenommen. Aufbauend auf Mertons (1976) Werk *Sociological Ambivalence and other Essays*, in dem er sich mit den Rollenanforderungen von medizinischem Personal beschäftigt hat, argumentiert Wilkie (2005, S. 217), dass sich Tierhalter/-innen den Tieren gegenüber zwischen zwei widersprüchlichen Rollenanforderungen hin und her bewegen müssen, und zwar zwischen einer „instrumentellen unpersönlichen Distanziertheit und einem funktionalen Ausdruck von mitfühlender Besorgnis". Das bedeutet, die Rollenanforderung an Tierwirte/-innen, einerseits eine unpersönlich, emotional distanzierte Haltung den Tieren gegenüber einzunehmen, sich aber auch andererseits mitfühlend und empathisch den Tieren gegenüber zu verhalten, unterliegt einem spezifischen Zweck. Der Logik von Unternehmen und ebenso der kommerziell betriebenen Nutztierhaltung entsprechend, besteht dieser darin, in möglichst günstigen Kosten-Nutzen-Relationen zu wirtschaften.

Die beiden widersprüchlichen emotionalen Rollenanforderungen sind mit verschiedenen Arbeitsaufgaben verknüpft. Eine der täglichen und wichtigsten Aufgaben von Beschäftigten in der Nutztierhaltung ist laut Aussagen der Personalverantwortlichen (▶ Exkurs: Begriffsklärung: Personalverantwortlicher und Anlagenleiter), das Wohlbefinden bzw. den gesundheitlichen Zustand der Tiere teils mit bloßem Auge zu erkennen.

Exkurs

Begriffsklärung: Personalverantwortlicher und Anlagenleiter

Die Personalverantwortlichen in der Agrargenossenschaft Fliedersdorf sind die Betriebsleiter, die ebenso den Vorstand der Agrargenossenschaft stellen.

Jedes der drei Mitglieder des Vorstandes leitet einen Produktionsbereich im Betrieb (Schweine-, Rinder- und Pflanzenproduktion). Die Anlagenleiter/-innen sind

jeweils koordinierend für eine der verschiedenen Stallanlagen in der Tierproduktion verantwortlich und stehen in engem Kontakt mit den Personalverantwortlichen.

Der Logik der kommerziellen Nutztierhaltung folgend, gilt es dabei zu vermeiden, dass Tiere aufgrund von nicht erkannten und behandelten Krankheiten sterben, ohne dass aus ihnen ein materieller Nutzen gezogen werden kann. Zu „merken, ob es den Tieren schlecht geht" (Zitat aus Interview B3), setzt vor allem eine Haltung der Tierwirte/-innen voraus, in der Tiere als Subjekte, mitunter auch auf mitfühlende Weise, individualisiert wahrgenommen werden. Denn nur so können sie ein krankes Tier aus einer Herde heraus erkennen und pflegerische Maßnahmen einleiten und durchführen. Ein Anlagenleiter eines Milchkuhstalls mit mehr als 500 Milchkühen drückte dies folgendermaßen aus:

B1: „Weil das Spezifische/Die da drinne [die Mitarbeitenden im Stall; Anm. Autorin], die wissen genau, welche Kuh (…) schmeißt, welche hat Probleme mit den Eutern oder/Wissen die ganz genau. So. Wenn du da als Fremder aller vierzehn Tage reinkommst jedes Mal (…), gibt nur Ärger."

Nach Aussage des Anlagenleiters sollten Tierwirte/-innen also alle einzelnen Tiere mit all ihren Besonderheiten kennengelernt haben, um deren Befinden erkennen zu können. Dafür benötigten sie die Möglichkeit, die Tiere regelmäßig und ohne lange zeitliche Unterbrechungen zu beobachten. Im Gesprächsverlauf meinte er, dass Tierwirte/-innen zwar im Verlauf ihrer beruflichen Bildung Kriterien erlernen würden, anhand derer sie kranke Tiere oder auch Tiere, die in der fruchtbaren Phase sind, was für die künstliche Besamung wichtig ist, erkennen können. Dies sei jedoch nicht immer ausreichend, da die Milchkühe auch individuelle Besonderheiten aufwiesen, sodass die Kriterien nicht immer greifen würden. Um diese Besonderheiten erkennen zu können, bedürfe es neben der Möglichkeit, sich mit einzelnen Tieren über einen längeren Zeitraum zu beschäftigen, ebenso einer gewissen Erfahrung der Mitarbeitenden:

B1:„Man muss das auch selber durchgemacht haben. (…) Ne, das das sind so Dinge, die man gar nich so selber/Da brauchste n Händchen, da eine Frau, Mutter. Das muss irgend ne Mutter sein. Keine Rabenmutter. Eine richtige Mutter."

Interessanterweise schreibt dieser Anlagenleiter die Fähigkeit und Bereitschaft, sich auf mit-fühlsame Weise besonders gut um einzelne kranke oder schwache Kälber zu kümmern und sie zu pflegen besonders Frauen zu, die das bereits mit ihren eigenen Kindern gelernt haben. So erzählt er über eine Situation mit einem Kalb, das nicht in der Lage war selbstständig Nahrung aufzunehmen:

B1:„Der wollte nich saufen, und und. Das sind dann so richtige Problemfälle. Wo du dich beschäf-tigen musst. Wo du auch nicht aufgeben darfst. (…) Und wenn da einer leichtfertig ist, sagt:‚Ach, leck mich am Ärmel', dann verhungert er oder, oder, ja. Und das hat eben eine Kälberfrau, die macht das nicht. Bis es nicht mehr geht, wird da probiert, gemacht."
I:„Weil sie die nicht aufgeben will?"
B1:„Nö, nö, als Mutter gibste ja nicht auf. Die, die Kälberfrauen, das sind wie ihre eigenen Kinder. Und die betüttelt die auch, die MACHT das auch!"

Wenn auch die Zitate dieses Anlagenleiters und seine Zuschreibungen, die er Frauen mit Kindern gegenüber vornimmt, etwas überspitzt klingen mögen und auf berufsspezifische Geschlechts-rollenerwartungen hinweisen, sollte hier vor allem eines deutlich werden:

    Die Anforderung an die Kompetenz von Tierwirten/-innen, sich als empathische Tierpfleger um einzelne Tiere zu kümmern und die Tiere als Subjekte wahrzunehmen, ist nicht vorausset-zungslos. So müssen Tierwirte/-innen im Verlauf ihrer Berufsausbildung und beruflichen Sozia-lisation ein Wissen über die Kriterien zum Erkennen von kranken, fruchtbaren und gesunden Tieren erwerben. Dieses Wissen muss jedoch immer auch damit verbunden sein, die Spezifität jedes einzelnen Tieres zu kennen, und kann nur mit einer gewissen Erfahrung zur Anwendung kommen. Für all dies benötigen die Menschen während ihrer Ausbildung und jeden Arbeits-tag immer wieder den wichtigen Faktor Zeit, also letzten Endes auch eine Betriebskultur, in der es Mitarbeitern/-innen möglich ist, sich diese Zeit auch zu nehmen. Dieser Aspekt wird in ▶ Abschn. 3.5 noch einmal aufgegriffen.

    Neben der Erwartung an Tierwirte/-innen, mitfühlende Besorgnis jedem einzelnen Tier gegenüber zum Ausdruck zu bringen, gilt es ebenso als Kompetenz- und Einstellungsanforde-rung, den Tieren in einer unpersönlichen Distanz gegenüberzustehen. Auch dies ist mit speziel-len Arbeitsaufgaben verbunden. Wichtig ist dies vor allem, wenn sich die Landwirte/-innen von den Tieren trennen müssen, weil etwa die Schlachtreife erreicht ist oder die Tiere, z. B. regelmä-ßig Kälber oder Ferkel, für die nächste Produktionsstufe in einen anderen Stall gebracht werden. Die distanzierte Wahrnehmung der Tiere als objekthafte Waren wird als wichtig erachtet, um die Tiere als „Nutztiere" konstruieren zu können, deren Nutzen darin besteht, einen materiel-len Erlös zu erzielen. Die Tiere im Stall sollen dementsprechend nur so lange gepflegt werden, dass der Erlös in einem für den Betrieb günstigen Verhältnis zum Aufwand steht. So wird auch eine Milchkuh, die ein Mensch mehrere Jahre lang gemolken hat und zu der er eine emotionale Bindung aufgebaut hat, eines Tages von ihm auf einen LKW verladen, der das Tier zum Schlacht-hof bringt, und zwar dann, wenn die Kosten-Nutzen-Relation für den Betrieb ungünstiger wird.

Dies ist beispielsweise der Fall, wenn die Kuh immer weniger Milch gibt oder die Reproduktion mit immer mehr Aufwand verbunden ist (ca. einmal im Jahr müssen die Kühe kalben, um die Milchproduktion zu gewährleisten). Eine unpersönliche Distanz ist somit ebenso wie die mitfühlende Fürsorge funktional im Sinne eines wirtschaftlich arbeitenden landwirtschaftlichen Betriebes. Indem Tierwirte/-innen diese Einstellung den Tieren gegenüber einnehmen, könnten sie sich aber auch vor negativen Gefühlen wie Trauer schützen. Ein Anlagenleiter erzählte hier Folgendes:

I: „Und gibt man die ähm männlichen Kälber/Wie ist'n das, wenn man die dann so abgibt?"
B1: „Wie soll das sein? (…) Die werden, die werden aufgeladen, und dann geht's ab die Post. (…)
Ähm, das das muss man sich gleich im Klaren sein: man sollte sich niemals äh äh anfreunden. [I:
hm] Wenn du das machst äähm, gibt's nur Trauer. [I: hm] Ja. Und drum, da hier die Bullen, das ist
ja eh ein Durchlaufobjekt. [I: hm] Da/Denn wie gesagt, die Melker, Besamer, die haben schon mal
eine Kuh, wo sie sagen: ‚Oh ja, das ist meine Lieblingskuh oder [I: hm] die, die gefällt mir.' Das, das
ist schon. Aber bei Bullen, so was darfst du gar nicht anfangen."

Eine unpersönliche und emotional distanzierte Haltung den Tieren gegenüber einzunehmen, in der die Tiere als Nutztiere objektiviert werden, fällt den Menschen, die mit Milchkühen oder Schweinen arbeiten, jedoch nicht immer leicht. Dies ist insbesondere dann der Fall, wenn Tierhalter/-innen während ihrer Fürsorge den Tieren gegenüber eine emotionale Bindung zu einem speziellen Tier aufgebaut haben (Wilkie, 2005) und die Beziehung zu den Tieren mit identitätsbezogenen und bestimmten moralischen Haltungen verknüpft ist. So sind die Rollenerwartungen an Tierwirte/-innen, sich mitfühlend um die Tiere zu kümmern, nicht nur bloße externe Erwartungen, die von Vorgesetzten oder Ausbildern formuliert und von den Berufsausübenden als rein funktionale Erfordernis interpretiert werden. Die Erwartungen werden vielmehr im Verlauf der beruflichen Sozialisation verinnerlicht und gehören zum Selbstverständnis und Selbstbild der Berufsausübenden. Mit anderen Worten: Die Haltung der Menschen, die mit Nutztieren arbeiten, geht häufig über eine rein materialistisch-ökonomische Haltung den Tieren gegenüber hinaus. Vielmehr spielen emotionale, identitätsbezogene und moralische Haltungen in der Beziehung zu den Tieren ebenso eine Rolle (Convery et al., 2005; Holloway, 2001; Jürgens, 2009). Die Mensch-Nutztier-Beziehung lässt sich also nach Jürgens (2008, S. 5130) als „eine komplexe Beziehung zwischen emotionalem Bezug, ethischen Wertvorstellungen und objektivem Nutzen" beschreiben.

Allerdings geht Jürgens (2008, S. 5129) implizit davon aus, dass dies insbesondere in kleinen bäuerlichen Familienbetrieben zutreffen würde, während in größeren Betrieben, in denen Lohnarbeitnehmer/-innen stark arbeitsteilig arbeiten, das Verhältnis der Menschen zu den Nutztieren ein rein instrumentelles sei. Ob dies tatsächlich tendenziell so zutrifft, kann hier aufgrund eines mangelnden empirischen Vergleichs nicht gesagt werden. Allerdings deuten die ersten Analysen der in der Agrargenossenschaft Fliedersdorf durchgeführten Gespräche und Beobachtungen darauf hin, dass das Verhältnis zu Nutztieren auch in einem großen landwirtschaftlichen Betrieb mit Tierbeständen von mehreren Hundert Tieren über ein rein instrumentelles Verhältnis hinausgehen kann. So spielen neben ökonomischen Beziehungen zu den Nutztieren auch emotionale Beziehungen und ethische Wertvorstellungen eine Rolle, in denen die Tiere als empfindsame Subjekte wahrgenommen werden, was manchmal mit ökonomischen Deutungen in Konflikt gerät.

Eine Anlagenleiterin eines Kuhstalls erzählte beispielsweise, dass die Mitarbeitenden im Stall „Lieblingskühe" haben, die sie „mögen", weil sie etwa besonders „verschmust" seien. Wenn eine von diesen Kühen dann von ihr für „zuchtuntauglich" befunden wird, was zur Folge hat, dass diese Kuh zum Schlachthof gebracht wird, wenden sich die Mitarbeitenden mit der Bitte an sie, die Kuh doch noch einmal zu besamen, sodass die Kuh noch länger im Stall bleiben kann. Hin und wieder hätten sie mit ihrer Bitte tatsächlich Erfolg.

Ebenso erzählte sie, dass sie entgegen der Anweisung des Betriebsleiters die Kühe acht Wochen vor dem Abkalben statt sechs Wochen vorher nicht mehr zum Melken bringt, also auch nicht mehr wirtschaftlich nutzt:

B2: „Äh na, ich mach schon immer acht, weil äh die Kühe sollen ja wenigstens zwei Monate ihre Ruhe haben. [Mhm] Außer es kalbt jetzt mal eine eher, dass das Besamungsdatum mal nicht stimmt. [Ja] Aber die müssen das ganze Jahr durch, warum sollen sie nicht mal zwei Monate ihre Ruhe haben? [Mhm] Wir haben ja auch 24 Tage Urlaub [lachen]."

Interessanterweise hatten die Begründungen gegen bestimmte Abläufe im Stall nicht immer rein emotionale und ethische Bezüge, sondern sie waren oft auch mit ökonomischen Argumenten verknüpft. Dies zeigt, dass die Mitarbeitenden das ökonomische Wohl des Betriebes ebenso wie die Betriebsleiter im Blick haben. So erzählte eine andere Anlagenleiterin beispielsweise, dass sie die Kälber nicht, wie von der Tierärztin und dem Betriebsleiter vorgesehen, unmittelbar nach der Geburt von der Mutterkuh trennt, sondern erst nach zwei Tagen. Sie begründete das damit, dass ihr die Mutterkühe und die Kälber einerseits Leid täten, andererseits müssten die Kälber dadurch nicht von Menschenhand getränkt werden, sodass sie viel weniger Arbeit mit den Kälbern hätte und sie sich in dieser Zeit anderen Aufgaben widmen könnte.

Dass es den Menschen in den Ställen aufgrund ihrer ethischen Wertvorstellungen und emotionalen Bezüge zu den Tieren nicht immer leichtfällt, in den Tieren auf emotional distanzierte Weise reine empfindungslose Objekte zu sehen, zeigte sich auch bei einer Beobachtung im Schweinestall, als die Mitarbeitenden ein Tier aufgrund von Krankheit nottöten mussten. Obwohl sowohl die Beobachtungen im Schweinestall als auch Bock et al. (2007, S. 114f.) in ihrer Studie über die Verschiedenartigkeit der Mensch-Nutztier-Beziehungen in Abhängigkeit der jeweiligen Tierarten nahelegten, dass Schweine von den Menschen u. a. aufgrund ihrer kürzeren Lebenszeit und der höheren Anzahl der Tiere in der Regel stark objektiviert wahrgenommen werden, schienen die Mitarbeitenden beim Akt des Tötens dennoch an ihre moralischen Grenzen zu stoßen. Verschiedene beobachtete Umgangsweisen der Beschäftigten deuten darauf hin. So begegneten sie der Situation mit ironischen Äußerungen oder mit dem Ritual, das Tier kurz bevor es von ihnen getötet wurde, noch zu taufen. Doch auch explizite Äußerungen zeigten, dass dies als problematische Situation wahrgenommen wurde. So fragten sie die anderen Kolleginnen, ob sie es „das nächste Mal machen wollen würden", weil sie nicht immer diejenigen sein wollten, die das tun müssten". Die angesprochenen Kolleginnen entgegneten jedoch, dass es ihnen „schon immer mit den Kleinen [mit den Ferkeln; Anm. Autorin] reichen würde" (Auszüge Beobachtungsprotokoll).

Dass Tierwirten/-innen das Nottöten von kranken Tieren nicht leichtfällt und von ihnen als belastend wahrgenommen wird, liegt u. a. darin begründet, dass sie sich vor allem als Pfleger/-innen der Tiere betrachten, die so gut gepflegt werden müssen, dass später aus ihren Körpern das Fleisch verwertet werden kann. Ein nutzloses Töten gehört dabei nicht zum Selbstverständnis eines Tierwirtes.

Dies muss jedoch nicht heißen, dass Menschen, die Tiere zur Fleischgewinnung töten, keine moralische Belastung wahrnehmen würden. Vielmehr zeigt Sebastian (2014), dass auch Schlachthofmitarbeiter, bei denen das Töten zur Fleischgewinnung zum zentralen Berufsbild gehört, belastende Gefühle wahrnehmen. So kann davon ausgegangen werden, dass Menschen, die im Arbeitskontext Tiere töten, generell das Gefühl haben, mit ihrer Handlung gegen ihre eigene moralische Vorstellung zu verstoßen, also gegen das, was sie im Sinne ihrer ethischen Wertvorstellungen eigentlich für gut und richtig erachten. Aufgrund dieses Verstoßes gegen ihre innere Werthaltung nehmen sie belastende oder negative Gefühle wahr.

Zusammenfassend kann hier festgehalten werden, dass Menschen, die mit Nutztieren arbeiten, im Verlauf ihrer (vor-)beruflichen Sozialisation die Kompetenz-, Verhaltens- und Einstellungserwartung, sich als empathische Tierpfleger/-innen um die Tiere zu kümmern, internalisiert haben, sodass diese Erwartung auch ein Bestandteil ihrer beruflichen Identität darstellt. Mit den damit verbundenen emotionalen Bezügen und moralischen Werthaltungen in Bezug auf die Tiere stoßen sie im Arbeitsalltag immer wieder auf Widersprüche, und zwar dann, wenn sie gegen ihr Selbstbild als um das Wohl der Tiere besorgte empathische Tierpfleger verstoßen müssen. Dies wird von den Mitarbeitern/-innen teilweise als Belastung wahrgenommen (vgl. Porcher, 2009).

Allerdings zeigte sich auch, dass die Tierwirte/-innen im Verlauf ihrer Berufssozialisation Umgangsweisen für diese Widersprüche bzw. das Wechseln zwischen den widersprüchlichen Rollen- und Kompetenzanforderungen erlernt haben. Als Beispiele können hier Taufrituale vor der Nottötung und Abschiedsrituale, wenn die Tiere in den Schlachthof gebracht werden, angeführt werden. Ebenso konnten Komik und Ironie als Entlastungsmechanismen etwa nach dem Tötungsakt beobachtet werden. Eine nicht unbeträchtliche Rolle spielt in diesem Kontext „Emotionsarbeit" (Hochschild, 1979, 1990), die ein zentraler Bestandteil von Menschen ist, die mit Nutztieren arbeiten (Ellis, 2014; Ellis u. Irvine, 2010). So lernen die Menschen im Verlauf ihrer Berufssozialisation „Emotionsmanagement" (Hochschild, 1979, 1990) zu betreiben, um ihre Gefühle bewusst zu gestalten und sich von negativen Gefühlen wie Schuld oder Trauer zu entlasten. Im Kontext der Nottötungen vermeiden die Mitarbeitenden etwa den Ausdruck „Töten", sondern sprechen davon, dass sie das Tier von den Schmerzen „erlösen". Dadurch können sie sich in die Lage versetzen, ihre eigene Handlung als etwas Positives zu deuten, was letztlich dem Wohl des Tieres dient.

Dies zeigt, dass die berufliche Sozialisation und Ausbildung nicht nur im Erlernen von praktischen Handgriffen oder Managementpraktiken besteht, sondern auch emotionale, teilweise mit ethischen Moralvorstellungen in Verbindung stehende Komponenten aufweist. In Anlehnung an Ellis und Irvine (2010) kann in diesem Kontext auch von einer emotionalen Ausbildung („emotional apprenticeship") gesprochen werden, in deren Verlauf die Menschen, die mit Nutztieren arbeiten, eine wichtige Kompetenz erlernen, die darin besteht, sich emotional entlastende Umgangsweisen anzueignen, die mit den widersprüchlichen und komplexen externen und internalisierten Rollenerwartungen von Tierwirten/-innen verbunden sind.

Im Folgenden werden, abgeleitet aus diesen ersten Erkenntnissen, Einschätzungen darüber formuliert, welche betriebskulturellen Gegebenheiten sowohl förderlich als auch hinderlich für die Mitarbeitenden sein könnten, die an sie gestellten Kompetenzerwartungen umzusetzen sowie mit den damit verbundenen Widersprüchen und emotionalen Ambivalenzen umzugehen.

3.5 Die Betriebskultur in der Agrargenossenschaft Fliedersdorf und die (empathische) Fürsorge der Mitarbeitenden gegenüber Tieren – Ansätze und Hemmnisse der Kompetenzentwicklung

Die Arbeit mit Nutztieren erfordert verschiedene Fähigkeiten und Kompetenzen. Eine Vielzahl der Fähigkeiten können in standardisierter Wissensvermittlung als theoretisches Fachwissen erworben werden. Im Hinblick auf die Gesundhaltung und Reproduktion der Tiere erlernen Auszubildende beispielsweise ein theoretisches Wissen, anhand dessen sie kranke und gesunde sowie fruchtbare Tiere erkennen können. Außerdem erlernen sie praktische Handgriffe wie etwa das Melken, Besamen, das Kastrieren der Ferkel oder die Erstversorgung der Ferkel nach der Geburt. Dieses theoretische Wissen und die technischen Einzelfähigkeiten allein reichen jedoch nicht aus, um die Tiere optimal zu versorgen. Inhetveen und Blasche (1983, S. 128), die sich mit den Fähigkeiten von bäuerlichen Produzenten beschäftigt haben, sagten hierzu Folgendes:

> » Um Situationen richtig einschätzen und die richtigen Handlungen zum richtigen Zeitpunkt auszuführen, stehen dem Menschen keine ‚objektiven' Meßgeräte zur Verfügung; das Lebendige als Ganzes entzieht sich weitgehend dem quantifizierend-messenden Zugriff des Menschen. Daher muß der Mensch jene Werkzeuge anwenden, die ihm relativ zuverlässig jederzeit verfügbar sind, nämlich seine natürlichen Sinne.

Zwar kamen in der Landwirtschaft seit den 1980er-Jahren zunehmend – auch in Familienbetrieben, auf die das Zitat Bezug nimmt – immer mehr technische Hilfsmittel zur Anwendung. So können etwa heute Melkroboter Kühe melken und erkennen, wenn eine Kuh euterkrank ist. Doch auch in der hoch technisierten Agrargenossenschaft Fliedersorf scheint „sinnliche Intuition" (Inhetveen u. Blasche, 1983) nach wie vor als wichtig für den Umgang mit Tieren erachtet zu werden. Diese Intuition lässt sich jedoch nicht in kurzer Zeit erlernen, sondern wird über Erfahrung im Verlauf der beruflichen Sozialisation angeeignet. Dieses Erfahrungswissen bzw. implizite Wissen (Polanyi, 1985) geht mit einem starken Berufsethos im Hinblick auf den „richtigen" Umgang mit den Tieren einher.

Dies zeigt sich besonders im Bereich der Milchproduktion. Die Mitarbeitenden kommen hier bei der Einführung neuer Haltungsformen oder Arbeitsabläufe, die die Wirtschaftlichkeit verbessern sollen, manchmal in moralische oder emotionale Konflikte den Tieren gegenüber. Interessanterweise lässt der Leiter der Rinderproduktion seinen Anlagenleiter/-innen jedoch durchaus wichtige Handlungsspielräume, sodass sie über bestimmte Abläufe mitentscheiden und den Tieren gegenüber entsprechend ihres beruflichen Selbstverständnisses handeln können. Damit vermittelt der Leiter den Anlagenleiter/-innen auch, dass er deren Erfahrungswissen wertschätzt.

Die Kommunikationskultur im Bereich der Rinderproduktion lässt sich insgesamt als sehr offen beschreiben. So zeigt die Anlagenleitung durchaus Verständnis, wenn Mitarbeitende sie bitten, lieb gewonnene Milchkühe länger im Stall zu lassen und wägt ihre Entscheidung mitunter zugunsten der Bitte der Beschäftigten nochmals ab. Damit findet die von den Tierwirten/-innen erwartete emotionale Kompetenz den Tieren gegenüber Anerkennung, was ihnen vermutlich auch hilft, mit den emotionalen Diskrepanzerfahrungen, die aus der Widersprüchlichkeit der Rollenanforderungen resultieren, umzugehen.

Doch nicht immer lassen sich die Diskrepanzerfahrungen durch Handlungsspielräume auflösen. Die widersprüchlichen Anforderungen im Hinblick auf die Mensch-Nutztier-Interaktion sind vielmehr, wie in ▶ Abschn. 3.2 ausgeführt, berufsimmanent. Aufgrund dessen ist es notwendig, dass Mitarbeitende im Verlauf ihrer beruflichen Sozialisation Umgangsweisen erlernen, die ihnen helfen, die Widersprüche als weniger emotional belastend zu erleben. Menschen, die noch wenige Erfahrungen in der Arbeit mit Nutztieren haben, könnten hier Unterstützung von alteingesessenen Kollegen/-innen benötigen. Wichtig ist, dass die erfahrenen Kollegen/-innen die weniger erfahrenen ernst nehmen und hierbei Einfühlungsvermögen zeigen. Aussagen wie: „Ach komm, hab Dich nicht so!", dürften hier nicht weiterhelfen. Insgesamt gilt allerdings der Umgangston in der Landwirtschaft und auch in der Agrargenossenschaft Fliedersdorf eher als „rau". Dies wird von Lehrlingen vor allem für den Bereich der Ferkelproduktion beschrieben. Dies dürfte einer der Gründe sein, warum Lehrlinge in der Schweineproduktion nach den ersten beiden Wochen ihre Ausbildung abgebrochen haben. Insbesondere Mitarbeitenden, die zuvor keine Sozialisation in der Nutztierhaltung im elterlichen Betrieb erfahren haben, wird es wahrscheinlich anfangs schwerfallen – dies legen zumindest die Beobachtungen und Gespräche nahe –, die Tiere als objekthafte Nutztiere zu behandeln. Zudem wird in öffentlich zugänglichen Berufsbeschreibungen über den Beruf des Tierwirtes als persönliche Eignungsvoraussetzung „Tierliebe" genannt (i.m.a, 2017). Dies könnte ein Bild der Nutztierhaltung suggerieren, das bei der ersten Konfrontation mit der Realität Enttäuschungen über die eigene Berufswahl hervorruft. Bei den Beobachtungen und Gesprächen in der Ferkelaufzucht entstand der Eindruck, dass emotionale Belastungen mitunter tabuisiert werden. Ein offenerer Umgang damit und die Enttabuisierung von negativen Gefühlen wie z. B. auch Angst oder Ekel könnte neuen Mitarbeitern/-innen den Berufseinstieg erleichtern und ihnen zeigen, dass die emotionalen Belastungen anerkannt werden.

Doch auch, wenn neue Mitarbeitende bereits eine berufliche Sozialisation in der Nutztierhaltung erfahren haben, kann es passieren, dass die Diskrepanzerfahrungen für sie neuartig sind, weil etwa im vorherigen Betrieb die Arbeitsabläufe und Tierhaltungsformen anders organisiert waren. Bei der Agrargenossenschaft Fliedersdorf handelt es sich um einen vergleichsweise großen Betrieb, mit großen Tierbeständen und stark arbeitsteiligen Prozessen. Die wenigsten Beschäftigten haben hier die Gelegenheit, die Tiere über ihr ganzes Leben zu begleiten und kennenzulernen. Am ehesten ist dies noch in der Rinderproduktion der Fall, in der spezialisierte Melker/-innen die Kühe (in den Stallanlagen ohne Melkroboter) jeden Tag über mehrere Jahre melken, oder bei den Anlagenleitern/-innen, die die Kühe von klein auf bis zum Verladen auf den LKW, der sie zum Schlachthof transportiert, jeden Tag sehen. So bekommen sie auch die Gelegenheit, die einzelnen Tiere mit ihren jeweiligen Besonderheiten kennenzulernen. Dies ist nach Ansicht des oben zitierten Anlagenleiters wichtig, um das Wohlbefinden zu beurteilen, aber auch um Krankheiten rechtzeitig zu „merken". Entscheidend dafür, dass Mitarbeitende diese Kompetenz erlernen, ist jedoch, wie in ▶ Abschn. 3.4 bereits ausgeführt, vor allem Zeit. Denn nur, wenn sie sich auch die Zeit nehmen können, die Tiere als Subjekte wahrzunehmen, können sie erkennen, wie es einem einzelnen Tier in einer großen Herde geht.

Dies scheint jedoch im Bereich der Ferkelproduktion weniger der Fall zu sein. Im Gegensatz zur Rinderproduktion ist dieser Bereich bezüglich der Arbeitsabläufe stärker arbeitsteilig organisiert und zeitlich stärker getaktet. So werden beispielsweise Hunderte Zuchtsauen am gleichen Tag besamt, um zu gewährleisten, dass die Sauen in einem planbaren, abgesteckten Zeitraum ferkeln. Die zeitliche Abfolge der einzelnen Arbeitsschritte kann so relativ genau vorausgeplant werden. So gibt es Tage, an denen die Erstversorgung der Ferkel erfolgt oder die männlichen Ferkel kastriert oder die Ferkel von den Sauen „abgesetzt" (getrennt) werden. Für viele der zeitlich getakteten einzelnen Arbeitsschritte werden zudem spezialisierte Mitarbeitende eingesetzt. So gibt es Beschäftigte, die vor allem dafür zuständig sind, in den Abferkelställen zu arbeiten, wobei sie immer genau in dem Stall eingesetzt werden, bei dem abzusehen ist, dass an dem jeweiligen Tag Ferkel geboren werden („Abferkeltag"). Viele Mitarbeitende rotieren also zwischen den verschiedenen Stallanlagen hin und her. Nur wenige Beschäftigte arbeiten täglich am gleichen Ort. Diese werden von dem Betriebsleiter „Rumpfmannschaft" genannt und sind meist in leitender Funktion als Anlagenleiter/-innen oder deren Stellvertreter/-innen tätig. Die meisten Arbeitsschritte sind stark standardisiert und werden beinahe fließbandförmig auf schnelle Art und Weise erledigt. Der Betriebsleiter möchte mit dieser Organisationsweise für eine optimale Ausnutzung der Arbeitszeiten und Fähigkeiten der Beschäftigten sorgen und Leerlaufzeiten vermeiden. Die Mitarbeitenden werden immer wieder dazu angehalten, die Arbeitsabläufe korrekt und schnell auszuführen.

Damit erinnert die Arbeitsorganisation stark an das von Frederick Taylor entwickelte Konzept der wissenschaftlichen Betriebsführung, sodass hier von einer tayloristischen Arbeitsweise gesprochen werden kann.

» Als Taylors Devise galt: Kräfteeinsatz minimieren, tote Zeiten eliminieren, Richtwerte
für zumutbare Leistungen aufstellen. [...] Das Unternehmen wird als eine möglichst
reibungslos zu funktionierende Maschine gesehen, in der jeder Mitarbeiter ebenfalls
wiederum wie ein Rädchen dieser großen Mega-Maschine funktionieren soll. (Matis, 2007, S.
211f.)

So spricht auch der Betriebsleiter der Schweineproduktion in Bezug auf seine Mitarbeitenden
von „Zahnrädern", wobei es „große" und „kleine" gibt, die zusammen ein „funktionierendes
Getriebe" ergeben. Neue Kollegen/-innen oder Lehrlinge und die Nichteinhaltung des Ablaufs
der Arbeitsschritte werden in diesem System in Fliedersorf als Störfaktoren betrachtet, die es zu
minimieren gilt:

B3: „Äh wir ham unterschiedliche Arbeitsweisen in unseren Bereichen. [hm] Äh ich denke, dass
unsere, die Produktion in den Schweineställen härter, straffer organisiert ist als die in den Rinder-
bereichen. [hm] Ähm WAS wieder zur Folge hat, dass jeder Neue, der mit reinkommt, erstmal ein
Bremsklotz ist, [hm] weil die Abläufe eben sehr auf Zeit (...) durchgestylt sind, [hm] muss man ja
so sagen."
B3: „Inkonsequenz äh wo du sagst äh die setzen bestimmte Sachen nicht um äh wo man das Gefühl hat,
es wird nicht zugehört oder so nach dem Motto, ich kann das eh alles viel besser. Weil wir haben ja trotz
alledem ein Grundsystem im Hintergrund laufen. Und das System soll eingehalten werden. Wir sind
ja dran interessiert, es eher zu verbessern als rückwärts zu gehen. Und äh das sind eigentlich die Aus-
schlusskriterien, wo du der Meinung bist, es passt nicht ins [mhm], als Zahnrad mit rein in das Getriebe."

Als Grund für diese tayloristische Betriebskultur nennt der Personalverantwortliche „ökonomischen Druck" und „ökonomischen Zwang", der nicht zuletzt durch die aktuell geringen
Preise, die für Schweinefleisch erzielt werden, vorhanden ist. So ist ein wichtiges Merkmal
einer tayloristischen Kulturprägung eine „starke Kostenorientierung" (Matis, 2007, S. 213),
in der „technokratisch-funktionalistische Methoden und Problemlösungen [...] generell
Vorrang vor partizipativen Lösungsansätzen" haben. Dabei werden auch „informelle Grup-
penbeziehungen" (Matis, 2007, S. 212) vernachlässigt, was wiederum zu Konflikten zwischen
den Mitarbeitenden führen kann.

Dieser Probleme und der hohen Ansprüche und Herausforderungen, die damit an die
Beschäftigten gestellt sind, ist sich der Personalverantwortliche durchaus bewusst. So erzählt
er, dass er kaum noch Mitarbeitende für die Schweineproduktion finden würde, die die
„Kunst" beherrschen würden, „bei allem Stress, bei aller Hektik auch die Feinheiten des einzelnen Tiers erkennen" zu können (Zitat aus Interview B3). Damit befindet sich der Chef in
einem wahrgenommenen Dilemma zwischen der Nutzung der Kompetenzen seiner Mitarbeitenden im Hinblick auf eine optimale Fürsorge der Tiere sowie dem wahrgenommenen
ökonomischen Druck. Der wahrgenommene Kostendruck führt dazu, dass Mitarbeitende
sowohl bei der Einarbeitung als auch später im normalen Betriebsablauf relativ wenig Zeit
haben, ihre Kompetenz im Hinblick auf das „Gespür für Tiere" (Zitat aus Interview B3 und
B4) zu entwickeln und bereits vorhandene Kompetenzen hinsichtlich der individuellen Sorge
um die Tiere zu entfalten. Dies kann wiederum zu ökonomisch nicht erwünschten und ver-
meidbaren Tierverlusten führen.

Im Folgenden werden die wichtigsten Ergebnisse zusammengefasst und Hinweise gegeben,
wie Personalverantwortliche die Betriebskultur im Sinne einer gelingenden Kompetenzentwicklung positiv beeinflussen können.

Fazit

Wie können Personalverantwortliche zu einer gelingenden Kompetenznutzung und Kompetenzentwicklung beitragen?

Menschen, die mit Nutztieren arbeiten, stehen in ihrem Arbeitsalltag teilweise widersprüchlichen Kompetenzanforderungen hinsichtlich des Umgangs mit den Nutztieren gegenüber. So sind sie einerseits empathische Tierpfleger/-innen, die für die Gesundhaltung der Tiere verantwortlich sind und kranke Tiere erkennen und diese pflegen müssen. Dies setzt voraus, dass sie die Tiere in ihren Eigenheiten als Subjekte kennen, was mitunter mit einer emotionalen Nähe zu den Nutztieren einhergeht. Andererseits müssen Landwirte/-innen den Tieren aber auch in einer emotionalen Distanz gegenübertreten, und zwar etwa dann, wenn sie die Tiere in die nächste Produktionsstufe oder an den Schlachthof abgeben müssen. Diese Widersprüchlichkeiten werden von den Mitarbeitenden gelegentlich als emotional spannungsreich empfunden. Mit diesen Spannungen umzugehen bzw. den Umgang damit zu lernen, ist eine Herausforderung der Kompetenzentwicklung von Tierwirten/-innen. Es ist zu vermuten, dass der Umgang mit den ambivalenten Berufsrollenerwartungen insbesondere für die neuen Mitarbeitenden oder Lehrlinge als herausfordernd wahrgenommen werden, die zuvor keine (vor-)berufliche Sozialisation im Umgang mit Nutztieren erfahren haben.

Kompetenzentwicklung hinsichtlich des fürsorgenden, empathischen Umgangs mit Nutztieren sowie des Umgangs mit den berufsimmanenten Widersprüchen und emotionalen Ambivalenzen ist nicht voraussetzungslos. Sie unterliegt nicht nur dem Geschick und Willen der einzelnen Beschäftigten, sondern ist in ihrem Gelingen ebenso abhängig von der Betriebskultur und -struktur.

Die Betriebskultur in einem großen landwirtschaftlichen Betrieb wie der Agrargenossenschaft Fliedersdorf wird maßgeblich von den Führungskräften, d. h. der Betriebs- und Anlagenleitung, sowie den Ausbildern/-innen geprägt. Führungskräfte sollten daher auch bei einem wahrgenommenen Kostendruck immer wieder ihre **Spielräume** im Hinblick auf die **Gestaltung und Organisation der Arbeitsabläufe** ausloten, die sowohl unterstützend als auch hemmend für die Kompetenzentwicklung und Nutzung bereits bestehender Kompetenzen der Mitarbeitenden sein können. Dabei sollte beachtet werden, dass den Beschäftigten während des Lernprozesses eine gewisse Zeit zugestanden wird. Ebenso können Mitarbeitende bestimmte bereits vorhandene Kompetenzen nur dann entfalten, wenn ihnen während des Arbeitsprozesses ein zeitlicher Spielraum bleibt.

Zeit als Erfolgsfaktor für die Kompetenzentwicklung und Kompetenznutzung

Der fürsorgliche und individuelle Umgang der Mitarbeitenden mit den Tieren erfordert Zeit. Neben dem Erlernen von praktischen Handgriffen und (theoretischen) Kriterien zum Erkennen von Wohlbefinden, Krankheiten, Fruchtbarkeit sowie Trächtigkeit bedarf es auch einer „Intuition", die nur durch Erfahrung erlangt werden kann. Diese Erfahrung kommt nur dann zum Tragen, wenn die Beschäftigten über die Zeit verfügen, die Tiere individuell wahrzunehmen. Zu stark standardisierte und zeitlich getaktete Arbeitsabläufe entsprechen einer tayloristischen Betriebskultur und stehen dem Ziel der einfühlenden Tierbetreuung entgegen. Ebenso benötigen Berufsanfänger/-innen und neue Mitarbeiter/-innen einen gewissen Zeitraum, sich Umgangsweisen für die oben beschriebenen berufstypischen (emotionalen) Anforderungen und Widersprüche anzueignen.

Des Weiteren sollte die Betriebsleitung darauf achten, die Arbeitsabläufe sowie deren Veränderungen partizipativ zu gestalten und die Anlagenleitung mit einzubeziehen.

Ebenso kann die Anlagenleitung ihren Mitarbeitenden bei Veränderungen wie etwa bei der Einführung einer neuen Technologie oder der Neuorganisation der Arbeitsabläufe ein Mitspracherecht einräumen.

Förderung einer partizipativen und wertschätzenden Betriebskultur

So haben vor allem langjährige Mitarbeiter/-innen sowie die Anlagenleiter/-innen ein nicht zu unterschätzendes praktisches Erfahrungswissen über die Organisation der Arbeitsabläufe und das Wohl der Tiere. Durch ihre Teilhabe an Entscheidungsprozessen erfahren die Beschäftigten Wertschätzung im Hinblick auf ihr Erfahrungswissen, was der Zufriedenheit mit dem Arbeitsplatz zuträglich sein könnte. Ebenso ist zu beachten, dass Tierwirte/-innen bei ihrer praktischen täglichen Arbeit mit den Nutztieren auch emotionale und moralische Bezüge zu diesen entwickeln, was einen Bestandteil ihrer beruflichen Identität darstellt. Wenn sie bei neuen oder stark standardisierten Arbeitsabläufen dazu gezwungen werden, gegen ihre berufsethischen Vorstellungen zu verstoßen, kann dies zu geringerer Mitarbeitermotivation oder sogar zu psychischen Erkrankungen führen (vgl. Porcher, 2011). Handlungsspielräume für die Beschäftigten sind deshalb wichtig.

Die emotionalen und moralischen Bezüge, die Tierwirte/-innen zu den Tieren haben, führen dazu, dass sie die mit den berufsimmanenten Widersprüchen einhergehenden emotionalen Diskrepanzerfahrungen gelegentlich als belastend wahrnehmen. Hier können insbesondere die Anlagenleiter/-innen, die Ausbilder/-innen und andere erfahrene Kollegen/-innen zu einer wertschätzenden Betriebskultur beitragen.

Anerkennung und Enttabuisierung der emotionalen Diskrepanzerfahrungen

Die andauernde berufliche und betriebliche Sozialisation im Hinblick auf den Umgang mit Nutztieren hat auch emotionale Komponenten. Bei der Arbeit mit Nutztieren treten durchaus negative Gefühle wie Trauer über den Verlust bestimmter Tiere, aber auch Angst und Ekelgefühle, z. B. beim Anblick von Tierkadavern, auf. Daneben führen moralische Konflikte, die etwa bei Nottötungen entstehen, zu belastenden Gefühlen. Mitarbeitende müssen hierfür Umgangsweisen finden, die ihnen dabei helfen, sich zu entlasten. Ein verständnisvoller Umgangston und ein offener Umgang mit solchen Konflikten könnten insbesondere jungen Lehrlingen den Berufseinstieg erleichtern. Doch auch ältere Mitarbeiter/-innen entwickeln noch Ängste, so z. B. nach einem Unfall mit einem Tier oder aufgrund ihrer geringer werdenden physischen Stärke. Ebenso geraten auch sie noch in emotionale Konflikte, wenn sie beispielsweise ein besonders lieb gewonnenes Tier verabschieden müssen. Hier kann die Anlagenleitung darauf einwirken, dass dies nicht tabuisiert wird, indem sie einen offenen und verständnisvollen Umgangston fördert.

Weiterführende Literatur und Links

— von Davier, Z., & Theuvsen, L. (2010). *Landwirtschaftliches Personalmanagement. Mitarbeiter gewinnen, führen und motivieren.* Frankfurt a.M.: DLG-Verlags-GmbH.

— Webseite zu dem Projekt: http://www.alfa-agrar.de/

Literatur

Bock, B. B., Prutzer, M., Kling Eveillard, F., & Dockes, A. (2007). Farmer's relationship with different animals. The importance of getting close to the animals. Case Studies of French, Swedish and Dutch Cattle, Pig and Poultry Farmers. *International Journal of Sociology of Food and Agriculture* 15(3),108–125.

Böttcher, S., & Winge, S. (2015). Auszubildende in den Grünen Berufen in Sachsen-Anhalt. In S. Winge (Hrsg.), *Herausforderungen mit vielen Facetten. Projektion der Fachkräfteentwicklung in der Landwirtschaft Sachsen-Anhalts* (S. 17–36). Halle: Zentrum für Sozialforschung Halle e. V.

Breidenstein, G., Hirschauer, S., Kalthoff, H., & Nieswand, B. (2013). *Ethnografie. Die Praxis der Feldforschung.* Konstanz, München: UVK-Verlagsgesellschaft.

Bundesagentur für Arbeit (2005a). BERUFENET: Tätigkeitsbeschreibung von Facharbeiter/Facharbeiterin für Tierproduktion (Rinderproduktion) vom 29.08.2005. https://berufenet.arbeitsagentur.de/berufenet/archiv/28557.pdf. Zugegriffen: 13. Februar 2017.

Bundesagentur für Arbeit (2005b). BERUFENET: Tätigkeitsbeschreibung von Facharbeiter/Facharbeiterin für Tierproduktion (Schweineproduktion) vom 29.08.2005. https://berufenet.arbeitsagentur.de/berufenet/archiv/28569.pdf. Zugegriffen: 13. Februar 2017.

Bundesagentur für Arbeit (2005c). BERUFENET: Tätigkeitsbeschreibung von Zootechniker/Zootechnikerin/Mechanisator/Mechanisatorin Spezialisierungsrichtung Veterinärtechnik vom 31.10.2005. https://berufenet.arbeitsagentur.de/berufenet/archiv/28584.pdf. Zugegriffen: 13. Februar 2017.

Bundesministerium für Ernährung und Landwirtschaft (BMEL). (2016). Bildungsserver Agrar: Ausbildung Grüne Berufe. https://www.bildungsserveragrar.de/ausbildung/gruene-berufe/. Zugegriffen: 13. Februar 2017.

Convery, I., Bailey, C., Mort, M., & Baxter, J. (2005). Death in the wrong place? Emotional geographies of the UK 2001 foot and mouth disease epidemic. *Journal of Rural Studies* 21, 99–109.

Dahrendorf, R. (1977). *Homo Sociologicus. Ein Versuch zur Geschichte, Bedeutung und Kritik der Kategorie der sozialen Rolle* (15. Aufl.). Opladen: Westdeutscher Verlag.

Ellis, C. (2014). Boundary Labor and the production of emotionless commodities. The case of beef production. *The Sociological Quarterly* 55, 92–118.

Ellis, C., & Irvine, L. (2010). Reproducing Dominion. Emotional Apprenticeship in the 4-H Youth Livestock Program. *Society and Animals* 18, 21–39.

Hamilton, L., & Taylor, N. (2013). *Animals at work. Identity, politics and culture in work with animals.* Leiden, Bosten: Brill.

Heinz, W. R. (1995). *Arbeit, Beruf und Lebenslauf. Eine Einführung in die berufliche Sozialisation.* Weinheim, München: Juventa.

Hochschild, A. (1979). Emotion Work, Feeling Rules, and Social Structure. *The American Journal of Sociology* 85(3),551–575.

Hochschild, A. (1990). *Das gekaufte Herz. Zur Kommerzialisierung der Gefühle.* New York: Campus Verlag.

Holloway, L. (2001). Pets and protein. Placing domestic livestock on hobby-farms in England and Wales. *Journal of Rural Studies* 17, 293–307.

information.medien.agrar e.V. (i.m.a). (2017). 3 Minuten Info Tierwirt/-in. http://information-medien-agrar.de/webshop/mediafiles//PDF/101-420_3mi_tierwirt.pdf. Zugegriffen: 13. Februar 2017.

Inhetveen, H., & Blasche, M. (1983). *Frauen in der kleinbäuerlichen Landwirtschaft.* Opladen: Westdeutscher Verlag.

Jürgens, K. (2005). Mensch-Nutztier-Beziehung. In S. Beetz, K. Brauer, & C. Neu (Hrsg.), *Handwörterbuch zur ländlichen Gesellschaft in Deutschland* (S. 160–168). Wiesbaden: VS Verlag für Sozialwissenschaften.

Jürgens, K. (2008). Vieh oder Tier? Dimensionen des Mensch-Nutztierverhältnisses in der heutigen Landwirtschaft. In K.-S. Rehberg (Hrsg.), *Die Natur der Gesellschaft. Verhandlungen des 33. Kongresses der Deutschen Gesellschaft für Soziologie in Kassel 2006* (Bd. 1 und 2, S. 5129–5144). Frankfurt am Main: Campus Verlag.

Jürgens, K. (2009). Die Mensch-Nutzier-Beziehung in der heutigen Landwirtschaft. Agrarsoziologische Perspektiven. In C. Otterstedt, & M. Rosenberger (Hrsg.), *Gefährten, Konkurrenten, Verwandte. Die Mensch-Tier-Beziehung im wissenschaftlichen Diskurs* (S. 215–235). Göttingen: Vandenhoeck & Ruprecht.

Kreckel, R. (1975). *Soziologisches Denken. Eine kritische Einführung.* Opladen: Leske Verlag & Budrich GmbH.

Kruse, J. (2015). *Qualitative Interviewforschung. Ein integrierter Ansatz* (2. Aufl.). Weinheim, Basel: Beltz Juventa.

Lukanow-Arndt, K., & Winge, S. (2015). Reaktionsweisen und Strategien der Betriebe. In S. Winge (Hrsg.), *Herausforderungen mit vielen Facetten. Projektion der Fachkräfteentwicklung in der Landwirtschaft Sachsen-Anhalts* (S. 46–50). Halle: Zentrum für Sozialforschung Halle e. V.

Matis, H. (2007). Management-Ideologien und Konzepte der Unternehmensführung aus historischer Perspektive. In J. A. Schülein, M. Lueger, & H. Hametner (Hrsg.), *Unternehmen aus sozialwissenschaftlicher Perspektive* (S. 190–227). Wien: Facultas Verlags- und Buchhandels AG.

Mikl-Horke, G. (2007). Soziale Prozesse im Unternehmen. In J. A. Schülein, M. Lueger, & H. Hametner (Hrsg.), *Unternehmen aus sozialwissenschaftlicher Perspektive* (S. 156–189). Wien: Facultas Verlags- und Buchhandels AG.

Merton, R. K. (1976). *Sociological Ambivalence and other Essays.* New York: Free Press.

Polanyi, M. (1985). *Implizites Wissen.* Frankfurt am Main: Suhrkamp.

Porcher, J. (2011). The relationship between workers and animals in the pork industry. A Shared Suffering. *Journal of Agricultural and Environmental Ethics* 24(1),3–17.

Sebastian, M. (2014). Umgangsweisen von Fleischindustriearbeitern mit der Ausübung von Gewalthandlungen an Tieren. In M. Löw (Hrsg.), *Vielfalt und Zusammenhalt. 36. Kongress der Deutschen Gesellschaft für Soziologie (Tagungsdokumentation)*. Frankfurt am Main: Campus.

Wilkie, R. (2005). Sentient commodities and productive paradoxes. The ambiguous nature of human-livestock relation in Northeast Scotland. *Journal of Rural Studies* 21, 213–230.

Wilkie, R. (2010). *Livestock/Deadstock. Working with farm animals from birth to slaughter*. Philadelphia, Pennsylvania: Temple University Press.

Winge, S., & Heyme, R. (2015). Ermittlung des Arbeitskräftebedarfs und des Arbeitskräfteangebotes bis zum Jahr 2020 anhand der amtlichen Statistik. In S. Winge (Hrsg.), *Herausforderungen mit vielen Facetten. Projektion der Fachkräfteentwicklung in der Landwirtschaft Sachsen-Anhalts* (S. 36–45). Halle: Zentrum für Sozialforschung Halle e. V.

Langfristig gesund im Beruf: Auf dem Weg zu einem Kompetenzmodell für die Akteure der Sozialwirtschaft Südwest-Sachsens

André Körner, Stefan Uhlig, Elisabeth Sperber

© Springer-Verlag GmbH Deutschland 2018
S. Kauffeld, F. Frerichs (Hrsg.), *Kompetenzmanagement in kleinen und mittelständischen Unternehmen*,
Kompetenzmanagement in Organisationen, DOI 10.1007/978-3-662-54830-1_4

Zusammenfassung

Das Tätigkeitsfeld der Sozialwirtschaft erfordert hochkompetente Fachkräfte, die künftig möglichst lange, gesund und motiviert im Job bleiben sollen. Oftmals fehlen den Non-Profit-Organisationen der Sozialwirtschaft strukturierte und erprobte Instrumente der Personal- und Organisationsentwicklung. Ein Grund hierfür ist, dass sich aus den Vereinsstrukturen der Gründungsjahre in den 1990er-Jahren de facto KMU gebildet haben. Dies bewirkt eine ständige Neudefinition der Betriebskultur in der lokal kleinteiligen Trägerstruktur. Gleichzeitig spüren die Träger den demografischen Wandel in Form von Überalterung und Fachkräftemangel. Im Rahmen des Projektes be/pe/so zeigen wir für drei regionale Praxisunternehmen mithilfe eines multimethodalen Ansatzes, wie Personal- und Organisationsentwicklung bedarfsgerecht geplant werden kann.

Trotz struktureller Nachteile der Sozialwirtschaft gegenüber anderen Branchen sollen im Ergebnis individuelle und an die Betriebskultur angepasste Kompetenzmodelle entstehen. Die Ergebnisse unserer qualitativen und quantitativen Analysen veranschaulichen den Kompetenzentwicklungsbedarf aus Sicht der Führungskräfte und der Beschäftigten. Wir zeigen auf, welche Themen für das betriebliche Kompetenzmanagement der Sozialwirtschaft Westsachsens eine Rolle spielen sollten.

4.1 Einleitung

Der Beitrag bietet einen Einblick in Bedarfsermittlung von Kompetenzen für die Sozialwirtschaft. Dieser Prozess ist der Ausgangspunkt für eine Vielzahl von weiteren Schritten, in dem vom BMBF geförderten Projekt be/pe/so. Das übergreifende Ziel ist es, nachhaltige und vorausschauende Personal- und Organisationsentwicklung in der Sozialwirtschaft zu erforschen, anzuwenden und zu evaluieren. Aus dieser Bedarfsanalyse sollen zum Ende des Projektes spezifische Kompetenzmodelle für das Feld der Sozialwirtschaft entstehen.

Bei unserem Vorgehen ergänzen sich qualitative und quantitative Methoden. Im Folgenden stellen wir zunächst halbstandardisierte Verfahren und qualitative Ansätze vor, welche wir zur Bedarfsermittlung aus Leitungs- und Beschäftigtensicht einsetzen. Darüber hinaus arbeiten wir mit standardisierten (quantitativen) Verfahren und bilden inferenzstatistische Zusammenhänge ab. Dieser komplementäre Ansatz wird in ▶ Kap. 2 näher erläutert, wobei dann das Erleben von Belastung und Beanspruchung der Beschäftigten im Fokus steht. Ein solcher Mix aus unterschiedlichen methodischen Zugängen ist immer dann von Vorteil, wenn einzelne Forschungsbereiche bisher kaum beleuchtet wurden und systemische Zusammenhänge genauer beschrieben werden sollen. In der Synthese ergänzen sich beide methodischen Ansätze und ergeben ein Gesamtbild. Im weiteren Projektverlauf soll so ein spezifischer Bedarf für Kompetenzentwicklung in der Sozialwirtschaft deutlich werden. Unabhängig von bereits bekannten und bewährten Bausteinen eines allgemeinen Kompetenzmodells sollen Besonderheiten für die Sozialwirtschaft identifiziert und in maßgeschneiderte Kompetenzmodelle für die Sozialwirtschaft integriert werden. Das ▶ Kap. 7 gibt einen Einblick, wie solche Bedarfe in ein konkretes Training münden können.

Wir werden im Folgenden zunächst darstellen, warum die Sozialwirtschaft maßgeschneiderte Prozesse zur Personal- und Organisationsentwicklung benötigt. Mit Fokus auf qualitative Ansätze geben wir im Stil einer Werkstattschau anschließend einen Einblick in erste Ergebnisse unseres Projektes. Dabei stellen wir den Bedarf zur Kompetenzentwicklung aus Führungs- und Beschäftigtensicht vor. Schließlich wollen wir den weiteren Projektverlauf skizzieren sowie Impulse zur Entwicklung von Kompetenzmodellen und ersten Personalentwicklungsmaßnahmen für

Führungskräfte und Mitarbeitende geben. Die regionalen Praxispartner im Projekt be/pe/so sind folgende:

- AWO Kreisverband Auerbach/Vogtland e. V.
- FAB e.V. Crimmitschau
- KJF e.V. Chemnitz

4.2 Demografischer Wandel als Herausforderung und Motor für organisationale Veränderung

Die Akteure unserer Arbeitswelt werden weniger, älter und bunter. Dieser Satz ist nicht neu und wird gebetsmühlenartig wiederholt, seitdem der „demografische Wandel" zum Bedrohungsszenario für viele Unternehmen der Wirtschaft geworden ist. Was der Klimawandel für die Umwelt, ist der demografische Wandel für unsere Arbeitswelt und die Gesellschaft im Allgemeinen: eine nicht zu leugnende Tatsache, die Veränderungen hervorruft und uns auffordert, Lösungen für die vielfältigen Herausforderungen zu finden. In diesem Band werden mehrfach die alarmierenden Zahlen, insbesondere auch für das Feld der Sozialwirtschaft, genannt und die Auswirkungen beschrieben (▶ Kap. 2). Deutlich wird auch, dass im Osten Deutschlands aufgrund der Bevölkerungsstruktur im Bundesvergleich, die Folgen der demografischen Entwicklung für den Arbeitsmarkt besonders gravierend sein werden (Allmendinger u. Ebner, 2006). Dies trifft insbesondere für die Region Westsachsen zu, da die Bevölkerungsentwicklung hier dem Trend für Gesamtdeutschland einige Jahre voraus ist.

Neben dem Trend zu immer weniger Erwerbstätigen sinkt auch die Zahl der potenziell verfügbaren Arbeitskräfte auf dem Arbeitsmarkt. Waren im Jahr 2005 noch 18,3 % Arbeitssuchende in Sachsen zu verzeichnen, sank diese Zahl bis 2015 auf 8,2 % (Statistisches Bundesamt, 2016). Neben der Sozialwirtschaft stehen sämtliche Branchen vor ähnlichen Herausforderungen, und es entsteht ein immer stärker werdender Wettbewerb über Branchengrenzen hinweg. Im Gegensatz zu Unternehmen der freien Wirtschaft gelingt es den lokalen Trägern im Raum Westsachsen bisher jedoch kaum, eine strategische Personal- und Organisationsentwicklung mit genügend Ressourcen zu hinterlegen. So zeigt sich mit Blick auf die Sozialwirtschaft, dass im Branchenvergleich ein um ca. 30 % geringeres Budget für Personalthemen zur Verfügung steht (DGQ, 2012).

4.2.1 Situation der Beschäftigten in der Sozialwirtschaft Westsachsens

Laut Mikrozensus hat sich seit 1990 der Tätigkeitsumfang der Beschäftigten in der Sozialwirtschaft fast verachtfacht. Dies macht die Sozialwirtschaft heute zu einem wesentlichen Segment des Arbeitsmarktes in Deutschland (Amthor, 2003; Blickle u. Kramer, 2012). Für nicht wenige Träger, gerade in den neuen Bundesländern, hieß das: rasantes Wachstum von ehrenamtlichen Vereinsstrukturen hin zu wettbewerbsorientierten Organisationen auf KMU-Niveau. Für die Leitung bedeutet dies heute, dass gerade im Bereich der Personal- und Organisationsentwicklung viel nachgeholt werden muss. Durch Wachstum und Strukturwandel ergibt sich einerseits ein Wandel in der Betriebskultur, andererseits der Bedarf für spezifische Kompetenzmodelle. Im Mittelpunkt steht für die Träger die Frage: Was brauchen meine Beschäftigten, um im Arbeitsfeld der Sozialwirtschaft erfolgreich zu sein? Im Hinblick auf die vielfältigen psychischen sowie physischen Ansprüche in diesem Sektor benötigen die Angestellten – neben ihrer fachlichen Qualifikation – mutmaßlich ein hohes Maß an individuellen Kompetenzen.

Ein Beleg hierfür ist, dass Mitarbeitende der Sozialwirtschaft ein erhöhtes Risiko haben, Burnout oder andere stressbedingte Erkrankungen (z. B. Adipositas, Diabetes Typ 2, kardiovaskuläre

Erkrankungen) zu entwickeln (McFadden et al., 2015). Arbeitnehmer/-innen im Berufsfeld der Kinder- und Jugendhilfe weisen außerdem ein ausgeprägtes Maß an Wechselabsichten („turnover intentions") auf, welches in einer hohen Fluktuationsrate resultiert. Als Einflussfaktoren auf diese innerliche Kündigung wurden sowohl individuelle als auch organisationale Merkmale identifiziert. Den stärksten Einfluss zeigten die Variablen Bindung an die Organisation (Commitment), Stress, Arbeitszufriedenheit, Bindung an das Berufsfeld sowie das Organisationsklima (Kim u. Kao, 2014).

4.2.2 Organisations- und Personalentwicklung als Wettbewerbsmomente und Indiz für eine positive Betriebskultur

Was Industrie-, Handwerks- und Dienstleistungsunternehmen in ihre Preisbildung mit einkalkulieren, lässt sich seitens der Sozialwirtschaft gegenüber deren Geldgebern nur begrenzt als Kostenpunkt einfordern. Personal- und Organisationsentwicklung „strategisch" durchzusetzen, hieße in diesem Sinne auch, dass sich solche Elemente nicht als Selbstzweck oder Kostenfaktor begreifen. Vielmehr müssten sie das elementare Kernstück für das Erreichen von Unternehmenszielen sein (Meifert, 2008). Dies wird aktuellen Forderungen gerecht, die eine systematische Ermittlung des Kompetenzentwicklungsbedarfs propagieren, bevor entsprechende Trainingsmaßnahmen erarbeitet, initiiert und durchgeführt werden (Kauffeld, 2016).

4.2.3 Von Fähigkeiten zu Kompetenzen – systemische Anforderungen an die strategische Organisations- und Personalentwicklung in der Sozialwirtschaft

Organisationen sind dynamische Systeme (Picot et al., 2003), und man kann sie als zeitlich relativ stabile, gegenüber der Umwelt offene, aus Individuen und Gruppen zusammengesetzte, zielgerichtet handelnde und strukturierte Systeme begreifen (Schulte-Zurhausen, 2010). Es geht in der Organisation – neben Planung, Kommunikation und Koordination – immer um die Menschen, die in diese Prozesse eingebunden sind. Die meisten gewinnorientierten Unternehmen wenden vielfältige Mittel für ihre Organisations- und Personalentwicklung auf, um den vielfältigen Anforderungen im jeweiligen Aufgabengebiet gerecht zu werden. Dabei entwickelte Modellvorstellungen, z. B. für Industrie und Handwerk, lassen sich jedoch nicht unbedingt 1:1 auf die spezifische Tätigkeit in der Sozialwirtschaft übertragen. So profitiert die Leiterin eines Jugendtreffs in Westsachsen vielleicht von einer anderen Schwerpunktsetzung als die Ingenieurin bei Siemens in Stuttgart. Gerade der Bereich der Emotionsarbeit und die hohe Interaktionsdichte erfordern vor allem sozial-kommunikative Kompetenzen. Für die Sozialwirtschaft fehlen bislang elaborierte Modelle, um eine längere Beschäftigungszeit mit psychisch und physisch gesunden Mitarbeitenden zu ermöglichen (Schmidt et al., 2007). Sollen bei der Etablierung von strategischer Personalarbeit und Kompetenzmodellen alle Beteiligten mitgenommen werden, gilt eine Mischung aus qualitativen und quantitativen Methoden als Königsweg (Erpenbeck, 2011). Auch dies ist ein Element von Betriebskultur: Welche Werte und Ziele bestehen und welche Kompetenzen gebraucht werden, können „Betriebe" nur gemeinsam beantworten. Eine Ableitung rein aus statistischen Kennzahlen oder im Ergebnis von Leitungssitzungen greift dabei zu kurz.

Eine minimalistische Definition für Kompetenz ist „die Verknüpfung von Kenntnissen, Fähigkeiten, Fertigkeiten und Einstellungen, um funktions- und situationsgerecht handeln zu können" (Krumm et al., 2012, S. 3). Kompetenzen benötigen demnach alle Beschäftigen in verschiedensten Arbeitsbereichen. Deutschland ist Vorreiter auf dem Gebiet der Kompetenzforschung, gleichzeitig fehlt es mitunter an Klarheit in der Begrifflichkeit und an transparenten Modellen mit allgemeiner Gültigkeit (Erpenbeck et al., 2013). Gerade die gewinnorientierten Unternehmen betreiben anhand ihrer jeweils individuell entwickelten Kompetenzmodelle eine nachhaltige Personalarbeit und lassen sich diese viele Millionen Euro kosten. Es ergeben sich positive Wirkungen für vielfältige Kompetenzentwicklungsmaßnahmen. So verringern sich beispielsweise Fehlzeiten und Unfallzahlen (Diestel et al., 2009) und der Stresslevel der Beteiligten sinkt erheblich (Bamberg u. Busch, 2006), wenn sich Personalentwicklungsmaßnahmen an expliziten Bedarfen und Modellen orientieren. Doch schon bei den KMU fehlt es an Zeit und Geld für konzertierte Aktionen. Mit Blick auf den Non-Profit-Bereich existieren nahezu keine Veröffentlichungen, die ein tragfähiges Kompetenzmanagement der Beschäftigten dokumentieren. Weder auf individueller Ebene noch unternehmensübergreifend lassen sich Strukturen identifizieren, um die Kompetenzen der Beschäftigten zu entwickeln und zu managen (Körner u. Uhlig, 2016). Dies ist aber unbedingt notwendig für eine demografiefeste Entwicklung des Sektors Sozialwirtschaft.

4.3   Multimethodaler Zugang zu einer bedarfsgerechten Kompetenzentwicklung

In dem Projekt be/pe/so versuchen wir, die persönliche Situation der Beschäftigten in den Blick zu nehmen und das Erleben der Mitarbeitenden in diesem so wichtigen Wirtschaftszweig nachzuzeichnen. Dies ist eng verbundenen mit der Betriebskultur der teilnehmenden Praxispartner, welche sich für eine Bedarfsanalyse ausdrücklich wünschen, alle Unternehmensbereiche mit einzubeziehen. Hierfür kommen, wie beschrieben, quantitative und qualitative Methoden zum Einsatz. Grundsätzlich ist die Teilung in „quantitativ" und „qualitativ" etwas künstlich, da beide Zugänge letztlich das Ziel haben, Wissen zu generieren oder neue Fragestellungen greifbar zu machen. Im Unterschied zu den quantitativen Ansätzen fragen jedoch qualitative Methoden nicht zuerst nach einem zahlenmäßigen Verhältnis oder suchen nach einem messbaren Zahlenwert für ein bestimmtes Merkmal. Qualitative Methoden geben ein erstes Bild für spätere Untersuchungsthemen, speziellere Forschungsfragen, Abgrenzung von Teilfragen und stärker empirisch geleitete Hypothesen (Östlund et al., 2011). Im Vergleich zu anderen Disziplinen wie etwa der Soziologie und Pädagogik ist der Einsatz qualitativer Methoden im Bereich der Arbeitswissenschaften oder der Psychologie bisher aber eher unterrepräsentiert (Kidd, 2002; Sedlmeier u. Renkewitz, 2013).

Der Einsatz qualitativer Methoden bietet einen Zugang zu individuellen und lokalen Bedarfen, die später im Projekt be/pe/so zu einem passgenauen Kompetenzmodell für die Sozialwirtschaft weiterentwickelt werden sollen. Wir erläutern zunächst die von uns verwendeten Methoden (▶ Abschn. 4.3.1, ▶ Abschn. 4.3.2) und präsentieren anschließend erste Ergebnisse, um den Bedarf an benötigten Kompetenzen aus Sicht von Organisationsleitung (▶ Abschn. 4.4.1) und Mitarbeitenden (▶ Abschn. 4.4.2.1) zu veranschaulichen. Dies bietet aus wissenschaftlicher Sicht erstmals einen Einblick in den Kompetenzentwicklungsbedarf eines bisher wenig beachteten Wirtschaftssektors. Für den praktisch Tätigen kann dies eine Anleitung sein, wie man mithilfe qualitativer Methoden den Bedarf für Kompetenzentwicklung im eigenen Betrieb partizipativ und aus verschiedenen Blickwinkeln erheben kann.

4.3.1   Erfolgskritische Elemente als Anforderungsanalyse für Kompetenzentwicklungsbedarfe (aus Sicht der Leitungsebene)

Um den Bedarf für Kompetenzentwicklung festzustellen, führten wir in Anlehnung an die „critical incidents technique" (CIT) von Flanagan (1954) drei Workshops mit der Führungsebene der Praxispartner durch (▶ Exkurs: Methode der erfolgskritischen Ereignisse – CIT). Ziel war es, die Vorstellungen der Organisationsleitung zu benötigten Kompetenzen der Beschäftigten und zur eingesetzten Personalentwicklung zu hinterfragen und explizit zu machen. Die Methode folgt einem nachvollziehbaren Ablauf und ist für die Teilnehmenden leicht durchführbar.

Exkurs

Methode der erfolgskritischen Ereignisse – CIT

Die Methode der erfolgskritischen Ereignisse („critical incidents technique" – CIT) ist ein wichtiges Verfahren der Anforderungsanalyse. Die Methode gilt als „alt, aber nicht veraltet". So beschreiben etwa Levine und Kollegen (1983) die Vorteile aufseiten der Ökonomie der Methode und betonen die praktikable Durchführbarkeit vor Ort. Mit der CIT werden sogenannte kritische Ereignisse identifiziert, anhand derer sich unterscheiden lässt, welches Verhalten zum Erfolg oder Misserfolg bei der Erfüllung einer Aufgabe geführt hat. Ziel der Methode ist es, mithilfe dieser kritischen Ereignisse besonders effektive oder ineffektive Verhaltensweisen in bestimmten Situationen zu erkennen. Dadurch wird der Ansatzpunkt für Veränderungen und Verbesserungen sichtbar. Der große Vorteil der CIT ist dabei, dass wenig zielführende Pauschalurteile über Verhalten (z. B. „er ist faul" oder „sie ist einfach unmotiviert") vermieden werden können.

4.3.2 Fokusgruppen als partizipatives Element der Kompetenzmodellentwicklung (aus Sicht der Mitarbeitenden)

Im Projekt be/pe/so setzen wir bewusst auf den freien und explorativen Charakter der Fokusgruppe (▶ Exkurs: Methode der Fokusgruppen), um mithilfe neu erlangter, empirisch fundierter Erkenntnisse später Hypothesen zum Kompetenzentwicklungsbedarf von Mitarbeitenden in der Sozialwirtschaft zu generieren (Schulz, 2012; Wolf, 2008). Ein weiterer Grund für den Einsatz war, einen Vergleich zu den Ansichten der Unternehmensleitung zu ziehen und die Mitarbeitenden selbst zu Wort kommen zu lassen. Dies ergänzt die Mitarbeiterbefragung (▶ Kap. 2) und stellt einen wesentlichen Beitrag zur Beteiligung der Mitarbeitenden an der Personal- und Organisationsentwicklung der Organisationen dar.

Exkurs

Methode der Fokusgruppen

Fokusgruppen als Methode der sozialwissenschaftlichen Forschung haben eine lange Tradition (z. B. Merton u. Kendall, 1946). Es handelt sich dabei um eine qualitative Gruppenerhebung von ca. 6–12 Personen. Ein/e Moderator/-in bringt ausgewählte Diskussionsthemen in eine vorher definierte Gruppe (theoretisches Sampling) ein. Die Teilnehmenden behandeln diese Themen im Diskurs und erzeugen so flexibel und offen gestaltete Ergebnisse. Der inhaltliche Ablauf ist dynamisch, und auf Themen oder Bedürfnisse wird situativ eingegangen. Das Ziel ist dabei nicht die Übereinstimmung zwischen den Meinungen der Teilnehmenden, sondern ein möglichst differenzierter Einblick in das behandelte Thema. Nachteile von Fokusgruppen können ein zu großer Fokus auf die vom Leitenden der Fokusgruppe eingebrachten Themen und sozial erwünschte Antworten sein. Es besteht außerdem die Gefahr, dass sich zu große Konsensmeinungen, zu geringe Einzelpositionen oder zu extreme Positionen („risky shift") bilden. Der Vorteil der Methode liegt im Dialogcharakter, da Forschende mit den Beteiligten in direkte Kommunikation treten und daraus wichtige Erkenntnisse ableiten können.

4.4   Kompetenzentwicklungsbedarf in der Sozialwirtschaft: erste Ergebnisse und Überlegungen

Die folgenden Ergebnisse der (Anforderungs- und) Bedarfsanalyse beziehen sich auf alle drei Praxispartner. Im Fall der Fokusgruppen beschränken wir uns aus Platzgründen lediglich auf einen Träger (FAB e. V.). Zur besseren Veranschaulichung der Betriebskultur wird der FAB e. V. außerdem genauer beschrieben.

4.4.1   Lange motiviert und gesund im Job – was sagt die Leitung?

An drei CIT-Workshops nahmen für die AWO $n = 6$ (1 männlicher, 5 weibliche), bei der FAB $n = 8$ (5 männliche, 3 weibliche) und beim KJF $n = 5$ (2 männliche, 3 weibliche) Führungskräfte aus unterschiedlichen Unternehmensbereichen teil. Nach einer kurzen Einführung erklärten wir in den Workshops zunächst die Methode und die zugrunde liegenden Leitfragen für die CIT nach Flanagan (1954):

- Wer handelte?
- Was geschah in der Situation?
- Wie verhielt sich die beschriebene Person?
- Welche Handlungen lösten welchen Effekt aus?

Anhand dieser Leitfragen entwickelten die Führungskräfte verschiedene Situationsschilderungen, die besonders effektives oder hinderliches Verhalten in Bezug auf die Arbeitsanforderungen beschrieben. Diese erfolgskritischen Ereignisse ordneten die Teilnehmenden dann vorher gesammelten Kategorien zu.

Mittels strukturierter Inhaltsanalyse entwickelten wir ein Kategoriensystem aus den erfolgskritischen Situationen, welche die Teilnehmenden in den Workshops erstellt hatten. Hierbei kam das Programm MAXQDA (VERBI Software GmbH) zum Einsatz (Kuckartz, 2010; Kuckartz et al., 2010). ◪ Tab. 4.1 zeigt die übergeordneten Kategorien im Vergleich der drei Workshops bei den unterschiedlichen Praxispartnern. Es wird deutlich, wie ähnlich sich die identifizierten Bereiche wichtiger Arbeitsanforderungen und der daraus resultierende Bedarf an Kompetenzen sind. Gleichzeitig zeigen sich auch Unterschiede, welche zukünftig dabei helfen können, differenzierte Kompetenzmodelle für die verschiedenen Praxispartner abzuleiten.

4.4.2   Welche Kompetenzen brauchen die Mitarbeitenden für ein langes, motiviertes und gesundes Arbeiten? Analyse von Fokusgruppen beim Praxispartner FAB e. V.

Der FAB e. V. wurde 1990 als einer der ersten Vereine in Crimmitschau gegründet, um für die Region Zwickau bedarfsgerechte Angebote in der überbetrieblichen Berufsausbildung neu zu entwickeln (vgl. ▶ Kap. 2). Bereits 1993 wurde sein Angebot um eine Vielzahl von Jugendhilfemaßnahmen erweitert. Der FAB e. V. hat seitdem ein vielfältiges Repertoire an Angeboten an mehreren Standorten in der Region aufgestellt. Dementsprechend schnell ist die Anzahl der hier Beschäftigten gewachsen: Momentan arbeiten ca. 200 Mitarbeitende hauptamtlich für den Verein. Der FAB e. V. ist anerkannter Träger der freien Jugendhilfe, Mitglied im (u. a.) Paritätischen Wohlfahrtsverband Sachsen, der AGJF Sachsen e. V., der Landesarbeitsgemeinschaft Jugendsozialarbeit Sachsen und des Arbeitskreises stationäre und teilstationäre Hilfen zur Erziehung

▣ **Tab. 4.1** Übersicht zum erarbeiteten Kategoriensystem aus der qualitativen Analyse der drei Workshops zu erfolgskritischen Ereignissen.

Übergreifende Themen	Träger 1	Träger 2	Träger 3
Soziale Unterstützung	Teamarbeit		Partnerschaften und Unterstützung bilden
Betriebliche Rahmenbedingungen	Organisationsklima, Wertschätzung, Dienstplangestaltung, Kommunikation/Informationsweitergabe, Hierarchie, Vertrauen, Mitarbeitende genau kennen		
	Dienstplan(-gestaltung) → Berücksichtigung individueller Wünsche	Arbeitsklima → steigert Motivation	Kommunikation (innerbetrieblich) → offen, Grenzen
Gesundheitliche Aspekte	Krankheitsvorsorge, Umgang mit Krankheit		
	Arbeitsschutz → Hilfsmittel zum Schutz der Gesundheit	Gesundheitserhaltung	Umgang mit Erkrankung
Personenbezogene Faktoren	Umgang mit Konflikten, Perspektivenübernahme, Selbsterfahrung, Abgrenzung, Arbeitsstrukturierung, Einstellung der Arbeit gegenüber, Umgang mit eigenen Emotionen und Bedürfnissen		
	Perspektivenübernahme und Rollenverständnis	Zeitmanagement	Mut zum „Nein"
	Wünsche kommunizieren	Trennung von Beruf und Privat → Professionalität	Stärken erkennen und transportieren

(HzE) des Landkreises Zwickau. Die Betriebskultur ist zum einen geprägt von einem schnellen Wachstum, zum anderen von der Preispolitik der öffentlichen Auftraggeber. Gleichzeitig möchte die Geschäftsführung den Beschäftigten eine attraktive Personalarbeit bieten und das Management aus den gewachsenen (teils ehrenamtlichen) Vereinsstrukturen den Marktbedingungen eines KMU-Betriebes annähern.

Die Durchführung der hier beschriebenen Fokusgruppen dauerte jeweils drei Stunden. An zwei Terminen nahmen insgesamt $N = 12$ Personen teil (1 männlicher, 11 weibliche). Die Mitarbeitenden beider Fokusgruppen waren in den Arbeitsbereichen HzE (teilstationär und stationär), Erziehungsberatung, Horterziehung, offene Jugendarbeit und Berufsorientierung beschäftigt oder arbeiteten in der Jugendgerichtshilfe, Inobhutnahme (stationär), Berufsorientierung/-ausbildung. Beide Fokusgruppen wurden mittels Video und Diktiergeräten aufgezeichnet und anschließend transkribiert. Die Codierung der Daten erfolgte in Anlehnung an die qualitative Inhaltsanalyse nach Mayring (2015). Dabei werden aus den behandelten Inhalten und Diskussionen der Teilnehmer Kategorien erstellt, die eine Abstraktion des Diskurses darstellen und eine Verdichtung der wichtigsten Gedanken und Strukturen der Gespräche ermöglichen. Bei der Analyse der Resultate der Fokusgruppe orientieren wir uns an einer Checkliste zur Ergebnisdarstellung qualitativer Forschung (Tong et al., 2007).

▣ Tab. 4.2 zeigt zwei Oberkategorien des umfassenden Kategoriensystems der durchgeführten Fokusgruppen. Dieser exemplarische Auszug beschreibt vielfältige Ansatzpunkte für den Bedarf an Kompetenzentwicklung aus Sicht der Mitarbeitenden. Es wird außerdem ersichtlich, wie häufig die einzelnen Unterpunkte genannt, beschrieben und diskutiert wurden. Die ▣ Abb. 4.1 gibt darüber hinaus einen Überblick zur systemischen Verknüpfung der gefundenen Kategorien.

☐ Tab. 4.2 Auszug aus dem Kategoriensystem der Fokusgruppen, exemplarisch für die Oberkategorien „Motivation und Gründe für die Arbeit in der Sozialwirtschaft" und „Kompetenzen, Fähigkeiten und Persönlichkeit für Beschäftigte in der Sozialwirtschaft"

Beispielkategorien	Häufigkeit*
Motivation und Gründe für die Arbeit in Sozialwirtschaft	
Traumberuf/Berufung erreicht	9
Spaß an der Arbeit selbst	9
Wirksamkeit/Erfolg der eigenen Arbeit	6
Kinder/Jugendliche selber	3
Gutes Team	5
Positive Rückmeldung durch Kinder/Klienten	9
Individualität/Abwechslungsreichtum/Herausforderung	9
Selbstständigkeit	3
Verschiedenes	9
Kompetenzen, Fähigkeiten und Persönlichkeit für Beschäftigte in der Sozialwirtschaft (Work-Life-Balance)	
Trennung von Beruflichem und Privatem	14
Aktivitäten zum Ausgleich	7
Probleme mit Abschalten/Trennung	6
Lernerfahrungen und weitergegebener Erfahrungsschatz	9

* Die angegebenen Zahlenwerte zeigen die Häufigkeit, mit der die jeweiligen Elemente Thema im Verlauf der Fokusgruppe waren.

Mittels einschlägiger Beispielaussagen veranschaulichen wir nun zunächst die Entwicklung von sinngebenden Oberkategorien und anschließend die systemische Verknüpfung im Rahmen eines Gesamtmodells der Fokusgruppen.

Kompetenzen, Fähigkeiten und Persönlichkeit für Beschäftigte in der Sozialwirtschaft – Erkenntnisse zur Work-Life-Balance der Beschäftigten

Gefragt nach besonderen Eigenschaften und Fähigkeiten in Abgrenzung anderer Arbeitsbereiche, nannten die Befragten vornehmlich Kompetenzen, welche im Bereich der Work-Life-Balance anzusiedeln sind. Die Trennung von Beruflichem und Privatem gestaltet sich bei den Teilnehmern verschieden. Eine Teilnehmerin berichtete beispielsweise von einer strikten Trennung von Beruf und Privatleben als wichtige Kompetenz:

„Ich mache die Autotür zu, mache das Radio an und dann in einer Viertelstunde bin ich zuhause. Wir reden auch zuhause nicht über die Arbeit. Das machst du am Anfang, aber dann lässt du das, weil jeder denkt: Das ist doch ein Irrenhaus, da arbeiten die. Das versteht keiner. (…) So und da hab' ich mir angewöhnt nichts zu sagen. Stört mich auch nicht, wenn ich nicht drüber rede zuhause."

Manche Mitarbeitende haben allerdings auch Schwierigkeiten, sich in der Freizeit von den Anforderungen der Arbeit zu lösen:

„Wo du auch abends an deinem Diensthandy noch erreichbar bist und wo du denkst: Das machst du lieber selber. Da manchmal die Gratwanderung zu finden und zu sagen: Bis hierhin und weiter nicht, war schwer für mich persönlich."

Andere Mitarbeitende tauschen sich auch in ihrem Privatleben über die Arbeit aus, was einem positiven Umgang (Coping) mit der Belastung entspricht:

„Oder ich tu mich noch kurz mit meinem Mann absprechen. (…) Weil das tut mir gut. Ich muss das auch so für mich tun. Oder mein Mann sagt: Und wie war dein Tag? Dann tauschen wir uns kurz noch aus. Ja und dann ist das eigentlich ok."

Eine der Teilnehmerinnen berichtete von einer positiven Veränderung ihrer Fähigkeit, von der Arbeit abzuschalten, in Folge starker Überlastungsanzeichen und körperlicher Auswirkungen:

„Also mit dem Alter hab'ich gelernt abzuschalten. Als ich jung war, hab'ich das alles mit nach Hause genommen. Das ist schrecklich. Schrecklich. Aber jetzt." [Moderator:„Wie haben sie's gelernt?"] „Da muss man erst mal krank werden, um das zu lernen und zu sagen: Hm, das ist es nicht! Also hm, von daher muss man dann auch seine Prämissen anders setzen."

Die Teilnehmenden beschrieben vielfältige selbst gewählte Aktivitäten, welche ihnen zum Ausgleich von der Arbeit in ihrer Freizeit halfen. Hierbei nannten sie Dinge wie „Laufen, Theaterspielen, Unternehmungen mit Freunden oder in die Sauna gehen". Die Mitarbeitenden sprechen außerdem „Probleme mit Abschalten/Trennung" an. Eine Teilnehmerin merkte an, dass sie glaube, „in unserem Beruf werden wir eh nie das ganz abschalten können". Ein Beispiel, welches die besonderen Umstände der Arbeit in der Sozialwirtschaft und eine entsprechend schwere Trennung dieser Arbeit vom privaten Leben veranschaulicht, ist Folgendes:

„Und es gab leider auch im zweiten Jahr, wo ich angefangen hab den Fall, dass sich ein Klient nach dem Erstgespräch zwei Tage später das Leben genommen hat. Also das wird mich auch mein ganzes Berufsleben begleiten. Das hat mich ein Stück geformt und war auch eine schwere Zeit. Und ich hoffe, dass es nicht wieder passiert. Das hat meine Chefin auch schon zweimal erlebt. (…) So was nimmt man mit nach Hause. Ging mir Monate noch durch oder ich merk's auch jetzt, wenn ich drüber rede, das nimmt mich noch mit, das braucht noch Zeit, ein Leben lang."

Systemische Verknüpfung gefundener Kategorien – Input für ein übergreifendes Kompetenzmodell der Sozialwirtschaft

Die bloße Kombination von qualitativen Auswertungsschritten und quantitativen Zahlenangaben, wie in ◘ Tab. 4.2, wird kritisch betrachtet (Ramsenthaler, 2013). Hierdurch kann der vorschnelle Eindruck entstehen, dass die **Häufigkeit**, mit der die jeweiligen Themenbereiche angesprochen werden, mit deren **Wichtigkeit** gleichzusetzen sei. Dies verkennt aber gerade die Stärke der extrahierten Kategorien und reduziert die Bedeutung des Diskurses.

Moderne Computerprogramme der qualitativen Datenanalyse (z. B. MAXQDA) bieten daher Hilfsmittel, um die systemische Verknüpfung der gefundenen Kategorien nachzuzeichnen. So analysierten wir in unserer Auswertung, welche Kategorien thematisch oft miteinander genannt und diskutiert wurden.

◘ Abb. 4.1 zeigt zunächst grafisch die vielfältigen Verbindungen für die als bedeutsam bewerteten Themenbereiche. Jede einzelne Kategorie bietet dabei einen Ansatzpunkt für Kompetenzentwicklung und zeigt gleichzeitig die Betriebskultur aus der Sicht der Mitarbeitenden auf. Ausgehend davon skizzieren wir im Folgenden, wie eine der Oberkategorien („Motivation und Gründe für die Arbeit in der Sozialwirtschaft") mit weiteren Kategorien in Verbindung steht. Die Leser können somit nachvollziehen, wie die einzelnen Bereiche zusammenspielen und welche Implikationen für den Kompetenzentwicklungsbedarf abgeleitet werden. Wir verzichten aus Platzgründen darauf, hier alle Kategorien und das gesamte Modell zu analysieren.

- **Zusammenhang zwischen der Motivation und Gründen für die Arbeit in der Sozialwirtschaft und dem Bedarf für Kompetenzentwicklung**

Für die Mitarbeitenden ist sehr wichtig, dass die eigene Arbeit wirksam ist. Dies löst eine Vielzahl positiver Affekte aus und steigert das Erfolgserleben. Eine Teilnehmerin drückte sich folgendermaßen aus:

„Wo ich dann schon auch stolz bin. Dass wir ein paar großgekriegt haben. Ja, also das sind schon einige. Auch da, wo man nicht gleich aufgegeben hat. Bei vielen hat's keinen Zweck, aber bei einigen … Ja."

Für eine Kompetenzentwicklung ist also ein Ansatzpunkt, dass genau diese Zusammenhänge durch Führungskräfte transparent gemacht und wertgeschätzt werden. Der Grund „Gutes Team" hängt sowohl mit den Unterkategorien „Spaß an der Arbeit selbst", „Präsentismus" als auch „Unterstützung durch Kollegen/sozialer und fachlicher Austausch" zusammen. Die Teilnehmenden nannten ihre Kollegen/-innen als einen bzw. **den** Grund für Präsentismus:

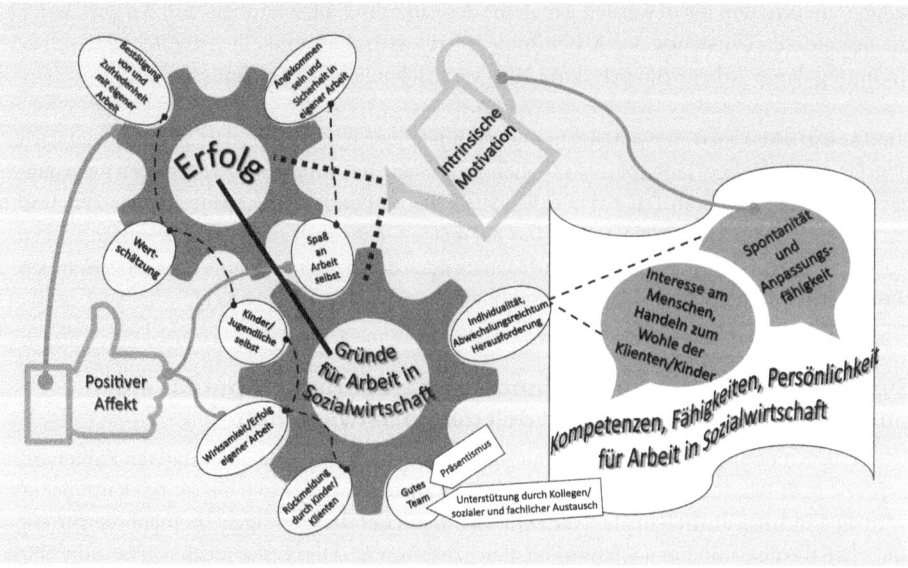

◘ **Abb. 4.1**   Verknüpftes Kategoriensystem für zwei Fokusgruppen. Abgebildet sind fünf der gefundenen Oberkategorien sowie deren Unterkategorien in räumlicher Nähe. Verbindungen zwischen Oberkategorien werden durch starke Linien symbolisiert. Dünnere durchgängige Linien zeigen einen Zusammenhang von Ober- zu Unterkategorie(n). Verbindungen zwischen Unterkategorien werden durch gestrichelte Linien dargestellt. Unverbundene Kategorien wurden im Diskurs nicht gemeinsam diskutiert

„Das machst du eigentlich für deine Kollegen. Du machst das eigentlich für niemand anderen, außer für deine Kollegen."

Darum erscheint die Verbindung zwischen der positiven Bewertung des eigenen Teams und dem Erscheinen bei der Arbeit trotz Krankheit nicht verwunderlich. Ähnliches lässt sich für die Verbindung zur Unterstützung durch die Arbeitskollegen/-innen bzw. den sozialen und fachlichen Austausch mit diesen annehmen. Hier sehen wir ebenfalls Ansatzpunkte gelungener Kompetenzentwicklung für Führungskräfte und Mitarbeitende. Beide sollten um die latente Gefahr einer ungesunden Verantwortungsübernahme wissen, Warnzeichen erkennen und eigenverantwortlich im Dialog mit der Leitung handeln können.

Die Unterkategorie „Individualität/Abwechslungsreichtum/Herausforderung" als ein identifizierter Grund für die Arbeit in der Sozialwirtschaft weist diverse Zusammenhänge zu anderen Kategorien auf: So zeigt sich eine Überlappung mit Codierungen der Erfolgskategorie „Angekommen sein" und „Sicherheit in eigener Arbeit". Außerdem findet sich eine Beziehung zu zwei Unterkategorien aus Fähigkeiten/Kompetenzen/Persönlichkeit für die Arbeit in der Sozialwirtschaft, und zwar „Spontanität und Anpassungsfähigkeit" sowie „Interesse am Menschen, Handeln zum Wohle der Klienten/Kinder". Sowohl die Erfolgskategorie als auch die Fähigkeits-/Persönlichkeitskategorie „Interesse am Menschen" und „Handeln zum Wohle der Klienten/Kinder" weisen zusätzlich einen Zusammenhang zur intrinsischen Motivation auf. Ein Teil dieser recht komplexen Verbindungen lässt sich anhand folgender Aussage genauer erläutern:

„Also das ist hier in keinster Weise monoton. Das muss man auch wollen, diese Abwechslung. Aber ich denke, das ist ja auch das, was ihr [in Richtung der anderen Teilnehmenden] gesagt habt: Ansonsten wären wir nicht hier. Ansonsten würden wir das nicht so lange aushalten. Dann wären wir schon weg."

In der Sozialwirtschaft Arbeitende brauchen also scheinbar die Abwechslung, „die Herausforderung" in ihrer täglichen Arbeit. Sie können „[s]ich immer wieder aufs Neue […] einstellen […]. Immer auf das, was nicht geplant ist". Die Mitarbeitenden machen ihre Arbeit oft um ihrer selbst willen – sind also intrinsisch motiviert –, da in dieser Arbeit ihre Fähigkeiten zum Ausdruck kommen und sie folglich eine Sicherheit in der passenden Arbeitsweise für ein solches Berufsfeld entwickeln können. Das Interesse der Mitarbeitenden am Menschen kann ebenfalls als intrinsischer Motivator dafür interpretiert werden, dass sie ihr Verhalten zum Wohle der Klienten/Kinder gestalten. Dies verdeutlicht die folgende Aussage:

„Und ich werde mich hüten, einen nur in die betriebliche [Ausbildung] zu schieben, weil das so sein soll. Ich will abends noch in den Spiegel gucken."

Die Teilnehmerin handelt hier entgegen ihrer Vorgaben, da sie ihr eigenes Verhalten mit ihren Wertvorstellungen im Einklang halten will. Das Interesse für das Wohlsein der Jugendlichen bildet somit ein stärkeres Handlungsmotiv als die strikte Einhaltung von Vorgaben. Eine solche Situation stellt wiederum eine Herausforderung im Arbeitsalltag der Mitarbeitenden dar, in welcher sie für jeden individuellen Fall Kompromisse zwischen der eigenen Persönlichkeit und betrieblichen Regelungen finden müssen. Auch dies ist ein Ansatz für gelebte Betriebskultur und kann sich in Kompetenzmodellen als außerordentliche Anforderung abbilden.

Als weiteren Grund für die Arbeit in diesem Bereich der Sozialwirtschaft ließen sich in unseren Fokusgruppen die Arbeit mit den „Kindern/Jugendlichen selber" als auch die „Rückmeldung durch Klienten/Kinder" identifizieren. Zugehörige Codierungen weisen eine Überlappung mit Textstellen auf, die den Erfolgskategorien „Bestätigung von und Zufriedenheit mit eigener Arbeit" sowie „Wertschätzung" zugeordnet wurden. Dieser Zusammenhang wird durch folgende Aussage bestärkt:

> „Da kommen bei uns auch viele ehemalige Kinder. Die stehen dann auf einmal vor der Tür. (…). Also das ist schön. Also die besuchen uns auch! Und die sagen dann:‚Es war schön bei euch!' Und das ist das größte Lob, das man kriegen kann."

Die Mitarbeitenden fühlen sich also durch die Klienten (z. B. Kinder und Jugendliche) selbst bzw. durch deren Rückmeldungen wertgeschätzt, was sie Erfolg erleben lässt. Gleichzeitig bestätigen die Rückmeldungen durch die Kinder sie in ihrer eigenen Arbeit und lassen sie dadurch zufriedener mit vielen anderen Facetten der Arbeit sein.

4.5   Auf dem Weg zu einem übergreifenden Kompetenzmodell für die Sozialwirtschaft

Unserer Meinung nach wird in den Aussagen der Teilnehmenden deutlich, wie vielfältig und bereichernd qualitative Methoden bei der Entwicklung spezifischer Kompetenzbedarfe und -modelle sein können. Aus diesen ersten Ergebnissen wurden Konzepte für Trainings von Mitarbeitenden und Führungskräften erarbeitet. Erste Durchführungen solcher Maßnahmen zeigen, dass durch solche Analysen genau jene Themen identifiziert wurden, die den Bedarf der Teilnehmenden nach Kompetenzentwicklung decken. Die ersten Feedbacks direkt nach den durchgeführten Trainings waren ausgesprochen positiv (▶ Kap. 7).

Weitere Veränderungsmessungen des Erlebens und Verhaltens der Beschäftigten über verschiedene Zeitpunkte sind bereits geplant und vorbereitet. Hier stehen nicht nur der Transfer der trainierten Inhalte im Vordergrund, sondern auch der Blick auf die Effekte der Maßnahmen bezüglich der beabsichtigten Veränderungen im Arbeitsalltag. Die Ergebnisse weiterer Analysen (Online-Befragung in ganz Sachsen, weitere Fokusgruppen ähnlicher Arbeitsfelder) sollen schließlich in passgenaue Kompetenzmodelle für die Praxispartner münden. Solche Modelle werden immer auch die jeweilige Betriebskultur berücksichtigen. Darüber hinaus ist ein umfangreicher qualitativer Literatur-Review zur Frage von Treibern und Hemmnissen für gesundes, langes und motiviertes Arbeiten in Berufsfeldern der Sozialwirtschaft in Arbeit (Körner et al., 2017).

Fazit

Der demografische Wandel fordert die Beteiligten in allen Wirtschaftsfeldern. Für die Sozialwirtschaft als wachsender Zweig bedeutet dies eine Ausweitung des Aufgabengebietes, drohenden Fachkräftemangel und die Notwendigkeit, das eigene Arbeitsfeld für Angestellte attraktiv zu machen. Hierfür sind eine maßgeschneiderte Personal- und Organisationsentwicklung unverzichtbar. Grundlage dafür müssen greifbare Kompetenzmodelle sein, in denen sich die Betriebskultur der betreffenden Organisationen widerspiegelt. Für den Praktiker ist es wichtig, handhabbare Methoden zu kennen, um solche Kompetenzmodelle zu entwickeln und zielgerichtete Kompetenzentwicklungsmaßnahmen zu initiieren.

Dabei können unserer Meinung nach qualitative und quantitative Methoden einen unverzichtbaren Beitrag leisten und ergänzen sich gegenseitig. Wir haben in diesem

Projekt gemerkt, dass der Transfer von Wissenschaft in die Praxis und wieder zurück für alle Beteiligten neue Einsichten und Impulse bringt. Trotz eventuell fehlender Ressourcen der Praxispartner bieten sich durch den Austausch mit der Forschung Möglichkeiten, elaboriertes Wissen zur Entfaltung kommen zu lassen. Dies erfordert Neugier und den Mut, sich zu vernetzen und sich theoriegeleitet in der Praxis auszuprobieren. Ein offenes und regelmäßiges Feedback für alle im Prozess eingebundenen Personen erscheint uns hierfür unerlässlich.

Weiterführende Literatur und Links

- Flick, U. (2011). *Qualitative Sozialforschung: Eine Einführung* (4. Aufl.). Berlin: Rowohlt Taschenbuch Verlag.
- Krueger, R. A., & Casey, M. A. (2014). *Focus groups: A practical guide for applied research* (5. Aufl.). London: Sage Publications.
- Kuckartz, U., Dresing, T., Rädiker, S., & Stefer, C. (2010). *Qualitative Evaluation: Der Einstieg in die Praxis* (2. Aufl.). Wiesbaden: VS Verlag für Sozialwissenschaften.
- Webseite des Projektes: http://www.bepeso.de/
- Datenanalyse: MAXQDA, VERBI Software GmbH, http://www.maxqda.de/

Literatur

Allmendinger, J., & Ebner, C. (2006). Arbeitsmarkt und demografischer Wandel die Zukunft der Beschäftigung in Deutschland. *Zeitschrift für Arbeits- und Organisationspsychologie A&O 50*(4),227–239.

Amthor, R. C. (2003). *Die Geschichte der Berufsbildung in der Sozialen Arbeit. Auf der Suche nach Professionalisierung und Identität.* Weinheim: Juventa.

Bamberg, E., & Busch, C. (2006). Stressbezogene Interventionen in der Arbeitswelt. *Zeitschrift für Arbeits- und Organisationspsychologie A&O 50*(4),215–226.

Blickle, G., & Kramer, J. (2012). Intelligenz, Persönlichkeit, Einkommen und Fremdbeurteilungen der Leistung in sozialen Berufen. *Zeitschrift für Arbeits- und Organisationspsychologie A&O 56*(1),14–23.

Deutsche Gesellschaft für Qualität (DGQ). (2012). *DGQ-Weiterbildungsbarometer.* Frankfurt am Main: DGQ.

Diestel, S., Neubach, B., & Schmidt, K.-H. (2009). Einflüsse des sozialen Kontextes auf individuelle gesundheitliche Beschwerden. *Zeitschrift für Arbeits- und Organisationspsychologie A&O, 53*(2),45–56.

Erpenbeck, J. (2011). *Der Königsweg zur Kompetenz: Grundlagen qualitativ-quantitativer Kompetenzerfassung.* Münster: Waxmann.

Erpenbeck, J., von Rosenstiel, L., & Grote, S. (2013). *Kompetenzmodelle von Unternehmen.* Stuttgart: Schäffer-Poeschel.

Flanagan, J. C. (1954). The critical incident technique. *Psychological Bulletin* 51, 327–359.

Kauffeld, S. (2016). Entwicklung von Trainingsprogrammen. In S. Kauffeld (Hrsg.), *Nachhaltige Personalentwicklung und Weiterbildung* (2. Aufl., S. 13–37). Berlin, Heidelberg: Springer.

Kidd, S. A. (2002). The role of qualitative research in psychological journals. *Psychological Methods* 7(1),126–138.

Kim, H., & Kao, D. (2014). A meta-analysis of turnover intention predictors among U.S. child welfare workers. *Children and Youth Services Review* 47(P3), 214–223.

Körner, A., & Uhlig, S. (2016). Berufswege und Personalentwicklung in der Sozialwirtschaft – Welche Kompetenzen brauchen Fachkräfte um lange, gesund und motiviert im Job zu bleiben? In Gesellschaft für Arbeitswissenschaft (GfA) (Hrsg.), *Arbeit in komplexen Systemen. Digital, vernetzt, human?! Bericht zum 62. Frühjahrskongress vom 2.-4. März 2016.* Dortmund: GfA-Press.

Körner, A., Uhlig, S., Hausschildt, A., Schmidt, C., Hanna, S., & Herrmann, D. (2017). *Treiber und Hemmnisse für langes, gesundes und motiviertes Arbeiten in der Sozialwirtschaft.* Manuskript in Vorbereitung.

Krumm, S., Mertin, I., & Dries, C. (2012). Kompetenzmodelle. In H. Schuler, R. Hossiep, M. Kleinmann, & W. Sarges (Hrsg.), *Praxis der Personalpsychologie – Human Resource Management kompakt*. Göttingen: Hogrefe.

Kuckartz, U. (2010). *Einführung in die computergestützte Analyse qualitativer Daten* (3. Aufl.). Wiesbaden: Verlag für Sozialwissenschaften.

Kuckartz, U., Dresing, T., Rädiker, S., & Stefer, C. (2010). *Qualitative Evaluation: Der Einstieg in die Praxis* (2. Aufl.). Wiesbaden: VS Verlag für Sozialwissenschaften.

Levine, E. L., Ash, R. A., Hall, H., & Sistrunk, F. (1983). Evaluation of job analysis methods by experienced job analysts. *Academy of Management Journal* 26(2),339–348.

Mayring, P. (2015). *Qualitative Inhaltsanalyse: Grundlagen und Techniken* (12. Aufl.). Weinheim: Beltz.

McFadden, P., Campbell, A., & Taylor, B. (2015). Resilience and burnout in child protection social work: Individual and organisational themes from a systemic literature review. *British Journal of Social Work* 45, 1546–1563.

Meifert, M. (2008). *Strategische Personalentwicklung*. Berlin, Heidelberg: Springer.

Merton, R. K., & Kendall, P. L. (1946). The focused interview. *American Journal of Sociology* 51(6),541–557.

Östlund, U., Kidd, L., Wengström, Y., & Rowa-Dewar, N. (2011). Combining qualitative and quantitative research within mixed method research designs: A methodological review. *International Journal of Nursing Studies* 48(3),369–383.

Picot, A., Reichenwald, R., & Wiegand, R. T. (2003). *Die grenzenlose Unternehmung. Information, Organisation und Management* (5. Aufl.). Wiesbaden: Springer Gabler.

Ramsenthaler, C. (2013). Was ist „Qualitative Inhaltsanalyse?". In M. W. Schnell, C. Schulz, H. Kolbe, & C. Dunger (Hrsg.), *Der Patient am Lebensende* (S. 23–42). Wiesbaden: Springer Fachmedien Wiesbaden.

Schmidt, K., Neubach, B., & Heuer, H. (2007). Arbeitseinstellungen, Wohlbefinden und Leistung. *Zeitschrift für Arbeits- und Organisationspsychologie A&O* 51(1),16–25.

Schulte-Zurhausen, M. (2010). *Organisationen* (5. Aufl.). München: Vahlen.

Schulz, M. (2012). Quick and easy!? Fokusgruppen in der empirischen Sozialwissenschaft. In M. Schulz, B. Mack, & O. Renn (Hrsg.), *Fokusgruppen in der empirischen Sozialwissenschaft* (S. 9–22). Wiesbaden: VS Verlag für Sozialwissenschaften.

Sedlmeier, P., & Renkewitz, F. (2013). *Forschungsmethoden und Statistik*. München: Pearson Education.

Statistisches Bundesamt. (2016). Arbeitslosenquote in Sachsen von 1999 bis 2015. In Statista – Das Statistik-Portal. http://de.statista.com/statistik/daten/studie/2522/umfrage/entwicklung-der-arbeitslosenquote-in-sachsen-seit-1999. Zugegriffen: 13. Februar 2017.

Tong, A., Sainsbury, P., & Craig, J. (2007). Consolidated criteria for reporting qualitative research (COREQ): A 32-item checklist for interviews and focus groups. *International Journal for Quality in Health Care* 19(6),349–357.

Wolf, S. (2008). *Der Methodenstreit quantitativer und qualitativer Sozialforschung unter besonderer Berücksichtigung der grundlegenden Unterschiede beider Forschungstraditionen*. Augsburg: Universität Augsburg.

Mitarbeiterseitige Reputationskompetenz für die Nutzung sozialer Medien

Isabella Hoffend, Mario Schaarschmidt, Harald F. O. von Korflesch

© Springer-Verlag GmbH Deutschland 2018
S. Kauffeld, F. Frerichs (Hrsg.), *Kompetenzmanagement in kleinen und mittelständischen Unternehmen*, Kompetenzmanagement in Organisationen, DOI 10.1007/978-3-662-54830-1_5

Zusammenfassung

Die Reputation eines Unternehmens gilt in der betriebswirtschaftlichen Praxis als wichtiger immaterieller Vermögensgegenstand, den es zu schützen und zu entwickeln gilt. Maßnahmen des Reputationsmanagements berücksichtigen jedoch häufig nicht die Stakeholdergruppe der Arbeitnehmer, obwohl diese durch soziale Medien in die Lage versetzt werden, reputationsrelevant für ihren Arbeitgeber agieren zu können. Kommentare über das Unternehmen sowie Kritik oder Lob von Arbeitnehmern über den Arbeitgeber sind per Mausklick der breiten Öffentlichkeit und somit gleichzeitig einer großen Zahl aktueller und potenzieller Kunden sowie weiterer Stakeholdern des Unternehmens zugänglich. Die erforderliche mitarbeiterseitige Reputationskompetenz, d. h., die Kompetenz, verantwortungsvoll mit für die Unternehmensreputation relevanten Themen in sozialen Medien und Netzwerken umgehen zu können, wird daher mit dem wachsenden Einfluss und Umfang sozialer Medien ebenfalls immer wichtiger.

Diverse Beispiele haben gezeigt, dass Reputation ein meist über einen längeren Zeitraum zu erarbeitender Wert ist, der durch unachtsames Handeln seitens des Unternehmens selbst und/oder seiner Mitarbeitenden und/oder von Externen geschädigt werden kann. In diesem Zusammenhang sind die unterschiedlichen Handlungsperspektiven und Beweggründe für die Nutzung anzumerken. Genauso wie die Nutzung sozialer Medien auf Unternehmensseite vielfältig ist, ist auch die Nutzung der sozialen Medien auf Mitarbeiterseite vielfältig und kann von der Betriebskultur geprägt sein. Im Rahmen des vorliegenden Beitrags wird der Begriff Betriebskultur nicht für ein spezifisches Unternehmensfallbeispiel angewandt, da das Thema der mitarbeiterseitigen Reputationskompetenz Unternehmen mit sehr unterschiedlichen Betriebskulturen tangiert. Es ist in diesem Zusammenhang außerdem abzuwägen, wie hoch die Internet- und Social-Media-Affinität eines Unternehmens und der dort tätigen Mitarbeitenden generell sind – fern von der zugrunde liegenden Betriebskultur. Rokka und Kollegen (2014) verweisen auf diese Vielschichtigkeit des Themas und heben hervor, dass das Management von arbeitnehmerseitiger Social-Media-Nutzung ein ständiger Balanceakt ist.

Eine Schädigung der Reputation des Arbeitgebers muss in diesem Kontext nicht zwangsläufig bewusst stattfinden, sondern kann auch unbewusst entstehen. Durch die bewusste Schulung und Nutzung von Reputationskompetenz soll die Gefahr einer Reputationsschädigung vermieden oder zumindest minimiert werden. Es ist daher wichtig, sowohl die Unternehmen wie auch die Mitarbeitenden auf diese potenzielle Gefahr durch die Nutzung sozialer Medien aufmerksam zu machen und entsprechend zu schulen.

5.1   Zur Relevanz der Unternehmensreputation in einer digitalisierten Arbeitswelt

» It takes 20 years to build a reputation and five minutes to ruin it. If you think about that, you'll do things differently. (Warren Buffett, Investor und Unternehmer)

Dieses einleitende Zitat des Investors und Unternehmers Warren Buffett beschreibt den meist langwierigen Weg von Unternehmen, sich eine positive Reputation aufzubauen, und zeigt gleichzeitig die Gefahr auf, diese sehr abrupt wieder zu zerstören. Im Folgenden wird erst anhand von Beispielen das Thema eingegrenzt und anschließend ein Einblick in die Reputationsforschung gegeben.

5.1.1 Beispiele und Ausblick

Aufgrund der fortschreitenden Digitalisierung und durch das Aufkommen von sozialen Medien und Netzwerken wird die Unternehmensreputation nicht mehr nur durch Mitglieder des Vorstands oder des Managements, als öffentlich sichtbare Unternehmensvertreter, und durch die Handlungen und Äußerungen externer Stakeholder wie Kunden oder Pressevertreter beeinflusst. Zusätzlich ist die Unternehmensreputation in der heutigen Zeit auch durch die für die Öffentlichkeit „unsichtbaren" Mitarbeiter, als interne Vertreter des Unternehmens, einer ständigen Gefährdung ausgesetzt. Reputation kann daher als ein Risikofaktor für das Unternehmen bezeichnet werden und muss entsprechend im Risikomanagement thematisiert werden (vgl. Honey, 2009, S. 1; Weißensteiner, 2014, S. 2). Beispiele, in denen die Unternehmensreputation durch eigene Mitarbeiter aufgrund deren Nutzung sozialer Netzwerke geschädigt wurde, sind vielfach zu finden. In diesem Kontext ist anzumerken, dass die Unternehmensreputation durch die Einbindung von Mitarbeitenden auch gezielt positiv beeinflusst werden kann. Dieser Beitrag konzentriert sich jedoch primär auf reputationschädigendes Verhalten von Mitarbeitenden aufgrund derer privaten Social-Media-Aktivitäten.

Beispiele
- Mitarbeitende äußern sich in sozialen Netzwerken negativ über den Arbeitgeber, Vorgesetzte oder Kollegen/Kolleginnen und nennen explizit den Namen des Unternehmens.
- Mitarbeitende äußern sich in sozialen Netzwerken negativ über den Arbeitgeber, Vorgesetzte oder Kollegen/Kolleginnen, nennen den Namen des Unternehmens nicht explizit, haben ihren Arbeitgeber jedoch in ihrem Social-Media-Profil offen einsehbar angegeben. Beispielsweise wurde der Mitarbeiter, der das Maskottchen-Kostüm der Pittsburgh Pirates bei Heimspielen des Teams trägt, entlassen, nachdem er auf seinem Twitter-Account die Vertragsverlängerung von zwei Spielern kritisierte (Boyle, 2010).
- Mitarbeitende äußern sich in sozialen Netzwerken negativ über Produkte des Unternehmens.

Die obigen reputationsschädigenden Beispiele verdeutlichen die Wichtigkeit, Mitarbeiter auf die Folgen ihrer unternehmensbezogenen Äußerungen in sozialen Medien hinzuweisen. Darüber hinaus muss das Bewusstsein für die Konsequenzen aus solchen Äußerungen gestärkt werden – wobei die Konsequenzen nicht nur den Arbeitgeber, sondern auch den Arbeitnehmer betreffen können. In der Vergangenheit wurde bereits über Fälle berichtet, in denen als Konsequenz auf Äußerungen in sozialen Netzwerken Mitarbeiter entlassen wurden. In diesem Kontext kann das Urteil Az. 3 Sa 644/12 vom 10. Oktober 2012 referenziert werden, worin ein Ausbildungsverhältnis gekündigt wurde, nachdem der Auszubildende seinen Arbeitgeber öffentlich auf seinem privaten Facebook-Profil beleidigt hatte (siehe https://openjur.de/u/565291.html). Hierbei ist anzumerken, dass der Auszubildende den Namen seines Arbeitgebers nicht explizit im Internet nannte.

Um das Thema der Reputationsschädigung durch mitarbeiterseitige Äußerungen in sozialen Medien näher zu erläutern, wird in den folgenden Abschnitten zuerst ein Einblick in die Reputationsforschung gegeben, bevor anschließend Unternehmensreputation aus Unternehmens- und aus Arbeitnehmersicht diskutiert wird. Darüber hinaus wird die Nutzung sozialer Medien ebenfalls aus der Unternehmens- sowie aus der Mitarbeiterperspektive beleuchtet. Abschließend wird die Stärkung der Reputationskompetenz im Rahmen einer Kompetenzentwicklungsmaßnahme in Form eines Blended-Learning-Konzeptes als Lösungsansatz zur Minimierung der Reputationsgefährdung seitens der eigenen Mitarbeiter thematisiert.

5.1.2   Einblick in die Reputationsforschung

Die Studie „The 2016 Global RepTrak® 100" hat ergeben, dass auf globaler Ebene das Unternehmen Rolex die höchste Reputation genießt, gefolgt von der Walt Disney Company auf dem zweiten Platz und Google auf dem dritten Platz (Reputation Institute, 2016, Folie 8). Im Rahmen der Datenerhebung befragte das Reputation Institute 61.000 Konsumenten in 15 Ländern weltweit. Detaillierte Ergebnisse der Studie sowie ein Vergleich mit vergangenen Erhebungen sind der ◘ Tab. 5.1 zu entnehmen.

Bei Betrachtung der Entwicklung innerhalb des Zeitraumes von 2014–2016 ist anzumerken, dass neun der zehn Unternehmen in jedem der betrachteten Jahre in den Top 10 vorzufinden waren und folglich eine sehr stabile Unternehmensreputation aufweisen (Reputation Institute, 2016, Folie 10). Es ist außerdem auffallend, dass alle der global mit der höchsten Reputation ausgewiesenen Unternehmen traditionsreiche Unternehmen sind, was wiederum aufzeigt, dass eine hohe Reputation über einen langen Zeitraum zu erarbeiten ist. Die Studie hat außerdem ergeben, dass keines der global in den Top 10 platzierten Unternehmen in allen 15 untersuchten Ländern in den Top 10 positioniert ist (Reputation Institute, 2016, Folie 14).

Die internetbezogene Reputationsforschung untersucht schwerpunktmäßig, inwieweit im Internet präsente Unternehmen von einer starken Unternehmensreputation profitieren und wie sie Geschäftsbeziehungen gestalten können, die weitgehend ohne persönlichen Kontakt zwischen Käufer und Verkäufer auskommen. Dabei konnten Positivwirkungen hinsichtlich der Loyalität, des Vertrauens und der Wiederkaufabsicht von Kunden (Caruana u. Ewing, 2010; Walsh et al., 2014) sowie der Fähigkeit, höhere Preise als ihre Wettbewerber zu erzielen (Obloj u. Capron, 2011), empirisch belegt werden.

Darüber hinaus hat sich die Reputationsforschung beispielsweise auch mit der Frage befasst, inwieweit die Unternehmensreputation in sozialen Medien wirkt bzw. durch diese beeinflusst werden kann. Dabei geht es z. B. um ein durch soziale Medien erhöhtes Reputationsrisiko für Unternehmen (Aula, 2010; Solove, 2007), aber auch um die Reputationsverbesserung mithilfe von markenbezogenen und anderen Botschaften in sozialen Medien (Alexander u. Gentry, 2013; Jones et al., 2009). Kick (2014, S. 121 ff.) thematisiert außerdem die Doppelrolle der Unternehmen, die sich einerseits aus der Notwendigkeit des Unternehmens, als Moderator von Internetdiskussionen

◘ **Tab. 5.1** The Global RepTrak® 100 – Top 10 (2014–2016; Reputation Institute, 2016, Folie 10)

Rang	2016	2015	2014
1	Rolex	BMW Group	The Walt Disney Company
2	The Walt Disney Company	Google	Google
3	Google	Daimler	BMW Group
4	BMW Group	Rolex	Rolex
5	Daimler	Lego Group	Sony
6	Lego Group	The Walt Disney Company	Canon
7	Microsoft	Canon	Apple
8	Canon	Apple	Daimler
9	Sony	Sony	Lego Group
10	Apple	Intel	Microsoft

aufzutreten, und andererseits aus der Position des Schöpfers und Befürworters der Generierung von vom Nutzer erstellten Inhalten („user-generated content") ergibt.

Bezug nehmend auf die heutige internetbasierte, parallel zur realen Welt existierende virtuelle Welt ist auch der Wandel innerhalb der internen und externen Unternehmenskommunikation anzumerken. Dieser Wandel, wiederum durch die fortschreitende Digitalisierung begründet, erfordert eine fortlaufende Anpassung an das sich kontinuierlich ändernde mediale Umfeld. Diesbezüglich erläutern Peters und Liehr-Gobbers (2015, S. 922f.) beispielsweise den Wandel der Reputationsbildung, der u. a. die interpersonale Massenkommunikation und damit den Austausch zwischen einer einzelnen Person mit einer unbegrenzten Anzahl Personen ermöglicht (vgl. Peters, 2011). Voraussetzung für die Teilnahme an diesem Reputationsbildungsprozess ist für beide Seiten ein Internetzugang sowie der Zugang zu den entsprechenden Netzwerkplattformen.

5.2   Unternehmensreputation

Unternehmensreputation wurde in der wissenschaftlichen Literatur vielfältig definiert (vgl. Barnett et al., 2006; Fombrun, 1997; Gotsi u. Wilson, 2001), wodurch heute verschiedene Definitionen parallel verwendet werden. Um eine Basis für diesen Beitrag aufzustellen, wird Unternehmensreputation nachfolgend als reputationsbeeinflussende Perspektive erst aus der Unternehmenssichtweise und anschließend aus der Arbeitnehmersichtweise erläutert. Da der Fokus dieses Artikels auf der Diskussion der reputationsrelevanten Beziehung zwischen dem Unternehmen und seinen Mitarbeitenden unter Berücksichtigung der Unternehmenskultur liegt, werden die Perspektiven anderer Stakeholder im Reputationsbildungsprozess nur in dem für das Thema relevanten Rahmen behandelt. Ebenso werden Beispiele hinsichtlich der Betriebskultur auf einige wenige begrenzt, da beispielsweise Unternehmen und Mitarbeitende mit sehr hoher Internet- und Social-Media-Affinität im Vergleich zu Unternehmen ohne Social-Media-Präsenz differenziert zu beurteilen sind. Es besteht also die Gefahr, dass aufgezeigte Kompetenzentwicklungsmaßnahmen nur eingeschränkt allgemeingültig zu nutzen sind.

5.2.1   Unternehmensreputation aus Unternehmenssicht

Ausgehend von der Unternehmenssichtweise definieren Peters und Liehr-Gobbers (2015) den Begriff Unternehmensreputation, als „die (kollektive) Einschätzung durch seine Stakeholder" und ergänzen, dass Unternehmensreputation ausdrückt, „wie Stakeholder das Unternehmenshandeln und die Unternehmensleistungen vor dem Hintergrund ihrer Ansprüche und Erwartungen sowie Einstellungen und Überzeugungen im Hinblick auf unterschiedliche Dimensionen (z. B. funktional, sozial, expressiv) bewerten" (Peters u. Liehr-Gobbers, 2015, S. 920). Mit Verweis auf Bentele (2006, S. 95) grenzen Peters und Liehr-Gobbers (2015, S. 920) Unternehmensreputation vom Unternehmensimage ab, welches sie als „ein (Vorstellungs-)Bild vom Unternehmen, welches durch Eindrücke, Wahrnehmungen und Denkprozesse entsteht" beschreiben. Unter dem Begriff **Image** ist das vom Unternehmen angestrebte Ansehen zu verstehen, wohingegen **Reputation** das von externen Personen verstandene Ansehen meint (Schwalbach, 2000, S. 1). Es kann daher gefolgert werden, dass die Unternehmensreputation in der betriebswirtschaftlichen Praxis einen wichtigen immateriellen Vermögensgegenstand darstellt, den es zu schützen und weiterzuentwickeln gilt. In diesem Kontext kann Buß (2007, S. 233) zitiert werden, der die Aufgaben eines Unternehmens innerhalb einer modernen Dienstleistungsgesellschaft nicht allein in der Produktion von Sachgütern und Dienstleistungen sieht, sondern auch in der Schaffung von Akzeptanz und Ansehen. Buß (2007, S. 233) sieht demzufolge die Bildung einer positiven Reputation als Unternehmensaufgabe und führt weiter aus, dass erst die Kombination von Produktion und Akzeptanz zum wirtschaftlichen Erfolg führt. Infolgedessen ist es daher nachvollziehbar, dass das Reputationsmanagement oftmals auf höchster Managementebene angesiedelt wird (vgl. Cravens et al., 2003; Walsh, 2006).

5.2.2 Unternehmensreputation aus Arbeitnehmersicht

In den in ▶ Abschn. 5.1.1 erläuterten Beispielen wurde die potenzielle Reputationsgefährdung durch ein Fehlverhalten der unternehmenseigenen Mitarbeitenden in sozialen Medien thematisiert. Es steht außer Frage, dass reputationsschädigende Vorfälle jeglicher Art zu vermeiden sind, da sich diese negativ auf den Erfolg des Unternehmens auswirken können. In diesem Kontext ist wiederum anzumerken, dass Maßnahmen des Reputationsmanagements nicht immer explizit die eigenen Mitarbeitenden – welche eine der wichtigsten Stakeholdergruppen eines Unternehmens darstellen – mit einbeziehen. Es ist außerdem hervorzuheben, dass eine Reputationsschädigung seitens der eigenen Mitarbeitenden nicht immer bewusst stattfindet, sondern auch unbewusst geschehen kann. Dies kann z. B. auch an einer Betriebskultur liegen, welche das „Sprechen über andere" innerhalb der eigenen Unternehmensgrenzen toleriert. In Verbindung mit einer unbewussten Reputationsschädigung ist es denkbar, dass Mitarbeitende den Namen des Arbeitgebers nicht explizit nennen, der Name jedoch im persönlichen Social-Media-Profil der Person angegeben ist und daher für alle, die Zugang zu dem Profil haben, ersichtlich ist. Es ist daher wichtig, das Bewusstsein der Mitarbeiter zu aktivieren, sodass durch die Erlangung der notwendigen Kompetenzen im Idealfall eine bewusste sowie unbewusste Schädigung der Unternehmensreputation seitens der Mitarbeitenden minimiert oder bestenfalls vermieden werden kann. Darüber hinaus postulieren Miles und Mangold (2014), dass reputationsschädigende negative Äußerungen von Mitarbeitenden in sozialen Medien reduziert werden könnten, wenn Unternehmen akzeptierte interne Kanäle für negative und positive mitarbeiterseitige Artikulationen schaffen würden. Hier kann eine offene Betriebskultur, die Feedback einfordert und Verbesserungsvorschläge ernst nimmt, helfen.

Gegensätzlich zur Schädigung der Unternehmensreputation durch die eigenen Mitarbeitenden ist auch eine unterstützende Haltung der Mitarbeitenden möglich, wenn sich diese beispielsweise positiv über die Arbeit oder den Arbeitgeber in sozialen Medien äußern. Die Mitarbeitenden werden somit indirekt zu Markenbotschaftern („brand ambassadors") für das Unternehmen. In diesem Zusammenhang können Mitarbeiter über positive Posts, Kommentare oder Videos indirekt eine positive Botschaft über das Unternehmen verbreiten und somit unterstützend zum offiziellen Reputationsmanagement des Arbeitgebers agieren. Ein solches proaktives Verhalten ist nur schwer durch Regeln und Maßnahmen des Managements zu erreichen, sondern ist primär eine Folge einer offenen Betriebskultur, welche wiederum, so haben Studien gezeigt, eine Folge einer positiven Unternehmensreputation sein kann (Schaarschmidt et al., 2015b).

Es kann zusammengefasst werden, dass Mitarbeitende einerseits eine positive Rolle übernehmen können, wenn ihr Verhalten – generell und in sozialen Medien – mit den Werten des Unternehmens übereinstimmt. Die sozialen Medien bieten in dieser Hinsicht vielfältige Möglichkeiten dazu einen Beitrag zu leisten – je nach Ausrichtung des sozialen Netzwerks. Andererseits kann jedoch ein negativer Einfluss von Mitarbeitenden ausgehen, wenn sich diese problematisch verhalten oder sich negativ über ihren Arbeitgeber – oder erkennbar als Mitarbeitende eines Unternehmens – in sozialen Medien äußern. In diesem Zusammenhang ist auch anzumerken, dass Mitarbeitende generell an einer guten Reputation des Arbeitgebers interessiert sein sollten.

5.3 Nutzung sozialer Medien

In den folgenden Abschnitten wird zunächst die unternehmensseitige Nutzung sozialer Medien erörtert, bevor anschließend die mitarbeiterseitige Nutzung sozialer Medien erläutert wird.

5.3.1 Unternehmensseitige Nutzung sozialer Medien

Durch technische Neu- und Weiterentwicklungen muss sich die Unternehmenskommunikation kontinuierlich an sich verändernde Situationen anpassen und prägt somit nicht zuletzt auch die Betriebskultur. War das Internet noch zu Beginn eine Informationsquelle, was zu einem unidirektionalen Wissensfluss von der technischen Infrastruktur zum Nutzer führte, so tragen heute Nutzer selbst wesentlich zur Wissensbasis „Internet" bei und ermöglichen einen bidirektionalen Informations- und Wissensfluss. Dieses unter dem Begriff nutzergenerierte Inhalte („user-generated content") diskutierte Phänomen verstärkt sich durch neu aufkommende Dienste wie u. a. Facebook, Youtube oder Twitter (Kaplan u. Haenlein, 2010). Aufgrund der Vielzahl an verwandten Konzepten wie „user-generated content" (Krumm et al., 2008), Web 2.0 (Walsh et al., 2011) oder Social Media (Kietzmann et al., 2011) ist es zunächst erforderlich, **Social Media** von ähnlichen Konzepten definitorisch abzugrenzen. Kaplan und Haenlein (2010) definieren soziale Medien unter Rückgriff auf nutzergenerierte Inhalte als eine Menge internetbasierter Anwendungen, die auf den technologischen und ideologischen Grundlagen des Web 2.0 aufbauen und außerdem die Herstellung sowie den Austausch eigener Inhalte ermöglichen. Ausgehend von dieser breiten Definition ist festzuhalten, dass die Nutzung von sozialen Medien nicht auf Individuen in ihrer Rolle als Person beschränkt ist, sondern auch Anwendungsdomänen wie e-Government, also die Interaktion des Staates mit seinen Bürgern (Mergel, 2013; Mergel u. Bretschneider, 2013), sowie die Nutzung von Social Media innerhalb eines Unternehmens zur internen Kommunikation (Enterprise 2.0; Bitkom, 2015a; McAffee, 2006) und zum betrieblichen Lernen (Social Learning; Sauter u. Sauter, 2014) umfasst.

Wie bereits erwähnt, müssen sich Unternehmen dem ständigen technischen Wandel anpassen und so auch ihre Unternehmenskommunikation neu gestalten. Dies beinhaltet heutzutage für viele Firmen zumindest die Nutzung und Pflege eines Social-Media-Accounts als Instrument der Kontaktpflege mit unterschiedlichsten Stakeholdergruppen. Gemäß einer repräsentativen Studie des Digitalverbandes Bitkom (2015a) nutzen bereits 75 % der Unternehmen in Deutschland die sozialen Medien für die interne und externe Kommunikation, wobei der Einsatz von sozialen Medien nicht von der Unternehmensgröße abhängig ist. Rein auf die Dienstleistungsbranche bezogen setzen sogar 84 % der Unternehmen soziale Medien in der Unternehmenskommunikation ein, im Handel sind es 73 % und in Industrieunternehmen 70 %, die soziale Medien für unternehmerische Zwecke nutzen (Bitkom, 2015a). Ebenfalls ist die Entwicklung der Zuständigkeit innerhalb der befragten Unternehmen hervorzuheben. In 51 % der befragten IT- und Telekommunikationsunternehmen werden eigene Teams für die Kommunikation innerhalb der sozialen Netzwerke eingesetzt, um Social-Media-Accounts in Netzwerken wie Facebook, Twitter oder Instagram zu betreuen, was auch die weitere Professionalisierung der Social-Media-Aktivitäten von Unternehmen verdeutlicht (Bitkom, 2015b). Gründe für die Nutzung sozialer Netzwerke sind gemäß der von Bitkom (2015b) veröffentlichten Studie folgende:
- 77 % der befragten Unternehmen möchten ihre Bekanntheit steigern.
- 68 % beabsichtigen, sich als Experte zu positionieren.
- 56 % verfolgen das Ziel, Bewerber auf sich aufmerksam zu machen.

- 55 % der Teilnehmer möchten Kunden gewinnen.
- 31 % der Unternehmen sucht Kontakt zu Journalisten und anderen Stakeholdern.
- 20 % der Umfrageteilnehmer möchten durch die Nutzung von sozialen Netzwerken den Kundenservice verbessern.

Darüber hinaus wurde bereits in einer im Jahr 2014 veröffentlichten Studie des Bundesverbandes Digitale Wirtschaft (BVDW) e. V. (2014, S. 3) berichtet, dass 72 % der befragten Unternehmen ihre Social-Media-Aktivitäten strategisch planen. Hinsichtlich einer umfassenden Planung ist zu beachten, dass – auch wenn eine Vielzahl von Social-Media-Unternehmen Basisversionen ihrer Dienste kostenlos anbieten – Social-Media-Aktivitäten aus Kostengründen limitiert werden können. Unternehmensseitige limitierende Faktoren hinsichtlich der Wahl und Unterhaltung können beispielsweise das Budget, die Zielgruppen, die Ressourcen (z. B. Mitarbeiterressourcen), die Branche, das Produkt, die Marke, das Umfeld oder allgemein die Realisierbarkeit sein (BVDW, 2015, S. 13). Beispielsweise ist die Einrichtung eines firmeneigenen Twitter-Accounts nur sinnvoll, wenn geschultes Personal verfügbar ist und sich der über diesen Kanal eingehenden Anfragen und/oder Beschwerden annimmt. Gehen viele Beschwerden ein und werden intern ungefiltert weitergeleitet, können zwar Probleme aufgedeckt, aber auch die Betriebskultur nachhaltig negativ verändert werden, wenn Schuldzuweisungen die Folge sind.

Zusammenfassend kann festgehalten werden, dass es bei der Nutzung von sozialen Medien innerhalb der externen und internen Unternehmenskommunikation unverzichtbar ist, den richtigen Social-Media-Kanal auszuwählen. In dieser Hinsicht muss der gewählte Kanal den spezifischen Anforderungen des Unternehmens als Sender einer Botschaft, der zu übermittelnden Botschaft selbst sowie den jeweiligen Stakeholdern als Empfängern einer Botschaft entsprechen.

5.3.2 Mitarbeiterseitige Nutzung sozialer Medien

Die Anzahl der Nutzer sozialer Netzwerke ist in den vergangenen Jahren sukzessiv gestiegen. Waren es im Jahr 2010 weltweit noch 0,97 Milliarden Menschen, die mindestens einmal im Monat soziale Netzwerke nutzten, stieg die Zahl bis zum Jahr 2015 bereits auf 2,14 Milliarden Menschen an (Statista u. eMarketer, 2016a). Dieselbe Studie prognostiziert einen weiteren Anstieg auf 2,95 Milliarden Nutzer von sozialen Medien für das Jahr 2020. Bezüglich der Anzahl Nutzer von sozialen Netzwerken in Deutschland hat eine Umfrage ergeben, dass im Jahr 2015 ca. 35 Millionen Menschen soziale Netzwerke mindestens einmal im Monat nutzen; für das Jahr 2020 wird ein Anstieg auf bis annähernd 40 Millionen Nutzer prognostiziert (Statista u. eMarketer, 2016b). Hinsichtlich der genutzten sozialen Netzwerke dominiert bei einem weltweiten Vergleich das soziale Netzwerk Facebook (47 %), gefolgt von YouTube (31 %), Google+ (22 %), Twitter (21 %) und Instagram (18 %; Statista u. GlobalWebIndex, 2016). Eine Erhebung des Statistischen Bundesamtes hat außerdem gezeigt, dass im Jahr 2015 soziale Netzwerke hauptsächlich in der Altersgruppe der 16- bis 24-Jährigen genutzt wurden: Gemäß der Erhebung nutzten 77 % der 10- bis 15-Jährigen, 93 % der 16- bis 24-Jährigen, 77 % der 25- bis 44-Jährigen, 52 % der 45- bis 64-Jährigen und 29 % der über 65-Jährigen in Deutschland die sozialen Netzwerke für die private Kommunikation im Internet (Statista u. Statistisches Bundesamt, 2016). Um die Hintergründe für die Nutzung von sozialen Netzwerken vollumfänglich zu verstehen, ist es ebenso hilfreich, die Gründe zu kennen, warum Menschen soziale Netzwerke nicht nutzen. Diesbezüglich haben Umfrageteilnehmer in einer Studie von Bitkom und Forsa bereits im Jahr 2012 folgende Gründe angegeben (Statista et al., 2016):

- Ich sehe keinen Sinn oder Nutzen für mich (74 %).
- Ich möchte keine privaten Informationen preisgeben (56 %).
- Ich habe Sorge vor negativen Folgen für meine berufliche Entwicklung (45 %).
- Ich habe Sorge vor negativen Folgen für mein Privatleben (25 %).
- Unbehagen, da ich nicht weiß, was die sozialen Netzwerke mit meinen Daten machen (23 %).
- Ich habe keine Zeit dafür (9 %).
- Sonstige Gründe (3 %).

Im Hinblick auf den hier diskutierten potenziellen Einfluss der Nutzung sozialer Netzwerke auf den Unternehmenskontext ist insbesondere interessant, dass fast die Hälfte der Umfrageteilnehmer angeben, keine sozialen Netzwerke zu nutzen, da sie sich Sorgen um mögliche negative Folgen für die berufliche Entwicklung machen, die aus der Nutzung sozialer Netzwerke entstehen könnten. Ergänzend ist zu beachten, dass im Jahr 2015 in Deutschland beinahe 71 % der Befragten einer Umfrage angaben, die sozialen Netzwerke ausschließlich privat zu nutzen, 3 % ausschließlich beruflich und etwa 26 % privat und beruflich (Statista u. Tomorrow Focus Media, 2016). In derselben Erhebung wurden auch die geschlechterspezifischen Unterschiede mit folgenden Erkenntnissen berücksichtigt (Statista u. Tomorrow Focus Media, 2016):

- 62,3 % der Frauen, jedoch 79 % der befragten Männer nutzen soziale Medien ausschließlich privat.
- 5,5 % der Frauen, aber nur 0,7 % der Männer nutzen soziale Medien ausschließlich beruflich.
- 32,2 % der Frauen und 20,3 % der Männer nutzen soziale Netzwerke privat und beruflich.

Aufbauend auf diesen Erkenntnissen sowie der beschriebenen reputationsbezogenen Problematik muss es aus Forschungssicht daher das Ziel sein, die multiplen Einflüsse der privaten Nutzung von sozialen Medien auf den Unternehmenskontext zu erfassen, um somit positive und negative Wirkungsbeziehungen offenzulegen (Walsh et al., 2016). Darauf basierend ließen sich Leitsätze, z. B. betriebskulturprägende Social-Media-Richtlinien, also unverbindliche unternehmensseitig ausgegebene Richtlinien zur Nutzung von Social Media, oder Schulungsinhalte für den individuellen Umgang mit sozialen Medien im Unternehmenskontext entwickeln – im besten Fall gemeinschaftlich mit einer Gruppe der Mitarbeitenden. Um den bestmöglichen Nutzen zu erzielen, ist es dabei wichtig, diese Maßnahmen speziell auf die Unternehmen sowie die Zielgruppe anzupassen. In diesem Zusammenhang hat sich im Rahmen eigener Forschung gezeigt, dass beispielsweise die individuellen Erfahrungen mit sozialen Medien sowie die berufliche Nutzung von sozialen Medien berücksichtigt werden sollten.

Beispiel für eine Social-Media-Richtlinie (Auszug)

Bitte beachten Sie folgende Punkte im privaten Umgang mit Social Media:

- Nutzen Sie stets die Ich-Form und nennen Sie Ihren vollen Namen. Sollten Sie sich zu Fachthemen äußern, so fügen Sie bitte Ihre Position in unserem Unternehmen an, wenn Ihr Post einen Unternehmensbezug hat. Das schafft Transparenz.
- Der Dialog im Netz lebt von gegenseitigem Vertrauen. Seien Sie daher immer offen, ehrlich und fair im Umgang mit Kommunikationspartnern.
- Bei Äußerungen zu Themen, die mit Ihrem Beruf zu tun haben, sollten Sie gegenüber der Netzgemeinde deutlich machen, dass Sie nur aus Ihrer persönlichen Sicht schreiben und es sich um Ihre Privatmeinung handelt.

Neben der bereits vielfältig erforschten privaten Nutzung sozialer Netzwerke gibt es bislang vergleichsweise wenige Erkenntnisse über die Nutzung sozialer Medien im Unternehmenskontext.

Das **Reputationskonzept** beruht auf der allgemeinen Prämisse, dass eine positive Beurteilung einer Entität (Individuum, Organisation etc.) durch die Öffentlichkeit oder durch Teilöffentlichkeiten einen positiven Einfluss auf die Einstellungen und Handlungen der Öffentlichkeit bzw. der Teilöffentlichkeiten in Bezug auf diese Entität hat. Der hier verwendete Kompetenzbegriff baut auf dem Verständnis von Kauffeld (2016) auf, wonach die berufliche Handlungskompetenz „[a]lle Fähigkeiten, Fertigkeiten und Wissensbestände [umfasst], die eine Person, ein Team oder eine Organisation bei der Bewältigung konkreter sowohl vertrauter als auch neuartiger Arbeitsaufgaben handlungs- und reaktionsfähig machen und sich in der erfolgreichen Bewältigung konkreter Arbeitsanforderungen zeigen" (Kauffeld, 2016, S. 3).

In dem folgenden Abschnitt wird erst die Entwicklung von der Medien- zur Reputationskompetenz erläutert und anschließend das mitarbeiterseitige Spannungsfeld zwischen der Unternehmens- und der Privatsphäre der Mitarbeitenden mit Reputationskompetenz in Verbindung gesetzt.

5.3.3 Medien- und Reputationskompetenz

Kennzeichnend für die Diskussion um soziale Medien im beruflichen Umfeld ist die Verschmelzung von privaten und beruflichen Belangen (Mangold u. Faulds, 2009; Schaarschmidt et al., 2011; von Kortzfleisch et al., 2008). In diesem Zusammenhang lässt sich festhalten, dass die private Nutzung von sozialen Medien zu einer erhöhten Medienkompetenz von Mitarbeitenden führt (Linditsch et al., 2011). **Medienkompetenz** beschreibt dabei die Fähigkeit von Mediennutzern, Medien und Medieninhalte den eigenen Zielen und Bedürfnissen entsprechend zu nutzen (Baacke, 1997); sie ist dementsprechend die allgemeine Fähigkeit, sich eine gekonnte Nutzung von Medien anzueignen.

Die **Reputationskompetenz** in sozialen Medien steht für eine erweiterte Perspektive, da sie – anders als die Medienkompetenz – auch die Folgen der Mediennutzung für Dritte, beispielsweise für den Arbeitgeber, einschließt. Zum anderen jedoch sind Mitarbeitende immer öfter als Unternehmensangehörige in sozialen Medien identifizierbar (z. B. durch die Nennung des Arbeitgebers im privaten Social-Media-Profil), und ihr Verhalten kann daher leicht mit dem Arbeitgeber in Verbindung gebracht werden. Im Fall einer negativen Äußerung des Arbeitnehmers in seinem privaten Social-Media-Umfeld ist somit die Reputation des Arbeitgebers einer Gefährdung ausgesetzt.

Wie bereits erwähnt, ist die Unternehmensreputation als eine immaterielle Unternehmensressource einzuordnen, die in der Regel über einen längeren Zeitraum aufgebaut wird. Es erscheint somit eine Schädigung der Unternehmensreputation aufgrund des Fehlverhaltens einer einzelnen Person zunächst als unwahrscheinlich. Zieht man jedoch die Tatsache in Betracht, dass ein potenzielles Fehlverhalten durch die Nutzung sozialer Medien einer großen Öffentlichkeit zugänglich gemacht wird, so ist es auch möglich, dass die Reputation eines Unternehmens nachhaltig Schaden nehmen kann. Somit ist die Tragweite individuellen Fehlverhaltens durch den Zugang zu sozialen Medien deutlich erhöht. Gleiches gilt selbstredend auch für positive Fälle. Mitarbeitende, die ein löbliches Verhalten in sozialen Netzwerken an den Tag legen und als Mitarbeitende des Unternehmens identifizierbar sind, können nachhaltig zur Reputationsstärkung des Unternehmens beitragen.

Konkret wird Reputationskompetenz definiert als die in beruflicher und privater Sphäre gezeigte Handlungsfähigkeit von Mitarbeitenden, soziale Medien in Übereinstimmung mit unternehmerischen Reputationszielen zu nutzen (Schaarschmidt et al., 2015a; vgl. Walsh et al., 2016). Individuelle Reputationskompetenzen für soziale Medien im Rahmen eines betrieblichen Kompetenzmanagements zu stärken, um die Gefahr der Reputationsschädigung zu minimieren, ist daher eine Herausforderung, der sich Unternehmen künftig stellen müssen – vor allem wenn sie die Vorteile sozialer Medien nutzen möchten. Eine Nutzung kann beispielsweise für Marketingaktivitäten, zur Kundenbindung, zur Erreichung neuer Zielgruppen oder zur Öffnung von Innovationsprozessen stattfinden. Für die Reputationskompetenz von Mitarbeitenden spielen soziale Medien vor dem Hintergrund des demografischen Wandels zudem in mehrfacher Hinsicht eine Rolle:

1. Vor allem junge Mitarbeitende müssen für die durch die sozialen Medien beförderte Konvergenz von beruflicher und privater Sphäre sensibilisiert werden, da sie häufig leichtfertig unvorteilhafte Informationen (z. B. Partyfotos) veröffentlichen und damit ihrer eigenen Reputation, aber auch der ihres Umfeldes, beispielsweise ihrem Arbeitgeber, schaden könnten.

2. Eine steigende Zahl von Unternehmen nutzt soziale Medien im Rahmen des Marken- und Reputationsmanagements (Madden u. Smith, 2010), welches auch auf spezifische demografische Zielgruppen ausgerichtet sein kann. Beispielsweise nutzen Automobilhersteller abhängig von der primären Kundengruppe zielgerichtete Webseiten für einzelne Produkte, anstatt alle Produkte unter einer Webseite zu bewerben.

Immer mehr Unternehmen entwickeln sogenannte Social-Media-Richtlinien bzw. -Guidelines zur Nutzung der Potenziale von sozialen Medien, welche dann von den Mitarbeitenden gelebt werden sollen. In diesem Zusammenhang sind Unterschiede bei der Kommunikation zwischen online-affinen und weniger online-affinen Mitarbeitenden denkbar, aber noch nicht ausreichend erforscht.

Final ist festzuhalten, dass allgemein davon ausgegangen wird, dass Firmen der New Economy (z. B. E-Commerce) aufgrund ihrer Altersstruktur medienkompetent (BMBF, 2007; Groeben u. Hurrelmann, 2002; Kilian et al. 2012) und somit affiner für soziale Medien sind als Firmen der Old Economy (z. B. Banken) – sowohl auf individueller als auch auf organisatorischer Ebene. Firmen der Old Economy jedoch gelten als solche, die ggf. sorgfältiger mit ihrer Reputation umgehen. Dieser Logik zufolge wären E-Commerce-Firmen den Gefahren für Reputationsschädigungen durch die mitarbeiterseitige Nutzung sozialer Medien stärker ausgesetzt. Bisher fehlt es diesbezüglich jedoch an vergleichenden wissenschaftlichen Studien. Es besteht demnach Bedarf an einer tieferen Erforschung des Zusammenspiels zwischen Unternehmensreputation, Nutzung sozialer Medien durch Mitarbeitende und zugrunde liegender Betriebskultur sowie Möglichkeiten der Steuerung durch Unternehmen.

5.3.4 Spannungsfeld zwischen Unternehmens- und Privatsphäre

Aus den bisherigen Ausführungen ist ersichtlich, dass ein Wechselspiel zwischen individueller Reputationskompetenz und Unternehmensreputation existiert. Dies bedeutet, dass die zur Schau getragene Reputation des Einzelnen auf die des Unternehmens Einfluss nehmen kann und umgekehrt. In diesem Zusammenhang ist es wichtig, darauf hinzuweisen, dass dies nicht nur für jüngere Firmen gilt, die aufgrund ihres Geschäftsmodells eine natürliche Nähe zum Medium Internet haben, sondern gleichsam für Firmen, die beginnen, soziale Medien ergänzend zu ihren sonstigen reputationsfördernden Maßnahmen einzusetzen. Reputationskompetenzen für soziale Medien ergänzen somit klassische Mitarbeiterkompetenzen (vgl. Erpenbeck u. von Rosenstiel,

2011) um die Facette der externen Sichtbarkeit. War beispielsweise eine unzureichend ausgeprägte Mediennutzungskompetenz bisher in ihrer Konsequenz auf das Individuum und ggf. auf das direkte berufliche Umfeld beschränkt, so ist durch soziale Medien auch ein Unternehmen mit negativen Konsequenzen konfrontiert, wenn die Mitarbeitenden Reputationskompetenzdefizite für soziale Medien aufweisen. Dies gilt insbesondere, wenn Defizite und Stärken in Bezug auf Reputationskompetenzen für unterschiedliche demografische Gruppen im Unternehmen unterschiedlich stark ausgeprägt sind (Hinz, 2014; Kilian et al., 2012), da dies nachhaltig die homogene Wahrnehmung der Betriebskultur beeinträchtigt.

Eine Stärkung der Reputationskompetenz von Mitarbeitenden tangiert drei Ebenen – die des Wollens, des Dürfens und des Könnens. Das mitarbeiterseitige Wollen von Reputationskompetenz kann durch entsprechende Maßnahmen der Mitarbeitermotivation erfolgen. Häufig finden sich jedoch in Unternehmen Mitarbeitende, die zwar reputationsorientiert handeln wollen und motiviert sind, denen jedoch der dazu notwendige Ermessens- und Handlungsspielraum seitens des Unternehmens nicht zugestanden wird. Das heißt, es fehlt das Dürfen für das Ausleben der Reputationskompetenz. Dies kann zwei Gründe haben: Zum einen möchte das Unternehmen eine solche Einflussnahme bewusst ausschließen, und/oder zum anderen beinhaltet die Position des Mitarbeitenden eine solche Tätigkeit nicht. Der letzte Punkt könnte durch eine partizipativ ausgestaltete Führung korrigiert werden.

Schließlich gilt es, Mitarbeitende zu identifizieren, die motiviert und ermächtigt sind, reputationsorientiert zu handeln, denen es beispielsweise gestattet ist, sich im Internet zum Unternehmen zu äußern, denen jedoch die dafür notwendige Reputationskompetenz, d. h. das Können, fehlt. Erste Hilfestellung können hierbei wiederum vom Unternehmen definierte Social-Media-Richtlinien leisten, in denen Verhaltensregeln für die Nutzung von sozialen Medien aufgezeigt werden (vgl. ▶ Abschn. 5.3.2). Die Einführung solcher Richtlinien wird in der Regel durch das Management veranlasst und kann langfristig die gelebte Betriebskultur positiv beeinflussen. Das Spannungsfeld der Mitarbeitenden zwischen Unternehmens- und Privatsphäre und somit der konzeptionelle Rahmen der Forschungsarbeiten wird in ◘ Abb. 5.1 dargestellt.

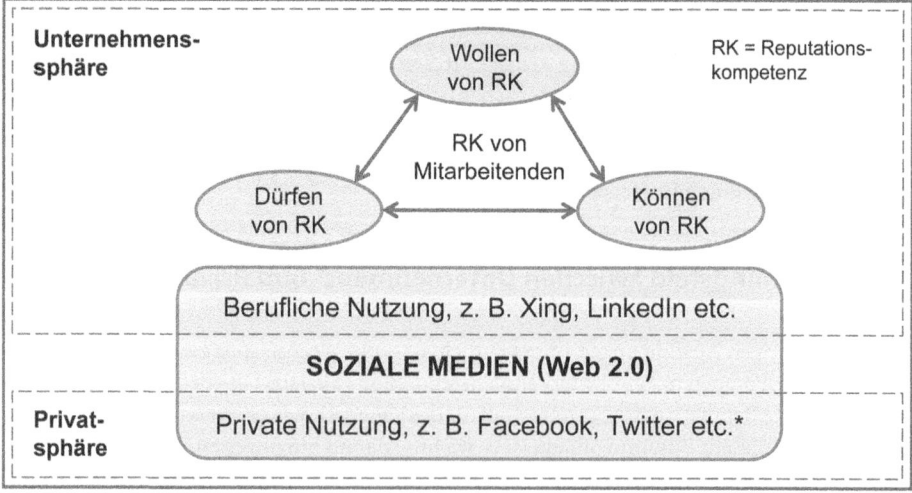

* Es ist anzumerken, dass auch viele Unternehmen diese sozialen Medien bereits nutzen.

◘ **Abb. 5.1**   Konzeptioneller Forschungsrahmen (Schaarschmidt et al., 2015a)

Bei Betrachtung von ◨ Abb. 5.1 ist anzumerken, dass sich beide Sphären auf die mitarbeiterseitige Nutzung sozialer Medien und Netzwerke beziehen. Das Spannungsfeld betrifft daher nur die mitarbeiterseitige Nutzung und bezieht sich nicht auf ein mögliches Spannungsverhältnis zwischen den Mitarbeitenden und dem Unternehmen an sich. Es wird auch deutlich, dass eine explizite Abgrenzung von privaten Inhalten mit Unternehmensbezug innerhalb der Privatsphäre möglich ist, z. B. bei der Nutzung von sozialen Netzwerken wie Facebook, Twitter oder Instagram. Im Rahmen der beruflichen Nutzung von sozialen Netzwerken, z. B. bei der Nutzung von Plattformen wie Xing oder LinkedIn, ist diese Abgrenzung nahezu unmöglich.

5.4 Ausblick

Ergänzend zu den obigen Ausführungen ist hervorzuheben, dass eine Studie mit 33.000 Befragten in 28 Ländern im Hinblick auf Vertrauen ergab, dass technische Experten und Mitarbeitende als glaubwürdiger eingestuft werden als die Führungskräfte eines Unternehmens (Edelman, 2016, Folie 12). Dieses Ergebnis zeigt ausdrücklich die einflussreiche Position der Mitarbeitenden und die Wichtigkeit des Themas. Diese Aussage ist noch beachtlicher, wenn man berücksichtigt, dass für das Jahr 2015 dieser Wert noch mit 47 % und im Jahr 2016 schon bereits mit 60 % angegeben wird, was einen deutlichen Anstieg aufzeigt (Edelman, 2016, Folie 12). Die Forschungsergebnisse des „2016 Edelman Trust Barometer" haben außerdem gezeigt, dass dieser Vertrauensvorschuss nur von Menschen übertroffen wird, die als „eine Person wie ich selbst" eingestuft werden. Dieser Anstieg zeigt auch indirekt die Wichtigkeit, Mitarbeitende auf die potenziellen Gefahren, aber auch auf die möglichen Chancen hinsichtlich einer mitarbeiterseitigen Einflussnahme auf die Unternehmensreputation aufmerksam zu machen, um sich kompetent in sozialen Medien zu bewegen.

In diesem Hinblick ist das Ziel des Verbundprojektes Webutatio die Erfassung, der Aufbau und die arbeitsprozessintegrierte Stärkung der individuellen mitarbeiterseitigen Reputationskompetenz für soziale Medien durch die Entwicklung und Erprobung eines Blended-Learning-Konzeptes, das auf einem neuen Wirkungsmodell zur Messung von Reputationskompetenz beruht. Um dieses Ziel zu erreichen, werden zunächst Dimensionen und Determinanten von Reputationskompetenz für soziale Medien identifiziert, in einem konzeptionellen Modell für ein entsprechendes betriebliches Kompetenzmanagement strukturiert und schließlich in einer Messskala konsolidiert. Durch den Einsatz einer solchen Skala können Reputationsstärken und -defizite festgestellt werden, was wiederum die Grundlage für die individuelle Ausgestaltung eines innovativen Kompetenzentwicklungssystems mit Blended Learning und Social Learning ist. Durch die seitens der Verbundpartner eingebrachten Kompetenzen existieren ideale Voraussetzungen für die Erforschung und Lösung des Problems sowie für die anschließende Verwertung der Projektergebnisse.

> **Fazit**
> Gerade soziale Medien, welche von Unternehmen gezielt für Reputationszwecke genutzt werden, fungieren als Kommunikations-Enabler für die Gruppe der Mitarbeitenden, insbesondere für die Gruppe jüngerer, stark medienaffiner Mitarbeitender. Kommentare über das eigene Unternehmen und Kritik von Mitarbeitenden über deren Erfahrung und Zufriedenheit mit dem Arbeitgeber sind per Mausklick innerhalb kürzester Zeit einer enormen Zahl an aktuellen und potenziellen Kunden sowie weiteren relevanten

Stakeholdern des Unternehmens zugänglich. Soziale mediengestützte reputationstangierende Kommunikation findet also nicht nur intern statt (z. B. in Mitarbeiterblogs oder im Intranet), sondern vermehrt auch extern und vor allem außerhalb der Kontrolle der Unternehmen. Hierin kann jedoch auch eine Chance liegen, wenn zusätzlich zu den traditionellen Formen der Reputationsbildung auch die eigenen Mitarbeitenden eingebunden werden, um reputationsfördernd in sozialen Medien zu agieren, und die Mitarbeitenden die notwendige Reputationskompetenz besitzen, sich kompetent in sozialen Medien bewegen zu können.

Weiterführende Literatur und Links

— Im Rahmen des Projektes „Webutatio" untersuchen Wissenschaftler/-innen der Universität Koblenz-Landau und der Friedrich-Schiller-Universität Jena in Zusammenarbeit mit den Praxispartnern Berge & Meer Touristik GmbH, Check24 Services GmbH sowie der IHK-Akademie Koblenz e. V. das Themengebiet der mitarbeiterbezogenen Reputationskompetenz für die Nutzung sozialer Medien. Das Forschungsprojekt wird gefördert vom Bundesministerium für Bildung und Forschung (BMBF). Nähere Informationen sowie der aktuelle Stand der Forschungsarbeiten sind unter http://www.webutatio.de/ abrufbar.

Literatur

Alexander, R. M., & Gentry, J. K. (2013). Using social media to report financial result. *Business Horizons* 57(2),161–167.
Aula, P. (2010). Social media, reputation risk and ambient publicity management. *Strategy & Leadership* 38(6),43–49.
*Medienpädagogik: Grundlagen der Medienkommunikation*Baacke, D. (1997). *Medienpädagogik: Grundlagen der Medienkommunikation* (Bd. 1). Tübingen: De Gruyter.
Barnett, M. L., Jermier, J. M., & Lafferty, B. A. (2006). Corporate reputation: The definitional landscape. *Corporate Reputation Review* 9(1),26–38.
Bentele, G. (2006). Image. In: G. Bentele, H.-B. Brosius, O. Jarren (Hrsg.), *Lexikon Kommunikations- und Medienwissenschaft* (S. 95). Wiesbaden: VS Verlag für Sozialwissenschaften.
Bitkom (2015a). Drei von vier Unternehmen nutzen Social Media. https://www.bitkom.org/Presse/Presseinformation/Drei-von-vier-Unternehmen-nutzen-Social-Media.html. Zugegriffen: 15. Februar 2017.
Bitkom (2015b). Jedes zweite Unternehmen setzt auf Social-Media-Teams. https://www.bitkom.org/Presse/Presseinformation/Jedes-zweite-Unternehmen-setzt-auf-Social-Media-Teams.html. Zugegriffen: 15. Februar 2017.
Boyle, C. (2010). Pittsburgh Pirate pierogi mascot fired for bashing team on Facebook page. http://www.nydailynews.com/news/national/pittsburgh-pirate-pierogi-mascot-fired-bashing-team-facebook-page-article-1.180649. Zugegriffen: 15. Februar 2017.
Bundesministerium für Bildung und Forschung (BMBF) (2007). *Gestaltung der Arbeit in virtuellen Unternehmen.* Bonn, Berlin: BMBF. https://virtuelleunternehmen.files.wordpress.com/2011/05/virtuelle_unternehmen.pdf. Zugegriffen: 15. Februar 2017.
Bundesverband Digitale Wirtschaft (BVDW) e. V. (2014). *BVDW-Studie: Social Media in Unternehmen.* Düsseldorf: BVDW.
Bundesverband Digitale Wirtschaft (BVDW) e. V. (2015). *Social Media Kompass 2015/2016.* Düsseldorf: BVDW.
Buß, E. (2007). Image und Reputation – Werttreiber für das Management. In M. Piwinger, & A. Zerfaß (Hrsg.), *Handbuch Unternehmenskommunikation* (S. 227–243). Wiesbaden: Springer Gabler.
Caruana, A., & Ewing, M. T. (2010). How corporate reputation, quality, and value influence online loyalty. *Journal of Business Research* 63, 1103–1110.
Cravens, K., Goad Oliver, E., & Ramamoorti, S. (2003). The reputation index: Measuring and managing corporate reputation. *European Management Journal* 21(2),201–212.
Edelman. (2016). 2016 Edelman Trust Barometer. http://edelman.com/assets/uploads/2016/01/2016-Edelman-Trust-Barometer-Global-_-Leadership-in-a-Divided-World.pdf. Zugegriffen: 15. Februar 2017.

Erpenbeck, J., & von Rosenstiel, L. (2011). *Handbuch Kompetenzmessung: Erkennen, verstehen und bewerten von Kompetenzen in der betrieblichen, pädagogischen und psychologischen Praxis*. Stuttgart: Schäffer-Poeschel.

Fombrun, C. (1997). The reputational landscape. *Corporate Reputation Review* 1(1/2), 5–13.

Gotsi, M., & Wilson, A. M. (2001). Corporate reputation: Seeking a definition. *Corporate Communications: an International Journal* 6(1),24–30.

Groeben, N., & Hurrelmann, B. (Hrsg.) (2002). *Medienkompetenz: Voraussetzungen, Dimensionen, Funktionen*. München: Beltz Juventa.

Hinz, A. (2014). Leitfaden: Führung im demografischen Wandel. Unterstützung für Vorgesetzte in der Produktion. Eschborn: RKW Rationalisierungs- und Innovationszentrum der Deutschen Wirtschaft e. V. https://static5.rkw-kompetenzzentrum.de/fileadmin/media/publications/2014/Fachkraefte/Leitfaden/20140130-Fuehrung-im-demografischen-Wandel.pdf. Zugegriffen: 15. Februar 2017.

Honey, G. A. (2009). *A short guide to reputation risk*. Surrey: Gower Publishing Limited.

Jones, B., Temperley, J., & Lima, A. (2009). Corporate reputation in the era of Web 2.0: The case of Primark. *Journal of Marketing Management* 25(9–10), 927–939.

Kaplan, A. M., & Haenlein, M. (2010). Users of the world, unite! The challenges and opportunities of social media. *Business Horizons* 53(1),59–68.

Kauffeld, S. (2016). Kompetenzen entwickeln: heute und morgen. http://www.akip-projekt.de/index.php/aktuelles.html?file=files/Demo/Downloads/Transferveranstaltung_Materialien/Kauffeld_Folien.pdf. Zugegriffen: 15. Februar 2017.

Kick, M. (2014). *Selected Essays on Corporate Reputation and Social Media: Collection of Empirical Evidence*. Wiesbaden: Springer Gabler.

Kietzmann, J. H., Hermkens, K., McCarthy, I. P., & Silvestre, B. S. (2011). Social media? Get serious! Understanding the functional building blocks of social media. *Business Horizons* 54(3),241–251.

Kilian, T., Hennigs, N., & Langner, S. (2012). Do Millennials read books or blogs? Introducing a media usage typology of the internet generation. *Journal of Consumer Marketing* 29(2),114–124.

Neue Perspektiven für Marketing und Medien von Kortzfleisch, H, Mergel, I., Manouchehri, S., & Schaarschmidt, M. (2008). Corporate Web 2.0 applications: Motives, organizational embeddedness, and creativity. In B. Hass, G. Walsh, & T. Kilian (Hrsg.), Web 2.0: *Neue Perspektiven für Marketing und Medien* (S. 73–90). Berlin, Heidelberg: Springer.

Krumm, J., Davies, N., & Narayanaswami, C. (2008). User-generated content. *IEEE Pervasive Computing* 7(4),10–11.

Linditsch, C., Schmalzer, T., & Winter, K. (2011). Erfolgreicher Einsatz von Social Media in Unternehmen. In J. Pauschenwein (Hrsg.), *Innovative Lern- und Trainingsszenarien mit Social Media, Tagungsband zum 10. E-Learning Tag*. Graz: FH Joanneum GmbH.

Madden, M., & Smith, A. (2010). Reputation management and social media: How people monitor their identity and search for others online. http://www.pewinternet.org/2010/05/26/reputation-management-and-social-media/. Zugegriffen: 15. Februar 2017.

Mangold, W. G., & Faulds, D. J. (2009). Social media: The new hybrid element of the promotion mix. *Business Horizons* 52(4),357–365.

McAffee, A. P. (2006). Enterprise 2.0: The dawn of emergent collaboration. *MIT Sloan Management Review* 47(3),21–28.

Mergel, I. (2013). A framework for interpreting social media interactions in the public sector. *Government Information Quarterly* 30(4),327–334.

Mergel, I., & Bretschneider, S. (2013). A three-stage adoption process for social media use in government. *Public Administration Review* 73(3),390–400.

Miles, S. J., & Mangold, W. G. (2014). Employee voice: Untapped resource or social media time bomb? *Business Horizons* 57(3),401–411.

Obloj, T., & Capron, L. (2011). Role of resource gap and value appropriation: Effect of reputation gap on price premium in online auctions. *Strategic Management Journal* 32(4),447–456.

Peters, P. (2011). *Reputationsmanagement im Social Web: Risiken und Chancen von Social Media für Unternehmen, Reputation und Kommunikation*. Köln: Social-Media-Verlag.

Peters, P., & Liehr-Gobbers, K. (2015). Unternehmensreputation und Reputationsmanagement. In R. Fröhlich, P. Szyszka, & G. Bentele (Hrsg.), *Handbuch der Public Relations* (S. 919–932). Wiesbaden: Springer Fachmedien.

Reputation Institute (2016). 2016 Global RepTrak® 100 – The World's Most Reputable Companies. https://www.reputationinstitute.com/CMSPages/GetAzureFile.aspx?path=~\media\media\documents\2016globalreptrak.pdf&hash=d3b5b6ab25f1008f897280b712da54ac6dc8a00bf738e43653779f113eb33cc4&ext=.pdf. Zugegriffen: 15. Februar 2017.

Rokka, J., Karlsson, K., & Tienari, J. (2014). Balancing acts: Managing employees and reputation in social media. *Journal of Marketing Management* 30(7–8), 802–827.

Sauter, S. M., & Sauter, W. (2014). *Workplace Learning: Integrierte Kompetenzentwicklung mit kooperativen und kollaborativen Lernsystemen.* Wiesbaden: Springer Gabler.

Schaarschmidt, M., von Kortzfleisch, H., Valcárcel, S., & Lindermann, N. (2011). Web 2.0 enabled employee collaboration in SME networks: A CEO's perspective. In ECIS (Hrsg.), *Proceedings of the 19th European Conference on Information Systems (ECIS),* June 9–11, *2011.* Helsinki, Finland: ECIS.

Schaarschmidt, M., von Kortzfleisch, H., & Walsh, G. (2015a). Vorhabensbeschreibung zum Verbundprojekt: Erfassung, Aufbau und Stärkung der Reputationskompetenz von Mitarbeitenden im arbeitsprozessintegrierten Umgang mit sozialen Medien (Web 2.0). (unveröffentlichtes Manuskript). Koblenz: Universität Koblenz-Landau.

Schaarschmidt, M., Walsh, G., & Ivens, S. (2015b). Perceived External Reputation as a Driver of Organizational Citizenship Behavior: Replication and Extension. *Corporate Reputation Review* 18(4),314–336.

Schwalbach, J. (2000). Image, Reputation und Unternehmenswert. http://www.econbiz.de/archiv/b/hub/management/imge.pdf. Zugegriffen: 15. Februar 2017.

Solove, D. J. (2007). *The future of reputation: Gossip, rumor, and privacy on the internet.* New Haven, CT: Yale University Press.

Statista, & eMarketer. (2016a). Anzahl der Nutzer sozialer Netzwerke weltweit in den Jahren 2010 bis 2015 sowie eine Prognose bis 2020 (in Milliarden). http://de.statista.com/statistik/daten/studie/219903/umfrage/prognose-zur-anzahl-der-weltweiten-nutzer-sozialer-netzwerke/. Zugegriffen: 15. Februar 2017.

Statista, & eMarketer. (2016b). Anzahl der monatlich aktiven Nutzer sozialer Netzwerke in Deutschland in den Jahren 2014 und 2015 sowie eine Prognose bis 2020 (in Millionen). http://de.statista.com/statistik/daten/studie/504140/umfrage/prognose-zur-anzahl-der-nutzer-sozialer-netzwerke-in-deutschland/. Zugegriffen: 15. Februar 2017.

Statista, & GlobalWebIndex (2016). Anteil der Internetnutzer weltweit, die im vergangenen Monat folgende soziale Netzwerke aktiv genutzt haben im 4. Quartal 2015. http://de.statista.com/statistik/daten/studie/513003/umfrage/anteil-der-nutzer-von-sozialen-netzwerken-nach-plattformen-weltweit/. Zugegriffen: 15. Februar 2017.

Statista, & Statistisches Bundesamt (2016). Anteil der Internetnutzer, die in den letzten drei Monaten an sozialen Netzwerken im Internet für die private Kommunikation teilgenommen haben, nach Altersgruppen in Deutschland im Jahr 2015. http://de.statista.com/statistik/daten/studie/509345/umfrage/anteil-der-nutzer-von-sozialen-netzwerken-nach-altersgruppen-in-deutschland/. Zugegriffen: 15. Februar 2017.

Statista, & Tomorrow Focus Media (2016). In welchem Zusammenhang nutzt Du soziale Netzwerke? http://de.statista.com/statistik/daten/studie/175664/umfrage/gruende-fuer-nutzung-von-social-networks-in-deutschland/. Zugegriffen: 15. Februar 2017.

Statista, Bitkom, & Forsa. (2016). Warum nutzen Sie keine sozialen Netzwerke? http://de.statista.com/statistik/daten/studie/215598/umfrage/gruende-fuer-die-nicht-nutzung-sozialer-netzwerke-in-deutschland/. Zugegriffen: 15. Februar 2017.

Walsh, G. (2006). *Das Management von Unternehmensreputation: Grundlagen, Messung und Gestaltungsperspektiven am Beispiel von Unternehmen des liberalisierten Gasmarktes.* Aachen: Shaker.

Walsh, G., Hass, B., & Kilian, T. (Hrsg.). (2011). *Web 2.0 – Neue Perspektiven für Marketing und Medien.* Berlin: Springer.

Walsh, G., Shiu, E., & Hassan, L. (2014) Replicating, validating, and reducing the length of the consumer perceived value scale. *Journal of Business Research* 67(3),260–267.

Walsh, G., Schaarschmidt, M., & von Kortzfleisch, H. (2016). Employees' company reputation-related social media competence: Scale development and validation. *Journal of Interactive Marketing* 36, 46–59.

Weißensteiner, C. (2014). *Reputation als Risikofaktor in technologieorientierten Unternehmen: Status quo – Reputationstreiber – Bewertungsmodell.* Wiesbaden: Springer Fachmedien Wiesbaden.

Ansätze der Kompetenzentwicklung und Betriebskultur

Gestaltungskompetenz in Innovationsprozessen in der Pflege

Oliver Lauxen, Laura Schwarz, Jennyfer Adami-Burke, Kerstin Hagmann, Elke Schug

© Springer-Verlag GmbH Deutschland 2018
S. Kauffeld, F. Frerichs (Hrsg.), *Kompetenzmanagement in kleinen und mittelständischen Unternehmen,*
Kompetenzmanagement in Organisationen, DOI 10.1007/978-3-662-54830-1_6

Zusammenfassung

Die Berufs- und Betriebskultur in der Pflege ist traditionell stark an berufsethischen Grundsätzen ausgerichtet. Andererseits sind diese Einrichtungen nahezu permanent mit (Außen-)Anforderungen konfrontiert, auf die sie reagieren müssen. Nicht selten sind diese Anforderungen nicht mit der Berufs- und Betriebskultur vereinbar und verursachen Diskrepanzerfahrungen. Im schlimmsten Fall führen diese zu Fluktuation und Berufsaufgabe. Das Forschungsprojekt „Arbeitsprozessintegrierte Kompetenzaktivierung und -entwicklung in der Pflege" (AKiP) hat sich zum Ziel gesetzt, Pflegekräfte dabei zu unterstützen, Diskrepanzerfahrungen – wo dies möglich ist – aus eigener Kraft aufzulösen, indem sie Gestaltungspotenziale in Innovationsprozessen erkennen und diese aktiv nutzen. Wie Pflegekräften dies bereits gelingt, wird am Beispiel von drei innerbetrieblichen Veränderungsprozessen in einem Krankenhaus, einem Pflegeheim und einem ambulanten Pflegedienst demonstriert.

6.1 Hintergrund: Innovationsdruck in der Pflege

Pflegekräfte sind in Deutschland vor allem in drei Sektoren tätig, in Krankenhäusern, in Einrichtungen der stationären Langzeitpflege (Pflegeheimen) und in ambulanten Pflegediensten. In Deutschland gab es im Jahr 2014 laut der offiziellen Krankenhausstatistik 1.980 Krankenhäuser, von denen sich je 35 % in freigemeinnütziger und privater Trägerschaft sowie 29 % in öffentlicher Trägerschaft befanden; mehr als 19 Millionen Menschen wurden in diesem Zeitraum vollstationär in Krankenhäusern behandelt (Statistisches Bundesamt, 2015a). Laut der offiziellen Pflegestatistik vom Dezember 2013 existierten darüber hinaus 13.030 Einrichtungen der stationären Langzeitpflege. Dort lebten insgesamt 821.647 pflegebedürftige Menschen (Statistisches Bundesamt, 2016), im Durchschnitt etwa 63 Bewohner/-innen pro Einrichtung. Im Bereich der ambulanten Pflege versorgten im Jahr 2013 insgesamt 12.745 Pflegedienste 616.000 zu Hause lebende pflegebedürftige Menschen (Statistisches Bundesamt, 2015b).

Pflegekräfte sind die größte Beschäftigtengruppe in den drei Sektoren. Im Krankenhaussektor waren im Jahr 2014 423.000 Personen im Pflegedienst tätig (Statistisches Bundesamt, 2015a, darunter 339.000 Pflegekräfte mit der Qualifikation einer Gesundheits- und Krankenpflegerin bzw. eines Gesundheits- und Krankenpflegers. In der stationären Langzeitpflege waren 450.794 Pflegekräfte mit unterschiedlicher Qualifikation beschäftigt. Hier bildeten die Altenpfleger/-innen mit 158.505 Personen die größte Gruppe, gefolgt von Gesundheits- und Krankenpflegern/-innen mit 54.385 (Statistisches Bundesamt, 2016). In der ambulanten Pflege waren etwa 320.077 Personen tätig (Statistisches Bundesamt, 2015b). Auch hier verfügte nur ein Teil der beschäftigten Pflegekräfte, nämlich etwa die Hälfte, über einen Ausbildungsabschluss in der Altenpflege, der Gesundheits- und Krankenpflege oder der Gesundheits- und Kinderkrankenpflege. Die übrigen Pflegekräfte hatten eine einjährige Helferausbildung absolviert oder übernahmen als un- und angelernte Pflegehilfskräfte pflegerische und hauswirtschaftliche Aufgaben.

Die Pflegeberufe sind traditionell, insbesondere vor dem Hintergrund ihrer christlichen Prägung, dem Ethos des Helfens (Körtner, 2007) verpflichtet, dementsprechend orientiert sich die Betriebs- und Berufskultur in der Pflege stark an berufsethischen Grundsätzen. Der moralische Anspruch der Pflegeberufe findet noch heute seinen Niederschlag im Ethikkodex des International Council of Nurses (ICN), wenn es heißt: „Die grundlegende professionelle Verantwortung der Pflegenden gilt dem pflegebedürftigen Menschen" (ICN, 2012, S. 2). Im Mittelpunkt stehen also in der Regel die Bedürfnisse und Bedarfe der Bewohner/-innen bzw. Patienten/-innen. Vor allem das ethische Prinzip der Fürsorge, Gutes zu tun und Leiden zu verhindern, ist für Pflegekräfte stark handlungsleitend (Fry, 1995; Lauxen, 2009). Intrinsischer Antrieb pflegerischen

Handelns ist es in der Regel, kranken Menschen helfen zu wollen, mit und am Menschen zu arbeiten (Marrs, 2007). In der ambulanten Pflege wird die Ausrichtung an den Bedürfnissen der Pflegebedürftigen noch dadurch verstärkt, dass die Pflegekräfte ihre Arbeit in deren unmittelbarer Häuslichkeit verrichten (Nothbaum-Leiding, 2011; Stauss, 1996). Müssen Pflegekräfte entgegen dem in ihrem Berufsethos und in den Einrichtungskulturen üblicherweise verankerten Fürsorgeauftrag handeln, erleben sie dies häufig als diskrepant.

Solche Diskrepanzerfahrungen sind kein seltenes Phänomen. In allen drei Sektoren ist die Pflege mit zahlreichen unterschiedlichen Anforderungen konfrontiert, die sich innerbetrieblich als Innovationsbedarf niederschlagen. Differenzieren lassen sich diese Anforderungen u. a. hinsichtlich ihrer Absender in gesellschaftliche, fachliche und ökonomisch-rechtlich-politische Anforderungen (Schwarz, 2015). Insbesondere Letztere können leicht in Konflikt mit dem stark wertebezogenen professionellen Anspruch von Beschäftigten in der Pflege geraten. Beispielhaft sei hier der Veränderungsdruck durch die Einführung der sozialen Pflegeversicherung Mitte der 1990er-Jahre genannt, der die Rahmenbedingungen der Pflegearbeit in der ambulanten Pflege und der stationären Langzeitpflege dauerhaft stark verändert hat. Wettbewerbliche und damit stark ökonomisierte Strukturen wurden eingeführt, und der Markt „Pflege" wurde auch für private Träger geöffnet (Blüher, 2004; Bolz, 2015). Befanden sich vor der Einführung der neuen Versicherung noch die meisten Einrichtungen in freigemeinnütziger und kommunaler Trägerschaft, sind heute 41 % aller Pflegeheime (Statistisches Bundesamt, 2016) und sogar zwei Drittel der ambulanten Pflegedienste in privater Trägerschaft (Statistisches Bundesamt, 2015b). Kommunale Träger existieren kaum noch. „Die Anforderung einer an Patientenbedürfnissen orientierten Pflege geht heutzutage einher mit einem erhöhten wirtschaftlichen Druck sowie einer gewachsenen Anzahl konkurrierender Leistungsanbieter, die den Wettbewerbsdruck auf Pflegeeinrichtungen erhöhen" (Bolz, 2015, S. 1).

Ökonomisierungstendenzen zeigen sich auch in der Krankenhauspflege. Mitte der 2000er-Jahre ist mit den Diagnosis Related Groups (DRGs) in Deutschland ein neues Finanzierungssystem für Krankenhäuser eingeführt worden, das den Wettbewerb unter den Krankenhäusern und die Preis- und Qualitätstransparenz stark befördert hat. Dieser Wettbewerb ist für die Krankenhäuser durchaus ein existenzieller: Betrachtet man die Entwicklung der vergangenen 20 Jahre, sinkt sowohl die Zahl der Kliniken insgesamt als auch die Zahl der Betten innerhalb der Kliniken kontinuierlich (Bölt u. Graf, 2012). Auf der anderen Seite weitet sich durch den zunehmenden Wettbewerbsdruck das Angebotsspektrum der Krankenhäuser aus, neue Märkte werden erschlossen (z. B. Krankenhäuser als Gesundheitszentren).

In der Konsequenz nehmen in allen drei Sektoren Diskrepanzerfahrungen der Beschäftigten „zwischen ihrer eigenen ethischen Motivation bzw. den Erwartungen der Patienten und den Imperativen der Ökonomisierungstendenz" (Kühn, 2003, S. 91) zu, denn sie müssen einerseits Effizienzerfordernissen genügen, ohne andererseits ihren werteorientierten Anspruch an die Qualität ihrer Pflegearbeit abzusenken. Für pflegerische Führungskräfte (Pflegedirektion, Pflegedienstleitungen, Pflegedienstleistungsassistenzen, Bereichsleitungen, Stationsleitungen, Wohnbereichsleitungen) bringt diese Situation neue Kompetenzanforderungen mit sich: Sie müssen anforderungsseitig geforderte innerbetriebliche Veränderungsprozesse so gestalten, dass sie zu der jeweiligen einrichtungsspezifischen pflegerischen Berufs- und Betriebskultur passen.

Erschwert werden solche an sich schon sehr anspruchsvollen Gestaltungsprozesse zusätzlich noch durch den sich bereits heute deutlich abzeichnenden Fachkräftemangel in der gesamten Pflegebranche, der die Handlungsspielräume von Führungskräften erheblich einschränkt (Bieräugel et al., 2012; Isfort et al., 2016; Lauxen u. Bieräugel, 2013; Lauxen u. Castello, 2016). Im Bundesland Hessen hatten beispielsweise im Jahr 2014 71 % der Krankenhäuser im Land

Schwierigkeiten, offene Stellen zu besetzen, mehr als ein Fünftel der Arbeitsplätze für Gesundheits- und Krankenpfleger/-innen konnten überhaupt nicht besetzt werden (siehe http://www.hessischer-pflegemonitor.de/). Im Bereich der ambulanten Pflege und der stationären Langzeitpflege waren Stellenbesetzungsprobleme sogar noch stärker ausgeprägt.

Vor dem Hintergrund der hier geschilderten Sachlage werden im Folgenden innerbetriebliche Veränderungs- oder Innovationsprozesse zunächst aus einer theoretischen Perspektive betrachtet. Es wird beschrieben, welche Voraussetzungen Führungskräfte in der Pflege benötigen, um Veränderungsprozesse so zu gestalten, dass sie sich in die Berufs- und die einrichtungsspezifische Betriebskultur einfügen. Daran anschließend zeigen wir anhand ausgewählter Innovationsprozesse in den AKiP-Praxiseinrichtungen exemplarisch auf, wie solche Passungsprozesse praktisch gestaltet werden können.

6.2   Theoretische Überlegungen zum Innovationsmanagement in der Pflege

Innerbetriebliche Veränderungsprozesse können als (soziale) Innovationen betrachtet werden (Howald u. Schwarz, 2010; Schwarz, 2015), da für ihre Implementierung auch neue soziale Praktiken entwickelt und eingeübt werden müssen. Die Entwicklung solcher neuen Handlungspraktiken birgt immer auch die Chance ihrer kreativen, konstruktiven Gestaltung, um die jeweilige Veränderung für die eigenen Arbeitszusammenhänge und im Sinne der einrichtungsspezifischen Betriebskultur bestmöglich nutzbar zu machen.

Um die grundsätzlichen Gestaltungspotenziale von Innovationsprozessen analytisch und damit zunächst einmal theoretisch zu fassen, bietet sich das Modell idealtypischer Innovationsverläufe von Rogers (2003) an (◘ Abb. 6.1). Demnach lassen sich bei der Einführung von Innovationen zwei aufeinander folgende idealtypische Phasen unterscheiden, die sich wiederum aus mehreren Entwicklungsstufen zusammensetzen. Die erste Phase, die Initiationsphase, besteht aus den Entwicklungsstufen „Agenda-Setting" und „Matching". Im „Agenda-Setting" wird ein Problem im Unternehmen thematisiert (Anforderung), im „Matching" werden Lösungsansätze für dieses Problem gesucht (Innovation) und schließlich eine Entscheidung für die Einführung einer bestimmten Innovation getroffen. Es folgt die Implementierungsphase mit den drei Entwicklungsstufen „Redefining/Restructuring", „Clarifying" und „Routinizing". Besonders

Initiation		Implementierung		
Agenda-Setting	Matching	Redefining / Restructuring	Clarifying	Routinizing
Problem-/ Innovationssuche: Brauchen wir eine Innovation?	Passung von Problem und Innovation: Passt die Innovation zum Problem?	Passung von Innovation und Organisation: Was muss verändert werden, damit die Innovation das gewünschte Ziel erreicht?	Verbreitung der Innovation in der Organisation: Auf welche Einrichtungsbereiche soll die Innovation übertragen werden?	Übergang Innovation in Routine: Wie gelingt es, dass diese "soziale Praxis" Routine wird?

◘ **Abb. 6.1**   Idealtypische Phasen eines Innovationsprozesses nach Rogers (2003)

fehleranfällig ist hier die Entwicklungsstufe des „Redefining/Restructuring": Hier werden die Innovation und die spezifischen einrichtungsinternen Rahmenbedingungen (Strukturen, Prozesse, Ziele, Mitarbeiterkompetenzen etc.) wechselseitig aufeinander ausgerichtet, die Innovation wird konzeptionell sowie organisatorisch eingebettet. In der Entwicklungsstufe des „Clarifying" breitet sich die Innovation in der Einrichtung aus, im „Routinizing" wird sie schließlich zu einer neuen Routine.

In unserem Zusammenhang von besonderem Interesse sind die Phasen des „Matching" sowie des „Redefining/Restructuring", da hier die wesentlichen Passungsprozesse zwischen der Innovation und den jeweiligen Einrichtungsspezifika stattfinden. Verschiedene (neo-)institutionalistische Organisationstheorien (Hasse u. Krücken, 1999; Höhmann, 2010, 2014; Walgenbach, 2007; Wüthrich et al., 2009) verweisen allerdings darauf, dass gerade in diesen Phasen Passungsprozesse häufig nur unzureichend in Angriff genommen werden. Vor dem Hintergrund zunehmenden Außendrucks werden stattdessen häufig vorschnell Innovationsstrategien von anderen Einrichtungen unreflektiert übernommen, ohne diese im Hinblick auf Passfähigkeit mit den eigenen Einrichtungsbedingungen kritisch geprüft zu haben (Höhmann et al., 2016).

Hier geraten nun Führungskräfte als Akteure in den Blick. Sie sind in der Regel dafür verantwortlich, zur Bewältigung einer (internen oder externen) Anforderung eben nicht einfach sogenannte Best-Practice-Beispiele von anderen Einrichtungen unhinterfragt zu übernehmen, sondern stattdessen die an sie gestellte Anforderung hinsichtlich einrichtungsspezifischer Notwendigkeiten zu interpretieren, die passende Lösungsstrategie (Innovation) auszuwählen und die folgenden Implementierungsprozesse dann so zu gestalten, dass die Innovation passfähig wird zu den einrichtungsinternen Zielen und den strukturellen sowie personellen Bedingungen in der Einrichtung (Höhmann et al., 2016).

Um diese Herausforderung zu bewältigen, benötigen Führungskräfte ein Set verschiedenartiger beruflicher Kompetenzen, die in ihrer Gesamtheit berufliche Handlungskompetenz im hier beschriebenen Sinne konstituieren. Diese gehen weit über übliche Managementkompetenzen hinaus und lassen sich nach Erpenbeck und von Rosenstiel (2007) in vier Kompetenzklassen unterteilen:

- Personale Kompetenzen
- Aktivitäts- und umsetzungsorientierte Kompetenzen
- Fachlich-methodische Kompetenzen
- Sozial-kommunikative Kompetenzen

Diese sind als ein übergeordnetes Klassifizierungsschema zu verstehen, da je nach zu bewältigender Aufgabe oder Tätigkeit konkrete Kompetenzschwerpunkte ausgebildet werden müssen, die sich dieser Klassifizierung zuordnen lassen. So müssen Führungskräfte beispielsweise anstehende Veränderungsprozesse sowohl vor ihren Mitarbeitenden sachlich und zeitlich begründen als auch die neuen Anforderungen analysieren, interpretieren, einrichtungsspezifische Machbarkeiten einschätzen und diese mit den Unternehmenszielen abgleichen (Schwarz, 2015). Sie müssen Handlungsspielräume zur Modifikation der Innovation und der einrichtungsinternen Gegebenheiten erkennen und nutzen, um größtmögliche Passungen herstellen zu können (Höhmann et al., 2016) und so Diskrepanzerfahrungen bei ihren Mitarbeitenden so weit wie möglich zu reduzieren.

Die empirische Überprüfung des Vorhandenseins und der Nutzung einer so verstandenen beruflichen Handlungskompetenz – die wir im Folgenden als **Gestaltungskompetenz** bezeichnen – lässt sich am besten darüber abbilden, inwiefern Führungskräfte in Innovationsprozessen über Passungen in den Dimensionen „Innovation und einrichtungsinterne Ziele", „Innovation und strukturelle Rahmenbedingungen der Einrichtung" und „Innovation und personelle

Rahmenbedingungen der Einrichtung" reflektieren, welche Handlungsspielräume sie bei der Passungsgestaltung erkennen und wie sie diese aktiv nutzen.

Das Datenmaterial, das hierfür im Folgenden herangezogen wird, entstammt dem Forschungsprojekt AKiP. Im Rahmen des vom BMBF geförderten Verbundprojektes fanden zwischen Sommer 2015 und Frühjahr 2016 Face-to-Face-Interviews mit Führungskräften in den drei Praxiseinrichtungen statt, um die Gestaltungsaktivitäten im Rahmen von Innovationsprozessen der vergangenen Jahre zu rekonstruieren und daraus Entwicklungsbedarf für zukünftige Innovationsprozesse abzuleiten. Die Praxiseinrichtungen Hochtaunus-Kliniken (Bad Homburg), Altenzentrum an der Rosenhöhe (Darmstadt) und Häusliche Kranken- und Seniorenpflege Thomas Rehbein (Wiesbaden) stehen dabei als Verbundpartner des Projektes stellvertretend für die drei großen Pflegesektoren.

6.3   Beispielhafte Innovationsprozesse in drei Einrichtungen

Aus der Vielzahl der in den Interviews beschriebenen Innovationsprozesse wird für den vorliegenden Beitrag jeweils ein Beispiel aus jeder Einrichtung ausgewählt. Diese werden im Folgenden zunächst beschrieben und anschließend im Hinblick auf die Passungsprozesse in den drei oben genannten Dimensionen analysiert.

In den **Hochtaunus-Kliniken gGMBH** (▶ Exkurs) wurden in den vergangenen Jahren mehrfach Stationen neu strukturiert. So fanden im Rahmen einer Neubaukonzeption Fusionen von Stationen gleicher Fachrichtung sowie unterschiedlicher Fachrichtungen (z. B. chirurgische und internistische Abteilungen) statt. Darüber hinaus erfolgte ein Aufbau neuer, interdisziplinärer Stationen (bspw. Geriatrie). Bei derartigen Umstrukturierungen sind die Herausforderungen vielfältig. Zum Teil werden seit Jahren aufeinander eingespielte Teams aufgelöst und neu konstituiert. Die neuen Teams müssen Arbeitsprozesse und Zuständigkeiten neu definieren, auch vor dem Hintergrund, dass sich die Arbeitskulturen unterschiedlicher Fachbereiche unterscheiden und zunächst aufeinander abgestimmt werden müssen. Arbeitsmaterialien und Arbeitsinhalte, die in den jeweiligen Fachbereichen verwendet werden, unterscheiden sich. Die Pflegekräfte sind gezwungen, ihr Wissen und ihre Kompetenzen zu erweitern, beispielsweise wenn es um fachspezifisch eingesetzte Medikamente oder spezifische Versorgungsbedarfe neuer Patientengruppen geht. Die konkrete Ausgestaltung der Neustrukturierungen im vorliegenden Beispiel lag im Verantwortungsbereich der interviewten Bereichs- und Stationsleitungen.

Exkurs

Hochtaunus-Kliniken gGmbH

Die Hochtaunus-Kliniken sind in kommunaler Trägerschaft und vereinigen die Krankenhäuser Bad Homburg, Usingen und das St. Josef Krankenhaus Königstein unter einem Dach. In ihren Fachabteilungen mit insgesamt 619 Betten werden jährlich mehr als 60.000 PatientInnen ambulant und stationär behandelt.

Eine hochwertige Behandlung und das Wohlbefinden ihrer Patienten/-innen sowie ihrer Mitarbeitenden liegen den Hochtaunus-Kliniken am Herzen. Aus diesem Grund haben sie mit Unterstützung des Hochtaunuskreises zwei Klinikneubauten geschaffen. Hier wird der aktuelle Stand der Wissenschaft mit einer hohen

Serviceorientierung sowie hohem Komfort verbunden. Darüber hinaus arbeiten die Kliniken zu 80 % papierlos und bieten besonders für Menschen, die gerne mit IT arbeiten, einen interessanten Arbeitsplatz. Geführt werden sie von zwei Geschäftsführerinnen. Eine Geschäftsführerin begleitet das Amt der kaufmännischen

Direktorin, die andere Geschäftsführerin das Amt der Pflegedirektorin. In direkter Linie folgen der Pflegedirektorin Pflegedienstleitungen, denen die Stationsleitungen unterstellt sind. Sowohl am Standort Bad Homburg als auch am Standort Usingen tragen darüber hinaus Bereichsleitungen Sorge für die Qualität der Pflege. Zentral innerhalb der pflegerischen Führungsstruktur sind die Stationsleitungen. Sie nehmen eine bedeutende Rolle ein, da sie verantwortlich für die Prozesse auf den Stationen sind und stationsinterne Strukturen gestalten. Gleichzeitig haben sie den meisten Kontakt mit Patienten/-innen und deren Bezugspersonen und repräsentieren somit die Hochtaunus-Kliniken nach außen. Um die Stationsleitungen bei der Erfüllung ihrer Aufgaben zu unterstützen, bieten die Hochtaunus-Kliniken ein breites Spektrum an Unterstützungsleistungen an, von Führungskräftetrainings einem Leadership Programm (auf Basis der Transaktionsanalyse) bis zu einen wöchentlich stattfindenden Informationsaustausch (Jour-Fixe) mit Pflegedienst- und Bereichsleitung. Damit wird die Bereitschaft der Stationsleitungen gestärkt, Verantwortung zu übernehmen und ihre Rolle zu klären.

Das **Altenzentrum an der Rosenhöhe** (▶ Exkurs) ist – wie alle anderen Einrichtungen der stationären Langzeitpflege – derzeit mit neuen rechtlichen Regelungen durch das Pflegestärkungsgesetz II (PSG II) konfrontiert, die sich erheblich auf die innerbetrieblichen Dokumentationsanforderungen auswirken. Die Bundespolitik ändert mit der Einführung des PSG II im Jahr 2017 die bislang gültige Pflegebedürftigkeitsdefinition: War diese ursprünglich vor allem auf pflegerische Unterstützung bei körperlichen Einschränkungen ausgerichtet, wird mit der neuen Definition auch ein Unterstützungsbedarf im psychosozialen Bereich stärker berücksichtigt. Damit soll demenziell erkrankten Menschen der Zugang zu Leistungen der Pflegeversicherung erleichtert werden. Die bisher gültigen drei Schweregrade von Pflegebedürftigkeit (Pflegestufen) werden zukünftig durch fünf Pflegegrade ersetzt. Für Pflegeheime bedeutet dieses neue Prozedere, dass ihre Bewohner/-innen nun den fünf Pflegegraden entsprechend neu zugeordnet werden müssen. Da hierdurch in der Pflegedokumentation pflegerische Bereiche Betonung finden, die bislang nicht ausschlaggebend für das Einstufungsverfahren waren, muss auch das Dokumentationssystem entsprechend angepasst werden. Um diese Anpassung zu erleichtern und die Dokumentation grundsätzlich zu verschlanken, hat das Bundesministerium für Gesundheit (BMG) eine „entbürokratisierte" Pflegedokumentation entwickeln und erproben lassen (Roes, 2014).

Zentrales Element der entbürokratisierten Pflegedokumentation ist eine neue Form der Informationssammlung, die sogenannte SIS (Strukturierte Informationssammlung). Diese soll einen Überblick über die individuelle Situation der Pflegebedürftigen ermöglichen, gleichzeitig soll hier der pflegerische Unterstützungsbedarf aus der Perspektive der Bewohner/-innen beschrieben werden. Daneben erfolgt eine pflegerische Anamnese anhand der Themenbereiche, die auch für die Einstufung in einen der fünf Pflegegrade handlungsleitend sind. Aus Bewohnerperspektive und professioneller Einschätzung wird die konkrete pflegerische Maßnahmenplanung abgeleitet. Das Altenzentrum an der Rosenhöhe hat frühzeitig ein neues EDV-Dokumentationssystem eingeführt, das sich an den Vorgaben dieser entbürokratisierten Pflegedokumentation orientiert. Die Auswahl des einzuführenden Systems wurde vom Einrichtungsträger getroffen, verantwortlich für die Einführung waren Einrichtungs- und Pflegedienstleitung im Altenzentrum.

Das Altenzentrum war die erste Einrichtung des Trägers, die das neue EDV-Dokumentationssystem einführte. Da die Einrichtung eher klein ist, eignete sie sich gut als Piloteinrichtung, denn es gibt Raum zum Experimentieren und Ausprobieren, es gibt wenige Hierarchieebenen in der Einrichtung und die Wege sind kurz. Dies erleichtert die Einführung von Innovationen generell und ermöglichte es dem Altenzentrum im konkreten Fall, eine Art Blaupause für die anderen Einrichtungen des Trägers zu entwickeln.

Exkurs

Altenzentrum an der Rosenhöhe

Das Altenzentrum an der Rosenhöhe ist eine von elf stationären Pflegeeinrichtungen der Gesellschaft für diakonische Einrichtungen (GfdE). Es entstand in den 1960er-Jahren unter der Schirmherrschaft des damaligen Evangelischen Hilfswerks und der Darmstädter Lehrerin Gertrud Seip sowie dem Pfarrer Walter Rathgeber. Gertrud Seip schwebte eine Einrichtung mit kleinen, eigenständigen Wohnungen, eigenem Gemeinschaftsleben und mit kulturellen Veranstaltungen vor. Auf dem parkähnlichen Gelände der Villa Wilbrand in Darmstadt wurden weitere Gebäude für das selbstständige Leben im Alter gebaut. Die Einrichtung verfügt über insgesamt sechs Gebäude mit Ein- und Zweizimmerapartments für ältere Menschen, die selbstständig ihr Leben gestalten. In den 1990er-Jahren wurde für die Bewohner, die nicht mehr ohne pflegerische Hilfe leben können, das Pflegeheim mit 48 Pflegeplätzen gebaut. Auf zwei Etagen mit je 24 Bewohnern leben seit 1994 pflegebedürftige ältere Menschen in 28 Einzel- und 10 Doppelzimmern.

Die Leistungsausrichtung im Altenzentrum an der Rosenhöhe richtet sich an ältere Menschen, welchen nach §§ 14 und 15 SGB XI der Pflege und/oder Betreuung bedürfen und besteht aus vollstationärer Pflege (nach § 43 SGB XI), eingestreuten Kurzzeitpflegeplätzen (nach § 42 SGB XI) sowie zusätzlichen Betreuungsleistungen (nach § 87b SGB XI). Grundlegendes Ziel aller Mitarbeitenden des Altenzentrums an der Rosenhöhe ist, ein Zuhause für die Bewohner/-innen zu schaffen. Das Handeln im Altenzentrum an der Rosenhöhe orientiert sich am Bild der Familie, in der jeder mit seiner Persönlichkeit wahrgenommen wird, in seinen Stärken und Schwächen Wertschätzung findet sowie Sicherheit und Rückhalt erfährt.

In der **Häuslichen Kranken- und Seniorenpflege Thomas Rehbein** (▶ Exkurs) wurde in den vergangenen Jahren ein innovativer Lösungsansatz zum Umgang mit dem Fachkräftemangel implementiert. Als gleich mehrere Mitarbeitende des Pflegedienstes in den Mutterschutz gingen, wurde erkannt, dass der Mangel an Pflegekräften auch mit Vereinbarkeitsproblemen von Familie und Beruf der in der Regel weiblichen Pflegekräfte zusammenhing. In der ambulanten Pflege wird üblicherweise im Schichtdienst gearbeitet. Morgens zwischen 7.00 und 10.00 Uhr und abends zwischen 17.00 und 20.00 Uhr ist der Arbeitsanfall am größten. Dann werden körpernahe Pflegeleistungen wie die Unterstützung bei der Körperpflege oder die Hilfe beim An- und Auskleiden sowie medizinnahe Pflegeleistungen wie Medikamentengaben und Insulininjektionen durchgeführt. Frühdienste beginnen deshalb in der Regel sehr früh (ca. 6.00 Uhr) und enden gegen Mittag bzw. am frühen Nachmittag. Spätdienste starten am späten Nachmittag und enden zwischen 20.00 und 22.00 Uhr. Solche Arbeitszeiten sind nur schwer mit familiären Verpflichtungen vereinbar, auch weil die Öffnungszeiten von Kinderbetreuungseinrichtungen üblicherweise nicht mit den Arbeitszeiten der Pflegekräfte korrespondieren. Da Anfragen neuer Kunden/-innen aufgrund der angespannten Personalsituation nur sehr zögerlich angenommen werden konnten, was der Betriebskultur und dem Berufsethos der Pflegekräfte widersprach, musste eine Lösung gefunden werden, wie die offenen Stellen möglichst kurzfristig mit Fachkräften besetzt werden konnten. Zeitgleich bekam die Geschäftsführung Anfragen von Mitarbeitenden in Elternzeit, die gerne wieder in den Betrieb zurückkehren wollten und nach entsprechenden Rahmenbedingungen zur Vereinbarkeit von Familie und Beruf fragten. Vor diesem Hintergrund entstand die Idee, sogenannte „Mütter-Väter-Touren" einzuführen, die zeitlich später als üblich beginnen und somit günstige Rahmenbedingungen für Eltern darstellen.

Häusliche Kranken- und Seniorenpflege Thomas Rehbein

Der ambulante Pflegedienst Häusliche Kranken- und Seniorenpflege Thomas Rehbein wurde im Jahr 1991 gegründet. Neben dem Hauptstandort in Wiesbaden-Bierstadt wurde im Jahr 1996 eine Filiale in Rüsselsheim und im Jahr 2000 eine Filiale in Kooperation mit der Seniorenresidenz Schlangenbad eröffnet. Im Sommer 2016 wurden in den drei Standorten fast 500 pflegebedürftige Menschen versorgt. Von den 72 Mitarbeitenden im Hauptstandort Wiesbaden wurden 281 Pflegebedürftige betreut. Der Betrieb ist ein inhabergeführtes Unternehmen, der Inhaber und Geschäftsführer Thomas Rehbein ist selbst examinierter Gesundheits- und Krankenpfleger. Das Leitungsteam am Hauptstandort besteht aus zwei Pflegedienstleitungen (PDL), die über Zusatzqualifikationen beispielsweise als Wundmanagerin bzw. Kontinenzberaterin verfügen, sowie vier PDL-Assistenzen und acht Verwaltungskräften. Um die Auszubildenden im Betrieb kümmert sich eine eigens dafür eingesetzte Praxisanleiterin. Obwohl der Pflegedienst über die Jahre kontinuierlich gewachsen ist, sind die Kommunikationswege weiter kurz und die Führungsebene jederzeit ansprechbar. Offenheit für Veränderungen ist gegeben, was sich im Sommer 2016 daran zeigte, dass zur Erweiterung des Leistungsspektrums des Pflegedienstes der Start eines Kooperationsprojektes mit dem Evangelischen Landesverein für Innere Mission in Nassau (EVIM) geplant war. In den Räumlichkeiten einer betreuten Wohnanlage der EVIM wird der Pflegedienst einen weiteren Standort eröffnen und dort „Quartierspflege" nach dem „Bielefelder Modell" anbieten.

6.4 Wie zeigen sich Gestaltungskompetenzen in Innovationsprozessen?

Gestaltungskompetenz in Innovationsprozessen zeigt sich darin, dass Führungskräfte – wie oben beschrieben – über Veränderungspotenziale in den drei Passungsdimensionen „Innovation und einrichtungsinterne Ziele", „Innovation und strukturelle Rahmenbedingungen in der Einrichtung" und „Innovation und personelle Rahmenbedingungen in der Einrichtung" reflektieren, vorhandene Rahmenbedingungen und deren Gestaltungspotenzial einschätzen, eigene Handlungsspielräume erkennen und diese aktiv nutzen. Im Folgenden werden solche reflexiven Praktiken und die daraus folgenden Handlungen von Führungskräften anhand der drei oben beschriebenen Innovationsprozesse exemplarisch skizziert.

6.4.1 Passung „Innovation – einrichtungsinterne Ziele"

Ein Beispiel für das **Reflektieren** über die Passung der Innovation zu den Zielen der Einrichtung findet sich im Altenzentrum an der Rosenhöhe. Die Entscheidung, ein neues EDV-Dokumentationssystem auf Basis der entbürokratisierten Pflegedokumentation einzuführen, wurde zwar auf Trägerebene getroffen, von der Einrichtung aber begrüßt, denn die Struktur der neuen Dokumentation hilft in den Augen der Führungs- und Pflegekräfte, das Ziel einer bewohnerorientierten Pflege noch besser zu verwirklichen. Das Ziel der Bewohnerorientierung findet Ausdruck sowohl im Leitbild der Einrichtung als auch in der gelebten Betriebskultur, d. h., es wird in der Kommunikation von Führungs- und Pflegekräften des Altenzentrums an der Rosenhöhe in formellen sowie informellen Gesprächen explizit. Die neue Struktur der Pflegedokumentation wird als Chance und Mittel begriffen, die eigene Fachlichkeit über die Betonung der Bewohnerperspektive auszubauen. Die pflegerischen Probleme der Bewohner/-innen wurden zuvor stärker aus einer rein professionellen Perspektive heraus beschrieben. Mit dem neuen System müssen insbesondere Anamnese und Pflegeplanung nun viel stärker an den Bedürfnissen der Bewohner/-innen ausgerichtet werden. Damit wird der Blick der Pflegekräfte auf die Bedürfnisse der Bewohner/-innen geschärft.

„Aber, jetzt (…) gibt uns der Bewohner eigentlich selbst unser Pflegeziel. Wir müssen nicht suchen." (IP1)
„Also das Thema Autonomie und Selbstbestimmung gewinnt dadurch natürlich auch nochmal 'nen ganz anderen Stellenwert." (IP2)

In der Häuslichen Kranken- und Seniorenpflege Thomas Rehbein war das innerbetriebliche Ziel, den Personalbestand stabil zu halten oder sogar auszubauen, um zunehmende Kundenanfragen befriedigen zu können, durch Vereinbarkeitsprobleme von Familie und Beruf vieler Mitarbeitender gefährdet. Als aus dem Team heraus die Idee der Einführung von Touren, die auf die Öffnungszeiten von Kinderbetreuungseinrichtungen abgestimmt sind, gegenüber der Geschäftsführung geäußert wurde, entschloss sich diese zu **handeln** und gemeinsam mit dem Team zu erproben, ob solche „Mütter-Väter-Touren" die Vereinbarkeitsprobleme zwischen Familie und Beruf tatsächlich lösen könnten. Letztlich ist es auf diese Weise gelungen, den Anteil der dreijährig ausgebildeten Pflegefachkräfte an der Belegschaft durch die bessere Vereinbarkeit von Familie und Beruf zu erhöhen.

„Man hat ja viele Bewerbungen für die Acht-Uhr-Touren und das sind dann meistens Mütter, die einfach darauf angewiesen sind, weil sie in den Krankenhäusern und den Heimen diese drei Schichten nicht mehr bewältigen können. (…) Und ich glaube, die Geschäftsführung ist eine von den einzigen, der das momentan anbietet. Also es bieten sehr wenige an. Das kommt gut rüber, daraufhin hat man natürlich auch viel mehr Bewerber … " (IP3)

In der Folge können nun mehr Anfragen potenzieller Kunden/-innen befriedigt werden, was zum Erfolg des Unternehmens maßgeblich beiträgt.

„(…) weil wir ganz anders aufnehmen können, was wir vielleicht zuvor absagen mussten. An neuen Anfragen und das ist auf jeden Fall ein Gewinn. (…) Eben das, was man auch in der Mittagszeit machen kann und um die Touren auszulasten ist es auf jeden Fall ein Erfolg, weil wir das vorher ablehnen mussten, weil keine examinierten Kräfte da waren." (IP4)

6.4.2 Passung „Innovation – strukturelle Rahmenbedingungen"

Ein Beispiel für die **Reflexion** über die Passung von Innovation und strukturellen Rahmenbedingungen in der Einrichtung findet sich im Rahmen der Neustrukturierung von Stationen in den Hochtaunus-Kliniken. Die Führungskräfte waren sich der vielfältigen Herausforderungen bei solchen Prozessen wie der Integration unterschiedlicher Arbeitskulturen und -inhalte bewusst.

„ … bei Internisten ist es häufig so, dass erfahrene Pflegekräfte auch mal eine Entscheidung treffen können (…) bei den Anästhesisten ist das eben anders." (IP5)
„Jede Fachrichtung hat ihre Eigenarten, viele Eigenarten und auch Infusionen. Wir haben, ich weiß nicht, Berge von Infusionen, weil jeder kriegt irgendein Antibiotikum." (IP6)

Als es um die Umsetzungsplanung ging, suchten die Führungskräfte den Austausch mit anderen Führungskräften. Gemeinsam erarbeiteten sie Lösungen für konkrete Umsetzungsfragen und bereiteten Umsetzungsschritte vor.

„Wir Leitungen haben uns zusammengesetzt, haben uns über den Dienstplan ... Wie können wir das jetzt am geschicktesten gestalten? Und da sind ja von jedem Ideen gekommen (...). Da haben wir uns mehrmals getroffen. Und dann haben die Leitungen sich einen Plan gemacht, wie sie bei der Teambesprechung vorgehen wollen." (IP7)

Für konkrete **Handlungen**, um Innovation und strukturelle Rahmenbedingungen passfähig zu machen, gibt es im Interviewmaterial vielfältige Beispiele. In allen drei Einrichtungen passten die Führungskräfte den Dienstplan an, bei der Einführung der „Mütter-Väter-Touren" musste auch die Tourenplanung angepasst werden. Die konkrete Ausgestaltung der Tourenplanung wurde in einer Besprechung der Führungskräfte diskutiert. Bedenken bestanden vor allem hinsichtlich logistischer Probleme: Sollten neue Touren kreiert oder bestehende gekürzt werden? Wer könnte einspringen, wenn jemand krank wird? Wie sollte man damit umgehen, dass eine 6.00-Uhr-Pflegekraft, die krank wird, nicht von einer 8.00-Uhr-Pflegekraft ersetzt werden kann? Und letztlich wurde auch die Frage diskutiert, ob man den Bedürfnissen der Pflegebedürftigen und ihrer Angehörigen noch gerecht werden würde. Für alle Fragen wurden Lösungen gefunden und schließlich die Entscheidung für die Einführung der „Mütter-Väter-Touren" getroffen.

„Und dann haben wir im Leitungsteam darüber gesprochen und haben gesagt, ja, wir versuchen mal, machen mal (...)." (IP4)

In einer Art Pilotphase wurde zunächst nur eine „Mütter-Väter-Tour" eingeführt, die um 8.00 Uhr begann und bis ca. 15.00 Uhr dauerte. In der Erprobung wurde deutlich, dass eine Vielzahl pflegerischer Leistungen auch in der Mittagszeit oder am frühen Nachmittag erbracht werden können. So müssen z. B. medizinnahe pflegerische Leistungen wie das Wechseln von Wundverbänden oder das Richten von Medikamenten nicht morgens durchgeführt, sondern können ebenso in der Mittagszeit oder am frühen Nachmittag erbracht werden.

Für personelle Engpässe wurde ein Plan B entwickelt, wie Touren bei personellen Ausfällen so zusammengelegt werden können, dass dennoch alle Pflegebedürftigen versorgt werden. Bei allen Pflegebedürftigen wird zudem bei Bedarf (z. B. wenn pflegende Angehörige berufstätig sind) im Anamnesebogen und bei Neuaufnahmen zusätzlich im Pflegevertrag festgehalten, um wie viel Uhr der morgendliche Pflegeeinsatz erfolgen muss. Zudem wurden Aufgaben der Qualitätssicherung sowie Beratungsleistungen in die „Mütter-Väter-Touren" integriert, um die Touren sinnvoll auszulasten.

Ein anderes Beispiel für Handlungen zur Passung von Innovation und strukturellen Rahmenbedingungen findet sich im Zusammenhang mit der Einführung des neuen EDV-Dokumentationssystems im Altenzentrum an der Rosenhöhe. Dort wurde die Struktur der Softwareoberfläche in Absprache mit dem Softwareanbieter so angepasst, dass die Nutzer/-innen dieselben Prozessschritte gehen konnten wie in der alten Software. Dies erleichterte die Einführung und die Akzeptanz für das neue System maßgeblich.

„Dass wir im Grunde einfach sagen können: ‚Das Neue sind die Knöpfchen, die man drücken muss; die Bildchen, die man sieht.' Aber wir wissen genau, die Vorgehensweise bleibt die gleiche. Das war wichtig. Weil die Vorgehensweise wurde lange geübt. Und die Vorgehensweise fanden auch alle irgendwo gut." (IP2)

In den Hochtaunus-Kliniken erforderte die Neustrukturierung von Stationen neue Definitionen von Arbeitsabläufen und Zuständigkeiten, z. B. für Hygienebeauftragte, Gerätebeauftragte, Qualitätsmanagementbeauftragte oder Fortbildungsbeauftragte. Diese mussten verschriftlicht werden, was die Führungskräfte gemeinsam mit dem Pflegeteam bewerkstelligten. Hinzu kam die Entwicklung von spezifischen, auf die Bedarfe der neuen Station abgestimmten Dokumentationsmaterialien.

„Wir haben sehr schnell Abläufe organisiert, die schriftlich festgehalten, die auch wöchentlich geändert wurden. Wir haben ja auch speziell für uns ein Übergabeblatt oder ein Kurvenblatt nur ausschließlich für diese Station entwickelt." (IP8)

6.4.3　Passung „Innovation – personelle Rahmenbedingungen"

Gestaltungskompetenz zeigt sich auch in der **Reflexion** der Führungskräfte über Passungsanforderungen in Bezug auf die Kompetenzen ihrer Mitarbeitenden für den Umgang und die sinnvolle Nutzung der Innovation. Im Krankenhaus betreuen Pflegekräfte nach der Neustrukturierung einer Station möglicherweise Patientengruppen, mit denen sie bislang wenig zu tun hatten und die Bedürfnisse haben, auf die sich die Pflegekräfte neu einstellen müssen. Ein Beispiel hierfür zeigt sich im Zusammenhang mit dem Aufbau einer geriatrischen Station. Die Führungskraft antizipierte, dass die Pflegekräfte bei der Körperpflege ihre Arbeitsabläufe im Hinblick auf den Umgang mit älteren Menschen modifizieren und sich dem Rhythmus dieser Personengruppe anpassen mussten.

„Weil es war auch eine Riesen-Umstellung, wenn man nie Geriatrie gearbeitet hat. Wir sind es ja von drüben gewohnt, gerade wenn so viel los ist, dass man so zack, zack durch, schnell waschen und das. Und dann steht man beim Patienten und der soll ja sich selber waschen und da stand man schon manchmal da, mit Händen auf dem Rücken … (…) Es war schon eine Umstellung für manche." (IP9)

Im **Handeln** zeigten die Führungskräfte ihre Gestaltungskompetenz dann ganz deutlich. Sie machten die Mitarbeitenden kompetent im Umgang mit der Innovation. In den Hochtaunus-Kliniken hospitierten Mitarbeitende beispielsweise auf anderen Stationen, um sich Fachwissen anzueignen und um die Arbeitsroutinen anderer Abteilungen, aber auch die neuen Kollegen/-innen kennenzulernen.

„ … dann haben wir erstmal Mitarbeiter tageweise auf die jeweils andere Station gesetzt, damit die sich schon mal ins Fachgebiet so ein bisschen einschnuppern konnten." (IP7)

Zudem waren interne Fortbildungen und Kurzschulungen mit Kleingruppen ein probates Mittel zum Wissenserwerb. Letztere boten den Vorteil, noch besser auf individuelle (Lern-)Bedarfe eingehen zu können.

„ … ich habe die Kollegen innerhalb von drei bis vier Wochen …, da ich ja immer gesagt habe, ich mache nicht mehr als zwei, drei Leute dann in so einem kleinen Grüppchen. Dann kann jeder fragen oder sich dann nochmal gezielter darauf konzentrieren. Und das ging so 20 Minuten, 25 Minuten (…). Bei den einen ging es schneller, bei der einen Gruppe und bei den anderen ging es ein bisschen länger." (IP10)

Um die Inhalte zu sichern, erarbeiteten die Führungskräfte der Hochtaunus-Kliniken aus den Fortbildungen heraus Handouts für die Versorgung von Patienten/-innen mit bestimmten Krankheitsbildern bzw. nutzten vorhandene Standards, die dann in die entsprechenden Patientenakten gelegt wurden. Die Handouts enthielten die wichtigsten, pflegerelevanten Informationen zum Krankheitsbild, waren handlungsleitend für die Pflegekräfte und im Arbeitsalltag schnell zur Hand.

Bei der Einführung des neuen EDV-Dokumentationssystems im Altenzentrum an der Rosenhöhe wurden ebenfalls interne Fortbildungen durchgeführt. Um die Pflegekräfte nicht zu überfordern, wurden die zu schulenden Inhalte auf mehrere Fortbildungen verteilt. Zwischen den Fortbildungen war Zeit, das Gelernte praktisch zu erproben und dadurch einzuüben.

„Also die Mitarbeiter wurden sehr ausführlich vorbereitet und dass – was mir aufgefallen ist – dass die selber im Grunde sich auseinander setzen sollten mit dem mit dem, was neu ist (…). Also sie sollten ausprobieren (…). Sie wurden nicht überschüttet mit Informationen, sondern sie sollten selber entwickeln. Sich da rein entwickeln." (IP2)

Das Schreiben der für die Pflegekräfte neuartigen SIS wurde beispielsweise noch nicht in der neuen Software geübt, da dies womöglich eine Überforderung bedeutet hätte. Um Sicherheit in der Handhabung der SIS zu gewinnen, stellten sich die Pflegekräfte gegenseitig ihre Arbeitsergebnisse vor und erhielten Rückmeldungen von ihren Kollegen/-innen. Die Führungskräfte standen für Rückfragen zur Verfügung.

„Und wir haben versucht, immer im gleichen Raum die Mitarbeiter anzuleiten. Dass man sich immer wieder gegenseitig Fragen stellen kann. Und das ist wirklich … gut gelaufen. Aber das Beste für uns war diese interne Prüfung. Weil die Mitarbeiter wirklich Sicherheit gekriegt haben." (IP1)

6.5 Ausblick

Die Arbeit in der Pflege verändert sich stetig und wird komplexer. Insbesondere Führungskräfte in der Pflege sind – wie oben gezeigt wurde – erheblichen Anforderungen ausgesetzt. Sie stehen vor der Herausforderung, betriebliche Veränderungsprozesse so zu gestalten, dass eigene Qualitätsziele bei der Einführung von Innovationen nicht aus dem Blick geraten und dass diese passfähig zu den einrichtungsspezifischen Zielen und zu strukturellen sowie personellen Rahmenbedingungen gestaltet werden. Dafür benötigen sie die Fähigkeit und die Bereitschaft zur Nutzung von Interpretations- und Gestaltungsoptionen. Grundlegende Rahmenbedingung für die Entwicklung professioneller Gestaltungskompetenz ist eine kontinuierliche reflexive Praxis im Team, die dabei hilft, die komplexer werdenden Anforderungen durch die Definition eigener Ziele, die Identifikation von Gestaltungspotenzialen im Zusammenhang mit einer Innovation und die Entwicklung neuer sozialer Handlungspraktiken für den Umgang mit der jeweiligen Neuerung (Howald u. Schwarz, 2010) zu bewältigen. Dies wurde im Vorangegangen am Beispiel der Zusammenlegung von Stationen in den Hochtaunus-Kliniken, der Einführung eines neuen EDV-Dokumentationssystems im Altenzentrum an der Rosenhöhe und der Einführung von Mütter-Väter-Touren in der Häuslichen Kranken- und Seniorenpflege Thomas Rehbein demonstriert.

Die Einführung dieser Innovationen wurde durch eine innovationsfreundliche Betriebskultur in den drei Einrichtungen erleichtert. Die Kommunikationswege sind kurz, es gibt sowohl formalisierte Informationsaustauschformate als auch die Möglichkeit von „Tür-und-Angel-Gesprächen". So entstand beispielsweise die Idee der Einführung von „Mütter-Väter-Touren" im ambulanten Pflegedienst in einem solchen „Tür-und-Angel-Gespräch" mit der Geschäftsführung. Führungskräfte haben Freiräume für die Ausgestaltung von Veränderungsprozessen und übernehmen die Verantwortung dafür. Beispielsweise haben die Stationsleitungen in den Hochtaunus-Kliniken eigenständig und unter Beteiligung der Mitarbeitenden Standards und Verfahrensbeschreibungen für die neue Station erarbeitet. Auch die Bereitschaft, Neues einfach einmal auszuprobieren und dabei ggf. Fehler zu machen und nachsteuern zu müssen, scheint in den drei Beispielen durch.

Im Forschungsprojekt AKiP wird an Instrumenten und Formaten gearbeitet, die die Gestaltungskompetenz von Führungskräften und Mitarbeitenden in der Pflege stärken. Systematisch ausgestaltete, arbeitsprozessintegrierte Lernsettings (Formate) sollen sie dabei unterstützen, vorhandene Gestaltungskompetenzen einzubringen und weiterzuentwickeln. Ziel ist letztlich die Reduzierung von Diskrepanzerfahrungen im Arbeitsalltag durch die Einführung von Innovationen und damit die Erhöhung von Arbeitszufriedenheit.

> **Fazit**
> Führungskräfte in der Pflege bringen individuelle Voraussetzungen mit, die es ihnen mehr oder weniger gut ermöglichen, Innovationsprozesse so zu gestalten, dass eine Innovation passfähig zu den einrichtungsinternen Zielen, strukturellen und personellen Rahmenbedingungen ist. Sie müssen handlungsfähig sein, d. h. über Wissen und die nötigen Kompetenzen verfügen. Sie müssen darüber hinaus Handlungsbereitschaft zeigen, d. h. bereit sein, ihre Kompetenzen auch einzubringen. Dies ist nur dann der Fall, wenn sich Führungskräfte für die anstehenden Arbeitsaufgaben auch zuständig fühlen. Handlungsfähigkeit, Handlungsbereitschaft und Zuständigkeit sind wesentliche Voraussetzungen beruflicher Handlungskompetenz (siehe z. B. Benner, 2012; Rauner, 2007; Staudt u. Kriegesmann, 2001; Storz, 2005) und können von Betrieben durch die Schaffung einer kompetenzförderlichen Betriebs- und Innovationskultur beeinflusst werden. So verhindern Kommunikations- und Informationsstrukturen, die einen einfachen und häufigen Informationsaustausch ermöglichen, Informationsasymmetrien und fördern eine Kultur des Vertrauens. Eine offene, innovationsförderliche Betriebskultur lässt das Experimentieren mit neuen Ideen zu und legt Wert auf Lernfähigkeit und die Entwicklung neuer Ideen. Flache Hierarchien sind ebenfalls förderlich, da damit in der Regel größere Handlungsspielräume sowie ein höherer Grad an Verantwortung und Bereitschaft zur Verantwortungsübernahme einhergehen. Sie ermöglichen Führungskräften, sich an der Weiterentwicklung von Arbeitsorganisation und Arbeitsgestaltung in der Einrichtung zu beteiligen und die Mitarbeitenden in die Gestaltung von Veränderungs- und Entscheidungsprozessen einzubeziehen.

Literatur

Benner, P. (2012). *Stufen zur Pflegekompetenz. From Novice to Expert*. Bern: Hans Huber.
Bieräugel, R., Demireva, L., Larsen, C., Lauxen, O., Papke, J., & Metzenrath, A. (2012). Branchenmonitoring Gesundheitsfachberufe Rheinland-Pfalz. Ergebnisse aus dem Landesleitprojekt „Fachkräftesicherung in den Gesundheitsfachberufen". Berichte aus der Pflege Nr. 17. Mainz: Ministerium für Soziales, Arbeit, Gesundheit und Demografie Rheinland-Pfalz. https://msagd.rlp.de/de/unsere-themen/gesundheit-und-pflege/pflege/infothek-pflege/. Zugegriffen: 16. Februar 2017.

Blüher, S. (2004). „Liebesdienst und Pflegedienst" - theoretische Überlegungen und empirische Befunde zur Verge-
sellschaftung in häuslichen Pflegearrangements. In S. Blüher, & M. Stossberg (Hrsg.), *Neue Vergesellschaftungs-
formen des Alter(n)s* (S. 11–51). Wiesbaden: VS Verlag für Sozialwissenschaften

Bölt, U., & Graf, T. (2012). 20 Jahre Krankenhausstatistik. Statistisches Bundesamt, Wirtschaft und Statistik. https://
www.destatis.de/DE/Publikationen/WirtschaftStatistik/Gesundheitswesen/20JahreKrankenhausstatistik.
pdf?__blob=publicationFile. Zugegriffen: 16. Februar 2017.

Bolz, H. (2015). *Pflegeeinrichtungen erfolgreich führen – Organisationskultur zwischen Marktorientierung und Berufs-
ethik.* Wiesbaden: Springer.

Erpenbeck, J., & von Rosenstiel, L. (2007). Einführung. In: J. Erpenbeck, & L. von Rosenstiel (Hrsg.), *Handbuch Kompetenzmessung. Erkennen, verstehen und bewerten von Kompetenzen in der betrieblichen, pädagogischen und
psychologischen Praxis* (2. Aufl., S. XVII–XLVI). Verlag Schäffer-Poeschel.

Fry, S. T. (1995). *Ethik in der Pflegepraxis. Anleitung für ethische Entscheidungsfindungen.* Eschborn: Deutscher Berufs-
verband für Pflegeberufe.

Hasse, R., & Krücken G. (1999). *Neo-Institutionalismus.* Bielefeld: Transcript.

Höhmann, U. (2010). Zum Verhältnis von finanziellem Druck und professionellen Inhalten. Ungenutzte Gestal-
tungschancen bei der Qualitätsentwicklung in der stationären Altenpflege. In A. Köhler-Offierski, & R. Edtbau-
er (Hrsg.), *Gestaltung und Rationalisierung. Evangelische Hochschulperspektiven* (S. 161–178). Freiburg: Verlag
Forschung-Entwicklung-Lehre.

Höhmann, U. (2014). Die Pflegedokumentation in der stationären Altenpflege: Paradoxe Sicherheiten. In H. Hoch,
& P. Zoche (Hrsg.), *Sicherheiten und Unsicherheiten – Soziologische Beitrage. Zivile Sicherheit* (Bd. 8, S. 235–256)
Berlin: Lit Verlag.

Höhmann, U., Schwarz, L., Larsen, C., & Lauxen, O. (2016). Ein theoretischer Begründungsrahmen zur Identifikation
übergeordneter Kompetenzanforderungen an pflegerische Führungskräfte in Innovationsprozessen. *Pflege &
Gesellschaft* 3, 214–228.

Howald, J., & Schwarz, M. (2010). *Soziale Innovation im Fokus: Skizze eines gesellschaftstheoretisch inspirierten For-
schungskonzepts.* Bielefeld: Transcript.

International Council of Nurses (ICN). (2012). ICN-Ethikkodex für Pflegende. https://www.dbfk.de/media/docs/
download/Allgemein/ICN-Ethikkodex-2012-deutsch.pdf. Zugegriffen: 16. Februar 2017.

Isfort, M., Rottländer, R., Weidner, F., Tucman, D., Gehlen, D., & Hylla, J. (2016). Pflege-Thermometer 2016. Eine bundesweite Befragung von Leitungskräften zur Situation der Pflege und Patientenversorgung in der ambulanten
Pflege. Köln: Deutsches Institut für angewandte Pflegeforschung e.V. (dip). http://www.dip.de. Zugegriffen:
16. Februar 2017.

Körtner, U. H. J. (2007). *Ethik im Krankenhaus. Diakonie – Seelsorge – Medizin.* Göttingen: Vandenhoeck & Ruprecht.

Kühn, H. (2003). Ethische Probleme der Ökonomisierung von Krankenhausarbeit. In A. Büssing, & J. Glaser (Hrsg.),
Dienstleistungsqualität und Qualität des Arbeitslebens im Krankenhaus (S. 77–98). Göttingen: Hogrefe.

Marrs, K. (2007). Ökonomisierung gelungen, Pflegekräfte wohlauf? *WSI-Mitteilungen* 60, 502–507.

Lauxen, O. (2009). Moralische Probleme in der ambulanten Pflege. *Pflege* 22, 421–430.

Lauxen, O., & Bieräugel, R. (2013). Der Hessische Pflegemonitor. Transparenz über regionale Pflegearbeitsmärkte.
Bundesgesundheitsblatt 56, 1056–1063.

Lauxen, O., & Castello, M. (2016). Die Arbeitsmarktlage für Altenpflegefachkräfte im zeitlichen Vergleich – Ergebnisse aus dem Hessischen Pflegemonitor. *Pflegen* 1+2, 6–10.

Nothbaum-Leiding, B. (2011). Die Praxis der ambulanten Pflege aus der Perspektive einer Pflegekraft. Herausforderungen, Möglichkeiten und Grenzen der ambulanten Pflege unter besonderer Berücksichtigung der Gestaltung des Verhältnisses zu den Angehörigen pflegebedürftiger älterer Menschen. Eine qualitative Studie. Dissertation. Universität Duisburg-Essen, Duisburg-Essen. Fachbereich Gesellschaftswissenschaften. http://d-nb.
info/1018732136/34. Zugegriffen: 16. Februar 2017.

Rauner, F. (2007). Praktisches Wissen und berufliche Handlungskompetenz. *Europäische Zeitschrift für Berufsausbildung* 40, 57–72.

Roes, M. (2014). Abschlussbericht – Projekt „Praktische Anwendung des Strukturmodells – Effizienzsteigerung der
Pflegedokumentation in der ambulanten und stationären Langzeitpflege". Berlin/Witten. http://www.patien-
tenbeauftragter.de/images/pdf/Abschlussbericht_2014.pdf. Zugegriffen: 16. Februar 2017.

Rogers, E. M. (2003). *Diffusion of Innovations.* New York, London, Toronto, Sydney: Free Press.

Schwarz, L. (2015). Ermittlung neuer Kompetenzanforderungen an professionell Pflegende: Inhaltliche Schwerpunkte und Messinstrumente. Private Universität Witten/Herdecke: Fakultät für Gesundheit – Department für
Pflegewissenschaft, Master-Arbeit (unveröffentlicht).

Statistisches Bundesamt (2015a). *Gesundheit. Grunddaten der Krankenhäuser – 2014. Fachserie 12, Reihe 6.1.1.* Wiesbaden: Statistisches Bundesamt.

Statistisches Bundesamt (2015b). *Pflegestatistik 2013. Pflege im Rahmen der Pflegeversicherung.* Wiesbaden: Statistisches Bundesamt.

Statistisches Bundesamt (2016). *Pflegestatistik. Pflege im Rahmen der Pflegeversicherung, Ländervergleich – Pflegeheime 2013.* Wiesbaden: Statistisches Bundesamt.

*Berichte aus der angewandten Innovationsforschung*Staudt, E., & Kriegesmann, B. (2001). Kompetenz und Innovation. Objekt, Maßnahmen und Bewertungsansätze der Kompetenzentwicklung – ein Überblick. In E. Staudt (Hrsg.), *Berichte aus der angewandten Innovationsforschung*: Bochum: Institut für angewandte Innovationsforschung e. V.

Stauss, R. (1996). Zu Gast beim Patienten zu Hause - eine andere Rolle für Pflegende und Betreuende. In P. Eschmann, G. Kocher, & E. Spescha (Hrsg.), *Ambulante Krankenpflege. Spitex-Handbuch* (S. 166–171). Bern: Verlag Hans Huber.

Storz, P. (2005). Wandel von Anforderungen in beruflicher Arbeit – Konsequenzen für berufliche Aus- und Fortbildung. In G. Wiesner, & A. Wolter (Hrsg.), *Die lernende Gesellschaft. Lernkulturen und Kompetenzentwicklung in der Wissensgesellschaft* (S. 79–95). Weinheim/München: Juventa.

Walgenbach, P. (2007). Institutionalistische Ansätze in der Organisationstheorie. In A. Kieser (Hrsg.), *Organisationstheorien* (S. 269–294) Stuttgart: Kohlhammer.

Wüthrich, H. A., Osmetz, D., & Kaduk, S. (2009). *Musterbrecher* (3. Aufl.). Wiesbaden: Springer Gabler.

Souveräner Umgang mit beruflichen Herausforderungen: Passgenaue Kompetenzentwicklung für Fachkräfte in der Sozialwirtschaft

Carsten Kuniß, Katja Wagner

© Springer-Verlag GmbH Deutschland 2018
S. Kauffeld, F. Frerichs (Hrsg.), *Kompetenzmanagement in kleinen und mittelständischen Unternehmen*, Kompetenzmanagement in Organisationen, DOI 10.1007/978-3-662-54830-1_7

Zusammenfassung

In der weiterbildungsintensiven Profession soziale Arbeit wird die (Weiter-)Entwicklung von Kompetenzen der Beschäftigten oft nicht systematisch, d. h. ohne Einbindung in eine betriebliche Strategie für Personalentwicklung durchgeführt. Bei den aktuellen Herausforderungen in der Sozialwirtschaft (u. a. Fachkräftemangel, Älterwerden der Beschäftigten, zunehmende Arbeitsverdichtung) nimmt ein planvolles Vorgehen bei der Kompetenzentwicklung der Fachkräfte eine bedeutende Rolle ein, um die Zukunftsfähigkeit der Organisationen zu erhalten. Die Autorin und der Autor knüpfen in diesem Kapitel an die derzeitige Situation sozialwirtschaftlicher Akteure an und beleuchten die Kompetenzentwicklung vor dem Hintergrund der Branchenkultur in der Sozialwirtschaft sowie der Betriebskultur in einer am Forschungsprojekt be/pe/so teilnehmenden Organisation. Des Weiteren werden Ergebnisse des Projektes zur Gestaltung und Erprobung passgenauer Kompetenzentwicklungsformate für soziale Organisationen vorgestellt und am Beispiel eines Seminarkonzeptes und eines transferförderlichen Beratungsformates veranschaulicht.

7.1 Aktuelle Situation sozialwirtschaftlicher Organisationen und ihrer Fachkräfte

Rund 7 % aller in Deutschland erwerbstätigen Personen arbeiten in der Sozialwirtschaft. Das sind über zwei Millionen Menschen (Bundesagentur für Arbeit, 2015). Tietze (2009, S. 22) beschreibt, dass soziale Unternehmen ihren Zweck in „Interaktionen von und mit Personen erfüllen, die in ihrem Leben und zur Bewältigung von Problemen Bedarf an einer speziellen Versorgung haben. Diese personenbezogenen Dienstleistungen werden, soweit nicht informell, von Organisationen übernommen, die soziale Dienstleistungen anbieten." Häufig jedoch kann diesem Zweck nicht mehr in angemessenem Umfang entsprochen werden, vor allem aufgrund von Personalmangel und der fehlenden Zeit der Fachkräfte (vgl. Wöhrle, 2016, S. 270).

Schon seit 2008 sind Sozialberufe unter den Top 5 der nachgefragtesten Berufe (Bundesregierung, 2009). „Die Zahl der gemeldeten offenen Stellen für Sozialarbeiter/-innen mit akademischem Abschluss hat sich zwischen Januar und Dezember 2015 mehr als verdoppelt", und „[i]n den akademischen Sozialberufen sind die Engpässe mittlerweile größer als bei den Ingenieuren, die lange Zeit an der Spitze der akademischen Engpassberufe standen" (IWD, 2016, S. 1). Bei Fachkräften der Altenpflege hätten im Jahr 2015 gerade einmal ein Drittel der gemeldeten Vakanzen durch entsprechend qualifizierte Arbeitslose besetzt werden können (IWD, 2015, S. 43). Im Bereich der Kinder- und Jugendhilfe betrifft der Fachkräftemangel heute schon 89 % der Organisationen. Über 80 % von ihnen haben offene Stellen, die seit mehr als drei Monaten nicht besetzt werden konnten (König et al., 2012). Zudem scheiden 55 % der Beschäftigten in den Arbeitsfeldern der Kinder- und Jugendhilfe (ohne Kindertageseinrichtungen) zwischen 2010 und 2025 aus (Schilling, 2011). Ob die entstehende Fachkräftelücke durch Absolventen/-innen von Hochschulen und Ausbildungsträgern geschlossen werden kann, ist derzeit umstritten und stark von der Attraktivität des Tätigkeitsfeldes abhängig. Die nicht unerhebliche Zahl an Teilzeitbeschäftigungen, Auslastungsschwankungen, unsteten Beschäftigungsverhältnissen und untertariflichen Bezahlungen sind möglicherweise Hemmnisse für potenzielle Beschäftigte, sich für dieses Arbeitsfeld zu entscheiden (vgl. Grote, 2011). Zudem kennzeichnen viele prekäre Beschäftigungsverhältnisse und ein geringes Qualifikationsniveau die Arbeitssituationen in der Sozialwirtschaft (Boeßenecker u. Markert, 2012, S. 91).

Gleichzeitig führt die Verknappung an Arbeitskräften nicht dazu, dass die Beschäftigten mehr Durchsetzungskraft für ihre Bedürfnisse und Interessen haben. Hielscher et al. (2013, S. 245f.) erklären dies damit, dass die Einrichtungen kaum über finanzielle Spielräume verfügen, um positive Anreize für die Mitarbeitenden zu implementieren. Zudem seien nur wenige Beschäftigte gewerkschaftlich bzw. berufspolitisch organisiert. Des Weiteren sind seit einigen Jahren zunehmende Ökonomisierungstendenzen und marktwirtschaftliche Orientierung sozialer Dienste zu verzeichnen. Die für die Beschäftigten resultierenden Arbeitsverdichtungsprozesse aufgrund des erhöhten Ökonomisierungsdrucks führen unserer Beobachtung nach oft zu stärkerer psychischer Belastung.

> » Idealziel des Marktes mit seinem Mittel der Konkurrenz ist es, dass sich ein gutes Angebot mit annehmbarem Preis durchsetzt, Schlechtleistungen aber aussortiert werden. Wenn es jedoch ausschließlich um Kostensenkung geht, dann werden auf Dauer alle Leistungen schlechter, weil die guten nicht gekauft werden. (Wöhrle, 2016, S. 274)

Wie auch in anderen Beschäftigungsfeldern ist die Erhöhung des Durchschnittsalters der Beschäftigten in der Sozialwirtschaft ein großes Thema: Bis zum Jahr 2020 wird es weniger unter 30-Jährige als über 50-Jährige in den Organisationen der Sozialwirtschaft geben. Die 50-Jährigen werden dann bis zum gesetzlichen Renteneintritt weitere 17 Berufsjahre arbeiten. Entscheidend sei, dass Unternehmen die Kompetenz und Arbeitsfähigkeit der Mitarbeitenden in diesen Jahren erhalten und fördern können (Hoffmann, 2012, S. 25f.), was unter den skizzierten Rahmenbedingungen eine Herausforderung darstellen sollte.

7.2 Kompetenzentwicklung vor dem Hintergrund der Betriebskultur in der Sozialwirtschaft

Die Kompetenzentwicklung als Kernaufgabe der Personalentwicklung umfasst die Maßnahmen zur Sicherstellung und Erweiterung der individuellen beruflichen Handlungskompetenz, die von Fähigkeiten, Fertigkeiten und Wissensbeständen geprägt ist (vgl. Felfe u. Franke, 2014). Dabei werden Fachkompetenz, Sozialkompetenz und Führungskompetenz gefördert (Körner et al., 2017). Im Folgenden werden wichtige Rahmenbedingungen und Voraussetzungen für Kompetenzentwicklung thematisiert.

7.2.1 Herausforderungen und Probleme bei der Kompetenzentwicklung in der Sozialwirtschaft

Soziale Arbeit ist eine „weiterbildungsintensive Profession" (Höfener, 2005, S. 186), vor allem, wenn man die vielen fachübergreifenden Anforderungen an die Beschäftigten (Kenntnisse in Psychologie, Recht, Soziologie, Pädagogik, Beratung etc.) betrachtet. Jedoch findet man in der Praxis selten eine systematische Planung und Durchführung von Fort- und Weiterbildungsaktivitäten, sondern eher Trial-and-Error- und Muddling-through-Prinzipien (Boeßenecker u. Markert, 2008, S. 177).

Bisher sind für die Sozialwirtschaft keine zugeschnittenen theoretischen Modelle für die Kompetenzentwicklung zu finden (Körner et al., 2017). Bassarak (2012, S. 46) merkt dazu an:

> » Wo der soziale Wandel sich beschleunigt, die Anforderungen sich ändern und die finanziellen Spielräume immer enger werden, hängt der zuvor thematisierte ‚Erfolg' einer sozialen Organisation und ihrer Dienstleistung im Wesentlichen davon ab, wie mit der ‚Ressource Fachkraft' umgegangen wird und ob diese in der Lage ist, ‚richtig' zu handeln.

Bei einem Akademisierungsgrad in der Sozialwirtschaft von gerade einmal 15 % sind die über 1.400 Einrichtungen der schulischen und beruflichen Bildung in freier und staatlicher Trägerschaft Hauptakteur in der Ausbildung (Boeßenecker u. Markert, 2012, S. 92f.). Die Autoren weisen in dem Zusammenhang auf negative Auswirkungen einer Zersplitterung in viele rechtlich selbstständige Ausbildungsorganisationen mit voneinander abweichenden Ausbildungskonzepten hin (Boeßenecker u. Markert, 2012). Daher sollte ein ungleiches Vorwissen bei Weiterbildungsteilnehmenden aus verschiedenen Feldern der Sozialwirtschaft angenommen werden.

Um ein Optimum für die Entwicklung der Organisation und der Mitarbeitenden zu erreichen, empfiehlt Hölzle (2006, S. 35), die Interessen und Ressourcen der Fachkraft sowie die Organisationsziele gleichermaßen zu berücksichtigen. Oft berichten uns Fachkräfte in der Sozialwirtschaft, dass eher der individuelle Weiterbildungswunsch auf inhaltlicher Ebene und vor allem der oft sehr geringe finanzielle Handlungsspielraum der Organisation die Auswahl der Weiterbildungsmaßnahmen bestimmen. Die Personalentwicklung sollte laut Becker (2005) nicht nur zur individuellen Entwicklung von Beschäftigten und deren Lebensplanung beitragen, sondern diese durch eine geeignete betriebliche Karriere unterstützen. Zu beachten sei außerdem, dass Menschen in unterschiedlichen berufsbiografischen Lebensphasen in der Regel unterschiedliche Ziele und Perspektiven haben (Hoffmann, 2012, S. 27ff.). Verworn et al. (2007, S. 19) zeigen, dass häufig Unternehmen mit einem hohen Anteil älterer Fachkräfte geringere Aufwendungen für Weiterbildung tätigen und damit ihre Innovationsfähigkeit schwächen.

Oft werden Weiterbildungen in der Sozialwirtschaft auch nicht systematisch evaluiert, sondern mit informellen Zufriedenheitsabfragen beendet, ohne den Transfer der Ergebnisse in die Organisation nachzuvollziehen. Eine bessere Vor- und Nachbereitung sowie ein Transfer der zentralen Bildungsinhalte in die Organisation bzw. die eigene Organisationseinheit sind zu empfehlen (vgl. Gesmann, 2012, S. 130f.).

Vielfach fragen sich Führungskräfte und Beschäftigte der Sozialwirtschaft vor dem Hintergrund knapper finanzieller Budgets für Kompetenzentwicklung, welchen Nutzen die Weiterbildung hat. Dazu gibt es kaum gesicherte Erkenntnisse. Bräunig und Kohstall (2013, S. 34) belegen, dass jeder Euro, den ein Unternehmen in betrieblichen Arbeits- und Gesundheitsschutz als Präventionsarbeit investiert, sich in einem ökonomischen Erfolgspotenzial von 2,20 Euro auszahlt. Zudem zeigen sich weitere Effekte, z. B. Reduzierung von Ausfallzeiten und Betriebsstörungen, Verbesserung des Images und der Betriebskultur sowie eine gestiegene Motivation und Zufriedenheit der Beschäftigten (Bräunig u. Kohstall, 2013). Dennoch ist das Gesundheits- und Sozialwesen auf dem letzten Platz im Branchenvergleich, wenn man die Weiterbildungsinvestitionen betrachtet (DGQ, 2012, S. 5). Diese niedrige Zahl entsteht möglicherweise auch durch günstigere Weiterbildungsangebote, die oft staatlich gefördert werden, andererseits nicht selten durch die Übernahme der Weiterbildungskosten durch die Beschäftigten.

7.2.2 Branchenkultur in der Sozialwirtschaft

Die Branchenkultur umfasst die „kulturellen Standards einer Branchengemeinschaft, in der eigene Interpretations- und Wertmuster auftreten, die sich in Form von bestimmten Standesregeln und Berufsmustern manifestieren. […] Sie hat großen Anteil an der Bildung von Werten und Normen in Organisationen und beeinflusst die dortigen Sozialisierungsprozesse" (Vieregg, 2009, S. 90f.).

Oft sind die Motive zur Wahl eines sozialen Berufes eher intrinsisch geprägt („eigene Werte verwirklichen", „einen Nutzen für andere Menschen stiften", „gesellschaftliche Prozesse befördern" etc.; Goldstein, 2000, S. 31). Eigene Erhebungen im Projekt be/pe/so bei den befragten

Organisationen in Sachsen zeigen, dass bei den Bindungsfaktoren an die eigene Arbeit ebenfalls intrinsische Motive im Vordergrund stehen: „die Tätigkeit selbst" (26,6 %), „das Team" (22,7 %) und „die Klientel" (12,8 %; ▶ Abschn. 2.6.3). Diese intrinsischen Motivlagen beeinflussen auch die Betriebskultur. Dabei sind die Beschäftigten weniger als in anderen Arbeitsfeldern auf hohe Entlohnung und Karriere fixiert (Lotmar u. Tondeur, 1993, S. 22f.). Zum Beispiel wählen Studierende in den Feldern des Managements tendenziell eher eine Non-Profit-Organisation, wenn deren Wertsensibilität für ethisch-moralische Überlegungen ausgeprägter ist (Weibler, 2008, S. 10).

Diese ursprünglichen Werte und Motive, die für die Berufswahl wichtig waren, können durch andere Werte und Motive überdeckt werden, z. B. aufgrund der skizzierten negativen Veränderungen im Arbeitsfeld. Durch Verschlechterung der Rahmenbedingungen und dem zunehmenden Rechtfertigungsdruck in der sozialen Arbeit können Angst, Demotivation und das Gefühl von Ohnmacht entstehen (Schwarz u. Beck, 1997) und damit die Motivlagen hin zu extrinsischen Arbeitsmotiven verändern, z. B. Geld zu verdienen und Arbeitsplatzsicherheit zu erlangen. Goldstein (2000) spricht dabei von einer Defizitmotivierung, die sich beispielsweise darin ausdrückt, dass Mitarbeiter/-innen in vertrauten Abläufen verharren, lieber Fehler vermeiden, als Qualität anzustreben, Konflikte vermeiden (getarnt als Toleranz) und in passiven Widerstand verfallen (z. B. Sicherheitsdenken, Abwarten, Dienst nach Vorschrift, Rechtfertigungshaltung, Ignorieren neuer Situationen). Dies beeinflusst wiederum die Branchen- und Betriebskultur.

Gemeinsame anerkannte Werte in den sozialwirtschaftlichen Organisationen sind „Solidarität mit anderen" und die „Dienstleistung für andere" (Tietze, 2009, S. 122). Untersuchungen sächsischer Träger der Sozialwirtschaft im Projekt be/pe/so zeigen weitere wichtige intrinsische Werte der Beschäftigten auf: „Transparenz und Partizipation bei Entscheidungen", „das Wohl der Klienten/-innen befördern (Wirksamkeit der eigenen Arbeit, Erfolg)", „in einem guten Team arbeiten" sowie „Spaß an einer herausfordernden und abwechslungsreichen Arbeit selbst" (vgl. ▶ Kap. 4).

Am Beispiel der Anerkennung und Würdigung der eigenen Arbeit schätzten die Beschäftigten der Befragten zum einen ein, inwieweit sie mit der eigenen Arbeit einen wichtigen Beitrag zum Allgemeinwohl der Gesellschaft beitragen (Selbstwertschätzung), und zum anderen, inwieweit die Arbeitsleistung von der Gesellschaft gewürdigt wird (Fremdwertschätzung). Die Zustimmungsrate bei der Selbstwertschätzung beträgt 90,2 %, die der Fremdwertschätzung 19,9 % (▶ Kap. 4). Diese große Diskrepanz zwischen wahrgenommener Selbst- und Fremdwertschätzung ist in dieser Branche auffällig und prägt ihre Branchenkultur. Ursachen für die große Lücke könnten in den ungünstigen Rahmenbedingungen (geringes Lohnniveau, häufig befristete Arbeitsverhältnisse, starker Ökonomisierungsdruck, zunehmende Arbeitsverdichtung) der Sozialwirtschaft zu finden sein. Schlussendlich entsteht der Eindruck, dass die Gesellschaft und der Staat die Leistung der Sozialwirtschaft wenig würdigt, denn sonst wären von diesen Seiten Bemühungen um attraktivere Rahmenbedingungen naheliegend.

Weibler (2008, S. 9f.) warnt davor, dass die oben genannte Ökonomisierung des Non-Profit-Bereichs die bisher gelebten Werte verändern kann.

> **»** Der Verweis auf die ökonomische (im Kern formal technische) Rationalität im Denken und Handeln hilft einerseits vielfach, eingefahrene Strukturen aufzubrechen und dadurch erstrebenswerte Ziele effektiver und effizienter zu erreichen, was per se angesichts stets knapper Ressourcen durchaus attraktiv ist, drängt andererseits aber andere, prinzipiell gleichberechtigte Logiken, zum Beispiel die nach einer ökologisch nachhaltigen Entwicklung von Natur oder der unmittelbar verwertungsfreien Entwicklung von Individuen, in den Hintergrund. (Weibler, 2008, S. 14)

Hier ein Beispiel für die Auswirkungen der Ökonomisierung (Enggruber u. Bleck, 2005, S. 39f.): Soziale Einrichtungen im Bereich der Berufsvorbereitung benachteiligter Jugendlicher werden oft am Output gemessen, sprich daran, wie viele Jugendliche in Erwerbsarbeit gebracht werden. Wenn Pädagogen/-innen ihren Arbeitsplatz behalten wollen, müssten Sie dieser Logik zufolge nur Jugendliche auswählen, die die höchsten Chancen und die geringsten Problemlagen aufweisen. Zudem müssten sie die Jugendlichen von „erreichbaren" Ausbildungsberufen oder zum völligen Abschied von einer Berufsausbildung zugunsten von Erwerbsarbeit überzeugen. Dies widerspricht der sozialpädagogischen Haltung der „Hilfe zur Selbsthilfe", bei der es darum geht, die Selbstverwirklichung und Selbstwirksamkeit der Adressaten/-innen sozialer Dienste zu fördern.

Diese Aspekte schlagen sich in spezifischer Form auch in den einzelnen Organisationen der Sozialwirtschaft nieder und prägen die dortige Betriebskultur mit.

7.2.3 Betriebs-/Organisationskultur am Beispiel einer sozialwirtschaftlichen Organisation

» Die Organisationskultur ist das von den Mitgliedern einer Organisation geteilte System von Werten und Normen, durch das sich die Organisationsmitglieder von Nicht-Organisationsmitgliedern unterscheiden. (Kauffeld, 2014, S. 45)

Beispielhaft wurde eine sächsische Organisation mit mehr als 100 Beschäftigten in den Blick genommen. Dazu geben die folgenden Forschungsergebnisse und Zitate aus einem Interview mit einem Mitglied der Geschäftsleitung einen exemplarischen Einblick.

- **Treue zu Beruf und Organisation**
Circa zwei Drittel der Befragten in dieser Organisation können sich vorstellen, in diesem Beruf sowie bei ihrer Organisation bis zur Rente zu arbeiten, knapp die Hälfte in ihrer eigentlichen Arbeit. Diese Zahlen deuten darauf hin, dass sich die Mitarbeitenden persönliche Veränderungen eher auf kleinerer Ebene (z. B. Tätigkeitswechsel innerhalb der Organisation) wünschen. Untersuchungen im Projekt zeigen zudem, dass die beiden größten Bindungsfaktoren der Beschäftigten dieser Organisation zum einen die Tätigkeit selbst (32 %) und das Team (16 %) sind. Man kann also, wie zu erwarten war, bei den Beschäftigten dieser Organisation vordergründig von intrinsischen Motivationslagen ausgehen.

- **Die Beschäftigten sind im Blick**
„Hierbei muss das Augenmerk immer wieder darauf gelegt werden, alle gleichwertig zu behandeln. Das heißt im Konkreten, dass es keine Mitarbeiter ‚zweiter Klasse' geben darf, sondern das Festangestellte wie auch Praktikanten, Ehrenamtler und andere Helfer in ihrem Tun mit ihren entsprechenden Fähigkeiten und Fertigkeiten am gemeinsamen Unternehmensziel arbeiten können."

- **Wertschätzung durch Autonomie**
„Für uns bedeutet Wertschätzung im Speziellen, die Voraussetzungen zu schaffen, dass alle Mitarbeiter umfassend selbstständig mit hoher Eigenverantwortung agieren können. Dies beginnt bei der bedarfsorientierten Dienstplangestaltung und geht bis hin zur Budgetverantwortung für die jeweiligen Bereiche."

- **Wertschätzung durch Einbeziehung**

„In der Unternehmensgeschichte wurde von Anfang an großer Wert auf die Teamarbeit auf allen Ebenen und unter Einbeziehung aller gelegt. […] Hierzu gehört auch das klare Selbstverständnis der umfassenden Einbeziehung in Unternehmensprozesse beginnend mit der Konzeptionserstellung über deren Fortschreibung und die Evaluation im Rahmen der Qualitätsdialoge mit den Auftraggebern."

- **Wertschätzung mit Worten und Symbolen**

„Bei aller Dynamik des oft beschriebenen stark verdichteten Arbeitsalltags müssen wir uns auch selbst daran erinnern, das Wort ‚Danke' nicht zu vergessen und gemeinsam beschrittene Wege auch zu feiern. Der Blumenstrauß zum Jubiläum, der Glückwunsch zur Geburt des Kindes gehören ebenfalls zu den festen Riten innerhalb der Organisation."

- **Ein offenes Meinungsklima wird befördert**

„In den Organisationsprozessen streben wir an, ausreichend Räume für Austausch zu schaffen und ermuntern zur kritischen Auseinandersetzung mit der Arbeit. Dies schließt auch ein, entsprechende finanzielle Mittel zum Beispiel für Supervision zur Verfügung zu stellen."

- **Führung ohne Statussymbole**

„Auf Statussymbole wird im klassischen Sinn verzichtet. So hebt sich das Auto der Geschäftsleitung nicht entscheidend vom Fuhrpark ab und steht im Bedarfsfall auch anderen Mitarbeitern zur Verfügung. Ebenso gibt es keine signifikanten Unterschiede in der Ausstattung z. B. der Büros."

Es zeigte sich im Projektverlauf, dass die Betriebskultur für die Entwicklung und Durchführung der Kompetenzentwicklungsangebote von be/pe/so förderlich war. Eine für Veränderung offene Betriebskultur einschließlich dem Bewusstsein, dass motivierte und qualifizierte Mitarbeitende eine entscheidende Ressource für die Überlebensfähigkeit der Organisation darstellen, bildeten die Voraussetzung für Forschung in der Organisation sowie Entwicklung der Kompetenzen der Mitarbeitenden. Auch in den Seminaren und kollegialen Beratungen führte diese Betriebskultur augenscheinlich zu einer von Offenheit geprägten Lernatmosphäre, um z. B. aktuelle zwischenmenschliche, strukturelle oder administrative Herausforderungen in der Organisation anzusprechen und gemeinsam Lösungsansätze zu finden (▶ Abschn. 7.4).

Im Folgenden wird der Prozess von der konzeptionellen Erarbeitung bis hin zur Durchführung der Kompetenzentwicklungsformate beleuchtet.

7.3 Konzeptionelle Gestaltung und Erprobung verschiedener Kompetenzentwicklungsformate im Forschungsprojekt be/pe/so

Das Forschungs- und Entwicklungsprojekt be/pe/so – Berufswege und Personalentwicklung in der Sozialwirtschaft (http://www.bepeso.de/) – wird mit Mitteln des BMBF im Programm „Innovationen für die Produktion, Dienstleistung und Arbeit von morgen" gefördert und vom Projektträger Karlsruhe (PTKA) betreut.

Bereits vor dem Projektstart von be/pe/so bestanden aufgrund eigener Studienergebnisse und aufgrund von Gesprächen mit Führungskräften und Fachkräften sozialer Organisationen Erkenntnisse zum aktuellen Stand der Personalsituation, der zunehmenden Arbeitsverdichtung und der wachsenden gesundheitlichen Belastungen in der Sozialwirtschaft, insbesondere in der Pflege sowie der Kinder- und Jugendhilfe (vgl. Knoll u. Burkhardt, 2013; Kuniß, 2013). Diese

Informationen zeigten einen Bedarf an Strategien bei den Organisationen, um die Herausforderungen des demografischen Wandels zu bewältigen. Das Finden geeigneter Lösungsansätze für drei ausgewählte regionale Organisationen in der Sozialwirtschaft (AWO Kreisverband Auerbach/Vogtland e. V., FAB e. V. Crimmitschau und KJF e. V. Chemnitz ist eine Forschungsaufgabe des dreijährigen Verbundprojektes be/pe/so. Der Verbundprojektkoordinator AGJF Sachsen e. V., u. a. verantwortlich für die hier vorgestellte Entwicklung und Erprobung der Kompetenzentwicklungsformate, sowie die Forschungspartner Technische Universität (TU) Chemnitz und Hochschule Mittweida und die oben genannten Organisationen nutzen ihre unterschiedliche Expertise, um maßgeschneiderte Instrumente der Personal- und Organisationsentwicklung auf allen Organisationsebenen zu erforschen, zu entwickeln und zu erproben.

In Anlehnung an Becker (2005, S. 17ff.) folgt die Vorgehensweise im Verbundprojekt dem Funktionszyklus systematischer Personalentwicklung und beinhaltet folgende Phasen:
1. Bedarfsanalyse
2. Zielsetzung
3. Kreatives Gestalten
4. Durchführung
5. Erfolgskontrolle
6. Transfersicherung

Unter Berücksichtigung des bereits bestehenden und weiter anhaltenden Fachkräftemangels suchten die Forschungspartner Antworten auf die richtungsweisenden Fragen: „Was hält unsere Mitarbeitenden lange gesund und motiviert im Job, und was können einzelne Mitarbeitende, Führungskräfte und die gesamte Organisation dazu beitragen?"

In einer umfangreichen Analyse mittels quantitativer und qualitativer Forschungsmethoden durch die TU Chemnitz wurden die aktuelle Situation der drei teilnehmenden Organisationen und das Erleben ihrer Beschäftigten untersucht. Ausführliche Darstellungen des Forschungsvorgehens finden sich in ▶ Kap. 2 (quantitativ) und ▶ Kap. 4 (qualitativ). Die Analyseergebnisse spiegeln den Ist-Zustand wider.

In der quantitativen Bedarfsanalyse von be/pe/so wurden Themen für die Kompetenzentwicklungsformate beispielsweise in folgenden Bereichen identifiziert (vgl. ▶ Kap. 2):
- **Präsentismus** (arbeiten trotz Krankheit): Insgesamt 77,2 % der Befragten gaben an, in den vergangenen 12 Monaten krank am Arbeitsplatz erschienen zu sein. Im Durchschnitt war dies an 15 Tagen innerhalb der letzten 12 Monate der Fall.
- **Burn-out-Symptome:** Circa 27 % der befragten Beschäftigten erreichten bei der Betrachtung aller Burn-out-Symptome in der Summe einen kritischen Gesamtwert.
- **Pausenmanagement:** 20,7 % der Befragten gaben häufigen Pausenausfall an. Gründe waren, dass Pausen meist nicht in den Arbeitsablauf passen würden (38,9 %), zu viel Arbeit vorhanden sei (22,4 %) und kein Bedarf an Pausen bestünde (9,9 %).

Die qualitativen Forschungsmethoden gaben Aufschluss über Verhaltensmuster, Gefühle und Motive für das Handeln sowie Anforderungen im Beruf. Auch aus diesen Ergebnissen wurden Themen wie Kommunikation, Umgang mit Konflikten, Arbeitsorganisation, Zeitmanagement, Umgang mit Erkrankung sowie Vertrauen und Wertschätzung identifiziert (vgl. ▶ Kap. 4).

Um geplante und systematische Weiterbildungsprozesse etablieren zu können, bedarf es zunächst einem Abgleich der gewünschten oder notwendigen Qualifikation (Soll-Zustand) und der in der Organisation vorhandenen Qualifikationspotenziale (Ist-Zustand), um einen Qualifikationsbedarf festzustellen (Pawlowsky u. Bäumer 1996, S. 96). Die Analyseergebnisse wurden von den Forschern der TU Chemnitz und den Mitarbeitenden der AGJF Sachsen e. V. in einem

Workshop beleuchtet. Zudem wurden die Forschungsergebnisse und abgeleiteten Qualifizierungsbedarfe mit Vertretern/-innen der drei teilnehmenden Organisationen diskutiert.

Anhand dieser Ergebnisse konnten Entwicklungsbedarfe abgeleitet werden, die vor allem überfachliche Inhalte zur Stressbewältigung und Gesunderhaltung identifizierten. Beispielsweise wurde bei der Betrachtung des Themas Präsentismus deutlich, dass es sich um eine innere Zwickmühle des Mitarbeitenden handelt zwischen Auskurieren und Unterstützung des oft knapp besetzten Teams. Dieses innere „Tauziehen" von gegensätzlich empfundenen Werten, Zielen und Emotionen erzeugt ein Gefühl der Zerrissenheit und Ohnmacht und letztendlich ein Stresserleben. Zu verstehen, was Ambivalenzen sind und wie damit umgegangen werden kann, stellt eine nützliche Handlungskompetenz zur Stressbewältigung dar und wurde demnach als Inhalt ausgewählt. Aus den Ergebnissen zu Burn-out-Symptomen ergab sich ein Kompetenzentwicklungsbedarf hinsichtlich der Entstehung von Gesundheit und dem konstruktiven Umgang mit Stress. Genau genommen wird das Stressempfinden u. a. von der individuellen Bewertung der jeweiligen, als stressvoll erlebten Situation beeinflusst. In diesem Zusammenhang spielen negative bzw. positive Gedanken eine tragende Rolle. Demnach wurde ebenfalls die Fähigkeit, die eigenen Gedanken kritisch zu hinterfragen, und der Umgang mit belastenden Gedanken als Kompetenzentwicklungsbedarf aus den Forschungsergebnissen abgeleitet. Alle identifizierten Inhalte zur Kompetenzentwicklung finden sich im folgenden Kapitel.

Um in schwierigen beruflichen Situationen handlungsfähig zu sein, benötigen Mitarbeitende zum einen Informationen, um ein entsprechendes Wissen aufzubauen, und zum anderen Fähigkeiten und Fertigkeiten, um das angeeignete Wissen anzuwenden bzw. in die Praxis umzusetzen. Das heißt, die Mitarbeitenden sollen zum Bewältigen einer bestimmten komplexen Situation auf Sach-/Fachkompetenz, Methodenkompetenz, Sozial- und Selbstkompetenz zurückgreifen können (vgl. Roth, 1971). Um möglichst mehreren Mitarbeitenden die Möglichkeit zu geben, ihre Handlungskompetenz bezüglich ihrer Stressbewältigung und Gesunderhaltung zu erweitern, wurde als geeignetes Kompetenzentwicklungsformat „Seminar" ausgewählt. Dabei können die Mitarbeitenden außerhalb des eigenen Arbeitskontextes und unter Einsatz verschiedener Lehr- und Lernmethoden, Kenntnisse erwerben und in gemeinsamer Interaktion reflektieren.

Zur Vertiefung der Lerninhalte und ihrer Überführung in die Berufspraxis (Transfersicherung) soll sich an das „Seminar" das Format „kollegiale Beratung" anschließen (vgl. Felfe u. Franke, 2014). Dabei haben die Mitarbeitenden die Gelegenheit, in kleinen Gruppen konkrete berufliche Herausforderungen zu reflektieren, Lösungsansätze zu erarbeiten und ihre Problemlösefähigkeit weiterzuentwickeln. Dieser Prozess wird von qualifizierten Beratenden begleitet. Die Beratenden sind gleichzeitig auch die Dozenten/-innen sowie Mitarbeitende von be/pe/so (AGJF Sachsen e. V.). Die Kompetenzentwicklungsformate werden von den gleichen Personen durchgeführt, die sie auch entwickelt haben. Daher entsteht ein aufeinander abgestimmtes Konzept, welches wiederum zur Passgenauigkeit beiträgt.

Im Folgenden werden das Seminar und die daran anschließende kollegiale Beratung dargestellt.

7.4   Seminarkonzept zum souveränen Umgang mit beruflichen Herausforderungen

Nach der Auswertung der Forschungsergebnisse und der Ableitung der Kompetenzentwicklungsformate begann die konzeptionelle Gestaltung und Erprobung des Seminars durch die AGJF Sachsen e. V. Entsprechend der Fülle an Themen wurden drei zusammenhängende Seminartage mit einer Gruppe von maximal 15 Mitarbeitenden geplant. Bei der Konzeption des

Seminars wurden immer mit Blick auf den ermittelten Ist-Zustand aus der Bedarfsanalyse – so weit wie möglich – konkrete Ziele, Inhalte, Methoden und Abläufe herausgearbeitet, um nach dem Seminar die Ergebnisse u. a. mit den Zielen vergleichen zu können.

7.4.1 Ziele des Seminars

Mit dem Seminar sollen die teilnehmenden Mitarbeitenden befähigt werden, herausfordernde berufliche Situationen souveräner als bisher zu meistern. Negativ empfundener Stress wirkt gesundheitsgefährdend und entsteht in Situationen, die überfordern. Die Überforderung kann u. a. auftreten, weil die Anforderungen nicht den Fähigkeiten entsprechen, destruktive Glaubenssätze wirken oder das „Nein-Sagen" nicht gelingt. Daher sollen die Teilnehmenden Kenntnisse zu Psychohygiene, konstruktivem Umgang mit Stress, beziehungserhaltendem Kommunizieren von eigenen Bedürfnissen, Umgang mit Ambivalenzen und Konflikten, Zeitmanagement und Pausengestaltung vermittelt bekommen.

Die Teilnehmenden haben erste Lösungsansätze für die Bewältigung ihres Berufsalltages entwickelt, kennen Strategien und Methoden, die in herausfordernden Situationen genutzt werden können und haben diese bereits im Seminar angewendet. Zur Erreichung der Seminarziele sind neben der Vermittlung von fachlichen Kenntnissen auch das Überprüfen und Verändern der eigenen Überzeugungen, Einstellungen und Werte wichtig, da diese das Verhalten maßgeblich beeinflussen (vgl. Felfe u. Franke, 2014).

7.4.2 Inhalte des Seminars

Es wurden die Inhalte so ausgewählt, dass für die Teilnehmenden genügend Zeit bleibt, sie zu reflektieren, für ihren Berufsalltag zu übersetzen und anzuwenden (▶ Exkurs: Inhalte des dreitägigen Seminars).

Exkurs

Inhalte des dreitägigen Seminars

- Einstieg, Ankommen, Kennenlernen
- Entstehung von Gesundheit (vgl. Antonovsky, 1997, S. 33ff.)
- Eigene Werte, Visionen, Überzeugungen, Sinngebung beleuchten „logische Ebenen" (vgl.

- Bateson, 1979, 1981; Dilts, 2010)
- Konstruktiver Umgang mit Stress und unangenehmen Gedanken (vgl. Katie u. Mitchell, 2015)
- Umgang mit Ambivalenzen und Konflikten (vgl. Horn u. Brick, 2003).

- Eigene Bedürfnisse und Probleme beziehungserhaltend kommunizieren (vgl. Rosenberg, 2012)
- Zeitmanagement und Pausengestaltung
- Ausklang, Feedback, Ausblick

7.4.3 Methoden des Seminars

Die Inhalte wurden handlungsorientiert vermittelt. Die Dozenten/-innen reagierten innerhalb des Lernprozesses auf die derzeitige mentale, kognitive und physische Verfassung der Teilnehmenden und passten das Curriculum entsprechend an. Die Inhalte wurden so aufbereitet, dass sie eingebettet in ein Ganzes, mit Praxisbeispielen unterlegt und mit dem Bezug zur eigenen Lebens- und Arbeitswelt vermittelt werden konnten.

Um das Seminar abwechslungsreich zu gestalten und um den verschiedenen Lernvorlieben der Teilnehmenden gerecht zu werden, kamen unterschiedliche Methoden zum Einsatz, die wiederum die verschiedenen Sinneskanäle einbezogen. Demzufolge wechselten sich darbietende, erarbeitende und interaktive Methoden entsprechend der Lernphase und des Lernziels ab. Ebenso wurden bewegungsorientierte Inputs wie räumliches Soziogramm oder ein Bewegungsrollenspiel zur Darstellung des Helfersyndroms verwendet. In der Interaktion und an selbst gewählten berufspraktischen Beispielen wandten die Teilnehmenden Strategien und Methoden an, traten in Erfahrungsaustausch und wurden zum Perspektivwechsel angeregt. Umgesetzt wurden die Methoden im Plenum, in Gruppen-, Partner- und Einzelarbeit. Zudem wurde darauf geachtet, dass die Inhalte von den Dozenten/-innen live am Flipchart oder an der Pinnwand entwickelt und von den Teilnehmenden kognitiv erfasst, emotional ansprechend empfunden und handlungsorientiert in den Übungen angewendet wurden (vgl. Heckmair u. Michl, 2013; Roth, 2001).

Ganz im Sinne von Spitzer (2002, S. 160) „Was uns Menschen umtreibt, sind nicht Fakten und Daten, sondern Gefühle, Geschichten und vor allem Menschen" wurden Metaphern, Geschichten und Lieder in das Seminar eingebunden. Demnach kamen von den Dozenten/-innen auf das zu vermittelnde Thema selbst geschriebene sowie bereits vorhandene therapeutische Geschichten zum Einsatz (vgl. Bucay, 2013; Hammel, 2015), die die Zusammenhänge leicht verständlich wiedergaben und in denen sich die Teilnehmenden wiederfanden.

7.4.4 Organisation/Rahmenbedingungen des Seminars

Die Seminardurchführung erfolgte in einem geeigneten Tagungshaus mit zwei Übernachtungen. Diese räumliche Distanz zum Arbeitsplatz und Wohnort trug zur Intensivierung der Inhaltsaufnahme ohne Unterbrechung bei. Dabei konnte die Durchführung weitestgehend frei von äußeren, prozessstörenden Faktoren und Einflüssen erfolgen, eine stabile Vertrauensbasis innerhalb der Gruppe aufgebaut und die Konzentration auf Inhalte ohne neue Einarbeitungsphasen ermöglicht werden. Die Gewinnung der Teilnehmenden erfolgte entweder durch direkte Empfehlung durch die Vorgesetzten oder durch eine offene Ausschreibung in der Organisation, worauf sich interessierte Mitarbeitende anmeldeten.

7.4.5 Ergebnisse des Seminars

Die Teilnehmenden bewerteten am Ende des dritten Seminartages das gesamte Seminar in einem Evaluationsfragebogen, der durch die TU Chemnitz erstellt wurde. Sie schätzten das Seminar z. B. hinsichtlich der räumlichen Ausstattung, Art und Weise der Stoffvermittlung und Relevanz der Inhalte für die eigene Arbeit ein. Abschließend vergaben die Teilnehmenden Schulnoten für die Dozenten/-innen und das Seminar. Dabei ergaben die Noten je einen Durchschnitt von 1,4. Sie meldeten zurück, dass sie die Weiterbildung mehrheitlich als sehr nützlich erlebt haben (◘ Abb. 7.1). Die Frage nach dem Nutzen impliziert, inwieweit sich die neuen Kenntnisse, Ideen, Fähigkeiten und Sichtweisen in den Arbeitsalltag integrieren lassen. Würde man nach der Zufriedenheit mit dem Seminar fragen, würde eher der aktuelle Gemütszustand erfasst, was im Kontext aktueller Forschung kaum aussagekräftig für die Wirksamkeit einer Kompetenzentwicklungsmaßnahme ist (vgl. Kauffeld, 2016).

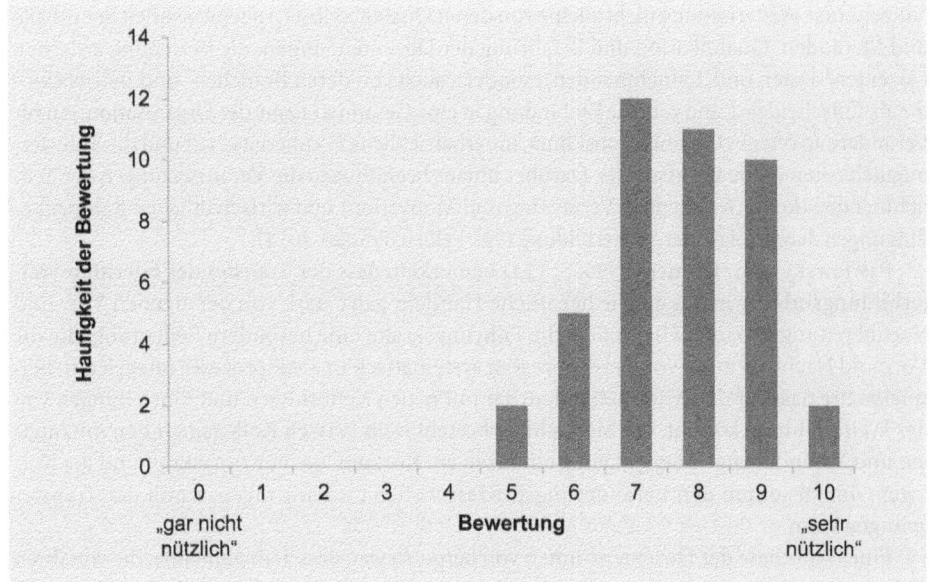

◘ Abb. 7.1   Seminarauswertung: „Wie nützlich empfanden Sie das Seminar für sich?" (*n* = 42)

Besonders schätzten die Teilnehmenden die Methodenvielfalt, eine ausgewogene und interessante Themenwahl sowie die praxisnahe Umsetzung. Darüber hinaus erlebten sie das nähere Kennenlernen von Teilnehmenden aus anderen Arbeitsbereichen als Bereicherung, die sich wiederum in mehr Wertschätzung und Erkenntniszuwachs äußerte. Somit erwies sich der Einblick in ein anderes Arbeitsfeld als Ressource, z. B. in Form von Außenperspektive und Unvoreingenommenheit. Ebenfalls positiv wirkte sich die angenehme Lern- und Interaktionsatmosphäre auf die Teilnehmenden aus, die u. a. durch Stuhlkreis und wertschätzenden, verständnisvollen Umgang der Dozenten/-innen sowie regelmäßige Pausen und guten Service am Seminarort erzeugt wurden. Fast alle Teilnehmenden waren dankbar für die Auszeit vom Arbeitsalltag von drei zusammenhängenden Tagen und betonten die entschleunigende Wirkung.

Ob sich die neu erworbenen Kompetenzen nachhaltig im Berufsalltag bewähren, ist u. a. davon abhängig, wie gut der Transfer gelingt. Die Kollegen der TU Chemnitz haben daher sechs Monate nach dem Seminar (entspricht drei Monate nach Abschluss der kollegialen Beratungen) einen zweiten Evaluationsfragebogen an die Teilnehmenden geschickt. In diesem wurde neben dem Erinnern und dem Erproben der einzelnen Seminarinhalte auch erhoben, wie gut die Teilnehmenden die Anregungen aus dem Seminar nutzbringend im Arbeitsalltag einsetz(t)en. Dabei wurde eine fünfstufige Skala (von 1 = vollständig unzutreffend bis 5 = vollständig zutreffend) genutzt, deren Erwartungsmittelwert bei MW = 3,0 (weder noch) liegt. Zunächst lässt sich festhalten, dass alle gemittelten Angaben über diesem theoretischen Mittelwert lagen. Die höchsten Werte beim erfolgreichen Anwenden der Seminarinhalte im Arbeitsalltag berichteten die Befragten bei den Themen „Umgang mit Stress" (MW = 4,0) und dem „Ansprechen von Konflikten" (MW = 4,0), gefolgt von dem „Kommunizieren eigener Bedürfnisse" (MW = 3,9). Die anderen Seminarthemen folgten in ihrer Bewertung knapp darunter: „Umgang mit Zwickmühlen" (MW = 3,7), „Zeitmanagement" (MW = 3,6) und „Umgang mit unangenehmen Gedanken" (MW = 3,6). Es wurde deutlich, dass eine Seminarkonzeption auf der Grundlage von wissenschaftlich analysierten Bedarfen eine gute Grundlage für die Passgenauigkeit der Kompetenzentwicklungsformate ist. Jedoch hängen die Wirksamkeit und damit auch der ökonomische

Nutzen einer Weiterbildung nicht alleine von deren Qualität selbst (Angemessenheit der Inhalte und Methoden, Qualifikation und Erfahrung der Dozenten/-innen, die Beziehung zwischen Dozenten/-innen und Teilnehmenden), sondern auch von deren Branchen- und Betriebskultur ab. Entscheidend sind z. B. die Einbindung in eine Gesamtstrategie der Organisation, ein für Veränderung offenes Organisationsklima, innerbetriebliche Lernbereitschaft und die Transfermöglichkeiten in die Berufspraxis. Darüber hinaus beeinflussen die Voraussetzungen der Teilnehmenden (kognitive/mentale Verfassung und Motivation) und wirtschaftlichen Rahmenbedingungen den Erfolg einer Weiterbildung (vgl. Felfe u. Franke, 2014).

Pawlowsky und Bäumer (1996, S. 154) bemerken, dass der Transfer der erlernten Weiterbildungsinhalte in das eigene berufliche Handeln ganz stark von der eigenen Vor- und Nachbereitung abhängt. Hier haben die Führungskräfte eine besondere Bedeutung, die die Vor- und Nachbereitung von Lernprozessen systematisch in Teamprozesse integrieren, beispielsweise dass für den Mitarbeitenden, der mit neuen Kenntnissen und Einstellungen von der Weiterbildung kommt, die Möglichkeit besteht, sein Wissen Kollegen/-innen mitzuteilen und Veränderungsmöglichkeiten aufzuzeigen. Kurzum, die Führungskraft und die Kollegen/-innen sollten den Veränderungsprozess wollen und mittragen, damit der Transfer gelingen kann.

Eine Hypothese der Dozenten/-innen von be/pe/so war, dass Teilnehmende, die von ihren Vorgesetzten für das Seminar ausgewählt wurden, die Themen eher ablehnen und sich kaum am Seminargeschehen beteiligen würden. Am Ende der Erprobungsphase des Seminarkonzeptes konnte diese Hypothese nicht bestätigt werden. Gerade „ausgewählte" Teilnehmende brachten sich stark mit ihren eigenen Erfahrungen im Seminar ein und bewerteten die Themen für sich als bedeutsam. Locke und Latham (2002) beschreiben, dass es für die Zielerreichung nicht entscheidend ist, ob die Ziele von der Person selbst gesteckt sind. Personen können sich auch für Ziele engagieren, die ihnen von außen angetragen werden; der ausschlaggebende Faktor ist, dass Menschen von der Wichtigkeit der Ziele überzeugt sind. Eine hohe Motivation im Seminar und für den Transfer in den Alltag wurde u. a. erreicht, weil es den Dozenten/-innen gut gelang, zu Seminarbeginn die persönliche Wichtigkeit der Ziele zu reflektieren, und mit der Seminareinladung die Teilnehmenden dafür zu sensibilisieren. Daneben ist anzunehmen, dass sich – entgegen der Eingangshypothese – gerade „ausgewählte" Teilnehmende der Unterstützung ihrer Führungskraft im Kompetenzentwicklungsprozess sicher sein können, was einen wichtigen Erfolgsfaktor darstellen könnte (vgl. Kauffeld, 2016).

7.5   Kollegiale Beratung zur Vertiefung und Transfersicherung

Um das Seminar nachhaltiger zu gestalten, empfiehlt Kauffeld (2016, S. 140ff.) die Durchführung einer weiteren Intervention nach einiger Zeit. Zur Vertiefung der Seminarinhalte und zu deren Anwendung auf aktuelle berufspraktische Anliegen eignet sich gut das Format der kollegialen Beratung. Kollegiale Beratung ist ein strukturiertes Gespräch in einer Gruppe von ca. 5–10 Personen, in dem ein/-e Teilnehmer/-in von den anderen Anwesenden nach einem festgelegten Vorgehen beraten wird. Dabei werden Lösungen und Handlungsoptionen für ein berufliches Thema entwickelt.

Circa einen Monat nach dem Seminar begann die erste Beratungseinheit von drei Stunden mit fünf Teilnehmenden und einer Beraterin bzw. einem Berater. Insgesamt wurde das Beratungsangebot von 86 % der Seminarteilnehmenden wahrgenommen

Bei heterogenen Gruppen, d. h. bei Teilnehmenden, die aus unterschiedlichen Arbeitsfeldern kommen, steigt oftmals die Wahrscheinlichkeit, dass das jeweilige Anliegen unter vielen unterschiedlichen Blickwinkeln beleuchtet werden kann. Müller (1994, S. 153) wirbt für eine multiperspektivische Fallarbeit.

7.5.1 Ziele der kollegialen Beratung

Die Beratung soll die Reflexions-, Problemlöse- und Beratungskompetenz der Teilnehmenden fördern. Sie sollen die Methode der kollegialen Beratung kennenlernen, um in ruhiger, störungsfreier Atmosphäre, außerhalb des Arbeitsplatzes, strukturiert und zielorientiert Lösungen für die Themen zu finden. Des Weiteren werden sie angeregt, Erfahrungen auszutauschen, ihren Blickwinkel zu verändern sowie neue Kenntnisse und Einstellungen in die eigene Lebens- und Arbeitswelt aufzunehmen. Darüber hinaus dient die begleitende Beratung dem Transfer der Seminarinhalte, denn oftmals können diese Inhalte auf ein ganz konkretes Problem/Anliegen angewendet und somit langfristig verinnerlicht werden.

7.5.2 Inhalte der kollegialen Beratung

In der Beratung können sehr unterschiedliche Anliegen bearbeitet werden. Meist handelt es sich um berufliche Themen. Wenn sich ein privates Thema negativ oder hemmend auf die Arbeitsfähigkeit auswirkt, kann es ebenfalls besprochen werden.

Folgende ◘ Tab. 7.1 zeigt eingebrachte Anliegen und den dazugehörigen Lösungsansatz, der wiederum thematisch im oben beschriebenen Seminar behandelt wurde und in der Beratung zugeschnitten auf den konkreten Fall zur Anwendung kam.

◘ **Tab. 7.1** Beispiele für Anliegen und Fälle in der kollegialen Beratung

Themen innerhalb der kollegialen Beratung	Lösungsansätze mit Bezug zum Seminarinhalt
Umgang mit „schwierigen" Klienten/-innen	Konstruktiver Umgang mit Stress und unangenehmen Gedanken
Präsentismus versus schlechtem Gewissen, wenn man bei Krankheit zu Hause bleibt	Umgang mit Ambivalenzen, betriebliche Gesundheitsfürsorge
Konfliktgespräch mit einer Kollegin vorbereiten	Eigene Bedürfnisse kommunizieren (Problemansprache in vier Schritten)
Kaum Zeit, um Portfolio in einer Kindertageseinrichtung zu gestalten	Zeitmanagement einschließlich Pausen- und Dienstplangestaltung
Richtige Entscheidung treffen, wenn man am beruflichen Scheideweg steht	Umgang mit Ambivalenzen
Angriff eines Betreuers durch einen aggressiven Jugendlichen mit einer geistigen Behinderung	Umgang mit Stress, eigene Bedürfnisse kommunizieren, Deeskalationsstrategien
Bewohner/-innen und Betreuer/-innen körperlich und seelisch schützen	Körperliche und seelische Gesunderhaltung
Wie kann ich bei traumatisierten Jugendlichen ein professionelles Nähe/Distanz-Verhältnis realisieren?	Eigene Grenzen achten und schützen, professioneller Beziehungsaufbau, Umgang mit Ambivalenzen
Selbst eine kollegiale Beratung anleiten	Kommunikation im Team verbessern, Handlungs-/Methodenkompetenz verbessern

7.5.3   Methode der kollegialen Beratung

Die Beratung wurde in Anlehnung an die Methode der kollegialen Beratung (vgl. Spangler, 2012; Tietze, 2015) durchgeführt, die in ihrer ursprünglichen Form nicht von Externen moderiert wird. Nach dem Sammeln bzw. Auswählen der Anliegen werden nach einer festgelegten Schrittfolge (▶ Exkurs: Kollegiale Beratung) Lösungsansätze für die Anliegen erarbeitet. Dabei können vielfältige Ideen- und Problemlösungsmethoden wie Brainstorming, Reflecting Team, Mind-Mapping oder Systembrett zum Einsatz kommen.

Exkurs

Kollegiale Beratung – Die einzelnen Schritte im Überblick

So vielfältig die Benennungen der Methode sind, liegt jedoch meist ein ähnlicher Ablauf zugrunde. Folgender Ablauf wurde im Projekt be/pe/so erarbeitet und erprobt:

Vorbereitungsphase
1. Ankommen in der Gruppe (5–10 Minuten)
2. Sammlung und Auswahl von Themen (5 Minuten)
3. Rollenverteilung (mindestens Falleinbringer/-in und Moderator/-in)

Beratungsphase (ca. 45 Minuten)
4. *Falleinbringer/-in* stellt Thema/Fall dar (ggf. mit Schlüsselfrage). (5–10 Minuten)
5. *Beratende* stellen Verständnisfragen (optional). (5–10 Minuten)
6. *Beratende* tauschen sich über Wahrnehmungen/Gedanken/Hypothesen aus. (10 Minuten)
7. *Falleinbringer/-in* gibt Rückmeldung. (5 Minuten)

8. *Beratende* tauschen sich über Lösungen und Handlungsoptionen aus. (10 Minuten)
9. *Falleinbringer/-in* gibt Abschlussrückmeldung. (5 Minuten)

Nachbereitungsphase
10. Reflexion aller Teilnehmenden zur Durchführung (bei mehreren Themen zurück zu Punkt 4)
11. Abschluss und Ausblick auf nächstes Treffen

Tietze (2015, S. 34ff.) beschreibt in diesem Zusammenhang, dass sich die oft sehr wirksame Methode der kollegialen Beratung dennoch nicht in jedem Fall eignet, z. B. wenn allgemeine Organisationsfragen auftreten oder Konflikte zwischen den Teilnehmenden bestehen.

7.5.4   Organisation der kollegialen Beratung

Die be/pe/so-Mitarbeitenden in den beteiligten Organisationen stellten einen geeigneten, störungsfreien Beratungsraum, ausgestattet mit Pinnwand und Flipchart, zur Verfügung. Des Weiteren fungierten sie als Ansprechpartner/-innen für die Teilnehmenden und koordinierten Terminverschiebungen und Ähnliches. Insgesamt wurden drei kollegiale Beratungen zu je drei Stunden durchgeführt.

7.5.5   Ergebnisse der kollegialen Beratung

Die Teilnehmenden füllten ca. drei Monate nach Abschluss der kollegialen Beratungen einen weiteren Evaluationsfragebogen der TU Chemnitz zur Feststellung des Transfers aus (Ergebnisse siehe ▶ Abschn. 7.4.5).

Um den Transfer des Seminars zu fördern, wurde in der letzten kollegialen Beratung den Teilnehmenden der „Brief an mich selbst" ausgehändigt, den sie im Seminar zuvor erarbeitet hatten.

In diesem Brief reflektierten sie das Seminar und vereinbarten mit sich selbst, welche Anregungen sie in ihrem Arbeitsalltag umsetzen möchten. Als die Teilnehmenden den Brief erneut lasen, waren ca. drei Monate seit dem Seminar vergangen. Sie gaben an, dass sie sich in die Seminarzeit zurückversetzt fühlten und Veränderungen besonders in ihrer Haltung und ihren Einstellungen spüren konnten. Die meisten verbanden positive Gefühle mit diesen drei Tagen, was ihnen durch das Lesen des Briefes deutlich bewusst wurde.

Einem Teilnehmer hat der Aspekt der Entschleunigung sehr gutgetan und er versucht ihn in seinem Arbeitsalltag zu berücksichtigen:

„Ich konnte für gewisse Zeitabschnitte einfach mal abschalten und ‚herunterfahren'. Der Lehrgang […] war eine sehr gute und schöne Erfahrung. Alles entspannter zu sehen, ist ein wesentlicher Aspekt. Einen Punkt habe ich mir definitiv mitgenommen: E-Mails werden nur noch einmal früh, einmal mittags und einmal nachmittags geprüft und bearbeitet."

Die Tatsache, dass sich unlösbar erscheinende Probleme mit der kollegialen Beratung bearbeiten lassen, hat eine Teilnehmerin beeindruckt:

„Die Methode der kollegialen Fallberatung war für mich eine Bereicherung für meinen Arbeitsalltag. Es hat mir wieder gezeigt, dass Probleme bzw. unlösbar scheinende Fälle eine neue Sichtweise bekommen, wenn man darüber spricht und sachlich an die Lösung herantritt."

Im Seminar bestand eine Aufgabe im Finden seines persönlichen Leitsatzes, der in herausfordernden Situationen eine Art „Anker" darstellen soll. Dieser Leitsatz tauchte ab und zu auch in der kollegialen Beratung auf und zeigte sich als dauerhafte kraftvolle Unterstützung:

„Für mich hat die kollegiale Fallberatung viel gebracht. In gewissen Situationen die Ruhe zu bewahren und nicht auf dem Problem rumzureiten, sondern nach Lösungen zu suchen. Ich bin in so mancher Situation entspannter. Ab und an holt einen der Stress wieder ein, aber mein Leitsatz […] begleitet mich tapfer weiter."

Die Teilnehmenden schätzten an der kollegialen Beratung, dass sie in einem geschützten Rahmen Themen in Ruhe und strukturiert besprechen konnten und wünschten mehrheitlich eine Fortführung. Empfehlenswert ist, die Methode der kollegialen Beratung zum Erhalt der psychischen Gesundheit als ein dauerhaftes Instrument in die Personalentwicklung der Organisationen aufzunehmen. Tietze (2010, S. 13) weist nach, „dass bereits eine vergleichsweise niedrige Frequenz von kollegialen Beratungen offenbar zu den Effekten führt, dass Teilnehmende ihre beruflichen Beanspruchungen vermindert und relevante berufliche Handlungskompetenzen in eine positive Richtung entwickelt haben." Unter Voraussetzung bestimmter Bedingungen, z. B. entsprechender Methodenkenntnis, Motivation der Mitarbeitenden und entsprechende organisationale Rahmenbedingungen, können die Mitarbeitenden die Methode der kollegialen Beratung regelmäßig selbst anwenden.

Fazit

An die Einrichtungen der sozialen Arbeit werden hohe Qualitätsanforderungen von der Gesellschaft und der Klientel gestellt. Eine Erhöhung der Kompetenz der Beschäftigten kann damit zur Sicherung der Zukunftsfähigkeit der eigenen Organisation beitragen. Sie sollte dabei systematisch geplant, durchgeführt und genutzt werden, und die Beteiligten mit ihren individuellen Fähigkeiten und Bedürfnissen in diesen Prozess einbinden. Empfehlenswert scheint es dabei, sich als Organisation in Kooperation mit anderen Partnern für die Bedarfserhebung und Evaluation sowie Durchführung der Kompetenzentwicklungsangebote zu begeben. Es wurde im Projekt be/pe/so deutlich, dass eine qualitativ und quantitativ repräsentative Analyse der Weiterbildungsbedarfe der Teilnehmenden unter Einbeziehung der Organisationsziele eine gute Basis für die Passgenauigkeit der Kompetenzentwicklungsformate ist. Eine Verstärkung dieser Passgenauigkeit hätte (vermutlich) ein Abgleich der Ergebnisse mit einem vorher definierten Kompetenzmodell bewirkt. Dieses wird im Projekt be/pe/so entwickelt und stand bei der Konzeption der hier beschriebenen Kompetenzentwicklungsformate noch nicht zur Verfügung.

Eine lernförderliche Betriebskultur scheint die unabdingbare Voraussetzung für erfolgreiche Kompetenzentwicklung zu sein (vgl. Gesmann, 2012, S. 141f.). Denn nur wenn der Transfer gelingt, z. B., dass die erworbenen Kenntnisse auch am Arbeitsplatz angewendet und Informationen an andere Kollegen/-innen weitergegeben werden sowie sich die Qualität und/oder Quantität der Leistung verbessert, kann man von einer erfolgreichen Weiterbildung sprechen. Der Transfererfolg der Kompetenzentwicklungsformate ist dabei nicht nur abhängig von deren Gestaltung, sondern auch von den Teilnehmenden (Fähigkeiten, Persönlichkeit, Motivation), dem Arbeitsumfeld (vgl. Baldwin u. Ford, 1988, S. 65), der eigenen Vor- und Nachbereitung (vgl. Pawlowsky u. Bäumer, 1996, S. 154) und von der direkten Führungskraft (vgl. Kauffeld, 2016). Es empfiehlt sich daher, dass die Teilnehmenden gemeinsam mit ihren Führungskräften geeignete innerbetriebliche Transferstrategien eruieren und umsetzen.

Die Betriebskultur sozialwirtschaftlicher Organisationen ist vielfach von intrinsischen Leistungsmotiven der Beschäftigten wie „Sinn und Wirksamkeit der eigenen Arbeit erfahren", „persönliche Werte einbringen können" und das „Miteinander im Team fördern" geprägt. Diese Motive bilden einen starken Motor und sollten bei der Wahl der Kompetenzentwicklungsformate, -inhalte und -methoden einbezogen werden. Die Formate „Seminar" und „kollegiale Beratung" zeigten sich als geeignet für das Auseinandersetzen mit der eigenen Arbeit und in Interaktion treten. Entsprechende Inhalte und Methoden ermöglichten, dass die oben genannten Leistungsmotive thematisiert und erlebbar wurden (vgl. ▶ Abschn. 7.4). Um den Blick von außen bei den Teilnehmenden am Projekt zu schärfen und ein störungsfreies Lernen zu gewährleisten, wurde ein Lernort mit Distanz zum Arbeitsort gewählt.

Die Kompetenzentwicklungsformate beeinflussen vermutlich wiederum die Betriebskultur. Dies zeigte sich z. B. daran, dass einige Teilnehmende der kollegialen Beratung dieses Format in Eigenregie weiterführen möchten. Ein Kommentar einer Teilnehmerin fasst diese Absicht wie folgt zusammen: „Diese ‚trägerinterne Fellpflege' finde ich sehr effektiv. Ich möchte sie sehr gerne auch in Zukunft umsetzen."

Die Effekte ließen sich ausweiten, indem die kollegiale Beratung von der Mehrheit der Mitarbeitenden standardmäßig in ihrer Arbeitszeit genutzt würde, und hätte demnach einen größeren Einfluss auf die Betriebskultur. Dass die in ▶ Abschn. 7.2.3 vorgestellte Organisation Veränderungen und dem Einbringen von Ideen offen gegenüber stand, hat vermutlich die Wirksamkeit der vorgestellten Formate positiv beeinflusst. Erhebungen dazu erfolgen zu einem späteren Zeitpunkt im Rahmen von pe/pe/so.

Innerhalb der Seminare zeigte sich ein zunächst unerwarteter Effekt bezüglich der Gruppenzusammensetzung. Teilnehmende, die von ihren direkten Vorgesetzten für das

Seminar geworben wurden, zeigten ein hohes Engagement im Seminar, teilweise deutlich mehr als Teilnehmende, die sich von sich aus für eine Seminarteilnahme angemeldet hatten. Zudem kamen sie aus verschiedensten Tätigkeitsbereichen innerhalb der Sozialwirtschaft. Festgestellt wurde, dass überfachliche Themen gut besprochen werden konnten und der Einblick in das Arbeitsfeld des jeweils anderen als Ressource (z. B. Betrachtung aus Außenperspektive, Unvoreingenommenheit) genutzt wurde (▶ Abschn. 7.4).

Zudem wurde deutlich, dass die Durchführung von Kompetenzentwicklungsformaten selbst Vorbildfunktion für den Umgang mit Stress einnehmen kann. Beispielsweise wurde beobachtet, wie souverän Dozenten/-innen mit unvorhergesehenen Planänderungen umgingen, die Pausen einhielten oder ein störungsfreies Arbeiten ermöglichten. Auch ist zu beachten, dass für ein kooperatives und handlungsorientiertes Lernsetting in der Erwachsenenbildung die Teilnahmemotivation entscheidend ist (Siebert, 1991, S. 176). Wir empfehlen daher, diese vor allem für die konzipierten Themen zu Beginn bzw. vor dem Seminar zu erfragen und im Prozess im Blick zu behalten.

Eine offene Forschungsfrage ist, wie oft ein Seminar zu diesen bereichsübergreifenden Themen (Psychohygiene, Stressbewältigung, Konfliktbewältigung etc.) für einzelne Beschäftigte im Laufe ihres Berufslebens sinnvoll wäre, um die beabsichtigten Effekte langfristig abzusichern. Auch die hohe Nachfrage und verbindliche Teilnahme am transferförderlichen Format „kollegiale Beratung" zeigt den hohen Nutzen für die Praxis und legt den Schluss nahe, dass dieses Format als kontinuierlicher Baustein in der Personalentwicklung sozialwirtschaftlicher Organisationen zu empfehlen ist. Gleichzeitig ist dies kein Ersatz für Supervision oder Teamentwicklungsmaßnahmen, da bei manchen Themen eine externe Begleitung erforderlich ist (vgl. Tietze, 2015, S. 34ff.).

Natürlich kostet systematische Kompetenzentwicklung Geld. Inwiefern sich dieser finanzielle Einsatz im direkten Betriebsergebnis widerspiegelt, ist schwer zu messen, vor allem bei gemeinnützigen Trägern in der Sozialwirtschaft, deren Ziel nicht die Gewinnmaximierung ist. Bräunig und Kohstall (2013, S. 34) zeigen, dass sich Investitionen in betrieblichen Arbeits- und Gesundheitsschutz als Präventionsarbeit auch ökonomisch lohnen. Zudem zeigen sich weitere Effekte, z. B. Reduzierung von Ausfallzeiten und Betriebsstörungen, Verbesserung des Images und der Betriebskultur sowie eine gestiegene Motivation und Zufriedenheit der Beschäftigten (Bräunig u. Kohstall, 2013). Diese Effekte sind vor dem Hintergrund der genannten aktuellen Herausforderungen in der Sozialwirtschaft bedeutend für den Erhalt der Zukunftsfähigkeit der sozialwirtschaftlichen Organisationen. Jedoch müssen für Kompetenzentwicklung adäquate Mittel bereitstehen. Daher ist neben den Organisationen auch die Sozialpolitik als Verursacherin der Vermarktlichung in der Pflicht, die richtigen Weichen für gute soziale Arbeit zu stellen, d. h. die geforderten sozialen Leistungen auch mit entsprechenden personellen und zeitlichen Ressourcen zu untersetzen (Hielscher et al., 2013, S. 245f.). Und das sind eben auch Ressourcen für eine planvolle (Weiter-)Entwicklung von Kompetenzen der Beschäftigten, um den Hilfebedürftigen in einer angemessenen Weise qualitativ gute Unterstützung bieten zu können und die Zukunftsfähigkeit der eigenen Organisation zu fördern.

Die Erfahrungen im Projekt be/pe/so zeigen gleichzeitig, dass erfolgreiche Kompetenzentwicklung nicht ohne eine dafür förderliche Betriebskultur gedacht werden sollte. Mahler (2011) fasst diese Erkenntnis bildhaft zusammen: „Die Kultur einer Unternehmung ist wie der Boden eines Gartens. Ein fruchtbarer, nährstoffreicher Boden bringt auch die gewünschten Früchte, auf einem unfruchtbaren Boden verderben die schönsten Pflanzen."

Weiterführende Literatur und Links

- Bassarak, H. (Hrsg.). (2012). *Personal im Sozialmanagement: Neueste Entwicklungen in Forschung, Lehre und Praxis*. Wiesbaden: VS Verlag für Sozialwissenschaften.
- Heckmair, B., & Michl, W. (2013). *Von der Hand zum Hirn und zurück: Bewegtes Lernen im Fokus der Hirnforschung*. Augsburg: ZIEL.
- Felfe, J., & Franke, F. (2014). *Führungskräftetrainings: Praxis der Personalpsychologie* (Bd. 30). Göttingen: Hogrefe.
- Tietze, K.-O. (2015). *Kollegiale Beratung: Problemlösungen gemeinsam entwickeln*. Reinbek bei Hamburg: Rowohlt.
- Spangler, G. (2011). Heilsbronner Modell zur kollegialen Beratung: 10 Schritte für die Gruppe. http://www.voebb.net/de/events/events2015/intervision1609/HeilsbronnerModell2011_10Schritte.pdf. Zugegriffen: 16. Februar 2017.
- Webseite des Forschungs- und Verbundprojektes be/pe/so: http://www.bepeso.de/

Literatur

Antonovsky, A. (1997). *Salutogenese: Zur Entmystifizierung der Gesundheit*. Tübingen: DGVT-Verl.

Baldwin, T.T., & Ford, J.K. (1988). Transfer of training: A review and directions for future Reserch. *Personal Psychologie* 41, 63–105.

Bassarak, H. (2012). Sozialmanagement fordert Personal. In H. Bassarak (Hrsg.), *Personal im Sozialmanagement: Neueste Entwicklungen in Forschung, Lehre und Praxis* (S. 33–51). Wiesbaden: VS Verlag für Sozialwissenschaften.

Bateson, G. (1979). Mind and nature: A necessary unity. New York: Dutton.

Bateson, G. (1981). Die logischen Kategorien von Lernen und Kommunikation. In G. Bateson (Hrsg.), *Ökologie des Geistes: Anthropologische, psychologische, biologische und epistemologische Perspektiven* (S. 362–399). Frankfurt am Main: Suhrkamp.

Becker, M. (2005). *Systematische Personalentwicklung: Planung, Steuerung und Kontrolle im Funktionszyklus*. Stuttgart: Schäffer-Poeschel.

Boeßenecker, K.-H., Markert, A. (2008). Entwicklungstendenzen und Perspektiven in der Aus- und Weiterbildung in der Sozialwirtschaft: Die neuen Unübersichtlichkeiten. In V. Brinkmann (Hrsg.), *Personalentwicklung und Personalmanagement in der Sozialwirtschaft: Tagungsband der 2. Norddeutschen Sozialwirtschaftsmesse* (S. 163–182). Wiesbaden: VS, VS Verlag für Sozialwissenschaften.

Boeßenecker, K.-H., Markert, A. (2012). Aus- und Weiterbildung in der Sozialwirtschaft: Fakten, Probleme und eine Vision. In H. Bassarak (Hrsg.), *Personal im Sozialmanagement: Neueste Entwicklungen in Forschung, Lehre und Praxis* (S. 91–104). Wiesbaden: VS Verlag für Sozialwissenschaften.

Bräunig, D., & Kohstall, T. (2013). *Berechnung des internationalen „Return on Prevention" für Unternehmen: Kosten und Nutzen von Investitionen in den betrieblichen Arbeits- und Gesundheitsschutz: Abschlussbericht*. Berlin, Hannover: Deutsche Gesetzliche Unfallversicherung e.V. (DGUV).

Bucay, J. (2013). *Komm, ich erzähl dir eine Geschichte* (14. Aufl.). Frankfurt am Main: Fischer.

Bundesagentur für Arbeit (2015). *Arbeitsmarkt in Zahlen, Beschäftigung nach Ländern in wirtschaftsfachlicher Gliederung (WZ 2008), Berichtsmonat: Oktober 2015*. Nürnberg: Bundesagentur für Arbeit.

Bundesregierung (2009). Gesucht: Fachkräfte in Sozialberufen. Regierung Online. https://www.bundesregierung.de/Content/DE/Magazine/MagazinSozialesFamilieBildung/078/sc-gesucht-fachkraefte-in-sozialberufen.html. Zugegriffen: 16. Februar 2017.

Deutsche Gesellschaft für Qualität (DGQ). (2012). DGQ Weiterbildungs-Barometer 2012 - Weiterbildung und Personenzertifizierung im Qualitätsmanagement. http://www.dgq.de. Zugegriffen: 16. Februar 2017.

Dilts, R. B. (2010). *Die Veränderung von Glaubenssystemen: NLP-Glaubensarbeit*. Paderborn: Junfermann.

Enggruber, R., & Bleck, C. (2005). Modelle der Kompetenzfeststellung im beschäftigungs- und bildungstheoretischen Diskurs unter besonderer Berücksichtigung von Gender Mainstreaming. IRIS e. V. http://www.equal-sachsen-sozialwirtschaft.de/download/Modelle_gesamt.pdf. Zugegriffen: 16. Februar 2017.

Felfe, J., & Franke, F. (2014). *Führungskräftetrainings: Praxis der Personalpsychologie* (Bd. 30). Göttingen: Hogrefe.

Gesmann, S. (2012). Systemisches Weiterbildungsmanagement als Bindeglied zwischen individuellem und organisationalem Lernen. In H. Bassarak (Hrsg.), *Personal im Sozialmanagement: Neueste Entwicklungen in Forschung, Lehre und Praxis* (S. 125–145). Wiesbaden: VS Verlag für Sozialwissenschaften.

Goldstein, C. (2000). *Führungskonzepte für soziale Dienstleister: Praxis-Handbuch zur Mitarbeitermotivation*. Regensburg: Walhalla-Fachverlag.

Grote, H. (2011). Abschlussbericht – Befragung zur sozialen und beruflichen Lage von Fachkräften der Sozialen Dienste in Berlin und Brandenburg. http://www.gew-berlin.de/public/media/MO_Abschlussbericht_Fachkraeftebefragung.pdf. Zugegriffen: 16. Februar 2017.

Hammel, S. (2015). *Handbuch des therapeutischen Erzählens. Geschichten und Metaphern in Psychotherapie, Kinder- und Familientherapie, Heilkunde, Coaching und Supervision*. Stuttgart: Klett-Cotta.

Heckmair, B., & Michl, W. (2013). *Von der Hand zum Hirn und zurück: Bewegtes Lernen im Fokus der Hirnforschung*. Augsburg: ZIEL.

Hielscher, V., Nock, L., Kirchen-Peters, S., & Blass, K. (2013). *Zwischen Kosten, Zeit und Anspruch: Das alltägliche Dilemma sozialer Dienstleistungsarbeit*. Wiesbaden: Springer VS.

Höfener, F. (2005). *Soziale Arbeit – eine weiterbildungsintensive Profession: Eine empirisch-systematische Untersuchung zur Weiterbildung von Fachkräften der sozialen Arbeit*. Universität Münster, Dissertation, Münster (Westfalen), 2005. Aachen: Shaker.

Hoffmann, W. (2012). Verantwortung für Berufsbiografien als Folge der demografischen Entwicklung in der Sozialwirtschaft. In H. Bassarak (Hrsg.), *Personal im Sozialmanagement: Neueste Entwicklungen in Forschung, Lehre und Praxis* (S. 25–32). Wiesbaden: VS Verlag für Sozialwissenschaften.

Hölzle, C. (2006). *Personalmanagement in Einrichtungen der sozialen Arbeit: Grundlagen und Instrumente*. Weinheim, München: Juventa.

Horn, K.-P., & Brick, R. (2003). *Organisationsaufstellung und systemisches Coaching: Das Praxisbuch*. Offenbach: GABAL.

Institut der deutschen Wirtschaft (IWD). (2015). Fachkräfteengpässe in Unternehmen: Geschlechterunterschiede in Engpassberufen. http://www.iwkoeln.de/_storage/asset/235973/storage/master/file/7273083/download/Studie_Fachkraefteengpaesse_20150714.pdf. Zugegriffen: 16. Februar 2017.

Institut der deutschen Wirtschaft (IWD). (2016). Soziologen sind die neuen Ingenieure – iwd.de. Institut der deutschen Wirtschaft Köln. https://www.iwd.de/artikel/soziologen-sind-die-neuen-ingenieure-264833/. Zugegriffen: 16. Februar 2017.

Katie, B., & Mitchell, S. (2015). *Lieben was ist: Wie vier Fragen Ihr Leben verändern können*. München: Arkana.

Kauffeld, S. (2014). *Arbeits-, Organisations- und Personalpsychologie für Bachelor*. Berlin, Heidelberg: Springer.

Kauffeld, S. (2016). *Nachhaltige Personalentwicklung und Weiterbildung: Betriebliche Seminare und Trainings entwickeln, Erfolge messen, Transfer sichern*. Berlin, Heidelberg: Springer.

Knoll, M., & Burkhardt, M. (2013). Ergebnisse der Befragung zur Arbeitssituation von Fachkräften in der sächsischen Sozialwirtschaft. In AGJF Sachsen e. V. (Hrsg.), *Zwischen vakanten Stellen & älterwerdenden Fachkräften – Eine Untersuchung der Arbeitssituation in der sächsischen Sozialwirtschaft*. (S. 3–13). Chemnitz: AGJF Sachsen e. V.

König, M., Schank, C., Clausen, H., & Schmidt, M. (2012). *Fachkräftemangel in der Sozialwirtschaft. Eine empirische Studie 2012*. Hamburg: akquinet.

Körner, A., Uhlig, S., Sperber, E. (2017). *Kompetenzentwicklung und Training in der Sozialwirtschaft - Welche evidenzbasierten Ansätze gibt es?* Manuskript in Vorbereitung.

Kuniß, C. (2013). Perspektiven aus der Praxis zur Personalsituation in der sächsischen Sozialwirtschaft. In AGJF Sachsen e. V. (Hrsg.), *Zwischen vakanten Stellen & älterwerdenden Fachkräften – Eine Untersuchung der Arbeitssituation in der sächsischen Sozialwirtschaft*. (S. 14–17). Chemnitz: AGJF Sachsen e. V.

Locke, E. A., & Latham, G. P. (2002). Building a practically useful theory of goal setting and task motivation: A 35-year odyssey. *American Psychologist* 57(9),705–717.

Lotmar, P., & Tondeur, E. (1993). *Führen in sozialen Organisationen: Ein Buch zum Nachdenken und Handeln*. Bern, Stuttgart, Wien: Haupt.

Mahler, M. (2011). *Hochleistungsteams als Ergebnis der Führung durch Coaching: Ein Praxisbuch über die mitarbeiterorientierte Führung*. Norderstedt: Books on Demand.

Müller, B. (1994). *Sozialpädagogisches Können: Ein Lehrbuch zur multiperspektivischen Fallarbeit*. Freiburg im Breisgau: Lambertus.

Pawlowsky, P., & Bäumer, J. (1996). *Betriebliche Weiterbildung: Management von Qualifikation und Wissen*. München: Beck.

Rosenberg, M. B. (2012). *Gewaltfreie Kommunikation*. Paderborn: Junfermann Verlag GmbH.

Roth, H. (1971). *Pädagogische Anthropologie* (3. Aufl.). Hannover, Berlin, Darmstadt, Dortmund: Schroedel.

Roth, G. (2001). *Fühlen, Denken, Handeln: Wie das Gehirn unser Verhalten steuert*. Frankfurt am Main: Suhrkamp.

Schilling, M. (2011). Die Zukunftsbranche Kinder und Jugendhilfe. *KomDat Jugendhilfe* 14(1/2), 1–6.

Schwarz, G., & Beck, R. (1997). *Personalmanagement*. Alling: Sandmann.

Siebert, H. (1991). Das Problem der Motivation. In K. R. Müller (Hrsg.), *Kurs- und Seminargestaltung: Ein Handbuch für Mitarbeiter/-innen im Bereich von Training und Kursleitung* (S. 176–189). Weinheim, Basel: Beltz.

Spangler, G. (2011). Heilsbronner Modell zur kollegialen Beratung: 10 Schritte für die Gruppe. http://www.voebb. net/de/events/events2015/intervision1609/HeilsbronnerModell2011_10Schritte.pdf. Zugegriffen: 16. Februar 2017.

Spangler, G. (2012). *Kollegiale Beratung: Heilsbronner Modell zur kollegialen Beratung.* Nürnberg: Mabase-Verlag.

Spitzer, M. (2002). *Lernen: Gehirnforschung und die Schule des Lebens.* Darmstadt: Wissenschaftliche Buchgesellschaft.

Tietze, A. (2009). Management der Achtsamkeit – Ethische Kompetenz von Führungskräften in der Sozialwirtschaft. Lüneburg, Leuphana Universität Lüneburg, Dissertation. http://opus.uni-lueneburg.de/opus/volltexte/2010/14180/pdf/tietze.pdf. Zugegriffen: 16. Februar 2017.

Tietze, K.-O. (2010). *Wirkprozesse und personenbezogene Wirkungen von kollegialer Beratung: Theoretische Entwürfe und empirische Forschung.* Universität Hamburg, Dissertation. Wiesbaden: VS Verlag für Sozialwissenschaften, GWV Fachverlage GmbH Wiesbaden.

Tietze, K.-O. (2015). *Kollegiale Beratung: Problemlösungen gemeinsam entwickeln.* Reinbek bei Hamburg: Rowohlt.

Verworn, B., Hipp, C., & Schwarz, D. (2007). *Gefährden alternde Belegschaften die Innovationsfähigkeit deutscher Unternehmen? Ergebnisse einer ersten kritischen Analyse.* Cottbus: Brandenburgische Technische Universität.

Vieregg, S. (2009). *Kulturelle Faktoren in der internationalen Geschäftsentwicklung. Onlinebasierte Möglichkeiten des interkulturellen Marketings.* Zugl.: Lüneburg, Leuphana Universität Lüneburg, Dissertation. Wiesbaden: Springer Gabler.

Weibler, J. (2008). *Werthaltungen junger Führungskräfte: Forschungsstand und Forschungsoptionen.* Düsseldorf: Hans-Böckler-Stiftung.

Wöhrle, A. (2016). Moral und Geschäft: Epilog. In A. Wöhrle (Hrsg.), *Moral und Geschäft: Positionen zum ethischen Management in der Sozialwirtschaft* (S. 269–276). Baden-Baden: Nomos.

„Dann waren sie plötzlich da ... " – Entwicklung betrieblicher Integrationskompetenz für ausländische Fachkräfte – das Beispiel eines Agrarunternehmens

Bettina Wiener, Susanne Winge

© Springer-Verlag GmbH Deutschland 2018

S. Kauffeld, F. Frerichs (Hrsg.), *Kompetenzmanagement in kleinen und mittelständischen Unternehmen*, Kompetenzmanagement in Organisationen, DOI 10.1007/978-3-662-54830-1_8

Zusammenfassung

Bei der Suche nach geeigneten Fachkräften richten Betriebe den Blick zunehmend auf zugewanderte und geflüchtete Menschen aus anderen Kulturkreisen. Neben der Kompetenzerfassung und fachlichen Einbindung wird Integrationskompetenz der Führungskräfte und
Beschäftigten notwendig. In dem Beitrag geht es um Voraussetzungen guter Einbindung
ausländischer Beschäftigter sowie um Aufgaben und Unterstützungsleistungen betrieblicher Integration. Basierend auf qualitativen Analysen, Interviews und Evaluationen werden
Handlungsanleitungen zu einem sensiblen Integrationsprozess gegeben. Im Resümee steht
die gesamtgesellschaftliche Aufgabe, bei der Betriebe mit ausreichender Unterstützung und
eigener engagierter Teilhabe eine herausragende Rolle spielen können. So kann betriebliche
Integration gelingen.

8.1   Internationalisierung von Belegschaften als neue Herausforderung

Der Ausländeranteil in der Bevölkerung Sachsen-Anhalts ist wie in allen ostdeutschen Bundesländern (ausgenommen Berlin) sehr gering und liegt derzeit bei 3,7 %; im Vergleich dazu liegt der
Ausländeranteil in den westdeutschen Bundesländern mit etwa 12 % mehr als viermal so hoch
(Destatis, 2015). Entsprechend klein ist auch der Anteil von Ausländern unter den Beschäftigten
in Ostdeutschland (2,3 %; Agentur für Arbeit, 2016).

Während die Landwirtschaft traditionell vor allem für die Erntezeit ausländische Beschäftigte für Saisonarbeit einsetzt, sind in Sachsen-Anhalt bisher kaum ausländische Fachkräfte
systematisch in den Betrieben über längere Zeiträume beschäftigt. Vereinzelt findet man landwirtschaftliche Betriebe in Sachsen-Anhalt mit ausländischen Beschäftigten in Leitungsfunktio-
nen, z. B. aus den Niederlanden.

Vor vier Jahren thematisierte das Agrarunternehmen Barnstädt aufgrund der Erfahrung,
dass zu wenige Fachkräfte aus der Region gewonnen werden können, die Intention zur Deckung
seines Fachkräftebedarf künftig auch osteuropäischen Arbeitskräfte in den Blick zu nehmen.
Gleichzeitig sah es große Herausforderungen auf sich zukommen, da bis zu diesem Zeitpunkt
noch nicht systematisch mit internationalen Fachkräften gearbeitet wurde. Es entstand die Idee
für das Projektvorhaben Alfa Agrar. Zwei Gründen sprachen dafür:

1. Als Spätfolge der Umbrüche in Ostdeutschland haben wir es mit Diskontinuitäten im
   Arbeitskräfteangebot, vor allem durch Veränderungen der Geburtenraten, zu tun. Während
   zahlreiche Erfahrungsträger in die Rente gehen, sind nicht ausreichend junge Menschen da,
   die diese Fachkräftelücken füllen können. Extreme Schwankungen im Ausbildungssystem
   und Arbeitsmarkt entstanden durch eine starke Abwanderung in den 1990er-Jahren,
   die sich heute auf die Verjüngung in den Belegschaften auswirkt. Neben zunehmenden
   Besetzungsschwierigkeiten von Ausbildungsplätzen in den Betrieben kommt es in den
   letzten Jahren immer häufiger zu Vertragslösungen der Ausbildungsverträge, sodass auch
   während der Ausbildung noch Abbrüche in größerem Maße zu verzeichnen sind (Winge,
   2015). Diese Entwicklung ist in den neuen Bundesländern insgesamt und insbesondere
   in strukturschwächeren Regionen zu beobachten. Eine Analyse zeigt für Sachsen-Anhalt
   ein Faktorenbündel aus geringeren Übernahmequoten, geringerer Ausbildungsvergütung
   und einer Betriebsgrößenstruktur mit hoher Kleinbetrieblichkeit und oftmals damit
   einhergehenden weniger professionellen Ausbildungsstrukturen als mögliche Ursachen-
   kombination (Kropp et al., 2014). Das trifft im Besonderen auch die Landwirtschaft, die
   aufgrund ihrer Lage im ländlichen (häufig strukturschwachen) Raum, der relativ geringen

Entlohnung, körperlicher Arbeit und Schichtbetriebes als wenig attraktiv für junge Menschen bei der Berufswahlentscheidung gilt.

2. Osteuropa wurde als Zielregion zur Fachkräftesuche ausgewählt, weil es aus DDR-Zeiten noch Erfahrungen und teilweise auch Kontakte in diese Länder gab und weil ein Zuzug gerade aus Bulgarien und Rumänien seit der Öffnung des Arbeitsmarktes für diese Länder Richtung Ostdeutschland zu beobachten war. Untersuchungen wurden im Ausland in Bulgarien und Russland vorgenommen. Bulgarien und Rumänien haben seit dem 01. Januar 2014 einen uneingeschränkten Zugang zum deutschen Arbeitsmarkt. Für das Agrarunternehmen wurde vor Ort Rumänen gewonnen. Russland, das ebenfalls als Zielregion gewählt wurde, hatte während der Projektlaufzeit aus rechtlichen Gründen kaum Zugang zum deutschen Arbeitsmarkt. Hier wurde vor allem auf der Ebene von Praktika an einem internationalen Austausch gearbeitet.

8.1.1 Der Betrieb stellt sich vor

Das Agrarunternehmen Barnstädt e. G. hat seinen Sitz im Saalekreis auf den fruchtbaren Böden der Querfurter Platte. Gegründet wurde die Genossenschaft 1952. Mit dem Landwirtschaftsanpassungsgesetz wurde der Betrieb nach der Wiedervereinigung weitergeführt und durch „Formwechsel" (LwAnpG vom 29.06.1990, § 23; BMJV, 1990) zu einer eingetragenen Genossenschaft.

Der Bodenbestand lag im Jahr 2016 bei 6.363 ha, davon waren 5.910 ha landwirtschaftliche Nutzfläche. Angebaut wird Weizen, Gerste, Mais, Zuckerrüben und Raps. In sieben Betriebsstätten stehen 3.300 Rinder, davon 1.198 Milchkühe. Für die etwa 33.000 Schweine, davon 2.500 Sauen, sind neun Schweineanlagen vorhanden. Produziert werden ca. 10 Millionen Kilogramm Milch und 5 Millionen Kilogramm Schweinefleisch pro Jahr. Flankiert wird die Produktion von einer Werkstatt, einer Baubrigade, einem Reifendienst, Elektrikern und einer Verwaltung. Zudem werden zwei Autogastankstellen und eine Pension betrieben. Die Agrargenossenschaft pflegt größere Naturschutzflächen und legt Wert auf minimale Bodenbearbeitung sowie die Anlage und Erhaltung von Gewässerschonstreifen und Flurholzstreifen. Der Betrieb hat eine erhebliche Bedeutung in seiner Region, sowohl als großer Arbeitgeber als auch durch die Unterstützung verschiedener Vereine (Sport, Fanfarenzüge, Karneval) und der Freiwilligen Feuerwehr.

Zu der Genossenschaft gehören drei Gruppen, die direkt und indirekt am wirtschaftlichen Erfolg partizipieren. 2016 gab es 300 Mitglieder und 247 Beschäftigte (Stand erstes Halbjahr 2016), davon 18 Auszubildende. Zwischen den Genossenschaftsmitgliedern und den Angestellten bestehen starke Überschneidungen. So sind viele Beschäftigte auch Gesellschafter/-innen der Agrargenossenschaft. Ebenfalls gibt es Überschneidungen zu einer dritten Gruppe, die die Erfolgsziele des Unternehmens mit beeinflusst, und zwar den Landverpachtenden.

Die Genossenschaft gilt als ein Erfolgsmodell, durch das Agrargenossenschaften wirtschaftlich häufig stabiler sind als andere Agrarrechtsformen (Martens, 2010). Eine Besonderheit, die sich auf die Betriebskultur auswirkt, gibt es dabei zu beachten: Der Lohn der Beschäftigten ist vom Erfolg ihrer Arbeit abhängig.

» Die Agrargenossenschaften in ihrer Eigenschaft als Produktivgenossenschaften weisen in einem vergleichsweise starken Maße strukturelle Originalität auf. Sie basieren zwar wie die Genossenschaften aller anderen Arten auf der Selbsthilfeidee, unterscheiden sich aber von ihnen zunächst dadurch, dass ihre Mitglieder nicht etwa nur finanzielle Leistungen in Gestalt von Geschäftsanteilen erbringen, sondern sich darüber hinaus mit ihren Fähigkeiten und ihrer Arbeitskraft unmittelbar persönlich in die Genossenschaft einbringen. Sie sind folglich Unternehmer und Arbeitnehmer zugleich; zur gesellschaftsrechtlichen Beziehung tritt bei ihnen jedoch zusätzlich ein Arbeitsrechtsverhältnis. (Steding, 2004, S. 1)

Die doppelte Identität als Kapitaleigner und Beschäftigte hebt punktuell das Marktprinzip auf und mündet in Selbstverwaltung. Dem hier vorgestellten Agrarunternehmen ist die Verantwortung als wichtigster Arbeitgeber der Region bewusst und so werden auch alle Entscheidungen gemeinsam in der Genossenschaft zu einem erfolgreichen Wirtschaften bei gleichzeitiger Sicherung von Beschäftigung angestrebt. Es besteht eine starke Bindung der Beschäftigten, die in einer Doppelrolle dem Unternehmen angehören.

Die Produktion ist in drei Abteilungen unterteilt, die Pflanzen-, Rinder- und Schweineproduktion – die drei Betriebsleiter bilden den Vorstand der Agrargenossenschaft. Die zweite Führungsebene setzt sich aus den Bereichs- oder Anlagenleitern/-innen zusammen. Sie haben in der Regel eine Meister- oder Technikerausbildung und sind zumeist durch innerbetrieblichen Aufstieg auf diese Positionen gekommen.

Führung ist im Agrarunternehmen Barnstädt durch einen hohen Anteil praktischer Arbeit gekennzeichnet. Dieses Mitanpacken wird als Führungsleitbild angestrebt und ist Auswahlkriterium bei neuen Führungskräften. Der Führungsstil ist personengebunden, der Betrieb sieht damit bewusst von einer Herausbildung eines einheitlichen Führungsstiles ab. Aufgrund der Vielfalt an Betriebsstätten, die bis zu 50 km auseinanderliegen, sind die Arbeitsprozesse im Betrieb durch eine hohe Planungsdezentralisierung bei gleichzeitig hohen Kooperationsanforderungen zwischen den einzelnen Einheiten, gerade in Spitzenzeiten, gekennzeichnet.

Die Entwicklung der Qualifikationsstruktur der Beschäftigten in der Agrargenossenschaft folgt den allgemeinen Beobachtungen in Ostdeutschland und ist in den vergangenen Jahrzehnten und bis heute sehr hoch. Es gibt nur wenige un- und angelernte Beschäftigte. Die überwiegende Zahl der Beschäftigten verfügt über einen Facharbeiterabschluss. Auch der Meister- und Technikeranteil ist sehr ausgeprägt. Die Leitungsebene besitzt überwiegend einen Hochschulabschluss. Diese gute qualifikatorische Basis landwirtschaftlicher Betriebe in den neuen Bundesländern ist die Erbschaft des Ausbildungssystems der DDR. Sie prägte auch noch in den vergangenen zwei Jahrzehnten sehr stark die Personalstrategien der landwirtschaftlichen Betriebe durch regelmäßige Berufsausbildung, so auch des Agrarunternehmens Barnstädt, das zudem viel in die Weiterqualifizierung seiner Fachkräfte (einschließlich großzügiger Stipendien für den Hochschulabschluss) investiert.

8.1.2 Zunehmende Herausforderungen der Fachkräftesicherung

Bereits seit einigen Jahren stellt sich das Agrarunternehmen den Herausforderungen der Fachkräftesicherung. Diese werden von zwei Rahmenbedingungen geprägt: der Lage im ländlichen Raum mit anhaltenden Abwanderungstendenzen sowie geringerer Attraktivität der landwirtschaftlichen Berufe im Vergleich zu anderen Berufen. Die Altersstruktur im Agrarunternehmen weist die typischen Eigenheiten ostdeutscher Betriebe nach der Transformation auf (Wiener et al., 2004, S. 13): Nach starker Reduktion der Beschäftigtenzahlen arbeitete das Unternehmen sehr lange mit einer konstanten alterszentrierten Belegschaft und verzeichnete sowohl wenige Eintritte wie auch Austritte. Seit einigen Jahren gehen in größerem Umfang Beschäftigte in Rente und gleichzeitig reichen die Ausbildungszahlen auch aufgrund der gesunkenen Schulabgängerzahlen kaum aus, um die Austritte abzufedern. Dementsprechend bleibt auch der Altersdurchschnitt im Unternehmen in bestimmten Bereichen, die besonders schwer Nachwuchs rekrutieren können, hoch. Im Jahr 2016 betrug das Durchschnittsalter 44 Jahre, im Jahr 2006 lag es bei 46 Jahren. Dabei unterscheiden sich die Bereiche deutlich: Im Bereich Bau und Elektrik lag der Altersdurchschnitt bei 51 Jahren und damit am höchsten, im Bereich Pflanzen- und Rinderproduktion bei 46 Jahren. Erfolgreiche Verjüngungstendenzen hingegen weist die Schweineproduktion mit einem Durchschnittsalter von 43 Jahren auf.

Das Agrarunternehmen weiß, dass mit den verstärkten Renteneintritten ein großer Schatz an Erfahrungswissen verloren geht, wenn nicht rechtzeitig von den ehemaligen Beschäftigten das Wissen an die nachfolgende Generation weitergegeben werden kann. Darum investiert das Unternehmen in manchmal für sie auch völlig neue Mittel und Wege zur Fachkräftesicherung wie den Quereinstieg.

Fachlichkeit ist ein dominierendes Einstellungskriterium im Agrarunternehmen Barnstädt. In logischer Konsequenz ist Ausbildung in den Berufen Landwirt/-in, Tierwirt/-in Rind und Schwein, Mechaniker/-in für Land- und Baumaschinentechnik eine sehr wichtige Strategie zur Fachkräftesicherung und konnte in den letzten Jahren sogar ausgebaut werden. Im ersten Halbjahr 2016 gab es 18 Auszubildende in allen drei Ausbildungsjahren, darunter eine weibliche Auszubildende. In den Jahren davor waren es zum Teil deutlich weniger Auszubildende. 2015 und 2014 gab es jeweils acht Auszubildende, im Jahr 2013 nur sechs. Während die Besetzung der Ausbildungsplätze in den Berufen Landwirt/-in und Mechaniker/-in für Land- und Baumaschinentechnik gut gelingt, gibt es erhebliche Probleme bei der Besetzung von Ausbildungsplätzen in der Tier- und hier insbesondere in der Schweineproduktion. Während bis vor einigen Jahren die Verjüngungsbestrebungen in der Schweineproduktion erfolgreich waren, gibt es nun keine Auszubildenden in diesem Bereich mehr. Diese Entwicklung trifft auf das gesamte Bundesland Sachsen-Anhalt zu und ist im Zusammenhang mit der Imageentwicklung des Produktionszweiges zu sehen.

Trotz der Ausbildungsaktivitäten wurde es für das Unternehmen in den vergangenen Jahren zunehmend schwieriger, ausreichend Fachkräfte zu finden und zu binden. Viele Jugendliche beenden die Ausbildung nicht oder orientieren sich nach der Ausbildung um. So gibt es beispielsweise ein hohes Interesse der jungen Mechaniker/-innen für Land- und Baumaschinentechnik, nach der Ausbildung zu BMW oder Porsche in der Region zu wechseln.

Aufgrund des in den letzten Jahren relativ leer gefegten Arbeitsmarktes und der weiterhin stattfindenden Abwanderung aus dem ländlichen Raum, gewinnen neuerdings sogenannte Quereinsteiger/-innen mit ganz unterschiedlichen Vorerfahrungen und einer abgeschlossenen Berufsausbildung außerhalb der Landwirtschaft zunehmend an Bedeutung. Der Anteil liegt in den landwirtschaftlichen Betrieben Sachsen-Anhalts bei mehr als 20 % (Winge, 2015). Damit gehen auch Anpassungsprozesse in der Rekrutierungsstrategie einher. Das Kriterium der Fachlichkeit wird aufgeweicht, Motivation und Engagement treten stärker in den Vordergrund. Dies verdeutlichen zwei Aussagen eines Abteilungsleiters im Abstand von wenigen Jahren. Wurde vor einigen Jahren noch „nach der Nadel im Heuhaufen" im Sinne einer möglichst kompletten Neueinstellung gesucht, so gilt heute eher die Maxime: „Es braucht Leute, die das leben wollen." Die Absicherung der Fachlichkeit ist dabei ein Baustein, viel wesentlicher ist aber die Ebene der Zusammenarbeit, die von der Leitung als „das Zwischenmenschliche, das stimmen muss", bezeichnet wird.

Im Zuge dieser Entwicklungen kam auch die Idee der Einbeziehung ausländischer Fachkräfte auf. Gleichzeitig werden Schwierigkeiten gesehen, die mit einer – vor allem auch in qualifikatorischer Hinsicht – Veränderung der Belegschaftsstruktur einhergehen. Über die Facharbeiterausbildung wird ein erheblicher Teil der Qualitätssicherung als Sachkunde im Bereich der Tier- und Pflanzenproduktion abgedeckt. Hier stellt sich die Frage, ob ausreichend Beschäftigte bestimmte Tätigkeiten in den nächsten Jahren noch ausüben dürfen, wenn die Zahl der Facharbeiter/-innen weiter abnimmt.

8.1.3   Beschäftigung von Menschen aus dem Ausland verfolgte bisher kaum Integrationsziele

Zur Fachkräftesicherung wird neuerdings auch der kontinuierliche Einsatz ausländischen Personals erwogen, der weit über den saisonalen Ernteeinsatz in den Sommermonaten hinausgeht. Demnächst sollen ausländische Arbeitskräfte kontinuierlich in die Belegschaften eingearbeitet werden und möglichst längerfristig am Standort verbleiben. Das gilt im Besonderen für den Tierbereich. Damit entstanden und entstehen, wie der Betrieb sehr schnell merkte, neue Anforderungen an Einarbeitung und Einbindung in das Unternehmen.

In unserem Betriebsbeispiel gab es bisher wenig Erfahrung in der Zusammenarbeit mit ausländischen Fachkräften. Polen/-innen werden seit Jahren zur Hopfenernte eingesetzt, sind aber in dieser Zeit auf sich allein gestellt, wollen durch effizientes Arbeiten möglichst gut verdienen und reisen nach wenigen Wochen wieder in ihre Heimat zurück. Nach Einschätzung der Betriebsleitung „läuft diese Arbeit richtig gut", da es sich um eine autonome Brigade handelt, die selbstständig arbeitet. Kontakte zu anderen Beschäftigten im Betrieb gibt es nur, wenn es der Arbeitszusammenhang erfordert.

Saisonaler bzw. zeitweiser Einsatz ausländischer Arbeitskräfte führte in der Vergangenheit nur sehr vereinzelt zu Kontakten zwischen den „Alteingesessenen" der Dörfer und den „Fremden" aus anderen Ländern. Das hat sich bis heute kaum geändert. Im Feldbau werden beispielsweise über Praktikumseinsätze in der Sommerzeit Studierende – vorrangig aus Osteuropa – eingesetzt. Auch hier ist der Kontakt bisher sehr gering. Man sieht sich selbst während der Arbeit und in den Pausen kaum.

Weitere punktuelle Kontakte gibt es zu ausländischen Fahrern aus den Speditionen, die Material und Futter anliefern oder Ernteprodukte abholen. Hierbei handelt es sich nicht um Fachkräfte, die im Unternehmen eingesetzt werden, sondern um Beschäftigte, mit denen man nur in kurzen Arbeitsphasen in Kontakt tritt. Diese Kontakte beschränken sich auf einen kurzen Austausch während der Be- und Entladung. Zu erwähnen ist an dieser Stelle, dass fehlende gemeinsame Sprachkenntnisse einen Austausch zumeist ganz verhindern.

Neu ist für das Unternehmen der Versuch, ausländische Fachkräfte anzuwerben und zu gewinnen, die längerfristig im Betrieb verbleiben und sich möglichst in der Region ansiedeln wollen. Ganz konkret wird das seit einigen Jahren mit Rumänen versucht. Die Männer werden in der Schweineproduktion eingesetzt. Die meisten von ihnen blieben nur kurz, es gibt aber eine kleine Gruppe von Rumänen, die nun schon mehrere Jahre ohne Unterbrechung im Betrieb arbeitet. Sie haben die Möglichkeit, in Unterkünften auf dem betriebseigenen Gelände zu wohnen. Aufgrund der im Heimatland zurückgebliebenen Familien geht der Betrieb davon aus, dass auch sie nur für einige Zeit zum Geldverdienen nach Deutschland kommen. Dementsprechend muss das Unternehmen seine Integrationsbestrebungen ein Stück weit zurücknehmen und sich zunächst auf Arbeitskräfte einstellen, die nicht für immer bleiben wollen. Fluktuation bekommt hier für das Unternehmen noch einmal einen neuen Stellenwert, da der Betrieb abschätzen muss, wie viel Investition sich in die Arbeitskräfte lohnt, die vielleicht in Kürze wieder den Betrieb verlassen. Investitionen beziehen sich in diesem Fall vor allem auf das Anlernen und Einarbeiten sowie das Erlernen der deutschen Sprache (mehr dazu in ▶ Abschn. 8.2.1 und ▶ Abschn. 8.2.2). Dass sich Betriebe darauf einstellen müssen, dass Arbeitsmigration häufig ein temporärer Prozess ist und nicht automatisch mit einem dauerhaften Zuzug nach Deutschland gleichgesetzt werden kann, ist eine wichtige Erkenntnis aus vielen Gespräche und Untersuchungen in diesem Projekt. Häufig ist von den Zugewanderten der Arbeitsaufenthalt im Ausland nur für einige Jahre geplant, um in der Heimat ein Haus zu bauen oder die Familie finanziell zu unterstützen. Die langfristige Lebensplanung liegt hingegen in der Heimat.

Ein anderer Weg des Betriebes, ausländische Arbeitskräfte zu gewinnen, besteht darin, die bereits in Deutschland angekommenen Menschen mit Migrationshintergrund einzusetzen. So hat sich der Betrieb mit der Caritas zusammengetan, die Rumänen in einer Großstadt in der Region betreut. Diese Sinti und Roma sind noch in keiner Weise integriert und erfahren kaum Akzeptanz in der Bevölkerung. Sie haben meist nur eine sehr geringe schulische und keinerlei berufliche Ausbildung genossen. Menschen mit so geringer Ausbildung standen bisher nicht im Fokus des Unternehmens. Der Zugzwang zur Sicherung neuer Arbeitskräfte und die soziale Verantwortung gegenüber Menschen, die nach Deutschland kommen und bisher kaum Integrationsangebote erhalten, führten zu der Entscheidung, einen Arbeitseinsatz mit diesen zugewanderten Rumänen zu beginnen. Über ein vierzehntägiges Praktikum verschaffte sich das Unternehmen einen ersten Eindruck, zu welchen Arbeiten sie die Rumänen einsetzen könnten. Da in dem Betrieb an einem neuen Standort größere Umbaumaßnahmen nötig wurden, war es gut möglich, die Arbeitskräfte, die häufig Erfahrungen im Baubetrieb aufwiesen, für Umbauarbeiten und Reinigungen in den zu sanierenden Ställen einzusetzen. Bei dieser Arbeit handelt es sich vor allem um Hochdruckreinigungen, eine sehr schwere körperliche Arbeit, zur der einheimische Arbeitskräfte und Arbeitsuchende kaum noch bereit sind. Viele der aufgrund der schweren körperlichen Arbeit ausschließlich eingesetzten Männer verstehen diese Arbeitsmöglichkeiten als eine große Chance. So kamen immer mehr Landsleute dazu, die alle – seit nunmehr zwei Jahren – bis heute dabei geblieben sind. Die Motivation ist also gegeben. Trotzdem gibt es – kulturell bedingt – viele Herausforderungen. So passiert es, dass die neuen Mitarbeiter beispielsweise einen Tag in der Woche ohne erkennbaren Grund nicht zur Arbeit erscheinen, diesen dann aber ohne Abstimmung am Wochenende nacharbeiten wollen. Solche spontanen, nicht abgesprochenen Aktionen waren gerade in der Anfangszeit nicht unüblich und sorgten im Unternehmen für zusätzlichen Koordinationsaufwand. Mit Geduld und entsprechender Durchsetzungskraft wird versucht, an kulturellen Unterschieden wie der Vorstellung von Pünktlichkeit oder Umsetzung von Arbeitsanweisungen zu arbeiten. Unklar ist derzeit noch, welche beruflichen Perspektiven es für die Ungelernten außerhalb des Reinigungsbereiches geben könnte. Für Einzelne wird über einen längerfristigen Arbeitseinsatz in der Schweinehaltung, einem Arbeitsbereich in dem sich die Neubesetzung mit Fachkräften besonders schwierig gestaltet, nachgedacht. Insgesamt waren im Jahr 2016 im Agrarunternehmen Barnstädt 16 Rumänen und eine Polin beschäftigt.

Spätestens beim längerfristigen Einsatz im Schweinebereich kommt die große Bedeutung der deutschen Sprache ins Spiel. Für die Verständigung in der Anfangszeit konnte zeitweise ein rumänischer Kollege aus einem anderen Betriebsteil zur Übersetzung bei den Bauarbeiten herangezogen werden. Die Sprache spielt aufgrund der Dokumentationspflicht in der Tierhaltung eine bedeutende Rolle. Neben der körperlichen Fitness und Arbeitsmotivation kommen damit viele weitere Anforderungen auf die Beschäftigten zu, wenn sie nach Abschluss der Umbauarbeiten in der Schweineproduktion eingesetzt werden. Die notwendigen fachlichen Voraussetzungen und Zertifizierungen (z. B. Sachkunde), um die Arbeitskräfte im Schweinebereich einsetzen zu können, werden im Folgenden beschrieben.

8.2 Zwei Säulen der betrieblichen Einbindung – Kompetenzerfassung und soziale Integration

Betriebliche Belegschaften werden zunehmend bunter. Die Diversifikation der Belegschaften erfordert besondere Aufmerksamkeit und Achtsamkeit, um eine integrationssensible Personalentwicklung zu meistern. Qualifikationsabgleich, wie sie – zumindest für den Facharbeiterbereich – seit einiger Zeit bei den zuständigen Stellen und Kammern durchgeführt werden können, reichen nicht aus (► Exkurs: Qualifikationsabgleiche von Berufen). Vielmehr brauchen Betriebe Kenntnisse über die beruflichen und kulturellen Erfahrungen und die Unterschiede in den verschiedenen Arbeitssystemen.

Exkurs

Qualifikationsabgleiche von Berufen

Qualifikationsabgleiche von Berufen durch die zuständigen Stellen anhand der Feststellung der Gleichwertigkeit im Ausland erworbener Berufsqualifikationen nach dem BQFG (Berufsqualifikationsfeststellungsverfahren; BMJV, 2011). „Dieses Gesetz dient der besseren Nutzung von im Ausland erworbenen Berufsqualifikationen für den deutschen Arbeitsmarkt, um eine qualifikationsnahe Beschäftigung zu ermöglichen" (§ 1 des BQFG vom 06.12.2011 und nachfolgende Änderungen). **Bei den zuständigen Stellen erhält man das Antragsformular für Facharbeiter- bis Meisterabschlüsse.** Zuständige Stellen sind die jeweils nach dem Berufsbildungsgesetz für den Berufsbereich verantwortlichen Einrichtungen, für die der Landwirtschaft ist es die Landwirtschaftskammer. **Welche Unterlagen sind vorzulegen?** (Auszug aus § 5 BQFG: Die Unterlagen müssen im Original oder beglaubigter Kopie und in deutsche Sprache übersetzt vorgelegt werden.)
— Tabellarische Aufstellung absolvierter Ausbildungsgänge und ggf.

ausgeübter Erwerbstätigkeit in deutscher Sprache
— Identitätsnachweis (Personalausweis oder Reisepass)
— Im Ausland erworbene Ausbildungsnachweise (Berufsnachweise)
— Nachweise der einschlägigen Berufserfahrungen und sonstige Befähigungsnachweise (z. B. zu beruflichen Weiterbildungen)
— Erklärung, dass bisher noch kein Antrag auf Gleichwertigkeitsfeststellung gestellt wurde
— Nachweis, dass eine Arbeit in Deutschland aufgenommen werden soll (entfällt für Staatsangehörige der EU/EWR/Schweiz und für Personen mit Wohnort in der EU/EWR/Schweiz)

Wie lange dauert das Verfahren?
— Wenn alle Unterlagen vollständig vorliegen, erfolgt die Entscheidung innerhalb von 3 Monaten. In schwierigen Fällen kann die Entscheidungsfrist einmalig verlängert werden (§ 6, Abs. 3, BQFG).

Was kostet das Verfahren?
— Das Verfahren ist gebührenpflichtig. Die Höhe der Gebühren richtet sich nach der Allgemeinen Gebührenordnung (AllGO) des jeweiligen Landes und wird nach Zeitaufwand berechnet. Aufgrund erster Erfahrungen liegt der Gebührenrahmen je nach Land und Beruf zwischen 25 und 1.000 Euro (Erläuterungen zum Anerkennungsgesetz des Bundes; BMBF, 2012, S. 15).
— Die Kosten, z. B. für Gebühren, Übersetzung und Beglaubigungen, müssen grundsätzlich von den Antragstellenden selbst getragen werden. Unter Umständen können diese Gebühren nach Prüfung des Einzelfalls durch andere Stellen (z. B. SGB II und III) übernommen werden.

Der Qualifikationsabgleich wird von den Privatpersonen beantragt. Wenn Betriebe an einem Qualifikationsabgleich Interesse haben, empfehlen wir, die Kosten des BQFG teilweise oder ganz zu übernehmen. Für eine Erstberatung empfehlen sich auch die Beratungsstellen des IQ-Netzwerkes.

Um das erforderliche Wissen und die notwendigen Kompetenzen für diese Beschäftigten, die durch Quereinstieg in ihre Arbeitspositionen gelangen, ermitteln zu können, braucht es Instrumente zur Kompetenzerfassung und Wissensübertragung (siehe z. B. Paulsen et al., 2016).

Je vielfältiger die Belegschaften sind, desto stärker entwickeln Betriebe eine Integrationskompetenz, die innerbetrieblich sowohl eine fachliche Kompetenzerfassung, -nutzung- und -erweiterung als auch eine kultursensible Einarbeitung umfasst und ggf. über den Betrieb hinaus auch die soziale, alltägliche Integration in den Blick nimmt.

In Zusammenführung dieser Aspekte entsteht eine integrationssensible Personalstrategie, die auf interkultureller Sensibilität basiert und die Integrationskompetenz des Betriebes fördert. Das

„bedeutet, sich des Einflusses von Kultur auf menschliches Verhalten bewusst zu sein". Hierbei unterscheiden wir nach Scheitza (2012, S. 1) interkulturelle Sensibilität als

1. Bewusstheit der eigenen kulturellen Prägungen („Own-Culture-Awareness"),
2. Bewusstheit fremdkultureller Prägungen („Other-Culture-Awareness"),
3. Bewusstheit der Dynamik (Prozesse und Wirkungen) interkultureller Begegnungen („Intercultural Awareness").

8.2.1 Kompetenzerfassung

Betriebe stehen zunehmend vor der Herausforderung, Zugewanderte oder Geflüchtete in Beschäftigung und Ausbildung zu integrieren. Ein großer Teil dieser Menschen verfügt über berufliche Erfahrungen. Allerdings sind die Ausbildungen nicht mit denen in Deutschland vergleichbar und es fehlen häufig Zertifikate, um die berufliche Qualifikation zu belegen. Damit stellt sich die Frage nach Wegen zur Erfassung von beruflichen Kompetenzen.

Ein erster Überblick über die fachlichen und überfachlichen Kenntnisse lässt sich in enger Anlehnung an Erfahrungen aus der Berufsausbildung und der Orientierung an der Ausbildungsordnung realisieren. Dazu werden bisher meist aufwendige Tests nötig, da geprüfte Verfahren zur niedrigschwelligen Erfassung von Berufserfahrung und Qualifikationen (fern des Berufsanerkennungsverfahrens) derzeit nicht vorliegen.

An dieser Stelle benötigen Unternehmen dringend Unterstützung durch Institutionen, die sich der Arbeitsintegration widmen. Dazu gehört an erster Stelle die Bundesagentur für Arbeit. Diese hat in Vorbereitung einer zielführenden Kompetenzerfassung die Bertelsmann Stiftung damit beauftragt, ein Kompetenzdiagnostikmodell zu erarbeiten. Es werden berufsspezifische Kompetenzen anhand der Anforderungen in den anerkannten Berufsausbildungen in typischen Handlungssituationen im Betrieb getestet. Landwirt/-in ist einer der ausgewählten Berufe, der in dieses Kompetenzmodell einfließen wird. In dem Kompetenzmodell werden die einschlägigen Handlungssituationen in der betrieblichen Praxis abgebildet. Dort fließen auch Erfahrungen aus dem Projekt Alfa Agrar mit ein. So wurden alle wichtigen Arbeitsprozesse für den Agrarberuf Landwirt/-in aufgeschlüsselt und somit Teilkompetenzen erschlossen, die der systematischen Einarbeitung von Quereinsteigern/-innen dienen. Ziel ist es, Geflüchtete und andere Arbeitsuchende gezielter in Arbeitsbereiche zu vermitteln, zu denen sie entweder schon Berufserfahrung mitbringen oder in denen sie sich ihre berufliche Zukunft vorstellen können.

Für Betriebe gibt es unterschiedliche Instrumente zur Kompetenzerfassung im Arbeitsprozess. Allerdings setzen gerade kleine Betriebe diese Verfahren kaum ein, da sie zeit- und personalaufwendig sind. Sie überprüfen die Erfahrungen der Neu- und Quereinsteiger/-innen mit Arbeitsproben, mehrtägigen und mehrwöchigen Beobachtungen und in Praktika. In diesem Fall ist eine Orientierung am Ausbildungsrahmenplan nützlich, wenn sich der Betrieb ein umfangreiches Bild über die Bandbreite des Berufsbildes verschaffen will. Für bestimmte Arbeitsbereiche reichen im ersten Schritt auch Ausschnitte aus dem Ausbildungsrahmenplan für den Einsatzbereich, in dem die Tätigkeiten in der Zukunft erfolgen werden.

Auch im Falle des Agrarunternehmens werden zunächst über kurzzeitige Arbeitsproben, die gerne auch auf ein Wochenende gelegt werden, um die Arbeitszeitanforderungen in die Erprobung zu integrieren, oder über bis zu zwei Wochen lange Probearbeiten die Motivation und die Passung der Bewerber/-innen getestet. Eine Herausforderung ist hierbei die Dezentralisierung durch die verschiedenen Anlagenstandorte. In der Erprobungsphase werden zumeist die Standorte, die auch als Ausbildungsstätten dienen, ausgewählt, dennoch kann durch die Flexibilitätsanforderungen eine Erprobung in mehreren Anlagen nicht ausgeschlossen werden.

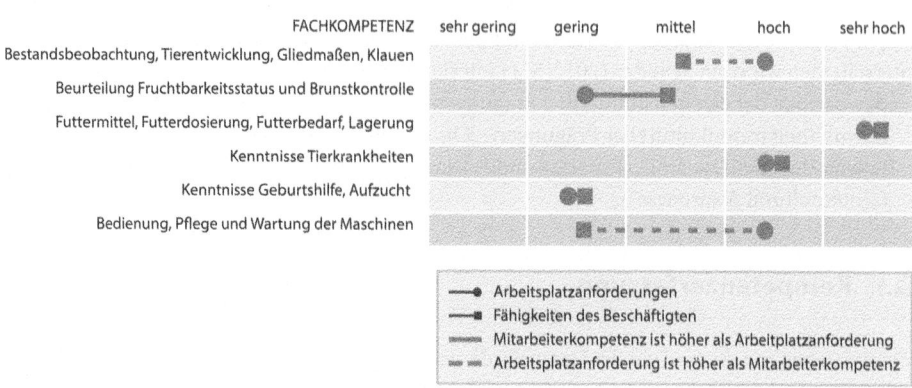

◘ Abb. 8.1   Beispiel einer Profilanalyse

Die Einschätzungen zum künftigen Einsatz erfolgt zwischen den Anlagenleitern/-innen und dem Abteilungsleiter. Zu einem späteren Zeitpunkt werden die Themen Fachlichkeit und Entwicklungschancen wichtig. Das Unternehmen testet die Arbeitsbereitschaft und den Arbeitswillen aufgrund der – in den vergangenen Jahren erstmals aufgetretenen - Fluktuationserfahrungen inzwischen deutlich länger und beurteilt auf Basis dieser Erfahrungen die Entwicklungspotenziale der einzelnen neuen Beschäftigten.

Erst im Anschluss an diese Probephase wird mittels Profilanalyse für den jeweiligen Beschäftigten, die die Tätigkeitsfelder des geplanten Arbeitsplatzes mit ihren unterschiedlichen Ausprägungen den Fähigkeiten der Mitarbeiterin bzw. des Mitarbeiters gegenübergestellt, eine Weiterentwicklung geplant (◘ Abb. 8.1). Diese Profilanalyse basiert auf Stellenbeschreibungen, die mit Anlagen-, Bereichs- und Abteilungsleitern/-innen erarbeitet wurden. Im Projekt erfolgte in gemeinsamer Arbeit die Anpassung auf die im Unternehmen typischen Arbeitsplätze hin.

Insbesondere bei den über die Caritas vermittelten rumänischen Mitarbeitern hat sich das Agrarunternehmen aufgrund des sehr schwach ausgeprägten qualifikatorischen Hintergrunds dieser Mitarbeiter sehr viel Zeit genommen, um zu beurteilen, wer für eine stärker fachlich geprägte Arbeit infrage kommt und dafür auch den Willen und die Motivation mitbringt.

8.2.2   Betriebliche Integration

Ein Hauptfaktor jedes Integrationsprozesses ist die Sprache. Zum einen dient sie der alltäglichen Verständigung, erleichtert ein Kennenlernen und schafft Vertrauen. Zum anderen wird sie bei sehr vielen, vor allem qualifizierten Tätigkeiten benötigt. In der Tierproduktion hängt dies besonders mit der sehr akribischen Dokumentationspflicht zusammen, die gesetzlich vorgegeben ist. Da die Ansprüche der Verbraucher an die Qualität und Herstellung tierischer Erzeugnisse ständig steigen, kommt der umwelt- und tierartgerechten Haltung und der Beachtung des Verbraucherschutzes bei der Vermarktung eine besondere Bedeutung zu. Daher erfolgt die Dokumentation von Umstallungen, Gesundheitskontrollen und medizinischer Versorgung tagesaktuell für alle Tiere. Spätestens hier wird die Sprache zu einer Mindestvoraussetzung, um überhaupt in dem Bereich qualifiziert eingesetzt werden zu können. Soll der Einarbeitung dann eine Aus- oder Weiterbildung folgen, ist eine fortgeschrittene Sprachverwendung (B1-Sprachkenntnisse) minimal unabdingbar.

So ist Investition in die Sprachausbildung in der gesellschaftlichen Integrationsarbeit besonders wichtig. Betriebe, die sich längerfristig Fachkräfte aufbauen wollen, bieten zum Teil zusätzliche Sprachausbildungen für ihre Beschäftigten an. In ländlichen Regionen ist die Organisation solcher Sprachkurse deutlich schwieriger als in der Stadt, vor allem wenn keine ausreichende Zahl von Teilnehmenden vorhanden ist und Kurse darum in weiter Entfernung vom Wohn- und Arbeitsort organisiert werden. Patenschaften mit Bewohnern/-innen des Dorfes, um den privaten Kontakt zu intensivieren und der Einsatz zum Sprachunterricht, beispielsweise von Grundschullehrerinnen, sind zwei Wege, diese Angebotslücke in der Sprachausbildung im ländlichen Raum zu schließen.

Weiterhin werden Basisinformationen über die Gesellschaft und Kultur in Deutschland gebraucht. Dazu zählen auch Grundkenntnisse über die Funktionsweise des Ausbildungs- und Arbeitssystems, um Missverständnisse, die aufgrund unterschiedlichen Wissens und unterschiedlicher Lebenserfahrungen auftreten, zu reduzieren. So bewerten viele Geflüchtete die deutsche Facharbeit als ein Abschieben in niedere Tätigkeiten, da im eigenen Land ein beruflicher Einsatz unterhalb eines Studienabschlusses als unqualifizierte Tätigkeit gilt. Aus diesem Grund ist es schwierig, sie für die Berufsausbildung und Facharbeit zu gewinnen. Aufklärung wird an dieser Stelle dringend notwendig und kann gemeinsam mit Betrieben, Kammern und Integrationseinrichtungen erfolgen.

Bestimmte Regeln und Verfahrensweisen helfen beim Einstieg in eine gemeinsame betriebliche Zukunft. Hier greift das Konzept der Achtsamkeit nach Weick und Sutcliffe (2003). Es soll die Fähigkeit aufgebaut werden, „Umweltsituationen und -veränderungen ganzheitlich und frühzeitig wahrzunehmen. Die Beschäftigten müssen eine besondere Sensibilität und Wahrnehmungsfähigkeit für kleinste Umweltveränderungen entwickeln" (Mistele u. Kirpal, 2006, S. 14). Neben der Entwicklung von Sensibilität geht es um hohe Aufmerksamkeit, um sich des notwendigen Handelns bewusst zu werden. Dieser Dreiklang aus Sensibilität, Aufmerksamkeit und Bewusstheit unterstützt betriebliche Integrationsprozesse.

Spätestens an dieser Stelle beginnt die integrationssensible Personalarbeit. Erfahrungen aus der ZSH-Evaluation „Bienvenidos – Junge Spanier in Thüringen. Eine wissenschaftliche Begleitung zur Arbeitsgruppe ‚Junge Europäer in Thüringen Willkommen'" (ThAFF u. LEG Thüringen, 2016) lassen sich mit den im Agrarunternehmen Barnstädt zusammengetragenen Erfahrungen sehr gut zusammenbringen:

- Bei der Ankunft der Zugewanderten in den Betrieb müssen organisatorische Voraussetzungen wie Unterkunft und Mobilität (die auf dem Lande eine besondere Bedeutung hat, da der öffentliche Personennahverkehr häufig nicht ausreichend ausgebaut ist) gesichert werden.
- Im Betrieb ist gerade in der Anfangszeit eine festgelegte Ansprechperson wichtig, über die alle Beschäftigten informiert werden. Eine Begrüßung, beispielsweise mit einem gemeinsamen Grillabend für mindestens alle Beschäftigten, die in Zukunft im engeren Arbeitskontakt stehen werden, kann den Zugewanderten einen ersten Eindruck vermitteln, dass sie willkommen sind.
- Die Einarbeitung oder Ausbildung im Betrieb ist vor allem aufgrund von Sprachbarrieren noch einmal herausforderungsvoller. Einarbeitungs- oder Ausbildungserfahrung, auf die man zurückgreifen kann, ist sehr wertvoll. Es sollten also gezielt, soweit vorhanden, Berufsausbilder/-innen in die Einarbeitung mit einbezogen werden.
- Kulturelle Verschiedenheit (beispielsweise im Hierarchieverhalten oder Zeitmanagement) führt zu Reibungen. Gegebenenfalls sollten sich Betriebe in der ersten Zeit des Einsatzes von Zugewanderten interkulturell ausbilden oder begleiten lassen. Informationsveranstaltungen werden häufig kostenfrei angeboten und können von Führungskräften, Beschäftigten und Migranten/-innen gleichermaßen genutzt werden.
- Erfahrungen mit ausländischen Beschäftigten sind von Vorteil, aber keine notwendige Voraussetzung. Auf jeden Fall sollten die Führungskräfte ein Gespür für kulturelle

Diversität entwickeln, ein förderliches Miteinander gestalten und die Beschäftigten ermutigen, aufeinander zuzugehen.

- Die Verantwortlichen müssen besonderen Unterstützungsbedarf der zugewanderten Menschen erkennen, entsprechende Maßnahmen und Hilfeleistungen anbieten und sie ermutigen können, diese Unterstützung anzunehmen.
- Nicht jede Unterstützung kann durch Betriebsangehörige geleistet werden. Externe Hilfen für Unternehmen werden gerade, wenngleich langsam, beispielsweise mit Unterstützung von Arbeitgeberverbänden, Gewerkschaften und Kammern aufgebaut. Erfahrungen gibt es bereits mit sozialpädagogischer Betreuung beim Einstieg in die Arbeit. Der interkulturelle Aspekt muss hier aber noch stärker berücksichtigt werden.
- Bei allen Unterstützungsleistungen ist es wichtig, dass die Grundsätze der Gleichbehandlung aller Beschäftigten eingehalten werden, d. h. prinzipiell gleiche Anforderungen an deutsche sowie ausländische Beschäftigte und Auszubildende zu stellen.
- Eine tarifliche und regional orientierte Vergütung ist für alle Beschäftigten bindend. Es darf keinesfalls zu diskriminierenden Arbeits- und Entlohnungsbedingungen kommen. Die Attraktivität von Unternehmen und Anziehung sowie Bindung von Beschäftigten wird u. a. durch tarifliche Entlohnung erreicht.

Das Agrarunternehmen Barnstädt setzt die betriebliche Integration auf unterschiedlichen Wegen um: In den Einsatzbereichen wird versucht, Team-Tandems zwischen erfahrenen und neuen Mitarbeitern/-innen im Sinne eines Mentorings zu bilden, damit nicht nur über sprachliche Anweisungen, sondern auch durch direktes Beobachten und Nachahmen wichtige Prozesse erlernt werden. Diese Form der Zusammenarbeit ist für viele Beschäftigte neu, und es brauchte Zeit sowie einen gewissen Grad an Kontrolle, dies nachhaltig umzusetzen. Die hohe Wertschätzung des „Anpacken-Könnens und -Wollens" im Unternehmen wirkte sich hier bei besserem Kennerlernen der Arbeitsteams durch Wahrnehmen und Anerkennung der Arbeitsleistung förderlich auf die Teambildung aus.

Eine nachhaltige Lösung für das Erlernen der deutschen Sprache hat der Betrieb, auch aufgrund seiner peripheren Lage, bisher nicht gefunden – Fortschritte sind hier eher auf das Engagement der Beschäftigten zurückzuführen. Die rumänischen Beschäftigten in der Schweineproduktion sind in das betriebliche Lohngefüge integriert und haben unbefristete Verträge. Auch die Urlaubsansprüche sind für alle Beschäftigten gleich – es gibt inzwischen auch die Möglichkeit, für längere Heimreisen unbezahlten Urlaub zu nehmen. Eine zeitweilige Unterbringung kann der Betrieb gut über seine Pension abdecken – die Mitarbeiterin der Pension nimmt hier eine wichtige Kümmerfunktion wahr. Für Erledigungen und Einkäufe wird einmal in der Woche ein Betriebsauto zur Verfügung gestellt. Dieser Fakt wurde offen in seiner Notwendigkeit thematisiert, sorgte dennoch erst einmal für gewisse Reibungspunkte im Betrieb. Inzwischen hat das Agrarunternehmen für einen rumänischen Mitarbeiter, der für sich und seine Familie im Betrieb eine dauerhafte Perspektive sieht, ein Haus vor Ort organisiert, damit die ganze Familie nach Barnstädt ziehen kann. Externe Hilfe bietet in unserem Beispiel eine Mitarbeiterin der Caritas, die für die Integration der rumänischen Beschäftigten zuständig ist.

8.3   Einflussfaktoren und Herausforderungen einer integrationssensiblen Betriebskultur

Den hier beschriebenen Betriebsfall trifft die Herausforderung neuer interkultureller Belegschaften in besonderer Weise. Zum einen möchte der Betrieb Zugewanderte möglichst lange halten, da

Einarbeitungszeiten durch eine geringe Fluktuation eingedämmt werden können, was langfristig Kosten spart. Zum anderen gibt es bei den Beschäftigten, vor allem aufgrund von Unerfahrenheit mit Zugewanderten, eine große Skepsis beim Einsatz von ausländischen Arbeitskräften, die abgebaut werden muss, damit Integration funktionieren kann.

Für die ausländischen Beschäftigten wird ein Klima zur Offenheit gegenüber Elementen der bestehenden Kultur geschaffen, in die sie hineinwachsen, ohne dabei ihre eigene kulturelle Herkunft aufgeben zu müssen (vgl. Scheitza, 2012).

8.3.1 Förderliche und hemmende Faktoren betrieblicher Integration

In neuerer Zeit gibt es Überlegungen, was Betriebe aus der Arbeitsmigration für den Einsatz von Geflüchteten lernen können. Wenn sie planen, Geflüchtete einzusetzen, besteht ein Vorteil gegenüber vielen Arbeitsmigranten/-innen darin, dass viele von ihnen eine längerfristige Zukunft in Deutschland planen. Mehr als 80 % der geflüchteten Menschen äußerten in Befragungen der Flüchtlingsstudie des Bundesamtes für Migration und Flüchtlinge (BAMF) eine dauerhafte Bleibeabsicht (Worbs u. Bund, 2016, S. 8); Arbeitsmigration von Europäern wird hingegen häufig nur für einen kürzeren Zeitraum zum Geldverdienen genutzt.

Was neben der in ▶ Abschn. 8.2.2 beschriebenen betrieblichen Integration weiterhin zu beachten ist, wird im Folgenden ausgeführt:

Vollständige Integrationsarbeit lässt sich nicht alleine durch die Betriebe bewältigen. Vor allem dann, wenn Menschen (wie beispielsweise Geflüchtete) ungeplant und unkoordiniert nach Deutschland kommen und hier Ausbildung und Beschäftigung suchen, müssen vorbereitende Schritte (wie Sprachausbildung, Feststellung der schulischen und anderweitigen Voraussetzungen, Vermittlung von Kenntnissen über den beruflichen Einsatz oder das duale Ausbildungssystem) in den Regionen erfolgen.

Die Sprache muss erlernt werden, damit die Zugewanderten nicht nur unter sich bleiben, sondern in Kontakt mit ihren Mitmenschen treten können. Im Wechselspiel befördert der Kontakt wiederum das weitere Beherrschen der deutschen Sprache. Wie die Scheu zwischen Einheimischen und Zugewanderten aufgebrochen werden kann, zeigt sich an dem immer wieder bewährten und auch in unserem Fall eingesetzten Beispiel der Integration über die Vereinsarbeit. Die ersten privaten Kontakte der Zugewanderten entstanden im Fußballverein.

Flexible Netzwerkstrukturen regionaler Institutionen und Personen verbreitern die Handlungsbasis und sind für die Reaktion auf konkrete Anlässe und Anliegen sehr hilfreich. Dazu gehören sowohl länderbezogene Integrationsportale, Bürgerservices und Welcome Center wie auch Landesnetzwerke für Migration und das BAMF (siehe am Beispiel Sachsen-Anhalts: Ketzmerick, 2015).

Das betriebliche Umfeld ist, wie der Betrieb selbst, ebenso wichtig für den Integrationserfolg. Es ist hervorzuheben, dass sich Betriebe derzeit für Integrationsarbeit stark machen möchten. Auch wenn im vorhergehenden Abschnitt gezeigt wurde, dass oft Theorie und Praxis noch weit voneinander entfernt liegen, ist doch der Wille zu einem Miteinander gegeben. Was allen noch fehlt, ist eine Antwort auf die Frage, wie berufliche Integration ohne oder mit wenigen Deutschkenntnissen und beruflichen Erfahrungen in der hier bestehenden Arbeitswelt beginnen kann.

8.3.2 Herausforderungen bei der Unterstützung der Unternehmen

Die Integration ausländischer Beschäftigter wird erschwert, wenn der Betrieb in einem Umfeld liegt, in dem die Menschen noch wenig vertraut mit dem Integrationsgedanken sind.

Befragungen – u. a. auch vom Zentrum für Sozialforschung Halle (ZSH) e. V. – zeigen, dass Bedrohungsgefühle umso stärker ausgeprägt sind, je weniger Kontakt die Bevölkerung zu Menschen aus dem Ausland hat. Auch die Einstellung der Beschäftigten kann durch Bedrohungsgefühle geprägt sein, was die Schwierigkeit, aber auch die notwendige Sensibilität für das Thema der Zuwanderung noch einmal deutlicher macht. Diversity-Kommunikation, die Ziele, Wege und den Vorteil und Nutzen von Vielfalt im Betrieb verdeutlicht und diskutiert, muss stattfinden. Dass dies ein mehrjähriger Prozess sein kann, zeigte sich auch in unserem Betriebsbeispiel bei der Integration der rumänischen Beschäftigten, die zunehmend in ihrer Arbeit akzeptiert und anerkannt werden und deren Hilfe man immer weniger missen möchte.

Aber nicht nur im Betrieb sind Integrationsaktivitäten erforderlich. Beim Thema der Zuwanderung müssen Betriebe mit den Kommunen eng zusammenarbeiten. „Die Notwendigkeit, Strategien auf der Grundlage lokaler und regionaler Voraussetzungen zu entwickeln", erhöht „die Akzeptanz von Zuwanderung in der Bevölkerung" und lässt „eine nachhaltigere Integration von Einwanderinnen und Einwanderern erwarten" (Siegert et al., 2015, S. 17). Was man der Unsicherheit in der Bevölkerung entgegensetzen und wie ein Verständnis für Willkommenskultur aufgebaut werden kann, zeigen Erfahrungen der Stadt Hettstedt (einer kleinen Kommune in Sachsen-Anhalt). Maßnahmen können z. B. bestehen in der Aufklärung der Sicherung von notwendiger Infrastruktur (Feuerwehr, Abwasser, Vereinsarbeit etc.) durch Zuwanderung oder in Transparenz durch Informationen und Mitwirkungsangebote sowie in einem Bürgerdialog, der sich an bestimmten Regeln einer Diskussionskultur orientiert (Siegert et al., 2015).

Derzeit gibt es zu dem Thema, wie Betriebe bei der Integration unterstützt werden können, vielfältige Diskurse, Workshops und Weiterbildungsveranstaltungen, in die sich auch das Projekt Alfa Agrar regelmäßig einbringt. In Zusammenführung von Praxisberichten, Workshopergebnissen, Interviews im Rahmen von Evaluationen und entsprechender Literatur lassen sich folgende Unterstützungsansätze aufzeigen:

- **Klarheit über rechtliche Rahmenbedingungen:** Hier gibt es zurzeit besonders bei den Geflüchteten Unsicherheiten über den Ablauf des Asylverfahrens und sich daraus eventuell ergebender rechtlicher Folgen.
- **Unterstützung bei der Anerkennung ausländischer Berufsabschlüsse:** Im Facharbeiterbereich wird das Anerkennungsverfahren noch sehr selten genutzt, im Hochschulbereich ist die Anerkennung deutlich schwieriger umzusetzen. Auch Instrumente für niedrigschwellige Kompetenzabgleiche fehlen, um einen Berufseinstieg relativ zeitnah zu ermöglichen (für eine beispielhafte Umsetzung im Handwerk siehe Paulsen et al., 2016).
- **Gegenseitiges Kennenlernen von Sprache und Kultur:** Wichtig ist, dass Zugewanderte die deutsche Sprache erlernen können. Integrationskurse informieren zudem über Landesgepflogenheiten, das deutsche Bildungssystem und anderes. Umgekehrt muss eine Aufgeschlossenheit für andere Kulturen in der eigenen Bevölkerung erreicht werden.
- **Auf berufliche Ausbildung vorbereiten:** Bei ausländischen Jugendlichen scheitert die Integration dann, wenn sie nicht auf die hier üblichen Arbeitssysteme (in der Landwirtschaft beispielsweise Tierproduktionsanlagen mit vielen Hunderten Tieren) vorbereitet werden. Durch fehlende Informationen werden Erwartungen aufgebaut, die häufig nicht dem beruflichen Ausbildungsalltag in Deutschland entsprechen. Außerdem wird gerade auch bei der Berufsausbildung mit ihrem theoretischen Teil in der Berufsschule das notwendige Sprachniveau oft unterschätzt.
- **Diversifikation als Chance verstehen lernen:** Mit der Vielfalt geht manchmal auch eine Unübersichtlichkeit einher, die Verunsicherung schafft. Darum müssen alle Beschäftigten in den Prozess mit einbezogen und ihre Ängste vor dem Unbekannten ernst genommen

werden. Zur Kommunikation sollten Beratungseinrichtungen mit Erfahrung in der Integrationsarbeit hinzugezogen werden.

Fazit

Kompetenzerfassung und soziale Integration werden in Betrieben gestaltet

Das Angebots-Nachfrage-Verhältnis auf dem Ausbildungs- und Arbeitsmarkt verändert sich seit einigen Jahren vom Überfluss zum Mangel: Es bestand über zwei Jahrzehnte, bis ca. 2010, ein absolutes Überangebot an Jugendlichen zur Bewerbung um einen Berufsausbildungsplatz. Durch den massiven Arbeitskräfteabbau in den 1990er-Jahren galt der Fachkräfteüberschuss sogar als Standortvorteil in Ostdeutschland für unternehmerische Ansiedlungen. Das Bild hat sich umgekehrt. Es wird bestimmt durch zunehmenden Ersatzbedarf der vermehrt und gleichzeitig ausscheidenden älteren Belegschaften sowie sinkende Geburtenraten in den 1990er-Jahren, die sich heute in deutlich geringeren Schulabgängerzahlen auswirken. In der Folge ist es für die Betriebe schwierig, Fachkräfteablösungen zufriedenstellend abzusichern.

Deutschland hat Zugewanderte als wichtige Ressource für sich erkannt, und Integrationsprozesse erfahren eine erhöhte Aufmerksamkeit. Allerdings ist vielerorts nach wie vor wenig systematische Unterstützung in den Integrationsversuchen zu beobachten. Diese nicht zufriedenstellende Situation wird durch die derzeitige Zuwanderung von Geflüchteten aus Krisenregionen nochmals deutlicher.

Die Einbindung von Arbeitskräften wird umso herausfordernder, je bunter die Belegschaften werden. Eine in dem Projekt Alfa Agrar entwickelte integrationssensible Personalstrategie soll gerade die Unternehmen unterstützen, die bisher kaum Integrationserfahrungen haben.

In Zusammenführung der Erfahrungen und Ergebnisse aus der Betriebsfallstudie kristallisieren sich folgende Punkte als besonders wichtig für eine Betriebskultur heraus, in die ausländische Fachkräfte bewusst eingebunden werden sollen:

- **Integrationssensibler Umgang mit Beschäftigten aus anderen Kulturkreisen und mit anderen Ausbildungskulturen und Berufserfahrungen versteht sich nicht von selbst:** Belegschaften werden immer heterogener. Interkulturalität kommt als neue Herausforderung dazu. Wichtigste Prämisse der Zusammenarbeit wird eine gemeinsame Sprache und gegenseitige Bereitschaft zur Zusammenarbeit.

- **Ein integrationssensibles Personalinstrument basiert auf interkultureller Sensibilität:** Kompetenzentwicklung ist keine Einbahnstraße. Sie geschieht durch gegenseitige Rücksichtnahme und eine gemeinsame Arbeit auf Augenhöhe. Die Diversifikation der Belegschaften erfordert besondere Aufmerksamkeit und Achtsamkeit, um eine integrationssensible Kompetenzentwicklung zu meistern.

- **Arbeitsmigration ist häufig ein temporärer Prozess:** Arbeitsmigration kann nicht automatisch mit einem dauerhaften Zuzug nach Deutschland gleichgesetzt werden. Das Wissen über mittel- bis langfristige Bleibeperspektiven der Arbeitsmigranten/-innen ist ein Indikator, mit dem Unternehmer/-innen Investitionen in die Kompetenzentwicklung der Beschäftigten für die Zukunft unterschiedlich planen können.

- **Betriebsbindung wird sehr stark durch das Unternehmen bestimmt:** Es ist wichtig, sich bewusst zu machen, dass Fluktuation im Unternehmen ein üblicher Prozess ist. Längere Betriebszugehörigkeit kann durch Vertragskonditionen und Arbeitsbedingungen beeinflusst werden. Investitionen in Kompetenzentwicklung rechnen sich, je motivierter Beschäftigte mitarbeiten und je länger sie im Unternehmen verbleiben.

> ▬ Migranten/-innen werden den Weg in die ostdeutsche Landwirtschaft nur finden,
> wenn Arbeitgeber/-innen und Vermittlungsagenturen sie gezielt über ihre Beschäfti-
> gungsmöglichkeiten informieren, sie durch Sprach- und Fachkurse weiterbilden und
> ihnen Integrationspaten zur Seite stellen: Wenn Berufsstand und Politik sich nicht
> stärker als bisher um die Gewinnung und Bindung von Fachkräften bemühen, wird
> die Beschäftigung im Agrarsektor schwinden, etwa durch die Verlagerung auf weniger
> arbeitsintensive Produktionsschwerpunkte.

Literatur

Agentur für Arbeit. (2016). https://statistik.arbeitsagentur.de/Statistikdaten/Detail/201605/analyse/analyse-d-
    arbeitsmarkt-auslaender/analyse-d-arbeitsmarkt-auslaender-d-0-201605-pdf.pdf. Zugegriffen:
    18. Februar 2017.
Bundesministerium der Justiz und für Verbraucherschutz (BMJV). (1990). Gesetz über die strukturelle Anpassung
    der Landwirtschaft an die soziale und ökologische Marktwirtschaft in der Deutschen Demokratischen Repu-
    blik (Landwirtschaftsanpassungsgesetz – LwAnpG). Landwirtschaftsanpassungsgesetz in der Fassung der
    Bekanntmachung vom 3. Juli 1991 (BGBl. I S. 1418), das zuletzt durch Artikel 40 des Gesetzes vom 23. Juli
    2013 (BGBl. I S. 2586) geändert worden ist. https://www.gesetze-im-internet.de/lanpg/DDNR006420990.html.
    Zugegriffen: 18. Februar 2017.
Bundesministerium der Justiz und für Verbraucherschutz (BMJV). (2011). Gesetz über die Feststellung der
    Gleichwertigkeit von Berufsqualifikationen (Berufsqualifikationsfeststellungsgesetz – BQFG). Berufsquali-
    fikationsfeststellungsgesetz vom 6. Dezember 2011 (BGBl. I S. 2515), das zuletzt durch Artikel 1 des Gesetzes
    vom 22. Dezember 2015 (BGBl. I S. 2572) geändert worden ist. https://www.gesetze-im-internet.de/bqfg/
    BJNR251510011.html. Zugegriffen: 18. Februar 2017.
Bundesministerium für Bildung und Forschung (BMBF). (2012): Erläuterungen zum Anerkennungsgesetz des
    Bundes. Gesetz zur Verbesserung der Feststellung und Anerkennung im Ausland erworbener Berufsqualifi-
    kationen. https://www.anerkennung-in-deutschland.de/media/20120320_erlaeuterungen_zum_anerken-
    nungsg_bund.pdf. Zugegriffen: 18. Februar 2017.
Destatis. (2015). Ausländische Bevölkerung. https://www.destatis.de/DE/ZahlenFakten/GesellschaftStaat/Bevoel-
    kerung/MigrationIntegration/AuslaendischeBevolkerung/Tabellen/Bundeslaender.htm. Zugegriffen:
    18. Februar 2017.
Ketzmerick, T. (2015). *WILLkommen. Migrationsatlas Sachsen-Anhalt 2015*. Halle: Zentrum für Sozialforschung Halle
    e. V.
Kropp, P., Danek, S., Purz, S., Dietrich, I., & Fritzsche, B. (2014). Die vorzeitige Lösung von Ausbildungsverträgen.
    Eine Beschreibung vorzeitiger Lösungen in Sachsen-Anhalt und eine Auswertung von Bestandsdaten der IHK
    Halle-Dessau. IAB –Forschungsbericht 13/2014. http://doku.iab.de/forschungsbericht/2014/fb1314.pdf. Zuge-
    griffen: 18. Februar 2017.
Martens, B. (2010). Landwirtschaft in Ostdeutschland. Der späte Erfolg der DDR. IN: Bundeszentrale für politische
    Bildung. Dossier - der lange Weg der deutschen Einheit. http://www.bpb.de/geschichte/deutsche-einheit/
    lange-wege-der-deutschen-einheit/47157/landwirtschaft?p=all. Zugegriffen: 18. Februar 2017.
Mistele, P., & Kirpal, S. (2006). Mitarbeiterengagement und Zielorientierung als Erfolgsfaktoren. Ergebnisse einer
    empirischen Studie in Hochleistungssystemen. FOKUS prints 01/06. https://www.tu-chemnitz.de/wirtschaft/
    bwl6/publikationen/publikation_download.php?NR=173. Zugegriffen: 18. Februar 2017.
Paulsen, H., Kortsch, T., Kauffeld, S., Naegele, L., Mobach, I., & Neumann, B. (2016). Anerkennung der beruflichen
    Kompetenzen von Flüchtlingen – Ein Beitrag zur Integration. *Gruppe. Interaktion. Organisation. Zeitschrift für
    angewandte Organisationspsychologie* 47: 243.
Scheitza, A. (2012). Interkulturelles Glossar. Stichwort „interkulturelle Sensibilität". http://www.radius-team.com/
    de/services/interkulturelles-glossar/. Zugegriffen: 18. Februar 2017.
Siegert, A., Ketzmerick, T., & Ohliger, R. (2015). *Handbuch: Menschen gewinnen, Migration ermöglichen, demografi-
    schen Wandel in Sachsen-Anhalt gestalten. Forschungsberichte aus dem ZSH 15-02*. Halle: Zentrum für Sozialfor-
    schung Halle e. V.

Steding, R. (2004). Von der LPG zur Agrargenossenschaft – und wie weiter? Möglichkeiten rechtlicher Umstrukturierung der Agrargenossenschaften. http://www.agrarrecht.de/html/hauptteil_274_07-2004_.html. Zugegriffen: 18. Februar 2017.

Thüringer Agentur Für Fachkräftegewinnung (ThAFF), Landesentwicklungsgesellschaft (LEG) Thüringen mbH (Hrsg.). (2016). Bienvenidos – Junge Spanier in Thüringen. Eine wissenschaftliche Begleitung zur Arbeitsgruppe "Junge Europäer in Thüringen Willkommen". https://www.leg-thueringen.de/downloads/downloads/?type=31230&tx_browser_pi1[file]=single.301.tx_org_downloads.504.documents&cHash=38af5afa9a8b931b07 cd6e85e323b35a. Zugegriffen: 18. Februar 2017.

Weick, K. E., & Sutcliffe, K. M. (2003). *Das unerwartete Managen. Wie Unternehmen aus Extremsituationen lernen.* Stuttgart: Klett-Cotta.

Wiener, B., Richter, T., & Teichert, H. (2004). *Abschätzung des Bedarfs landwirtschaftlicher Fachkräfte unter Berücksichtigung der demographischen Entwicklung (Schwerpunkt neue Bundesländer). Forschungsbericht aus dem ZHS 04-2.* Halle: Zentrum für Sozialforschung Halle e. V.

Winge, S. (Hrsg.). (2015). *Herausforderung mit vielen Facetten – Projektion der Fachkräfteentwicklung in der* Landwirtschaft Sachsen-Anhalts. *Forschungsbericht aus dem ZSH 15-01.* Halle: Zentrum für Sozialforschung Halle e. V.

Worbs, S., & Bund, E. (2016). *Asylberechtigte und anerkannte Flüchtlinge in Deutschland. Qualifikationsstruktur, Arbeitsmarktbeteiligung und Zukunftsorientierungen. Kurzanalysen des Forschungszentrums Migration, Integration und Asyl des Bundesamtes für Migration und Flüchtlinge.* Nürnberg: Bundesamt für Migration und Flüchtlinge

Betriebskultur und Wissenstransfer: Arbeitsintegrierte Kompetenzentwicklung durch „Kompetenz-Tandems" bei der ebm GmbH & Co. KG

Laura Naegele, Gabriele Brümmer, Frerich Frerichs

© Springer-Verlag GmbH Deutschland 2018
S. Kauffeld, F. Frerichs (Hrsg.), *Kompetenzmanagement in kleinen und mittelständischen Unternehmen*,
Kompetenzmanagement in Organisationen, DOI 10.1007/978-3-662-54830-1_9

Zusammenfassung

Betriebliches Kompetenzmanagement nimmt auch im Handwerk an Bedeutung zu. So sind Handwerksbetriebe, bedingt durch die demografische Alterung der eigenen Belegschaften und schneller werdenden Innovationszyklen, mit stetig wandelnden Kompetenzanforderungen konfrontiert. Adäquaten Kompetenzentwicklungsmaßnahmen, die auf die klein– bzw. kleinstbetrieblichen Strukturen und herrschenden Betriebskultur im Handwerk abgestimmt sind, müssen daher entwickelt und implementiert werden. Der vorliegende Beitrag geht – immer entlang des konkreten Betriebsfalls der ebm GmbH & Co. KG – auf die Frage ein, wie Handwerksbetriebe arbeitsintegriert, d. h. on the Job, die Kompetenzen ihrer Mitarbeitenden entwickeln können. Kernteil des Artikels ist die Vorstellung der im Rahmen des Projektes „In-K-Ha" (Integrierte Kompetenzentwicklung im Handwerk) entwickelten Maßnahme „Kompetenz-Tandems" sowie deren Durchführung, wissenschaftliche Evaluation und etwaige Implikationen für andere Handwerksbetriebe.

9.1 Die ebm GmbH & Co. KG – (K)ein Handwerksbetrieb wie alle anderen

Die ebm GmbH & Co. KG ist ein Elektrohandwerksbetrieb mit Sitz in Osnabrück. Vor 40 Jahren von fünf Teilhabern zur Abwicklung von Großaufträgen gegründet, beschäftigt die ebm GmbH & Co. KG heute knapp 190 Mitarbeitende verteilt auf fünf Standorte in Deutschland und Frankreich. Neben dem Hauptgeschäft – elektrotechnische Handwerksleistungen im Bereich der Neu- und Umbauten von Großprojekten wie Krankenhäusern, Flughäfen, Spielcasinos oder Veranstaltungshallen – gibt es bei der ebm GmbH & Co. KG noch weitere Geschäftsbereiche: So existiert eine eigene Produktreihe im Bereich der Parkleitsysteme, ein Ladengeschäft in der Innenstadt Osnabrücks für Licht- und Elektrobedarf sowie ein Tochterunternehmen in Frankreich, über welches die Leistungen der ebm GmbH & Co. KG auch in Frankreich angeboten werden können. Die Mitarbeiterstruktur zeichnet sich vor allem durch eine lange Betriebszugehörigkeit aus, d. h., Mitarbeitende, die ihr 10-, 20- oder sogar 30-jähriges Firmenjubiläum feiern, sind bei der ebm GmbH & Co. KG keine Seltenheit. Gegenwärtig liegt der Altersdurchschnitt der Belegschaft bei rund 44 Jahren (ohne die Auszubildenden), wobei hier eine leichte Polarisierung der Altersgruppen zu beobachten ist: So gibt es, begründet durch starke Eigenanstrengung der ebm GmbH & Co. KG im Bereich der Ausbildung, eine breite Basis an Mitarbeitenden am „jüngeren Ende" des Altersspektrums, während es zeitgleich eine Reihe von Mitarbeitenden gibt, die in näherer Zukunft das Renteneintrittsalter erreichen werden. Das Gros der Mitarbeitenden arbeitet dabei im „operativen Teil" des Unternehmens, d. h., sie haben ihren fachlichen Hintergrund in einer handwerklichen Ausbildung aus dem Elektrobereich. Dazu kommen diverse Mitarbeitende mit kaufmännischen sowie bauzeichnerischen Tätigkeitsschwerpunkten.

Trotz der für das Handwerk eher untypischen Größe (bezogen z. B. auf die Mitarbeiteranzahl und Standorte) lassen sich bei der ebm GmbH & Co. KG klassische „Charakteristika" von Handwerksbetrieben ausmachen: So finden wir im Ganzen eine flache Unternehmenshierarchie, die geprägt ist durch kurze Wege zur Geschäftsführung und eine „Politik der offenen Tür" sowie eine hohe Wertschätzung der eigenen Mitarbeiter/-innen. Diese Aspekte spiegeln sich auch in der positiven Betriebskultur der ebm GmbH & Co KG. wider (Hilzenbecher, 2006). Gleichzeitig ist die Unternehmensführung stark von der Person des Geschäftsführers geprägt, dessen Rolle sich durch eine Funktionshäufung (Geschäftsführer und Projektleiter) sowie einer Konzentration von Weisungs- und Entscheidungsbefugnissen auszeichnet (Glasl et al., 2008). Unterhalb der Geschäftsleitung existiert eine weitere Führungsebene mit

Mitarbeitenden, die als Projektleiter in relativer Selbstständigkeit anliegende Aufträge abwickeln. Diese arbeiten – mehr oder weniger regelmäßig – mit einem festen Kern an Mitarbeitenden (Baustellenleitung, Meister, Gesellen etc.) zusammen, jedoch stark beeinflusst durch die konkrete Auftragsausgestaltung.

9.1.1 Anforderungen und Bedarfe an die Kompetenzentwicklung bei der ebm GmbH & Co. KG

Seit der Gründung des Unternehmens wächst bei der ebm GmbH & Co. KG nicht nur das Portfolio an angebotenen Dienstleistungen, sondern auch der Bedarf an qualifiziertem Personal. Sicherzustellen, dass der ebm GmbH & Co. KG langfristig genügend kompetentes Personal zur Verfügung steht, ist daher eine der zentralen Aufgaben der Zukunft. Dies schließt zum einen die Suche nach neuen Mitarbeitenden ein; ein Unterfangen, das durch die Lage der ebm GmbH & Co. KG in einem wirtschaftlichen Ballungsgebiet durch eine starke Konkurrenzsituation zu Unternehmen aus der Industrie geprägt ist. So ist beispielsweise in Bezug auf die Personengruppe der ausgelernten Gesellen/-innen (mit einigen Jahren Arbeitserfahrung) der Markt an verfügbaren Fachkräften in der Region mehr oder weniger „leer gefegt". Es geht daher auch darum, eigenes Personal langfristig an den Betrieb zu binden und – wenn möglich – bis ins höhere Alter zu beschäftigen. Gleichzeitig steht die ebm GmbH & Co. KG vor der Herausforderung, die eigenen Mitarbeitenden so aus- und weiterzubilden, dass sie den Anforderungen der einzelnen Geschäftsbereiche (z. B. der Abwicklung von Großbaustellen) gewachsen sind. So verfügen Mitarbeitende durch ihre handwerkliche Ausbildung z. B. über gute fachliche Kompetenzen, jedoch sehen sie sich auf Großbaustellen anderen „ebm-betriebsspezifischen" Kompetenzanforderung gegenüber, die größtenteils nicht von den allgemeinen Ausbildungsinhalten in der handwerklichen Lehre abgebildet werden. Hier zu nennen sind z. B. Aspekte der Personalführung, Qualitätssicherung und -kontrolle und/oder der organisatorischen bzw. betriebswirtschaftlichen Abwicklung von Großaufträgen. Vor diesem Hintergrund wird das Thema „Weiterbildung" bzw. „Kompetenzentwicklung" in der ebm GmbH & Co. KG bereits seit mehreren Jahren aktiv vorangetrieben und ist auf breiter Basis in der Betriebskultur verankert. Dies zeigt sich beispielsweise auch in Form einer Personalentwicklerin, die bereits seit mehreren Jahren in Teilzeit bei der ebm GmbH & Co. KG beschäftigt ist – eine für das Handwerk immer noch recht ungewöhnliche Personalie. Für eine nähere Auseinandersetzung über die Bedeutung der Betriebskultur für das betriebliche Kompetenzmanagement siehe auch ▶Abschn. 9.2.3.

9.1.2 Status quo – Kompetenzentwicklungsmaßnahmen bei der ebm GmbH & Co. KG

Mitarbeitende, die über die nötige Eignung verfügen, haben bei der ebm GmbH & Co. KG, in Absprache mit der Geschäftsleitung, prinzipiell die Möglichkeit, sich im Rahmen von „Meister- bzw. Technikerschulungen" oder aber auch „Zertifikatskursen" weiter zu qualifizieren. Dies wird zum einen finanziell seitens der ebm GmbH & Co. KG unterstützt (z. B. durch die Übernahme der anfallenden Kosten), andererseits aber auch aus dem betrieblichen Selbstverständnis heraus aktiv forciert. Zur allgemeinen Einordnung lässt sich sagen, dass „Meister- bzw.

Technikerschulungen" auch heute noch einen der Grundpfeiler der beruflichen Weiterbildung im Handwerk bilden. Entsprechende Vorbereitungslehrgänge werden (berufsbegleitend oder in Vollzeit) meist vonseiten der Fort- und Weiterbildungszentren des Handwerks angeboten (Diettrich, 2001). Auch gängig im Handwerk sind die sogenannten (ausbildungs-)begleitenden Zusatzqualifikationen. Dabei handelt es sich meist um formalisierte Fortbildungs- und Zertifizierungskurse, die an den über 500 Berufsbildungszentren und Akademien der Handwerkskammern angeboten werden. Sie kommen ohne einen staatlich anerkannten Bildungsabschluss aus und werden von den Teilnehmern mit entsprechenden „Zertifikationen" abgeschlossen (ZDH, 2002).

Neben diesen formalisierten Angeboten finden sich bei der ebm GmbH & Co. KG auch Ansätze betrieblicher Weiterbildung. Dabei ist hervorzuheben, dass es sich hier nicht immer um klassische (formalisierte) Formate wie Schulungen oder Seminare handeln muss, sondern auch um solche Kompetenzentwicklungsangebote, die arbeitsintegriert stattfinden, d. h., „[…] eine räumlich-organisatorische Nähe zum Arbeitsplatz und eine inhaltlich-didaktische Nähe zur Arbeitstätigkeit […]" aufweisen (Senderek et al., 2015, S. 289). Von den formalisierten Angeboten dominieren sowohl bei der ebm GmbH & Co. KG wie auch im gesamten Handwerk zahlenmäßig vor allem die sogenannten „Herstellerschulungen". Eine Vielzahl der Mitarbeitenden der ebm GmbH & Co. KG besucht – je nach ihrem thematischen Arbeitsschwerpunkt – diese zum Teil obligatorischen Schulungen, die von den Produktherstellern zu ihren neuen Technologien bzw. Produkten angeboten werden.

Daneben gibt es jedoch auch arbeitsintegrierte Angebote bei der ebm GmbH & Co. KG. Beispielsweise sind hier für den Bereich der Auszubildenden die „Azubi-Baustellen" zu nennen. Dies sind Baustellen, die vonseiten des Betriebes speziell ausgewiesen werden, um Auszubildende (idealerweise) gezielt und unter Aufsicht an für sie neue Arbeitsinhalte heranzuführen, die z. B. in den Berufsschulen „zu kurz" kommen. Auch für die „älteren Semester" unter den Mitarbeitenden gab es in der Vergangenheit bei der ebm GmbH & Co. KG Bemühungen, entsprechende arbeitsintegrierte Maßnahmen durchzuführen, die in ihrer Umsetzung jedoch häufig an der Nachhaltigkeit scheiterten. So gab es das Anliegen, ältere Mitarbeitende im Rahmen eines sogenannten Erbenprogramms („Alte Knochen, neue Männer") mit Jüngeren zusammenzubringen. Ziel war es, jüngere Mitarbeitende gezielt in entsprechende Führungspositionen weiterzuentwickeln, um so perspektivisch Vakanzen zu vermeiden bzw. um wertvolles Erfahrungswissen auf jüngere Mitarbeitende zu transferieren. In der Praxis hatten diese Paarungen jedoch wenig Bestand, sodass zum Zeitpunkt des Projektstarts zwar keines mehr bestand, jedoch eine bis heute sehr fruchtbare interne Nachfolgeregelung daraus hervorgegangen ist.

Basierend auf diesen Erfahrungen, wurde im Rahmen des Projektes „In-K-Ha" (Integrierte Kompetenzentwicklung im Handwerk) in Zusammenarbeit zwischen der ebm GmbH & Co. KG und der Universität Vechta die Maßnahme **„Kompetenz-Tandems"** entwickelt, welche die arbeitsintegrierte Förderung von Wissenstransfer und Kompetenzentwicklung zum Ziel hat. Im Folgenden sollen die verschiedenen Phasen der Maßnahme konkret erläutert und die Ergebnisse evaluiert werden. Dazu wird in ▶ Abschn. 9.2 zunächst ein Überblick über den Stand des arbeitswissenschaftlichen Diskurses zu den Themen (arbeitsintegrierte) Kompetenzentwicklung und Wissenstransfers gegeben. In ▶ Abschn. 9.3 wird dann die konkrete Umsetzung der Maßnahme beleuchtet sowie die Ergebnisse in ▶ Abschn. 9.4 evaluiert. Abschließend wird diskutiert, welche Implikationen sich hieraus auch für andere Handwerksbetriebe ergeben und ein Fazit gezogen.

9.2 Arbeitsintegrierte Kompetenzentwicklung und Wissenstransfer im arbeitswissenschaftlichen Diskurs

9.2.1 Berufliche Weiterbildung und arbeitsintegrierte Kompetenzentwicklung – begriffliche Einordnung

Berufliche Weiterbildung wird vor dem Hintergrund der seit den 1970er- bzw. 1980er-Jahren auch in Deutschland verstärkt geführten „Kompetenzdebatte" oft in einem Atemzug mit dem Begriff der Kompetenzentwicklung diskutiert. Dahinter steht die Annahme, dass sich Arbeitswelten im Wandel befinden, in der Konsequenz Arbeitsinhalte vielschichtiger werden und Mitarbeitende „[…] nicht mehr lediglich für eine eng umgrenzte Klasse von Spezialaufgaben qualifiziert werden, sondern […] in der Lage sein [müssen], den Wandel von Anforderungen infolge neuer oder geänderter Aufgaben erfolgreich zu bewältigen" (Stegmaier, 2000, S. 16f.). Anstelle Mitarbeitenden durch stetige Anpassungsqualifizierungen fehlende Kenntnisse „nachzuliefern" (Bünnagel, 2012), setzt das Kompetenzkonzept auf die Ausbildung der „beruflichen Handlungskompetenz". Gemeint ist damit, dass Mitarbeitende in die Lage versetzt werden, ihre kognitiven Fertig- und Fähigkeiten im konkreten beruflichen Kontext selbstständig zur Bewältigung der ihnen (immer wieder neu) gestellten Arbeitsanforderung einzusetzen. Berufliche Handlungskompetenz umschließt folgernd

> » […] alle Fähigkeiten, Fertigkeiten, Denkmethoden und Wissensbestände des Menschen, die ihn bei der Bewältigung konkreter sowohl vertrauter als auch neuartiger Arbeitsaufgaben selbstorganisiert, aufgabengemäß, zielgerichtet, situationsbedingt und verantwortungsbewusst – oft in Kooperation mit anderen – handlungs- und reaktionsfähig machen und sich in der erfolgreichen Bewältigung konkreter Arbeitsanforderungen zeigen. (Kauffeld, 2002, S. 1)

Dabei lassen sich vier Facetten beruflicher Handlungskompetenz bestimmen: Fach-, Methoden-, Selbst- und Sozialkompetenz, deren Erhalt und Weiterentwicklung es aktiv zu fördern gilt. Generell ist davon auszugehen, dass Mitarbeitende im Handwerk im Bereich der fachlichen Kompetenzen gut aufgestellt sind. Studien zeigen jedoch, dass gerade der Bereich der überfachlichen Kompetenzen (Selbst-, Sozial- und Methodenkompetenz) im Handwerk zunehmend an Bedeutung gewinnt (Naegele et al., 2015). So sind z. B. im Rahmen eines Kundenauftrages nicht nur die fachlichen Kompetenzen eines Mitarbeitenden zum Ein- und Verbau neuer Technologien gefragt, sondern auch zunehmend Sozialkompetenzen im Beratungsgespräch oder die Fähigkeit, gewerkübergreifende Arbeiten zu koordinieren bzw. diese umzusetzen (Naegele, 2016). Kompetenzen sind dabei als veränder- und entwickelbar anzusehen, d. h., sie sind mit Lern- und Erfahrungsprozessen verbunden, welche im Idealfall durch ein strategisches Kompetenzmanagement im Betrieb unterstützt werden (Kauffeld, 2006).

An dieser Stelle stellt sich nun jedoch die Frage, wie Handwerksbetriebe die Kompetenzentwicklung ihrer Mitarbeitenden aktiv unterstützen können. Eine klassische zu erwartende Antwort an dieser Stelle wäre sicherlich: durch Weiterbildung. Geht man jedoch davon aus, dass die Weiterbildungsbeteiligung gerade im Bereich der KMU, zu denen auch ein Großteil der Handwerksbetriebe zählt, oftmals nur unzureichend ausgeprägt ist (Bechmann et al., 2011), wird schnell deutlich, dass diese Antwort nicht ausreichen kann, um in dynamischen Arbeitswelten zu bestehen. Auch wissen wir, dass Weiterbildungsverhalten in Handwerksbetrieben oftmals stark an die konkrete Auftragslage gebunden ist, d. h., ein Mitarbeitender besucht erst dann eine

Weiterbildung, wenn es der vorliegende Auftrag notwendig macht (Koch, 2008). Des Weiteren zweifeln verschiedene Autoren die Wirksamkeit von „klassischen Weiterbildungsveranstaltungen" in diesem Zusammenhang an: Demnach ist die „klassische Form der Wissensvermittlung in formalisierten bzw. institutionalisierten Bildungseinrichtungen" nicht mehr als zeitgemäß bzw. als „[…] chronisch verspätet […]" (Kauffeld, 2006, S. 12) anzusehen, da sie primär formales Faktenwissen vermittle. Lernen sollte vielmehr einen arbeitsintegrierten Charakter aufweisen, d. h., Lernprozesse sollten unmittelbar und arbeitsintegriert an die berufliche Handlungspraxis angelehnt sein:

» So finden […] Lernprozesse in Form von gewonnenen Erfahrungen und Einsichten […] in Arbeitsprozessen meist durch die Auseinandersetzung mit Arbeitsanforderungen sowie durch die Ausführung von Arbeitsaufgaben statt […]. (Senderek et al., 2015, S. 285)

Es gibt eine Vielzahl verschiedener Konzeptionen und damit verbundene Lernformate zum arbeitsintegrierten Lernen: Senderek et al. (2015) unterscheiden beispielsweise grundsätzlich das individuelle sowie organisationale Lernen. Individuelles Lernen umfasst dabei u. a. traditionelle Lehr- und Lernkonzepte (z. B. „Arbeitsunterweisungen"), Förderkonzepte (z. B. „Coaching"), aber auch Arbeits- und Lernstationen (z. B. „Lerninseln"). In Abgrenzung dazu handelt es sich beim organisationalen Lernen zumeist um Teamkonzepte, die den Wissensgewinn für das ganze Unternehmen in den Fokus stellen und bei denen der individuelle Kompetenzgewinn lediglich ein Nebeneffekt ist. Beispiele für Lernkonzepte für das organisationale Lernen können z. B. sogenannte „communities of practice" sein, eine Art der Wissensgemeinschaft, in der Mitarbeitende Wissen miteinander teilen und so Lernprozesse erzeugt werden (North et al. 2004).

Arbeitsintegriertes Lernen – Alter Wein in neuen Schläuchen für das Handwerk?

Blickt man mit einer „handwerklichen Brille" auf die nach Expertenmeinung „zunehmende Wichtigkeit des Lernorts Arbeitsplatz", erscheint dies fast paradox, da sich das Handwerk faktisch in seiner Geschichte nie allzu weit von diesem entfernt hat (Franke u. Kleinschmitt, 1987; Hahne, 2003; Naegele et al., 2015). So weist das Handwerk schon immer eine besondere Nähe zum „Lernen am Arbeitsplatz" auf – sei es durch die Ursprünge der dualen Ausbildung im „Imitatio-Modell" bzw. der „Beistelllehre", in welcher der Geselle durch das „stehlen mit dem Auge" und der Mitarbeit im meisterlichen (Ausbildungs-)betrieb lernte (Hahne, 2000), oder der frühen – auch formalen – Festschreibung des Betriebes als explizierten „Lernort bzw. Ort der Ausbildung" im Rahmen des Handwerkerschutzgesetzes von 1897 (Thelen, 2006). Macht man an dieser Stelle einen Sprung in die neuere Zeit zeigt sich, dass arbeitsintegrierte Lernformen im Handwerk unter den Schlagworten des „auftragsorientierten Lernens" bereits seit Längerem Einzug in die Didaktik und Lernformate der handwerklichen Berufsausbildung gefunden haben. So sollen Auszubildende möglichst nah an der realen Arbeitsprozessen lernen, indem sie alle Phasen eines Kundenauftrages – von der Akquise über die Durchführung zu den dem Auftrag nachgelagerten Bereichen – durchlaufen. Auf diese Weise sollen sie in die Lage versetzt werden, selbstständig ihnen gestellte Arbeitsaufträge zu bearbeiten und auftretende Probleme zu lösen (Hoppe, 2001). Auch entsprechen solche arbeitsintegrierten Kompetenzentwicklungsangebote häufig den kleinbetrieblichen Strukturen des Handwerkssektors mehr. So konnten Naegele und Frerichs (2015) basierend auf Befragungsdaten von 257 Betriebseignern bzw. Führungskräften aus dem Handwerk zeigen, dass Maßnahmen, die direkt bei der Arbeit, d. h. on the Job, stattfinden in Klein- bzw. Kleinstbetrieben in einer ähnlichen Größenordnung angeboten werden wie in Betrieben mit einer höheren Mitarbeiterzahl.

Ein Blick auf den skizzierten Status quo bei der ebm GmbH & Co. KG (▶ Abschn. 9.1.2) zeigt, das auch dort entsprechende arbeitsintegrierte Ansätze identifiziert werden konnten. Jedoch waren diese – gerade in Bezug auf die Gruppe der bereits ausgelernten Gesellen/-innen – wenig nachhaltig. Es gilt daher, sich diese dem Handwerk nahe, arbeitsintegrierte Lernform „zu eigen zu machen", unter dem Aspekt der Nachhaltigkeit konsequent weiterzuentwickeln und zu einem festen Bestandteil des betrieblichen Kompetenzmanagements bei der ebm GmbH & Co KG. auszubauen.

9.2.2 Arbeitsintegrierter Wissenstransfers als Kompetenzentwicklung – Aber wie denn jetzt genau?

In Anbetracht immer kurzfristigerer Innovationszyklen und einer steigenden Ausdifferenzierung von Arbeitsanforderungen nimmt Wissen als strategische Ressource aus Sicht von Betrieben eine zunehmend zentrale Bedeutung ein (Lukas, 2012). Folglich ist der „Transfer und/oder die Entwicklung von Wissen" eines der am häufigsten genannten Ziele, wenn es um betriebliches Lernprozesse geht.

Nonaka und Takeuchi (1995) weisen jedoch mit ihrer Unterscheidung zwischen expliziten und impliziten Wissen darauf hin, dass nicht jedes Wissen in Form von Daten, Zahlen oder beispielsweise Wissensdatenbaken erfassbar und damit auf diesem Wege übertragbar gemacht werden kann. Im Gegensatz zu **explizitem Wissen** dem sogenannten „Know-what" lässt sich **implizites Wissen** mehr unter den Aspekten „Know-how" bzw. „Know-who" fassen. Das heißt, es handelt sich weniger um klassisches Faktenwissen, sondern vielmehr um die Anwendung von praktischem, im Berufsleben angesammeltem Erfahrungswissen (Lukas, 2012). Nach Leonard-Barton und Swap (2005) gehört dazu auch das „Wissen um Personen, die über entsprechendes Wissen verfügen". Insbesondere dieses implizite Wissen bedarf einer anderen – arbeitsintegrierten – Form der Wissensübertragung, da es nicht einfach extrahiert werden kann. Auffällig im Rahmen dieser Debatte ist, dass eine Vielzahl von Veröffentlichungen zwar die positiven Effekte von betrieblichem Wissenstransfers hervorheben oder auch entsprechende Lernformate vorschlagen, um einen Transfer zu ermöglichen (z. B. Kommunikationsforen, Mentoring-Programme, Arbeitsplatzvernetzung etc.), jedoch die konkrete Beschreibung des „Wie", d. h. die Auseinandersetzung mit dem „konkreten Lernmoment" häufig vernachlässigen (Baldin, 2009). Es scheint, als würde immer implizit davon ausgegangen werden, dass in dem Moment, wo Mitarbeitende zusammenkommen, automatisch nicht nur „Lerneffekte", sondern auch „Lernerfolge" zu erwarten sind, ohne dass diese explizit gesteuert werden müssten. Dies gilt anscheinend auch für das Handwerk:

> » Zahlreiche Handwerksmeister glauben offensichtlich immer noch, dass sich das Lernen am Arbeitsplatz automatisch vollzieht. Erkenntnisse, die darauf hindeuten, dass die einzelnen Arbeiten einen sehr unterschiedlichen Lehrgehalt haben, aufeinander aufbauen und jeweils durch theoretische Unterweisungen ergänzt und vermittelt werden müssen, haben noch keine genügende Verbreitung gefunden. (Damm-Rüger et al., 1988, S. 120)

Wissenstransfer bezieht sich dabei jedoch nicht nur darauf, dass Wissen von einer Person auf eine andere übertragen wird, sondern mit Wissenstransfer geht auch meist implizit eine Kompetenzentwicklung des Wissensnehmers einher. Sei es beispielsweise durch die arbeitsintegrierte Übertragung von Erfahrungs- und Expertenwissen von älteren Mitarbeitenden auf jüngere oder durch den umgekehrten Prozess der Heranführung von älteren Mitarbeitenden an neue, z. B. digitalisierte Arbeitsweisen durch jüngere Kollegen/-innen – am Ende dieses Prozesses steht (im Idealfall) eine Kompetenzentwicklung.

Das Vorgehen, erfahrene Mitarbeitende mit dem Ziel des Wissenstransfers bzw. der Kompetenzentwicklung mit weniger erfahrenen „zu paaren", ist – aus Weiterbildungssicht – kein neues Unterfangen. Unter dem Slogan des „Mentorings" oder der „Patenmodellen" wird in der Literatur häufig darauf rekurriert, insbesondere im Zusammenhang mit dem Erhalt von personengebundenem Erfahrungswissen für den Betrieb (Baldin, 2009). Ziel dieser Maßnahmen ist es dabei meist, wie bereits angesprochen, den gezielten Wissenstransfer von Alt nach Jung zu forcieren, während die Lerntätigkeit der älteren Beschäftigten meist nur eine untergeordnete Rolle spielt (Frerichs, 2007). Da in den im Rahmen der Maßnahme gebildeten Tandems, und hier insbesondere in den Wissens-Tandems, auch die Kompetenzentwicklung der „älteren Tandem-Partner" als Ziel formuliert ist, soll durch den bewussten Rückgriff auf die Bezeichnung „Tandems" die Wechselseitigkeit des Wissenstransfers an dieser Stelle betont werden. Auch weisen Mentoring- oder Patenmodelle nicht notwendigerweise einen expliziten Bezug zum gemeinschaftlichen arbeitsintegrierten Lernen auf. Da sich jedoch bei der näheren Auseinandersetzung z. B. mit den Zielsetzungen der Karriere-Tandems gezeigt hat, dass es sich bei den zu übermittelnden Wissensinhalten größtenteils um implizites Wissen handelt, ist das Lernen über die konkrete Arbeitssituation ein entscheidungsrelevanter Faktor dafür, um überhaupt Zugang zu diesem Wissen zu bekommen und schlussendliche an dieser Stelle Kompetenzen von Mitarbeitenden entwickeln zu können.

» In sogenannten Tandems geht es nicht primär darum, Wissen von der einen in die andere Richtung zu transferieren. Stattdessen werden von Tandems gemeinsam Arbeitsaufgaben bearbeitet, sodass es sich hier um eine Form der kollegialen Zusammenarbeit handelt, die auch als kooperatives, kommunikatives und arbeitsintegriertes Lernarrangement begriffen werden kann. Durch die Arbeit zu zweit wird ein Austausch von aktuellem Praxis-, Handlungs- und entscheidungsrelevantem Wissen ermöglicht. (Frerichs, 2007, S. 91)

9.2.3 Die Verankerung von Kompetenzentwicklung in Betrieben – eine Frage der Betriebskultur?

Der Erfolg von arbeitsintegrierten Maßnahmen des Wissenstransfers und einer damit verbundenen Kompetenzentwicklung ist jedoch nicht nur abhängig von der Frage, inwieweit diese strukturell eingebunden bzw. didaktisch begleitet werden, sondern – wie Rump und Eilers (2006) betonen – auch stark beeinflusst von der herrschenden Unternehmens- bzw. Betriebskultur.

Auch wenn Wissenstransfer bzw. Kompetenzentwicklung (im Idealfall) in allen Unternehmen praktiziert werden sollten, zeigt sich, dass viele Unternehmen sich diesbezüglich „erst bewegen", wenn sie sich mit konkreten Problemlagen (z. B. generationeller Wechsel der Belegschaft, mögliche Vakanzen auf zentralen Positionen im Betrieb, zunehmender Innovationsdruck etc.) konfrontiert sehen. Seltener sind angestoßene Maßnahmen das Resultat eines proaktiven Personalwesens, welches zudem in vielen klein- und mittelständigen Unternehmen aufgrund fehlender Ressourcen häufig nur unzureichend ausgebaut ist (Dobischat, 2013). So ist an dieser Stelle auch darauf hinzuweisen, dass die Implementation von Personalentwicklungsmaßnahmen in klein- und mittelständigen Betrieben meist unmittelbar einhergeht mit organisatorischen und kulturellen Veränderungen. Personal- bzw. Kompetenzentwicklung heißt damit zumeist auch Organisationsentwicklung (siehe dazu ▶ Kap. 10).

Auf der organisationalen Ebene kann dies z. B. bedeuten, dass auf der einen Seite Ressourcen (finanzielle sowie personelle) für Kompetenzentwicklungsmaßnahmen vonseiten des Betriebes bereitgestellt werden, aber auch das auf der operativen Ebene Anpassungen – beispielsweise in den arbeitsorganisatorischen Abläufen des Tagesgeschäfts – erfolgen müssen, um unter Umständen erst einmal Zeiträume für etwaige „Lernmomente" zu schaffen (Rump u. Eilers, 2006). Doch alleine die Bereitschaft des Arbeitgebers reicht an dieser Stelle nicht aus. Wichtig ist nach Rump auch die übergeordnete normative Ebene, d. h. die im Betrieb geteilten Wertvorstellungen in Bezug auf Kompetenzentwicklung. Stehen Mitarbeitende nicht hinter dieser Idee, ist eine Umsetzung schwierig:

» Das Interesse und die Bereitschaft, voneinander zu lernen und Wissen zu teilen, hat erst mal wenig mit Werkzeugen zu tun. Selbst innovative Instrumente bewegen keinen Beschäftigten dazu, sich am Wissensaustausch zwischen Jung und Alt zu beteiligen, wenn er nicht dazu bereit ist. (Rump, 2001, S. 24f.)

Wirft man vor diesem Hintergrund einen Blick auf die ebm GmbH & Co. KG lässt sich zunächst eine hohe Identifikation der Mitarbeitenden mit dem Betrieb sowie eine hohe Wertschätzung der ebm GmbH & Co. KG den eigenen Mitarbeitern/-innen gegenüber ausmachen:

„Also, ebm solange ich denken kann, ich bin 39 Jahre im Unternehmen von den 40, die wir hinter uns haben, waren 3 gravierende Punkte immer ganz ganz wichtig: Wertschätzung den Mitarbeitern gegenüber, Wertschätzung dem Kunden gegenüber und Wertschätzung den Lieferanten gegenüber. Also immer eine hohe Partnerschaft und ein Miteinander. Eine homogene Unternehmenskultur mit der Wertschätzung jedes Einzelnen in seiner Position, in dem, was er tut." (Hr. Ennen, Geschäftsführer der ebm GmbH & Co. KG)

In Bezug auf den Themenbereich Weiterbildung und Kompetenzentwicklung lässt sich zudem eine grundsätzliche Bereitschaft der Geschäftsleitung, sich im Bereich der Weiterbildung zu engagieren, feststellen. So wird die individuelle Kompetenzentwicklung der eigenen Mitarbeitenden bei der ebm GmbH & Co. KG unter dem Aspekt der beruflichen Laufbahngestaltung und damit auch der langfristigen Mitarbeiterbindung aufgefasst und strukturell beispielsweise durch die Einstellung einer Personalentwicklerin unterstützt. Auf Mitarbeiterseite wird – mehr oder weniger erfolgreich – der Wissenstransfer und die damit verbundene Kompetenzentwicklung forciert, d. h., es wird seitens der ebm GmbH & Co KG versucht, Mitarbeitende zur Weitergabe ihres Wissens bzw. zum Erwerb von neuem Wissen zu animieren.

9.3 Kompetenzentwicklung durch „Kompetenz-Tandems" in der ebm GmbH & Co. KG

9.3.1 Ziele und Ausrichtung der „Kompetenz-Tandems"

Im Rahmen des vom BMBF geförderten Forschungs- und Entwicklungsprojektes „In-K-Ha" wurde von November 2015 bis Juli 2016 die Implementation von sogenannten **„Kompetenz-Tandems"** im täglichen betrieblichen Ablauf der ebm GmbH & Co. KG erprobt und abschließend wissenschaftlich evaluiert. Ziel der Maßnahme war es dabei, den arbeitsintegrierten Wissenstransfer zwischen erfahrenen und weniger erfahrenen Mitarbeitenden zu forcieren. Im Rahmen der angestoßenen Maßnahme wurden insgesamt fünf Kompetenz-Tandems mit zunächst jeweils zwei Mitarbeitenden („Wissensnehmer und Wissensgeber") gebildet. Alle „Wissensnehmer" verfügten zum Zeitpunkt der Maßnahme über eine abgeschlossene berufliche Erstausbildung im Elektrohandwerk, die sie in der Regel auch bei der ebm GmbH & Co. KG absolviert hatten. Die „Wissensgeber" hingegen konnten größtenteils auf eine langjährige Berufserfahrung und Betriebszugehörigkeit bei der ebm GmbH & Co. KG zurückblicken. Basierend auf den Vorerfahrungen des Betriebes mit Wissenstransferprozessen (z. B. „Erbenprogramm") wurden zunächst verschiedene Problembereiche identifiziert, in denen sich das Durchführen einer Kompetenzentwicklungsmaßnahme in besonderer Weise eignen würden: Erstens ist es für die ebm GmbH & Co. KG notwendig, ihre jüngeren und bis dato noch unerfahrenen Mitarbeitenden an das ganze Spektrum an Technologien heranzuführen, welche ihnen in ihrem Arbeitsalltag begegnen könnten. Durch das immer komplexer werdende Arbeitsfeld im Elektrohandwerk – mit stetig neuen, aber auch einem hohem Bestand an alten Technologien – kann nicht mehr davon ausgegangen werden, dass alle Inhalte über die berufliche Erstausbildung abgedeckt werden. Es gilt also, die Kompetenzen von Mitarbeitenden so zu entwickeln, dass sie zukünftig anfallende Arbeitsanforderungen selbstständig bewältigen können.

Ein zweites zentrales Anliegen der ebm GmbH & Co. KG war es, Mitarbeiter/-innen und ihre Kompetenzen dahingehend zu entwickeln, dass diese langfristig die Position der „Baustellenleitung" übernehmen können. Bei der „Baustellenleitung" handelt es sich um betriebsspezifische Führungspositionen innerhalb der ebm GmbH & Co. KG, welche zurzeit primär von sehr erfahrenen Mitarbeitenden ausgefüllt werden. Baustellenleitungen sind – einfach ausgedrückt – verantwortlich für das Koordinieren der Arbeitsabläufe und des Personaleinsatzes vor Ort auf den Baustellen. In einer Doppelspitze mit den Projektleitern im Büro stellen sie somit sicher, dass die von der ebm GmbH & Co. KG durchgeführten Aufträge reibungslos ablaufen. Aufgrund ihres fortgeschrittenen Alters werden viele der Mitarbeitenden, die zur Zeit diese Positionen bei der ebm GmbH & Co. KG innehaben, jedoch in den nächsten fünf bis zehn Jahren das Renteneintrittsalter erreichen und somit langfristig aus dem Betrieb ausscheiden. Da diese Position von zentraler Bedeutung in der ebm GmbH & Co KG ist, ergibt sich die Notwendigkeit, hier frühzeitig und langfristig kompetenten Nachwuchs heranzuziehen.

Auch ist, wenn ein erfahrener Mitarbeitender den Betrieb verlässt oder für längere Zeit ausfällt, nicht nur der Verlust des immensen Erfahrungsschatzes aus Betriebssicht problematisch, sondern meist „geht" mit einem Mitarbeitenden auch die direkte Kontaktperson zu einem langjährig gewachsenen Kundenstamm. So geht es als drittes zentrales Anliegen der ebm GmbH & Co. KG auch darum, im Rahmen der Maßnahmen bestimmte Kunden, die zum Teil seit sehr langer Zeit nur mit einem speziellen Mitarbeitenden zusammengearbeitet haben, an die nächste Generation zu „übergeben". Vor diesem Hintergrund wurden fünf Kompetenz-Tandems konzipiert, die sich jedoch hinsichtlich ihrer Zielsetzung zwei Schwerpunktsetzungen zuordnen lassen:

Wissens-Tandems (n = 2)   Idee der Wissens-Tandems ist es, die Übertragung von technischem Fachwissen bzw. -kompetenzen von einem erfahrenen („Wissensgeber") zu einem weniger erfahrenen Beschäftigten („Wissensnehmer") zu forcieren. Diese Rollen können (und sollen) jedoch je nach Lerninhalt auch flexibel wechseln. Geht man klassischerweise immer davon aus, dass jüngere Mitarbeitende von den älteren lernen, bieten die Wissens-Tandems hier die Möglichkeit, dass auch jüngere Mitarbeitende ihr Know-how und Wissen (z. B. im Umgang mit computergestützter Soft- und Hardware) an ihre älteren Kollegen/-innen vermitteln.

Karriere-Tandems (n = 3)   Karriere-Tandems weisen in ihrer Zielsetzung einen breiteren Fokus auf, da neben notwendigen Fachkompetenzen auch überfachliches Wissen wie Führungs- und Organisationskompetenzen entwickelt werden sollen. Die Kompetenzen der Wissensnehmer

sollen durch die Paarung mit einem erfahrenen Wissensgeber individuell und konsequent gefördert werden mit dem Ziel, dass diese Mitarbeitenden perspektivisch beispielsweise die Position
einer Baustellenleitung übernehmen können.

9.3.2 Aufbau und Inhalt der „Kompetenz-Tandems"

Die „Kompetenz-Tandems" wurden in fünf verschiedenen Phasen (◘ Abb. 9.1) über einen
Zeitraum von ca. acht Monaten realisiert. Der Zeitrahmen wurde dabei in Relation zur

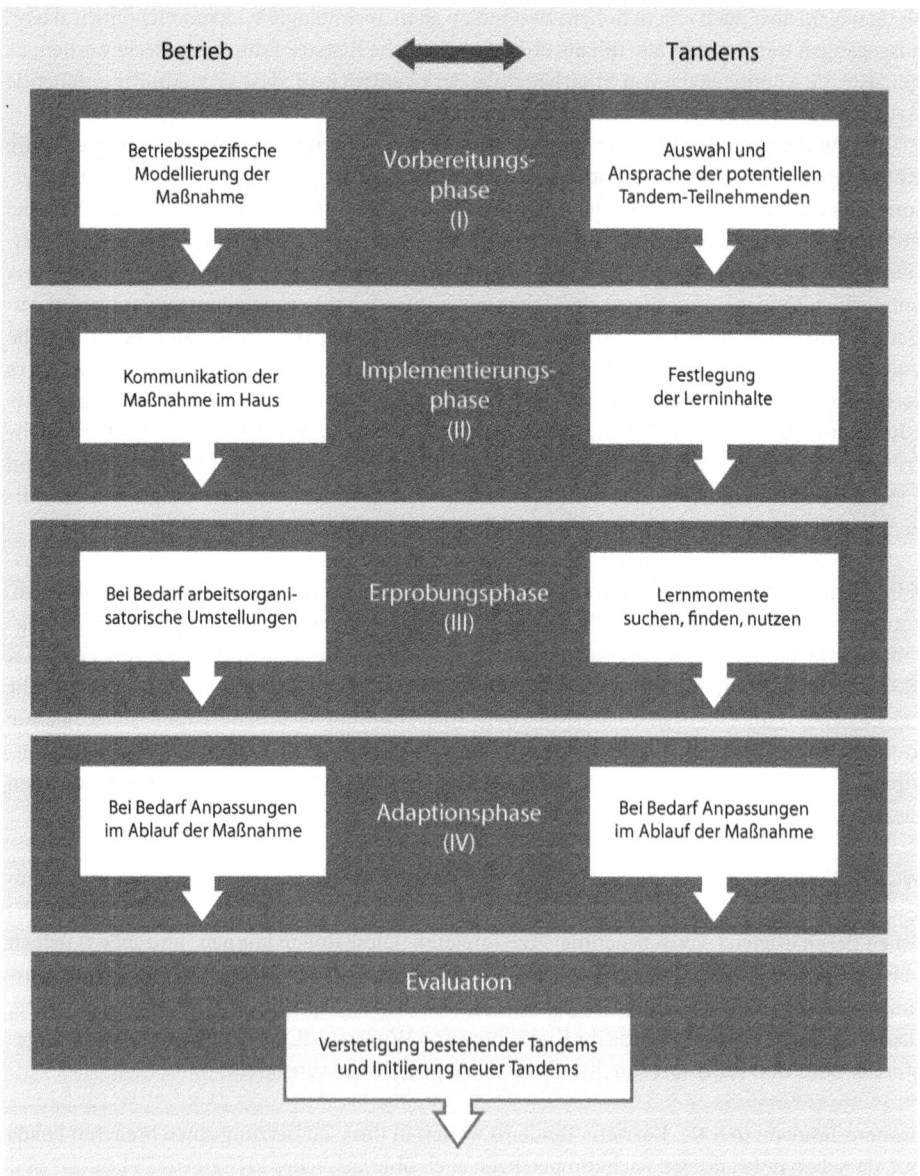

◘ **Abb. 9.1** Phasenmodell „Kompetenz-Tandems"

Projektlaufzeit gewählt und ist an dieser Stelle flexibel anpassbar. Im Folgenden sollen die verschiedenen Phasen kurz vorgestellt werden. Dabei ist darauf hinzuweisen, dass hier immer zwischen der Ebene des Betriebes und der Ebene der Tandem-Teilnehmer zu unterscheiden ist. So bietet der Betrieb die „Rahmung" für das Durchführen der „Kompetenz-Tandems" und – neben dem individuellen Einsatz der Tandem-Teilnehmer – zeigten sich im Verlauf der „Kompetenz-Tandems" auch aufseiten des Betriebes Aufgaben und Verantwortlichkeiten, die zum erfolgreichen Durchführen der Maßnahme unersetzlich sind.

Vorbereitungsphase (I)

Im Rahmen der Vorbereitung zur durchgeführten Kompetenzentwicklungsmaßnahme wurde zunächst ermittelt, welche Problemlagen momentan bei der ebm GmbH & Co. KG vorliegen, für die Kompetenzentwicklung mögliche Lösungen anbieten könnte. Prämisse war es dabei, die Maßnahme nicht nur nah an den betrieblichen Bedürfnissen, sondern auch nah an den realen betrieblichen Abläufen zu modellieren. So sind Mitarbeitende im Elektrohandwerk in der Regel nicht über einen längeren Zeitraum an einem „Arbeitsort" eingesetzt, sondern immer nur zeitlich begrenzt und in Abhängigkeit zum Auftragsvolumen vor Ort auf der Baustelle. Eine Maßnahme, die nun beispielsweise wechselnde Arbeitsorte nicht berücksichtigen würde (z. B. fest im Betrieb verortete Lerninseln), wäre daher wenig sinnvoll. Auch ist es hilfreich, an dieser Stelle auf bereits bestehende Konzepte im Betrieb aufzubauen, da diese in der Regel schon eine gewisse Akzeptanz innerhalb der Belegschaft genießen und eine einfachere Implementation ermöglichen.

In Workshops bzw. Einzelgesprächen unter Beteiligung der Geschäftsleitung, der Personalentwicklerin und den Projektleitern wurden daher zunächst seitens der ebm GmbH & Co. KG
1. konkrete Problemlagen bzw. Entwicklungspotenziale bestimmt,
2. bereits existierende Kompetenzentwicklungsansätze identifiziert sowie
3. eine erste Auswahl möglicher Maßnahmenteilnehmer getroffen.

Im Rahmen eines gemeinsamen Workshops mit den wissenschaftlichen Partnern der Universität Vechta wurden diese Erkenntnisse dann zu einem Maßnahmenkonzept für die „Kompetenz-Tandems" zusammengeführt sowie ein erster Zeit- bzw. Ablaufplan erarbeitet.

Anschließend wurden erste Gespräche mit potenziellen Tandem-Paarungen geführt, mit dem Ziel
1. die angesprochenen Mitarbeitenden generell über das Vorhaben zu informieren,
2. die Bereitschaft der ausgewählten Mitarbeitenden an einer Teilnahme zu überprüfen sowie
3. mögliche arbeitsorganisatorische Hindernisse (z. B. dauerhafter gemeinsamer Einsatz der Tandem-Partner auf den Baustellen) auszuloten.

Neben den fachlichen Kompetenzen ging es bei der Auswahl der Mitarbeitenden für die Tandems vor allem auch darum abzuschätzen, ob eine gewisse Art der „sozialen Kompatibilität" zwischen den Tandem-Partnern herrscht. Konkret meint dies, ob die Bereitschaft bei den Teilnehmenden gegeben ist, einen Kollegen anzuleiten bzw. sich von einem Kollegen anleiten zu lassen.

Implementierungsphase (II)

Im Rahmen der Implementierungsphase wurde zunächst auf breiter Basis innerhalb des Betriebes über die Maßnahme informiert. Dazu fanden mehrere Gespräche innerhalb der Projektleiterrunde und mit Vertretern des Betriebsrates statt. Hier ist anzumerken, dass es bei diesen Gesprächen nicht nur darum ging, die Ebene der Projektleiter für personalplanerische Aspekte zu sensibilisieren, sondern auch für finanzielle. So kann es zur finanziellen Mehrbelastung auf einzelnen Baustellen kommen, wenn zwei Mitarbeitende im Rahmen eines Tandems dort eingesetzt werden, wo vorher z. B. lediglich ein Mitarbeitender eingeplant worden wäre. Diese möglichen (Mehr-)Belastungen gilt es vorab zu diskutieren und eine gemeinsame Linie im Betrieb festzulegen, auf die sich die Tandem-Partner dann im Verlauf der Maßnahme auch beziehen können. Im Rahmen einer Jubilarsfeier wurde der restlichen Belegschaft zudem die Möglichkeit gegeben, sich an einem Informationsstand über das Projekt „In-K-Ha" im Allgemeinen und die Kompetenz-Tandems im Speziellen zu informieren und sich mit den wissenschaftlichen Mitarbeitern/-innen im Projekt auszutauschen.

Aufseiten der Tandems wurde dann versucht, erste mögliche Lernziele für die angedachten Erprobungsphase (ca. sechs Monate) festzulegen. Diese Lernziele orientierten sich dabei stark an der spezifischen Ausrichtung (Wissens- oder Karriere-Tandem) der einzelnen Tandems.

Für die **Karriere-Tandems** wurde zunächst in Zusammenarbeit mit erfahrenen Mitarbeitenden auf dieser Position, ein Kompetenzmodell „Baustellenleitung" erarbeitet, aus denen dann spezielle Bereiche als Lernziel für die einzelnen Karriere-Tandems festgelegt wurden (◘ Abb. 9.2). Das Kompetenzmodell stellt an dieser Stelle eine schriftliche Zusammenstellung der Fähig- und Fertigkeiten bzw. der Kompetenzen dar, über die ein Mitarbeitender verfügen muss, um die Position der Baustellenleitung erfolgreich ausüben zu können (vgl. ▶ Kap. 11). Bei den Karriere-Tandems standen entsprechend zumeist überfachliche Kompetenzen (Führungskompetenz, Gesprächsführung, Kommunikation mit Kollegen und Vertretern aus anderen Gewerken o. Ä.) im Vordergrund.

Die Lernziele der **Wissens-Tandems** betrafen zumeist konkrete Technologien (z. B. Brandschutz- bzw. Medientechnik) und hatten das Ziel, die fachlichen Kompetenzen der Mitarbeitenden zu entwickeln. Die Lernziele wurden im Anschluss an die Gespräche dokumentiert.

Erprobungsphase (III)

Während der Erprobungsphase ging es konkret darum, die Tandems in den täglichen Betriebsablauf zu integrieren. Dies heißt aufseiten des Betriebes vor allem, dass zum Teil arbeitsorganisatorische Umstellungen in den Teams erfolgen mussten, da die Tandem-Partner regelmäßig und über einen längeren Zeitraum hinweg auf der gleichen Baustelle bzw. im Rahmen des gleichen Kundenauftrages eingesetzt werden sollten. Für die Tandems ging es dann darum, auf den Baustellen entsprechende „Lernmomente" zu kreieren bzw. diese wahrzunehmen.

Dabei ist an dieser Stelle noch einmal zu betonen, dass nicht davon ausgegangen werden kann, dass diese Lernprozesse einfach neben und während der Arbeit ablaufen. Vielmehr müssen diese in einem bewussten Kontext eingebunden sein, um Lerneffekte zu erzielen. An dieser Stelle bieten sich verschiedene Möglichkeiten zur Strukturierung der Lernmomente. Exemplarisch werden in ◘ Tab. 9.1 zwei in den Tandems erprobte Methoden beschrieben.

Adaptionsphase (IV)

Die Adaptionsphase ist dann notwendig, wenn innerhalb der Erprobungsphase festgestellt wird, dass Probleme bei der Durchführung der Tandems auftreten. Diese können personeller (Personen „können nicht miteinander") oder arbeitsinhaltlicher Natur sein. So zeigte sich im Rahmen der Maßnahme beispielsweise, dass die Möglichkeit, die vorab festgelegten Lernziele zu erreichen, stark an die konkrete Baustelle gekoppelt ist. Insbesondere Tätigkeiten, die einen gewissen Spezialisierungsgrad aufweisen, müssen nicht immer Bestandteil jeder Baustelle sein. Ein gewisser Grad an Flexibilität und die Möglichkeit, die angedachten Lernziele entsprechend zu

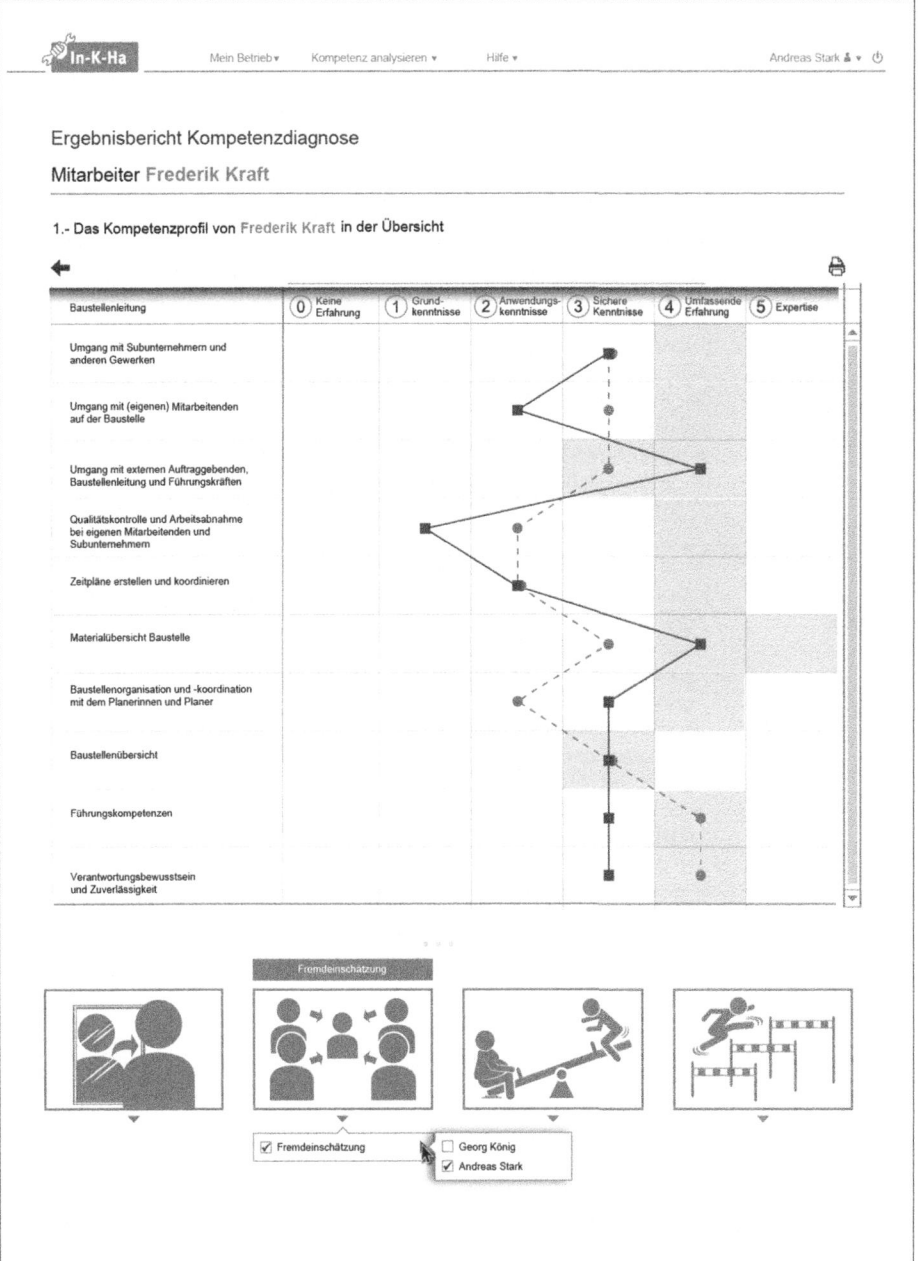

◻ Abb. 9.2   Beispielhafter Auszug aus dem „Kompetenzmodell Baustellenleitung" im Kompetenz-Navi

adaptieren, sollte daher eingeplant werden, ohne jedoch das „große Ganze" aus dem Auge zu lassen. So geht es nicht darum, wahllos die Arbeits- bzw. Lerninhalte zu wechseln, sondern innerhalb des vorab – in den Gesprächen – abgesteckten Rahmens flexibel zu bleiben, um sowohl die Maßnahme durchführen zu können als auch etwaige Frustrationen der Tandem-Teilnehmer zu vermeiden.

◨ **Tab. 9.1** Methoden zur Strukturierung des Wissenstransfers im Rahmen der Kompetenz-Tandems

	„Mikrobaustelle bzw. -aufgabe"	„Planungsgemeinschaft"
Allgemeines Vorgehen	Im Rahmen einer „Mikrobaustelle" bzw. „Mikroaufgabe" wird dem Wissensnehmer vom Wissensgeber die Verantwortung für einen einzelnen kleinen Bauabschnitt bzw. eine begrenzte Aufgabenstellung übertragen. Dabei werden die Aufgaben bewusst so gewählt, dass für den Wissensnehmer – neben bekannten – auch neue Arbeitsinhalte auftreten. Durch die relativ selbstständige Auseinandersetzung mit diesen und die Notwendigkeit für den Wissensnehmer, hier Lösungen zu erarbeiten, wird der Lernprozess und damit die Kompetenzentwicklung angestoßen.	Im Rahmen einer „Planungsgemeinschaft" geht es darum, dass Wissensgeber und Wissensnehmer gemeinsam die Umsetzung eines konkreten Arbeitsschrittes erarbeiten. Dabei wird auf das Erfahrungswissen des Wissensgebers zurückgegriffen, es werden aber auch die Ideen und Ansätze des Wissensnehmers berücksichtigt. Planung und Ausführung der Arbeitsaufgabe werden dann gemeinschaftlich absolviert. Diese Methode bietet sich insbesondere dann an, wenn auch für den erfahrenen Mitarbeitenden neue Wissensinhalte (z. B. der Umgang mit bestimmten Technologien) zu erwarten sind. Diese gilt es dann im Tandem kooperativ zu erarbeiten.
Beispiel zum Ablauf	1. Anleitung des Wissensnehmers durch den Wissengeber, was im Rahmen der Mikrobaustelle bzw. -aufgabe erfolgen soll (z. B. im Rahmen einer gemeinsamen Baubesprechung und/oder Begehung des Bauabschnitts). 2. Eigenständige Durchführung der Mikrobaustelle bzw. -aufgabe durch den Wissensnehmer. Bei Bedarf erfolgt in dieser Phase auch Hilfestellung durch den Wissensgeber. 3. Gemeinsame Reflexion nach Abschluss der geleisteten Arbeiten. Was lief gut, was schlecht? Was kann der Wissensnehmer in Zukunft anders machen?	1. Gemeinsame Erarbeitung und Planung der zu bearbeitenden Aufgabe (z. B. durch die Konkretisierung von Bauplänen oder des zu erfolgenden Materialeinsatzes, Festlegung von Kabelwegen o. Ä.). 2. Gemeinschaftliche Durchführung der Arbeitsaufgabe auf der Baustelle. 3. Gemeinsame Reflexion nach Abschluss der geleisteten Tätigkeiten. Was haben wir gelernt? Was können wir für uns bzw. für Kollegen, die eine ähnliche Aufgabe in Zukunft übernehmen müssen, festhalten?
	Im Rahmen eines der Karriere-Tandems, in dem der Umgang mit Subunternehmern und Fremdfirmen als Lernziel festgelegt war, bot sich diese Methode an. Der Wissensnehmer verantwortete selbstständig die Abwicklung eines baulichen Abschnitts auf der Großbaustelle. Konkrete Aufgabe war es, dass der ihm zugeordnete Bauabschnitt, auf dem viele Subunternehmer von der ebm GmbH & Co. KG eingesetzt waren, dem Zeitplan und den Qualitätserfordernissen entsprechend durchgeführt wurde. Der Wissensnehmer fungierte quasi als „Vorarbeiter" für den Bauabschnitt, inklusive der Verantwortlichkeiten und Aufgaben, die damit einhergingen.	Einem der Wissens-Tandems wurde die Aufgabe übertragen, im Rahmen des Umbaus einer Veranstaltungshalle den Einbau der entsprechenden Medientechnik umzusetzen.

	„Mikrobaustelle bzw. -aufgabe"	„Planungsgemeinschaft"
Konkreter Wissenstransfer	Durch den stetigen Umgang mit den Mitarbeitenden und den Arbeiten der Subunternehmen beinhaltete die übertragene Aufgabe vor allem Aspekte überfachlicher Kompetenzen in den Bereichen der Kommunikation, Führung, aber auch der organisationalen Planung. Diese konnten erfolgreich im Rahmen der Maßnahme entwickelt werden.	Zunächst ging es darum, die von einem Planungsbüro angefertigten (recht allgemein gehaltenen) Baupläne an die räumlichen und technischen Gegebenheiten vor Ort sowie an die Kundenwünsche anzupassen. Dies erfolgte durch die gemeinsame Erstellung eines detaillierten (Kabel-)Verlegeplans sowie zahlreiche gemeinsame Begehungen der Baustelle. Des Weiteren mussten sich beide Mitarbeitende mit den besonderen Anforderungen der Medientechnik vertraut machen (z. B. Wahl geeigneter Kabeltypen, Voraussetzungen für den Verbau der geplanten Endgeräte). Letztendlich mussten die Arbeiten durchgeführt und mit den Arbeitsschritten aus den anderen Gewerken koordiniert werden.
		Während die Fachkompetenzen im Bereich der Medientechnik bei beiden Mitarbeitenden weiterentwickelt wurden, konnten aufseiten des Wissensnehmers zudem auch Kompetenzen im Bereich der Planung bzw. Organisation von Arbeitsaufträgen geschult werden.

■ **Tab. 9.1** Fortsetzung

Evaluation (V)

Es ist notwendig, in regelmäßigen Abständen – bereits während der Erprobungsphase – die Entwicklung der Tandems zu überprüfen. So ist es bei der großen Anzahl von Mitarbeitenden bei der ebm GmbH & Co. KG seitens der Betriebsführung schwierig, stets einen konkreten Überblick über den Stand aller Tandems zu behalten. Auch droht häufig unter dem großen Zeitdruck des Tagesgeschäfts ein Rückfall in alte, z. B. arbeitsorganisatorische Gewohnheiten wie der getrennter Einsatz von Tandem-Partnern. Diesem gilt es, durch eine regelmäßige Überprüfung in einen strukturierten Rahmen (vereinbarte Gesprächstermine, Feedbackrunden etc.) entgegenzuwirken.

Am Ende einer Maßnahme ist es wichtig, die Lernerfolge bzw. den Kompetenzentwicklungsfortschritt der Mitarbeitenden zu evaluieren. Dies kann durch direkte Gespräche mit den Tandems über die selbst empfundenen Lernerfolge oder wahlweise auch mit dem im „In-K-Ha"-Projekt entwickelten webbasierten Kompetenzdiagnosetool KOMPETENZ-NAVI (http://kompetenz-navi.de/) erfolgen. So bietet der KOMPETENZ-NAVI die Möglichkeit, auf Basis der im Tool zur Verfügung gestellten Kompetenzmodelle die Kompetenzen von Mitarbeitern einzuschätzen bzw. diese ihre Kompetenzen selbst einschätzen zu lassen. Dies könnte beispielsweise auch vor und nach der Durchführung einer Kompetenzentwicklungsmaßnahme erfolgen. Zudem besteht mit dem KOMPETENZ-NAVI auch die Möglichkeit, die dort hinterlegten Kompetenzmodelle betriebsspezifisch anzupassen bzw. – wie im Fall der ebm GmbH & Co. KG geschehen – um ein eigenes

Kompetenzmodell „Baustellenleitung" zu ergänzen (◉ Abb. 9.2). Detailliertere Informationen zum KOMPETENZ-NAVI sind in ▶ Kap. 11 zu finden.

Nach Abschluss der Maßnahme ist es zudem wichtig, die Ergebnisse, Erfolge und Misserfolge der „Kompetenz-Tandems" an die Führungsebene und die Belegschaft zurückzumelden, um die allgemeine Akzeptanz einer solchen Maßnahme innerhalb des Betriebes zu erhöhen sowie den Einsatz und die Arbeit der Tandem-Partner entsprechend zu würdigen. Die Entwicklung eines – wie auch immer gearteten – Gratifikationssystems ist insbesondere vor dem Hintergrund der Motivation von Mitarbeitenden, an entsprechenden Maßnahmen in der Zukunft teilzunehmen, zudem besonders empfehlenswert. Eine Evaluation der einzelnen Tandems muss jedoch keineswegs heißen, dass die Tandems aufgelöst werden sollten. Vielmehr gilt es in einem weiteren Schritt, bestehende „Kompetenz-Tandems" durch die Festlegung neuer Lerninhalte zu verstetigen bzw. neue Tandems zu initiieren.

9.4   Bewertung der „Kompetenz-Tandems" bei der ebm GmbH & Co. KG

Die abschließende Betrachtung der im Rahmen des „In-K-Ha" durchgeführten „Kompetenz-Tandems" ergibt ein gemischtes Bild. So hatten nicht alle der am Anfang gestarteten Tandems über den gesamten Erprobungszeitraum Bestand. In einem Fall scheiterte die Zusammenarbeit an persönlichen Differenzen, in einem anderen Fall boten sich keine Gelegenheiten zur Zusammenarbeit, weswegen die Erprobungszeit auf einen späteren Zeitpunkt (geplanter Start Herbst 2016) verlegt werden musste. Einige Probleme gab es zudem in der Einstiegsphase, da es sich – trotz ausreichender Vorbereitungszeit sowie diverser Gespräche vorab im Haus – z. B. als schwierig erwies, die Mehrkosten, die durch den Einsatz zweier Mitarbeitender auf einer Baustelle anfielen, gegenüber den Projektleitern durchzusetzen. Das heißt, die Bereitschaft „auf Kostenstelle des eigenen Projektes" in die Kompetenzentwicklung von Mitarbeitenden zu investieren, war häufig sehr niedrig ausgeprägt. Als Resultat starteten einige der Tandems mit einer zeitlichen Verzögerung, was von den Tandem-Teilnehmern im Abschluss deutlich kritisiert wurde. Auch stellte sich der Zeitpunkt im Kalenderjahr für den Beginn der Maßnahme im Nachhinein als ungünstig heraus. So ist das erste Halbjahr gewöhnlich sehr arbeitsintensiv, und durch Urlaubsphasen und den Weggang einiger Mitarbeitender kam es zusätzlich zu personellen Engpässen. Unter Berücksichtigung der individuellen betrieblichen Gegebenheiten wäre eine Durchführung der Tandems im zweiten Halbjahr unter Umständen erfolgreicher gewesen.

Auch wurde die Maßnahme teilweise von einigen Personen in der Belegschaft nicht „ernst genommen". Dies könnte daran liegen, dass die Idee von Weiterbildung in vielen Köpfen im Handwerk immer noch stark mit dem Besuch von externen Schulungen und dem Erwerb von Zertifikaten verbunden ist und arbeitsintegrierten Maßnahmen weniger Effektivität zugesprochen wird. Es zeigte sich in diesem Kontext, dass die betriebsweite Kommunikation über die Maßnahme und inwieweit Mitarbeiter/-innen davon profitieren können einen besonders hohen Stellenwert für den Erfolg hat. Es gilt sicherzustellen, dass alle Ebenen im Betrieb ausreichend über den Verlauf der Maßnahme informiert sind, will man die Akzeptanz für arbeitsintegrierte Angebote steigern. Während der Erprobungsphase zeigte sich zudem, dass eine engmaschige Betreuung der Tandems durch das „In-K-Ha"-Team, in stetiger Rücksprache mit der Geschäftsleitung, sinnvoll war. Dies erfüllte den Zweck, sowohl auf arbeitsorganisatorische Schwierigkeiten aufmerksam zu machen als auch der Maßnahme eine strukturelle Rahmung zu geben, auf die sich die Tandem-Partner beziehen können bzw. an deren Adresse sie Wünsche und Probleme richten konnten.

Aus Sicht der Tandem-Partner konnten jedoch auch einige Erfolge im Rahmen der Maßnahme verzeichnet werden. So wiesen die Tandem-Teilnehmer zunächst auf die „gute Praktikabilität" der Tandems im Arbeitsalltag hin, da diese ohne viel Mehraufwand (z. B. Ausfall des Mitarbeitenden beim Besuch einer externen Schulung) von ihrer Seite aus auf den Baustellen zum Einsatz kommen könnten. Auch betonten sie, dass durch die langfristige Anlegung (insbesondere bei den Karriere-Tandems) die Wissensnehmer die Möglichkeit hätten, den gesamten Ablauf eines Auftrages bzw. eines Großprojektes mitzuerleben und so auch zu „lernen" bzw. „davon zu lernen", wie bestimmte Schritte aufeinander aufbauen bzw. miteinander verzahnt sind. Des Weiteren ergeben sich so Möglichkeiten für die Wissensnehmer, alle am Projekt Beteiligten – von anderen Gewerke, über eigene Mitarbeitende, Auftraggeber/-innen, Projektleitungen und Planungsbüros – zu erleben und von der Zusammenarbeit mit diesen zu lernen. Auch wurde von den Wissensnehmern betont, dass eine gewisse Kontinuität zwischen der Person, die Wissen vermittelt, und des Lernenden das Nachvollziehen von Arbeitsabläufen einfacher macht, da so auch kontinuierlich die vorab abgesteckten Lernziele verfolgt werden könnten.

In Bezug auf die individuellen Lerninhalte wurden nach Aussage der Beteiligten ebenfalls Fortschritte erzielt. So berichtete ein Wissensnehmer beispielsweise, dass ihm nach der Erprobungsphase der „Rollenwechsel" vom Mitarbeitenden ohne Führungsverantwortung hin zu einer Führungsposition nun leichter fallen würde. Nachvollziehbar ist die Kompetenzentwicklung, die hier vonstattengegangen ist, z. B. auch daran, dass der Wissensgeber während seines Urlaubes erstmalig vom Wissensnehmer vertreten werden konnte. Ein anderes Tandem berichtete, dass insbesondere der wechselseitige Wissenstransfer zwischen den Tandem-Partnern fruchtbar für ihre Arbeit gewesen sei. So sei man gemeinsam auf effektivere Lösungen gekommen und der „doppelte Personaleinsatz" vor Ort hätte zudem die Qualität der Arbeit verbessert und Zeit gespart – ein Umstand der seitens der Projektleiter oft nicht wahrgenommen würde.

Verbesserungsvorschläge der Tandem-Teilnehmer bezogen sich primär auf die Auswahl der Tandem-Mitglieder sowie des Zeitrahmens der Maßnahme. Hier wurde der Hinweis gegeben, dass vorab die Bereitschaft zur aktiven Teilnahme an der Maßnahme besser bestimmt werden sollte und zudem darauf geachtet werden müsste, gerade für die Karriere-Tandems Personen mit einiger Arbeitserfahrung auszuwählen, da es bei sehr jungen und wenig erfahrenen Mitarbeitenden sonst unter Umständen zu einer Überforderung kommen könnte. In Bezug auf den Zeitrahmen gaben einige Tandem-Partner an, dass Sie sich – gerade wenn es um die Entwicklung von Fachkompetenzen handelt – auch eine Intervalllösung gut vorstellen können: So würde man zum Beginn der Maßnahme über einen Zeitraum von einigen Wochen intensiv als Tandem zusammenarbeiten, dann zunächst wieder getrennte Wege gehen, um schlussendlich in regelmäßigen zeitlichen Abständen wieder zusammen eingesetzt zu werden. Dies hätte den Vorteil, dass der Wissensnehmer die neu erworbenen Kompetenzen direkt durch selbstständiges Arbeiten festigen könnte, aber gleichzeitig die Möglichkeit besteht, sich regelmäßig mit dem Wissensgeber auszutauschen. Im Ausblick ist eine Weiterführung der gebildeten Tandems geplant, und erste Schritte – z. B. die Festlegung neuer Lerninhalte – sind in einigen Tandems bereits erfolgt.

Fazit
„Kompetenz-Tandems" sind flexibel und niederschwellig in Handwerksbetrieben und anderen KMUs einsetzbar
Im Hinblick auf die Übertragbarkeit der „Kompetenz-Tandems" auf andere Handwerksbetriebe zeigt die Erfahrung bei der ebm GmbH & Co. KG, dass dies im Grundsatz gut möglich ist. So eignet sich die Maßnahme durch ihre Flexibilität und Niedrigschwelligkeit

auch für die im Handwerk typischen kleineren Betriebe, da Konstellation, Dauer und Lerninhalt betriebs- und gewerkspezifisch angepasst werden können. Im Bezug auf die Betriebskultur lässt sich sagen, dass eine positive Einstellung – insbesondere auch in den Reihen der Führungsebene – große Auswirkungen auf den Erfolg einer solchen Maßnahme hat. So gilt es, sowohl eine „strukturelle Aufhängung" zu gewährleisten als auch die Maßnahme durch sorgfältige Planung, stetige Nachverfolgung und eine ausgeprägte Kommunikationsstrategie im Betrieb vor- bzw. nachzubereiten. Mitarbeitenden der höheren und mittleren Führungsebene kommt an dieser Stelle eine besondere Bedeutung zu. Sie müssen „mit an Bord" geholt werden und die Maßnahme innerhalb ihrer Projekte entsprechend mittragen. Dies gilt insbesondere dann, wenn es um die Bereitschaft zur Investition von personellen, aber auch finanziellen Ressourcen geht.

Das Tandem-Konzept baut bewusst auf die handwerkliche Tradition des „Lernorts Arbeitsplatz" auf, und die in die Maßnahme eingebundenen Mitarbeitenden schienen gut mit dem Konzept agieren zu können. Es zeigte sich, dass die Teilnehmer/-innen ein gewisse „Kultur der Eigenverantwortlichkeit" für ihr Tandem entwickelten – ein wichtiger Bestandteil innerhalb der Lernkultur eines Betriebes. Die Tatsache, dass Lerninhalte beispielsweise vorab abgesteckt waren, aber die konkrete Umsetzung flexibel den Tandem-Partnern überlassen wurde, führte dazu, dass die Teilnehmer den Wissenstransfer aktiv mitgestalteten und von sich aus neue Impulse für ihr Tandem setzten.

An die Forschung gerichtet lässt sich sagen, dass die häufig in praxisnahen Forschungsprojekten als Prämisse gesetzte „Übertragbarkeit der entwickelten Maßnahmen" auch eine detaillierte Betrachtung und Auseinandersetzung mit allen Phasen der Maßnahme bedarf. So sollte der Lernmoment bzw. die Lerngelegenheit Bestandteil der Maßnahmenbeschreibung sein („Was wurde konkret wann und wie gemacht?") – so wie hier im Rahmen des „In-K-Ha" Projektes geschehen –, um im Sinne eines Good-Practice-Beispiels konkrete Anregungen für die Praxis zu geben.

Weiterführende Literatur und Links

- Webseite des Forschungs- und Entwicklungsprojektes „In-K-Ha": http://www.in-k-ha.de/
- Webseite des KOMPETENZ-NAVI: http://kompetenz-navi.de/

Literatur

Baldin, K. M. (2009). Employability für ältere Arbeitnehmer. In P. Speck (Hrsg.), *Employability - Herausforderungen für die strategische Personalentwicklung. Konzepte für eine flexible, innovationsorientierte Arbeitswelt von morgen* (4. Aufl., S. 425–445). Wiesbaden: Springer Gabler.
Bechmann, S., Dahms, V., Fischer, A., Frei, M., Leber, U., & Möller, I. (2011). Beschäftigung, Arbeit und Unternehmertum in deutschen Kleinbetrieben: Ergebnisse aus dem IAB-Betriebspanel 2010. IAB-Forschungsbericht Nr. 07. http://doku.iab.de/forschungsbericht/2011/fb0711.pdf. Zugegriffen: 19. Februar 2017.
Bünnagel, W. (2012). *Selbstorganisiertes Lernen im Unternehmen: Motivation freisetzen, Potenziale entfalten, Zukunft sichern*. Wiesbaden: Springer Gabler.
Damm-Rüger, S., Degen, U., & Grünwald U. (1988). *Zur Struktur der Betrieblichen Ausbildungsgestaltung*. Berlin, Bonn: Bundesinstitut für Berufsbildung (BIBB).
Diettrich, A. (2001). Handwerksbetriebe als Lernende Organisation. In H. Reinisch, R. Bader, & G. Straka (Hrsg.), *Modernisierung der Berufsbildung in Europa. Neue Befunde wirtschafts- und berufspädagogischer Forschung* (S. 215–227). Opladen: Leske + Budrich.

Dobischat, R. (2013). Betriebliche Weiterbildung in Klein- und Mittelbetrieben (KMU). Forschungsstand, Problemlagen und Handlungserfordernisse. Eine Bilanz. WSI Mitteilungen, 4, 247–254.

Franke, G., & Kleinschmitt, M. (1987). *Der Lernort Arbeitsplatz: Eine Untersuchung der arbeitsplatzgebundenen Ausbildung in ausgewählten elektrotechnischen Berufen der Industrie und des Handwerks. Schriften zur Berufsbildungsforschung.* Berlin: Beuth.

Frerichs, F. (2007). Weiterbildung und Personalentwicklung 40plus: eine praxisorientierte Strukturanalyse. In T. W. Länge, & B. Menke (Hrsg.), *Generation 40plus. Demografischer Wandel und Anforderungen an die Arbeitswelt* (S. 67–104). Bielefeld: Bertelsmann.

Glasl, M., Maiwald, B., & Wolf, M. (2008). Das Handwerk: Bedeutung, Definition, Abgrenzung. http://www.lfi-muenchen.de/lfi/moe_cms/main/ASSETS/bwl_pdfs/LFI_bwl_Definition_Handwerk.pdf. Zugegriffen: 19. Februar 2017.

Hahne, K. (2000). Darf das auftragsorientierte Lernen im Handwerk durch berufs- pädagogische Maßnahmen geformt werden? *Berufsbildung in Wissenschaft und Praxis* 5, 32–36.

Hahne, K. (2003). Zur Bedeutung der Arbeit in Lernkonzepten der beruflichen Bildung: Ein vergleichender Blick auf die Entwicklungen in Industrie und Handwerk. *Berufsbildung in Wissenschaft und Praxis* 1, 29–34.

Hilzenbecher, U. (2006). Wachstumsstrategien für KMUs. In R. Berndt (Hrsg.), *Management-Konzepte für Kleine und Mittlere Unternehmen* (S. 85–111). Berlin: Springer.

Hoppe, M. (2001). Analyse und Strukturierung von Kundenaufträgen im Handwerk. In U. Ebeling, D. Gronwald, & F. Stuber (Hrsg.), *Berufsbildung, Arbeit und Innovation: Lern- und Arbeitsaufgaben als didaktisch-methodisches Konzept. Arbeitsbezogene Lernprozesse in der gewerblich-technischen Ausbildung* (S. 95–108). Bielefeld: Bertelsmann.

Kauffeld, S. (2002). Kompetenzmessung: Auf welche Facetten kommt es an? https://www.yumpu.com/de/document/view/6945410/kompetenzmessung-auf-welche-facetten-kommt-es-an-bibb. Zugegriffen: 08. März 2017.

Kauffeld, S. (2006). *Kompetenzen messen, bewerten, entwickeln: Ein prozessanalytischer Ansatz für Gruppen.* Stuttgart: Schäffer-Poeschel.

Koch, J. (2008). Change Management für die Entwicklung von ÜBS zu Kompetenzzentren. In F. Howe, J. Jarosch, & G. Zinke (Hrsg.), *Ausbildungskonzepte und neue Medien in der überbetrieblichen Ausbildung* (S. 87–109). Bielefeld: Bertelsmann.

Leonard-Barton, D., & Swap, W. C. (2005). *Deep smarts: How to cultivate and transfer enduring business wisdom.* Boston: Harvard Business School Press.

Lukas, J. (2012). *Personalpolitische Handlungsalternativen mit älteren Arbeitnehmern in Unternehmen vor dem Hintergrund der demographischen Entwicklung in Deutschland: Eine theoretische Analyse und praktische Implementierung an einem konkreten Praxisbeispiel.* Wiesbaden: Springer Gabler.

Bericht zum 61. Arbeitswissenschaftlichen Kongress vom 25. - 27. Februar 2015 am Karlsruher Institut für Technologie (KIT), Institut für Arbeitswissenschaft und Betriebsorganisation (ifab)

Naegele, L. (2015). Kompetenzentwicklung im Handwerk – betriebliche Handlungsstrategien für ältere Beschäftigte. In Gesellschaft für Arbeitswissenschaft e. V. (Hrsg.), *Bericht zum 61. Arbeitswissenschaftlichen Kongress vom 25. - 27. Februar 2015 am Karlsruher Institut für Technologie (KIT), Institut für Arbeitswissenschaft und Betriebsorganisation (ifab)* (Beitrag E.2.1). Dortmund: GfA-Press.

Naegele, L. (2016). Kompetenzbasierte Laufbahngestaltung im Handwerk – Die Situation älterer Mitarbeiter vor dem Hintergrund einer sich wandelnden Arbeitswelt. In F. Frerichs (Hrsg.), *Altern in der Erwerbsarbeit* (S. 209–232). Wiesbaden: Springer Fachmedien Wiesbaden.

Naegele, L., & Frerichs, F. (2015). Kompetenzentwicklung und Laufbahngestaltung im Handwerk: Die Situation älterer Mitarbeiterinnen und Mitarbeiter. Newsletter Gerontologie Nr. 6. http://www.uni-vechta.de/fileadmin/user_upload/IfG/Publikationen/Newsletter/Gerontologie_6.pdf. Zugegriffen: 19. Februar 2017.

Naegele, L., Kortsch, T., & Wiemers, D. (2015). *Zukunft im Blick: Trends erkennen, Kompetenzen entwickeln, Chancen nutzen: Drei Perspektiven auf die Zukunft des Handwerks: Eine Befragung von Experten, Führungskräften und Beschäftigten. Ergebnisse aus dem Projekt "Integrierte Kompetenzentwicklung im Handwerk" (In-K-Ha).* Braunschweig: Verbundprojekt In-K-Ha.

Nonaka, I., & Takeuchi, H. (1995). *The knowledge-creating company: How Japanese companies create the dynamics of innovation.* New York: Oxford University Press.

North, K., Franz, M., & Lembke, G. (2004). *Wissenserzeugung und -austausch in Wissensgemeinschaften. Communities of Practice. QUEM-report: Heft 85.* Berlin: Arbeitsgemeinschaft Betriebliche Weiterbildungsforschung e. V./Projekt Qualifikations-Entwicklungs-Management.

Rump, J. (2001). Intergeneratives Wissensmanagement. *Trojaner* 9(11),24–27.

Rump, J., & Eilers, S. (2006). Managing Employability. In J. Rump, T. Sattelberger, & H. Fischer (Hrsg.), *Employability Management* (S. 13–73). Wiesbaden: Springer Gabler.

Senderek, R., Mühlbradt, T., & Buschmeyer, A. (2015). Demografiesensibles Kompetenzmanagement für die Industrie 4.0. In S. Jeschke, A. Richert, F. Hees, & C. Jooß (Hrsg.), *Exploring Demographics* (S. 281–295). Wiesbaden: Springer.

Stegmaier, R. (2000). Kompetenzentwicklung durch arbeitsintegriertes Lernen in der Berufsbildung. Dissertation. Heidelberg: Universität Heidelberg.

Thelen, K. (2006). Institutionen und sozialer Wandel: Die Entwicklung der beruflichen Bildung in Deutschland1. In J. Beckert, B. Ebbinghaus, A. Hassel, & P. Manow (Hrsg.), *Transformationen des Kapitalismus. Festschrift für Wolfang Streeck zum sechzigsten Geburtstag* (S. 399–425). Frankfurt: Campus Verlag.

Zentralverband des Deutschen Handwerks (ZDH). (Hrsg.) (2002). *Strukturierte Weiterbildung im Handwerk*. Berlin: Zentralverband des Deutschen Handwerks.

Entwicklung von Führungskompetenzen durch Coaching-Prozesse – ein Beispiel eines Sanitär-Heizung-Klima-Betriebes

Daniela Wiemers

© Springer-Verlag GmbH Deutschland 2018
S. Kauffeld, F. Frerichs (Hrsg.), *Kompetenzmanagement in kleinen und mittelständischen Unternehmen*,
Kompetenzmanagement in Organisationen, DOI 10.1007/978-3-662-54830-1_10

Zusammenfassung

Was passiert in einem Handwerksbetrieb, wenn – wie in dem hier vorgestellten Fallbeispiel der Firma Haas – die Mitarbeitergröße z. B. durch eine Fusion auf einmal stark ansteigt? Bleiben die tradierten Organisationsstrukturen für die Beschäftigten und den Inhaber weiterhin tragfähig? Oder müssen neue Wege gefunden werden, die trotzdem den kulturell bedingten Besonderheiten eines Handwerksbetriebes Rechnung tragen?

Diese Fallstudie beschreibt Maßnahmen der Führungskräfteentwicklung im Rahmen einer Prozessberatung in diesem Sanitär-Heizung-Klima-Betrieb (SHK-Betrieb). Anlass war die Fusion zweier Unternehmensstandorte, die erweiterte Führungskompetenzen des Inhabers und der zweiten Führungsebene erforderte. Vor dem Hintergrund der handwerkskulturellen Prägung des Unternehmens lag die besondere Herausforderung in der Aufgabe, die Reziprozität und Zusammenarbeit zwischen Führungskräften und Beschäftigten wiederherzustellen. Der Unternehmer sollte in die Lage versetzt werden, sein gewachsenes Unternehmen wieder lenken zu können. In Einzelcoachings mit dem Inhaber und den Abteilungsleitern wurden Maßnahmen zur Qualitätssicherung und zur Unterstützung der Mitarbeitenden erarbeitet.

10.1   Ein gewachsener SHK-Betrieb und seine Herausforderungen

Die vorliegende Fallstudie beschreibt die Maßnahmen zur Führungskräfteentwicklung in einem niedersächsischen SHK-Betrieb. In einer Prozessberatung wurden Führungskräfte unterstützt, neue Anforderungen an Mitarbeiterführung durch betriebliche Veränderungen zu bewältigen.

Das Unternehmen Haas (Name auf Wunsch geändert) wurde 1991 von dem SHK-Meister, Herrn Haas, gegründet. Er hatte sein Unternehmen von einem Ein-Mann-Betrieb durch wechselvolle Zeiten mit einer Insolvenz hindurch geführt und zu einem Unternehmen mit fast 50 Beschäftigten ausgebaut. Mit seinem Angebotsportfolio legte der Unternehmer einen zunehmend starken Fokus auf Serviceleistungen „rund ums Bad", womit er unter anderen SHK-Betrieben herausstach: Im Jahr 2015 beherbergte das Unternehmen, neben einer eigenen Bäderausstellung für hochwertige und individuelle Bäder, einen kleinen Fliesen- und Baustoffhandel. Darüber hinaus deckte der Betrieb die typischen SHK-Arbeitsbereiche der Heizungsinstallation und -wartung ab. Mit dem Umzug in einen neuen Firmensitz im Jahr 2014 besiegelte Herr Haas die strategische Neuausrichtung seines Unternehmens und legte die bis dahin örtlich getrennten Unternehmensteile „Heizung" und „Bäder" zusammen. Diese unternehmerische Entscheidung war mit einer hohen Investition verbunden. Aus dem „klassischen" kleinen SHK-Betrieb entwickelte sich ein Betrieb, der nicht nur viele Beschäftigte hatte, sondern auch unterschiedliche Gewerke beherbergte.

Durch die Fokussierung auf anspruchsvolle Dienstleistungen aus „einer Hand" entstand eine Fliesenlegeabteilung mit einem Fliesenlegermeister, der einige Gesellen unter sich hatte. Hinzu kam ein Elektriker, der für die Installationen im Sanitärbereich zuständig war. Darüber hinaus verfügte das Unternehmen bereits 2014, für einen Handwerksbetrieb eher untypisch, über viele „nicht produktive" Beschäftigte, womit hier Verkaufspersonal, Disponenten, Verwaltungsmitarbeitende und Badplaner/-innen gemeint sind. Die Leistung dieser Mitarbeitenden war für einen Handwerksbetrieb dieser Größenordnung und mit dem gegebenen Anspruch an Qualität und Kundenorientierung durchaus wichtig und erforderlich (vgl. Dunkel, 2004, S. 263) – sei es, um ein hochwertiges Bad kundengerecht planen zu können oder Waren möglichst kostengünstig einzukaufen und rechtzeitig bereitzustellen. Hieraus ergab sich eine für SHK-Betriebe ebenfalls eher untypische Anforderung an die Arbeitsteilung und Arbeitsorganisation im Unternehmen.

Der Betriebsinhaber nutzte Ende 2014 die Möglichkeit, einen Organisations- und Personalentwicklungsprozess im Rahmen des vom BMBF geförderten Forschungs- und Entwicklungsprojekt „In-K-Ha" anzustoßen (vgl. ▶ Kap. 9). Ziel war es, die Führungskompetenzen bei dem Inhaber und seinen vier Abteilungsleitern zu erweitern und ihnen somit das „Rüstzeug" zur Bewältigung der betrieblichen Veränderungen zur Verfügung zu stellen. Der Organisationsentwicklungsprozess wurde extern durch eine Projektmitarbeiterin („In-K-Ha") und einen Business-Coach begleitet. Das Unternehmen ging jedoch infolge der hohen Investition in den neuen Firmensitz in die Insolvenz. Dennoch zeigten die durchgeführten Maßnahmen bei den Führungskräften Erfolge. Der Bedarf an erweiterten Führungskompetenzen zur Bewältigung von Veränderungen bei den Inhabern und Führungskräften von Handwerksbetrieben wurde in diesem Fall sehr deutlich.

Der Zeitstrahl in ◘ Abb. 10.1 gibt einen Überblick über die Abfolge der Ereignisse im Unternehmen Haas. Die beiden Unternehmensteile wurden 2014 „physisch" zusammengelegt. Der Erstkontakt zum Unternehmen Haas entstand Ende 2014. Hier startete die Prozessberatung mit den im Folgenden beschriebenen Phasen. Zum Ende 2015 musste der Unternehmer die vorläufige Insolvenz beantragen, und Mitte 2016 wurde der Betrieb von einem Mitbewerber aufgekauft. Der Organisationsentwicklungsprozess mit dem hier vorgestellten Schwerpunkt zum Aufbau der Führungskompetenzen stellt die Arbeit im Unternehmen Haas über den Zeitraum von etwa einem Jahr dar.

10.2 Betriebskultur im Handwerk und ihr Einfluss auf die Entwicklung von Führungskompetenzen

Viele Unternehmen im Handwerk sind geprägt durch eine handwerkliche (Betriebs-)Kultur, die mit ihrer langen Tradition bis zu den Zünften des Mittelalters zurückreicht und das Arbeitsverständnis in Handwerksbetrieben bis heute nachhaltig prägt (vgl. Hemme u. Thomä, 2016; Kluge, 2013; Sennett, 2009). Unabhängig vom Gewerk haben die dort Tätigen „handwerkliche Werte" wie z.B. einen hohen Anspruch an Individualität und Qualität ihrer Produkte und Dienstleistungen (ZDH, 2011). Hervorzuheben ist an dieser Stelle auch der tradierte Qualifizierungsweg

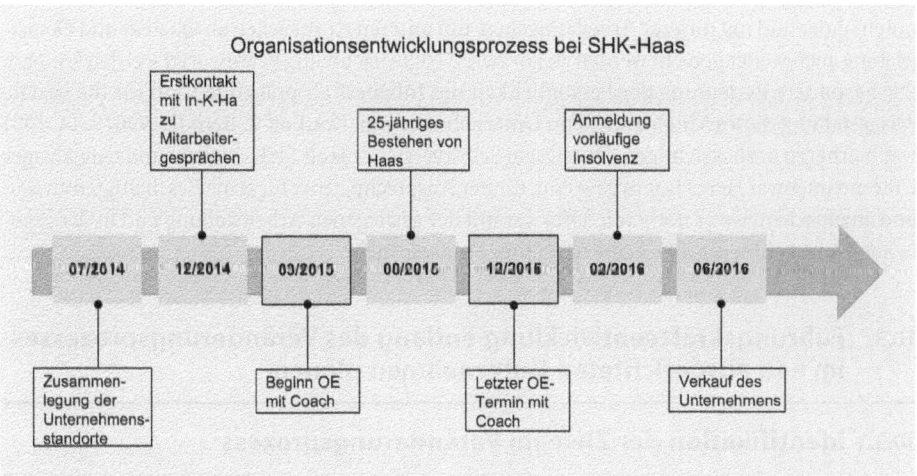

◘ **Abb. 10.1** Zeitliche Abfolge relevanter Ereignisse im Unternehmen Haas von 2014 bis 2016 (*OE* Organisationsentwicklung)

im Handwerk über die Stufen Auszubildender, Geselle und Meister, der bis heute die fachlichen Kompetenzen der Mitarbeiter in vielen Betrieben des Handwerks sichert (vgl. Hemme u. Thomä, 2016). Fähig- und Fertigkeiten werden schon in der dualen Ausbildung betrieblich vermittelt.

> » Werkstätten schufen und schaffen einen Zusammenhalt zwischen Menschen, und zwar durch Arbeitsrituale, [...] durch Anleitung und durch Ausbildung, ob nun in Gestalt formell begründeter Ersatzvaterschaft wie im Mittelalter oder in Gestalt informeller Ratschläge am Arbeitsplatz; und durch den direkten Austausch von Information. (Sennett, 2009, S. 103)

Diese strukturelle Verschränkung von fachlichem Kompetenzerwerb, Qualifikation und Unternehmertum ist tief verwurzelt in der Kultur des Handwerks und geht einher mit einem spezifischen, auf Facharbeit bezogenen Verständnis von Arbeit (vgl. Clement, 2001, S. 104). Der Dreiklang von Auszubildenden, Gesellen und Meistern ist auch heute nicht nur eine der Säulen der handwerklichen Kompetenzvermittlung und des Qualifikationserwerbs, sondern stellt darüber hinaus ein prägendes Element des handwerklichen Selbstverständnisses dar (vgl. ZDH, 1997). Die spezifische Betriebskultur in einem SHK-Betrieb ist daher zurückzubeziehen auf ein handwerklich geprägtes und gewerkespezifisch konnotiertes Arbeitsverständnis.

Auch das Unternehmen Haas besaß eine handwerkstypische kulturelle Prägung, worunter sich die Grundgesamtheit gemeinsamer Werte, Normen und Einstellungen zusammenfassen lässt (vgl. Offensive Mittelstand, 2012, S. 125). Herr Haas und seine Mitarbeiter zeichneten sich durch einen hohen Anspruch an die Qualität ihrer Arbeit und ein großes Bestreben, exzellente Dienstleistungen im SHK-Bereich anzubieten, aus. Ihr Bestreben ging einher mit einer großen Einsatzbereitschaft und Motivation, die sich sowohl bei den Beschäftigten jeder Hierarchiestufe wie auch bei dem Inhaber zeigte.

Die unternehmerische Entscheidung zur Fusion der beiden Standorte lag daher darin begründet, die hohe fachliche Kompetenz in SHK-Dienstleistungen mit dem Alleinstellungsmerkmal einer exklusiven Bäderausstellung zu verbinden und mit einer umfassenderen Dienstleistung auch eine bessere Marktstellung zu erhalten. „Weniger als die Hälfte der Zusammenschlüsse von Betrieben verläuft jedoch erfolgreich" (Kauffeld u. Ebner, 2014, S. 479).

Die nachträglich im Coaching-Prozess gestellte Frage des Unternehmers: „Wie sollen wir miteinander und mit unserer Arbeit umgehen, um unseren Ansprüchen an Qualität und Dienstleistung auch weiter gerecht werden zu können?", sollte nachhaltig beantwortet werden können. Die besondere Bedeutung der Persönlichkeit des Inhabers als prägende Kraft für die soziale Ausgestaltung dieses Miteinanders im Unternehmen (vgl. Kotthoff u. Reindl, 1990, S. 14, 133) war hierbei zu berücksichtigen. Durch sein Selbstverständnis als SHK-Meister und langjähriger Unternehmer war Herr Haas es gewohnt, immer Ansprechpartner für seine Beschäftigten zu sein und anzupacken, wo es nötig war. Dies war mit der gestiegenen Arbeitsteilung und in der gegebenen Unternehmensgröße keine tragfähige Strategie mehr.

10.3 Führungskräfteentwicklung entlang des Veränderungsprozesses im neu ausgerichteten Unternehmen planen

10.3.1 Identifikation der Ziele im Veränderungsprozess

Aus einem ersten Reflexionsprozess des Inhabers über die Situation in seinem Unternehmen wurden in mehreren Vorgesprächen die Anforderungen an den Organisationsentwicklungsprozess identifiziert. Herr Haas wollte in seinem Unternehmen unterschiedliche Ziele durch die Einführung geeigneter Führungs- und Organisationsstrukturen erreichen (Phase 1, ◘ Abb. 10.2). Er wollte

- den Überblick im Unternehmen behalten,
- nachvollziehbare und transparente Unternehmensstrukturen, die von allen Mitarbeitern gleichermaßen akzeptiert wurden,
- die Kommunikation verbessern und die Mitarbeiterzufriedenheit erhöhen,
- Fehler reduzieren, die Qualität verbessern sowie
- seine Mitarbeiter sowie sich selbst entlasten.

10.3.2 Berücksichtigung der (psycho)sozialen und betriebskulturellen Aspekte bei der Vorgehensweise

Über die Definition der Ziele für den Organisationsentwicklungsprozess hinaus wurde in den Vorgesprächen auch deutlich, dass sich die Beziehung zwischen Herrn Haas als Inhaber und den Beschäftigten durch die Fusion verändert hatte. Er erlebte eine Entfremdung zwischen sich und seinen Mitarbeitenden, sodass die Erweiterung von Führungskompetenzen der Weg zur Erreichung der unterschiedlichen Ziele des Unternehmers war. Die Aussage: „Hier grüßen mich Auszubildende, von denen wusste ich gar nicht, dass ich sie eingestellt habe, geschweige denn kenne ich ihre Namen", passte nicht in das Bild, was Herr Haas von seinem Betrieb und sich selbst als Führungskraft hatte. Er hatte verstärkt kommunikative Probleme mit den Beschäftigten seiner Abteilung Kundendienst/Heizungswartung. Nach eigenen Angaben konnte er „überhaupt kein vernünftiges Wort mehr" mit diesen teils langjährigen Mitarbeitenden wechseln. Auch erfuhr Herr Haas die Unzufriedenheit seiner Mitarbeiter, die sich durch ihr hohes, freiwilliges Engagement bei dem Umzug in den neuen Firmenstandort eine Entlastung in ihrem Arbeitsalltag erhofft hatten, der bis dato faktisch nicht eingetreten war. Die durchaus vorhandenen und teilweise niedergeschriebenen Arbeitsabläufe und -prozesse wurden in den Augen von Herrn Haas nicht ausreichend „gelebt". Die Mitarbeiter der einzelnen Abteilungen hatten eigene Vorstellungen von idealen Arbeitsprozessen für ihre Arbeit, die jedoch zum Teil nicht (mehr) in das Gefüge des gesamten Unternehmens passten.

◘ Abb. 10.2 veranschaulicht fünf Stadien, in die der Veränderungsprozess im Unternehmen Haas und die daraus entwickelten Maßnahmen zum Kompetenzaufbau der Führungskräfte eingeteilt werden kann.

10.3.3 Veränderungen gestalten als neue Führungsaufgabe des Handwerksunternehmers

In der zweiten Phase wurden dem Unternehmer unterschiedliche Wege zur Umsetzung der definierten Ziele vorgeschlagen (Phase 2, ◘ Abb. 10.2). Während bei den beiden ersten Varianten der Fokus auf der Schulung der Führungskräfte mit dem Ziel der Durchführung von strukturierten Mitarbeitergesprächen lag, stellte die dritte Variante eine intensivere Prozessberatung im Sinne eines Coachings der Führungskräfte und als Kompetenzentwicklungsmaßnahme zur Bewältigung von Alltagssituationen in dem fusionierten Betrieb dar.

Die ursprüngliche Intention des Projektes „In-K-Ha" bestand darin, Handwerksbetriebe zu finden, die strukturierte Mitarbeitergespräche mit dem KOMPETENZ-NAVI (▶ Kap. 11) durchführen würden. Die Schulungen für die Führungskräfte zur Durchführung von Mitarbeitergesprächen mit dem KOMPETENZ-NAVI boten den Rahmen für eine Prozessoptimierung in Abstufungen.

Phasen der Prozessberatung

Phase 1:
Vorgespräche und Bedarfsklärung zur Einführung strategischer Personalentwicklung und Mitarbeitergespräche im Unternehmen

Vom Inhaber identifizierte Ziele:

- Mitarbeiterzufriedenheit steigern
- Führung verbessern und Führungskultur verändern
- Interne Prozesse transparent und effizient gestalten
- Weniger Nach- und Mehrarbeiten bei Kunden

Phase 2:
Bedarfsgerechte Wege der Umsetzung vorschlagen

Variante 1	Variante 2	Variante 3
Mitarbeitergespräche mit dem KOMPETENZ-NAVI	*Führungskräftetraining in Seminarform als Kurzintervention*	*Intensive und engmaschige Begleitung im Organisationsentwicklungsprozess im Rahmen eines Coachings über mehrere Monate*
• Führungskräfteinfo zur Einführung von Mitarbeitergesprächen	• Seminar für alle Führungskräfte zum Thema Führung und Unternehmenskultur	• Inhaltliche Abstimmung und Schwerpunktlegung mit dem Berater
•Schulung zur Nutzung des KOMPETENZ-NAVI	• Schulung zur Nutzung des KOMPETENZ-NAVI	• Schulung zur Nutzung des KOMPETENZ-NAVI
• Begleitung bei der ersten Durchführung von strukturierten Mitarbeitergesprächen	• Begleitung bei der ersten Durchführung von strukturierten Mitarbeitergesprächen	

Phase 3:
Entscheidung

Variante 3

Intensiver Organisationsentwicklungsprozess mit Begleitung durch einen Coach zum Erreichen der definierten Ziele

Phase 4:
Implementierung eines Change-Prozesses im Unternehmen
-> Fokus: Mitarbeiter "mitnehmen" – Betroffene zu Beteiligten machen

Workshops mit Mitarbeitern zu abteilungsspezifischen Themen	Führungskräftetrainings	Einzelgespräche mit Mitarbeitern	Einzelcoaching mit dem Unternehmer

Ergebnis:
Restrukturierung

Umstrukturierung Bäderausstellung Umstrukturierung Heizungswartung und Service	Prozessoptimierungen Prozessbeschreibungen Stellenbeschreibungen	Aufbau von erweiterten Führungskompetenzen bei den Führungskräften

▣ **Abb. 10.2**   Phasen der Prozessberatung mit dem Schwerpunkt „Entwicklung von Führungskompetenzen"

Die Prozessbegleitung durch einen Coach hingegen sollte die Führungskräfte und speziell Herrn Haas dazu befähigen, einen Prozessmusterwechsel durchzuführen und die beschriebene Krise zu bewältigen. Herr Haas war sich bewusst, dass er die gewünschte Verbesserung der Arbeitsqualität und der Arbeitsprozesse nur erreichen konnte, wenn er seinen Beschäftigten wieder mehr Orientierung geben konnte – d. h., wesentliche Kriterien der Mitarbeiterbindung wie Arbeitszufriedenheit, soziale Identifikation und Verbundenheit mit dem Arbeitgeber für die Beschäftigten wieder gegeben waren (vgl. Kanning, 2017, S. 192). Die eingesetzten Abteilungsleiter und Herr Haas selbst wollten in die Lage versetzt werden, Widerstände als Folge der Veränderungen im Unternehmen bei den Mitarbeitenden abzubauen.

Die Berücksichtigung von Widerstandssymptomen der Mitarbeitenden kann als Erfolgsfaktor für Fusionsprojekte angesehen werden (Kauffeld u. Ebner, 2014, S. 481). Bezogen auf die Elemente der Unternehmenskultur nach Schein (1995) dient eine Betriebskultur mit Einbeziehung der Umwelt, des menschlichen Handelns, zwischenmenschlicher Beziehungen und dem Verständnis von Wahrheit und Zeit allerdings auch als Verteidigungsmechanismus gegen jegliche Art von Veränderungen (vgl. Wien u. Franzke, 2014, S. 308).

» So kann ein Wandel bzw. ein Aufbrechen existenter Erwartungsstrukturen in einem Fall als traumatische Kränkung und Verletzung, im anderen Fall als emphatisch begrüßte Chance erlebt werden, bisher im Arbeitsprozess unterdrückte persönliche Bedürfnisse und Potenziale nun zur Geltung bringen zu können. (Becke, 2008, S. 52)

Im Unternehmen Haas wurde die Fusion anfangs als positive Veränderung begrüßt. Allerdings fehlte dem Unternehmer vor Beginn des Coaching-Prozesses eine Strategie dazu, das Unternehmen auch intern als Organisation zusammen zu führen. Herr Haas traf die Entscheidung (Phase 3, ◘ Abb. 10.2) für die Variante 3, die engmaschige Begleitung durch einen erfahrenen Business-Coach, den er selbst auswählte. In der neunmonatigen Prozessberatung wurde in Coaching-Einheiten von einem bis drei Tagen pro Monat gearbeitet. Bei den von Monat zu Monat vereinbarten Terminen war der Business-Coach ganztägig vor Ort. Das Augenmerk lag dabei auf der Einübung neuer Führungswerkzeuge und -strategien. Die Kommunikation mit den Mitarbeitern und formeller und informeller Strukturen der Zusammenarbeit sollten verbessert werden.

Im folgenden Abschnitt wird intensiver auf durchgeführte Kompetenzentwicklungsmaßnahmen (Phase 4, ◘ Abb. 10.2) bei den Führungskräften zur Erreichung der definierten Ziele eingegangen: Führungskräftetrainings zur Verbesserung der Qualität der Arbeit auf Baustellen und Maßnahmen zur Veränderung der Abteilung Kundendienst/Heizungswartung mit dem Fokus auf den Einzelcoachings mit dem Unternehmer.

10.4 Veränderungsprozesse im Handwerk gestalten: Coachings zur Führungskräfteentwicklung

Der gesamte Beratungsprozess mit seinen unterschiedlichen Maßnahmen lässt sich unter der Überschrift: „Betroffene zu Beteiligten machen" beschreiben (vgl. Kauffeld u. Schneider, 2014, S. 55). „Für die Gestaltung von Veränderungsprozessen in Organisationen ist es wichtig, alle betroffenen Organisationsmitglieder mit einzubeziehen" (Kauffeld u. Schneider, 2014, S. 62). Dazu wurden verschiedene Beratungs- und Kommunikationssettings (Phase 4, ◘ Abb. 10.2) ausgewählt, die möglichst gesteuert durch den Inhaber und seine Abteilungsleiter darauf hinwirken sollten, die identifizierten Ziele mit allen Beschäftigten zu erreichen.

In einem ersten Schritt führte der Coach Einzelgespräche mit verschiedenen Mitarbeitern aus jeder Abteilung, um sich ein Bild der Situation aus der Perspektive der Beschäftigten zu machen und Ansätze für die Coachings mit den Führungskräften zu identifizieren. In den Einzelgesprächen wurde jeder Mitarbeiter zu erforderlichen Veränderungen aus seiner Perspektive befragt: „Was sollte sich aus seiner Sicht an dem konkreten Arbeitsplatz verändern, was in der Abteilung, und welche Veränderungen wären für das gesamte Unternehmen wichtig, um etwas zu verbessern?", waren die drei zentralen Fragen in jedem Gespräch.

Dieses Vorgehen war ein wichtiges Signal für die Beschäftigten, denn sie erfuhren Beachtung mit ihren Einschätzungen zu Veränderungsbedarfen. Das motivierte die Mitarbeiter in der Folge dazu, die Veränderung als Chance zu begreifen und zu kooperieren, da sie selbst einen Beitrag leisten konnten. Zum anderen konnten zielsicher die konkreten, kritischen Punkte aus den Aussagen identifiziert werden, z. B. wenn eine bestimmte Situation von unterschiedlichen Mitarbeitern als verbesserungswürdig eingestuft wurde.

Der Inhaber wurde durch den Coach allgemein über wichtige Punkte aus Sicht der Beschäftigten informiert, sodass mit ihm weitere Maßnahmen abgestimmt werden konnten. Daraus erfolgten z. B. durch den Coach moderierte Workshops in einzelnen Abteilungen, bei denen die Beschäftigten gemeinsam abteilungsspezifische Lösungen finden konnten. Auch hier war es das Ziel, interne Prozesse zu optimieren, die Beschäftigten in die Problemlösung einzubinden und ihre Zufriedenheit und Motivation mit ihrer Arbeit zu erhöhen. Darüber hinaus wurden Führungskräftetrainings in der Gruppe der Abteilungsleiter durchgeführt.

10.4.1 Führungskräftetrainings

Das Ziel „weniger Nacharbeiten bei Kunden" sollte vor allen Dingen durch die zweite Führungsebene, bestehend aus vier Abteilungsleitern, gewährleistet werden. Sie sollten dafür Sorge tragen, dass sich die Qualität der Dienstleistungen, speziell auf den Baustellen, verbesserte. Durch fehlende Teile bei der Montage oder nicht ausreichende Kenntnisse und Kompetenzen der Baustellenmonteure entstanden Fehler, die zu nicht abrechenbaren Mehrarbeiten führten – dem Kunden also nicht in Rechnung gestellt werden konnten, was das Unternehmen finanziell belastete. Zudem war es auch für die Führungskräfte nicht leicht zu identifizieren, wo im konkreten Fall das Problem ursächlich entstanden war.

Die Baustellenmonteure hatten bisher die Möglichkeit, die Abteilungsleiter bei Fragen anzurufen oder ihnen Fotos einer Baustelle zuzuschicken. Das bedeutete jedoch, dass die Abteilungsleiter oft aus einer anderen Aufgabe herausgerissen wurden und mit ihrer „Ferndiagnose" auch nicht immer richtig lagen, was ein gewisses Konfliktpotenzial auf beiden Seiten erzeugte.

Als eine Strategie, die angestrebten Ziele zu erreichen, entwickelten die Führungskräfte im Führungskräftetraining das Instrument „Unterstützung auf den Baustellen".

Die Führungskräfte wollten die Kommunikation mit den Monteuren auf den Baustellen verbessern, indem sie mit dem Mitarbeiter zu Projektbeginn eine Baustellenbesprechung vor Ort durchführten. Konzeptionell war dies ein Weg sowohl zur Entwicklung von Führungskompetenzen für die Führungskräfte selbst als auch von Fachkompetenzen bei den Monteuren. Die Führungskräfte, die selbst Fachkräfte (Gesellen und Meister) waren, konnten so praktische Umsetzungstipps und ihre eigene Erfahrung weitergeben und sich vergewissern, dass der Auftrag wie geplant beim Kunden ausgeführt wird. Die Veränderung zur bisherigen Situation war neben der persönlichen Präsenz eines Abteilungsleiters zu Beginn eines jeden größeren Baustellenprojektes die praktische Hilfestellung und Qualitätssicherung. So konnte vor Ort nach dem „Vier Augen-Prinzip" geprüft werden, ob alle erforderlichen und bestellten Materialien vorhanden waren, es bestimmte bauliche Besonderheiten gab, auf die der Monteur zu achten hatte, oder bestimmte Wissens- und Kompetenzlücken bei einzelnen Monteuren vorhanden waren, die durch eine Erklärung oder ein „Vormachen" hätten behoben werden können.

Im Führungskräftetraining setzten sich die Abteilungsleiter zuerst mit ihrem bisherigen Selbstverständnis als Führungskräfte auseinander und reflektierten ihr Verhalten gegenüber den Mitarbeitenden. Zwei der Abteilungsleiter hatten ihre Beschäftigten in gute und weniger gute Mitarbeiter eingeteilt und diesen, ihrer Einschätzung nach, die entsprechenden Aufträge zugewiesen. Das führte dazu, dass die schwachen Mitarbeiter nicht besser werden konnten, weil sie keine Unterstützung bekamen, und für schwierige Baustellen nur wenige Mitarbeiter zur Verfügung standen. Die Führungskräfte hatten bei Nachfragen der schwächeren Mitarbeiter das Gefühl, die Probleme **für** ihre Mitarbeitenden lösen zu müssen. Durch das Training veränderte sich die Wahrnehmung ihrer Aufgabe als Führungskräfte: Es geht darum, den Mitarbeitenden vor allem die Hilfestellung zu geben, die sie brauchten, um ihre Arbeit anforderungsgerecht zu bewältigen. Durch das Modell der „Unterstützung auf Baustellen" sollten die Führungskräfte aktiv in die Rolle von Unterstützenden gehen und Kompetenzen ggf. angemessen im Prozess der Arbeit vermitteln.

Ein wichtiger Aspekt des Trainings war die Übung der Perspektivübernahme – die Betrachtung der Situation aus Sicht der Beschäftigten –, um leichter eine gemeinsame Basis im Gespräch zu erreichen und effizient im Prozess der Arbeit Unterstützung geben zu können. Anhand konkreter Situationen aus dem Arbeitsalltag war es dann im Training die Aufgabe, die Erwartungen an die Mitarbeitenden adressatengerecht zu kommunizieren.

Diese Maßnahme wurde von den Führungskräften selbst entwickelt und befürwortet, ihr Nutzen nach Erläuterung durch den Coach auch erkannt. Als es an die Umsetzung ging, tauchten jedoch Widerstände bei den Abteilungsleitern auf, die die Umsetzung verhinderten. Die Sorge war, dass sich die Gesellen bevormundet fühlen würden, wenn ihnen jemand wie in der Ausbildung „auf die Finger schaut" und sie womöglich noch vor dem Kunden instruiert. Auch der zeitliche Aufwand für die Umsetzung dieser Maßnahme schien den Abteilungsleitern zu groß, sodass diese Maßnahme nicht durchgeführt wurde.

Was jedoch blieb war eine bessere Kommunikation mit den Beschäftigten, durch die Fehler vermieden werden konnten. Die Führungskräfte erkannten den Nutzen einer unterstützenden Kommunikation von ihrer Seite aus als effektives Instrument. Sie lernten, Nachfragen der Mitarbeiter ernst zu nehmen und sich selbst etwas mehr Zeit für hilfreiche Antworten zu geben und beides nicht mehr als „Zeitfresser" und „Störungen" des eigenen Arbeitsablaufes zu betrachten. Daraus ergab sich, dass die Führungskräfte in Gesprächssituationen mit den Beschäftigten weniger in Stress gerieten, da sie solche Situationen als weniger kritisch erlebten.

10.4.2 Einzelcoaching mit dem Unternehmer zur Veränderung der Abteilung Kundendienst/Heizungswartung

Während mit dem Führungskräftetraining eine konkrete Maßnahme im Hinblick auf die Zielsetzung: „Weniger Nach- und Mehrarbeiten beim Kunden" (Phase 1, ◪ Abb. 10.2) erarbeitet werden konnte, war das Einzelcoaching mit Herrn Haas ein wichtiger Bestandteil zur Lösung seiner Probleme mit der Abteilung Kundendienst/Heizungswartung. Hier zeigte sich sein Bedarf an Entwicklung von Führungskompetenzen, denn dem Inhaber wurde der Einblick in das Volumen der vorhandenen Wartungsverträge von seinen Beschäftigten verwehrt, den er zur Kalkulation und Unternehmenslenkung brauchte. Das frustrierte Herrn Haas so sehr, dass er kaum noch mit dieser Abteilung mit dieser Abteilung in Kontakt trat und wenn nur mit Kritik.

Daher trat der Coach in der Rolle eines Mediators auf, um zwischen den beiden verhärteten Fronten zu vermitteln. In Einzel- und Gruppengesprächen mit den Beschäftigten der Abteilung Kundendienst/Heizungswartung zeigte sich ein Bild der Enttäuschung über ihren Chef: Ihrer Meinung nach vertraute ihnen der Unternehmer nicht mehr. Sie erlebten seinen Wunsch nach Veränderung ihrer Arbeitsabläufe und die Art wie er kommunizierte als ungerechtfertigte Einmischung und als Zeichen des Misstrauens. Der Verhandlungsprozess zwischen dem Inhaber und den Beschäftigten dieser Abteilung war emotional stark aufgeladen. Das Dilemma für die Beschäftigten bestand vor allem darin, dass sie andere Zeiten kannten, in denen ihr Chef noch „voll hinter ihnen stand" und für ihre eigenständige und verantwortliche Arbeitsweise wertschätzte.

» Eigenständiges Arbeiten ist nur effektiv, wenn sich individuelle Handlungsweisen an einem gemeinsamen Ziel ausrichten können. Es wirkt desorientierend und führt zu Enttäuschungen, wenn von der Führungsebene her die Ziele häufig geändert werden oder gar als kurzfristiges Kalkül im Rahmen einer wendungsreichen Taktik erscheinen. (Kock u. Kutzner, 2014, S. 171)

Die Eigenständigkeit der Abteilung Kundendienst/Heizungswartung hatte in der Vergangenheit auch dazu beigetragen, dass die Firma die erste Insolvenz erfolgreich überstehen konnte. Dessen war sich Herr Haas ebenfalls bewusst, was es ihm jedoch schwer machte, einzugreifen und Einfluss in die Arbeitsprozesse dieser Abteilung im Sinne des gesamten Unternehmens zu nehmen.

Die Einzel- und Gruppengespräche mit Herrn Haas und den Mitarbeitenden der Abteilung Kundendienst/Heizungswartung hatten den primären Effekt, dass vieles aufgedeckt – d. h., einmal ausgesprochen und in seinem Ausmaß erkannt wurde. Der Leidensdruck über die Situation in dieser Abteilung war sehr hoch, sodass die Gespräche auf beiden Seiten wie ein Ventil wirkten. In den Gesprächen wurde jedoch auch eine unüberwindbare Enttäuschung beider Seiten voneinander und über die Situation in der Abteilung Kundendienst/Heizungswartung deutlich.

Herr Haas selbst hatte die Aufgabe, die Konflikte mit seinen Mitarbeitenden auszutragen und auszuhalten und seine Entscheidungen durchzusetzen, wenn keine konstruktiven Lösungsvorschläge von den Beschäftigten selbst kamen. Dabei unterstütze das Coaching Herrn Haas dabei, seine Führungsrolle neu auszugestalten und diese auch durchzuhalten. Vor allem in der Abteilung Kundendienst/Heizungswartung wurden viele Konfliktgespräche zwischen Herrn Haas und den Mitarbeitenden geführt. Im Coaching-Prozess wurde immer wieder darauf geachtet, dass Herr Haas seine Mitarbeiter an der Gestaltung von Lösungen beteiligen und gleichzeitig in einer wertschätzenden und unterstützenden Führungsposition bleiben sollte.

Dieser Einschnitt hatte folgende Erfolge: Zum einen übernahm Herr Haas wieder aktiv die Verantwortung für diese Abteilung und seine Mitarbeitenden, die in der für sie ebenso krisenhaften Situation nicht mehr sich selbst überlassen und somit entlastet waren. Zum anderen wurden Arbeitsprozesse an die Struktur des zusammengeführten Betriebes angepasst. Herr Haas erhielt wieder den Einblick in die geleistete Stundenzahl und die Zahl der Wartungsverträge. Im Wesentlichen wurden also Aspekte eliminiert, die den Wandel verhinderten (vgl. Lewin, 1963). Nach dieser schwierigen Phase entwickelten einige neu eingesetzte zusammen mit den verbliebenen Beschäftigten transparente Arbeitsprozesse für diese Abteilung, die an die Strukturen des gesamten Betriebes angepasst waren. Die anfallenden Aufgaben wurden neu aufgeteilt und die Abteilung kam zur Ruhe.

Fazit

Lessons Learned: Erfolge trotz Insolvenz

Im Fall des Unternehmens Haas wird besonders deutlich, wie voraussetzungsreich und grundlegend eine veränderungsfähige Betriebskultur für einen Handwerksbetrieb ist. Vor allem der Unternehmenseigner war in der Verantwortung, sein Unternehmen nach der Zusammenlegung der beiden Unternehmensstandorte neu auszurichten. Für diese Neuausrichtung war ein Prozessmusterwechsel erforderlich. Allerdings erfolgte dieser durch die Prozessberatung **reaktiv** auf die Zusammenlegung der Unternehmensteile und wurde nicht proaktiv auf psychologisch-sozialer Ebene mit allen Beteiligten vorbereitet. Dieser nachgelagerte Prozess konnte jedoch nur zeitlich verzögert die gegenseitige Entfremdung des Inhabers und der Beschäftigten in dem nun „groß aufgestellten SHK-Betrieb" aufarbeiten. Herrn Haas als Inhaber des Unternehmens fehlte es hier an den erforderlichen Führungskompetenzen, um die Beschäftigten mit Unterstützung der Abteilungsleiter erfolgreich durch die Veränderung zu führen. Speziell die Einzelcoachings waren eine wichtige Unterstützung während des krisenhaften Jahres vor der Insolvenz. Erst hierdurch erkannte der Unternehmer, dass die Zusammenlegung der Unternehmensteile vermeintlich die Strategie war, durch die er sich alle die Veränderungen erhoffte, die erst später im Rahmen des intensiven Organisationsentwicklungsprozesses erarbeitet und umgesetzt werden konnten. Im Coaching-Prozess entwickelte Herr Haas Führungskompetenzen, die es ihm ermöglichten, die Nähe zu seinen Beschäftigten und die Kontrolle der Arbeitsprozesse und Arbeitsqualität mehr über seine Fähigkeiten als Führungskraft und weniger über die aktive Mitarbeit im Tagesgeschäft herzustellen. Die handwerklichen Wertmaßstäbe wie Vertrauen, Wertschätzung und Verantwortungsübernahme, die die Unternehmenskultur bei Haas geprägt haben, konnten daher wieder tragen. Hier zeigte sich der Erfolg daran, dass die Mitarbeiter trotz der Insolvenz im Unternehmen blieben.

Die finanzielle Krise als Folge der Investition in den neuen Standort überschattete den begleiteten Veränderungsprozess ab Mitte 2015, sodass viele Erfolge der verschiedenen Maßnahmen, speziell der Führungskräftetrainings und der Einzelcoachings, nur für kurze Zeit Wirkung zeigen.

Herr Haas selbst konnte durch die beschriebenen Maßnahmen seine Handlungsspielräume zur Steuerung des Unternehmens sukzessive erweitern. Er lernte, Aufgaben stärker zu delegieren und Rückmeldung zu Ergebnissen einzufordern. Die größte Herausforderung lag für ihn in der Reorganisation der Abteilung Kundendienst/Heizungswartung. Die Einzelcoachings ermöglichten es ihm, sich in seinem Führungsverhalten zu reflektieren, und er erlernte Maßnahmen, wie z. B. Konfliktgespräche vorzubereiten und durchzuführen. Auch lernte Herr Haas, unternehmerische Entscheidungen, die auch seine Mitarbeiter betrafen, strategischer anzugehen und angemessen zu kommunizieren.

Die Coaching-Einheiten sowie der gesamte Organisationsentwicklungsprozess wurden von den Abteilungsleitern als positiv und wirksam erlebt. Sie erarbeiteten sich, besonders während der Entwicklung der Maßnahme „Unterstützung auf den Baustellen", ein neues Verständnis ihrer Führungsrolle, das es ihnen erleichterte, Mitarbeiter zu unterstützen. Dadurch reduzierte sich der Stress, den die Abteilungsleiter vorher durch Nachfragen der Beschäftigten erlebt hatten. Sie lernten, ihr eigenes Kommunikationsverhalten zu reflektieren und die Beschäftigten bei der Entwicklung von Lösungen zu beteiligen. Allerdings sagten die Führungskräfte auch aus, dass die Motivation, gelernte Veränderungen beizubehalten und im Alltag selbstständig umzusetzen, schnell nachließ. Hintergrund sei der belastende wirtschaftliche Druck gewesen, so die Abteilungsleiter.

Ein weiterer positiver Aspekt ist durch den Erfolg des „Change-Coachings" auf Ebene der Beschäftigten sichtbar geworden: In der Phase der vorläufigen Insolvenz hat keiner der Beschäftigten – vom Auszubildenden bis zum angestellten Meister – den Betrieb verlassen. Die Beschäftigten vertrauten Herrn Haas und den Abteilungsleitern wieder in hohem Maße. Hierzu hatte das intensive Coaching beigetragen, bei dem viele der Beschäftigten Einfluss auf den Veränderungsprozess in ihrem Unternehmen nehmen konnten. Dieses Vorgehen hatte eine starke integrative Wirkung. Überdies erkannten die Beschäftigten, dass Herr Haas selbst aktiv und auf vielen Ebenen, sei es auf der persönlichen Verhaltensebene oder in der Anpassung der Abläufe und Strukturen, dazulernte und dieses Gelernte auch umsetzte.

Weiterführende Literatur und Links

- Webseite des Forschungs- und Entwicklungsprojektes „In-K-Ha": http://www.in-k-ha.de/
- Webseite des Kompetenz-Navi: http://kompetenz-navi.de/

Literatur

Becke, G. (2008). *Soziale Erwartungsstrukturen in Unternehmen. Zur psychosozialen Dynamik von Gegenseitigkeit im Organisationswandel.* Berlin: Edition Sigma.

Clement, U. (2001). Facharbeiterwissen und Beruf. *Bildung und Erziehung* 54, 403–422.

Dunkel, W. (2004). Arbeit am Kunden: Herausforderung und Zukunftschance für das personenbezogene Handwerk. In R. Kreibich, & B. Oertel (Hrsg.), *Erfolg mit Dienstleistungen. Innovationen, Märkte, Kunden, Arbeit* (S. 263–269). Stuttgart: Schäffer-Poeschel.

Hemme, D., & Thomä, J. (2016). Handwerk im 21. Jahrhundert – Zwischen Weltkulturerbe und Wirtschaftskraft. In Brandenburgische Gesellschaft für Kultur und Geschichte GmbH; Kulturland Brandenburg, Potsdam (Hrsg.), *Nicht von gestern! – Handwerk in Brandenburg* (S. 35–42). Leipzig: Brandenburgische Gesellschaft für Kultur und Geschichte GmbH.

Kauffeld, S., & Ebner, K. (2014). Organisationsentwicklung. In H. Schuler, & K. Moser (Hrsg.), *Lehrbuch Organisationspsychologie* (S. 457–508). Bern: Huber.

Kauffeld, S., & Schneider, H. (2014). Organisationsentwicklung und -beratung. In S. Kauffeld (Hrsg.), *Arbeits-, Organisations- und Sozialpsychologie für Bachelor* (S. 53–69). Berlin, Heidelberg: Springer.

Kanning, U. (2017). *Personalmarketing, Employer Branding und Mitarbeiterbindung. Forschungsbefunde und Praxistipps aus der Personalpsychologie.* Berlin: Springer.

Kluge, A.. (2013). Acht Jahrhunderte Handwerkszünfte im deutschsprachigen Raum. In T. Schindler, A. Keller, & R. Schürer (Hrsg.), *Zünftig! Geheimnisvolles Handwerk 1500–1800* (S. 13–22). Nürnberg: Germanisches Nationalmuseum.

Kock, K., & Kutzner, E. (2014). *„Das ist ein Geben und Nehmen": Eine empirische Untersuchung über Betriebsklima, Reziprozität und gute Arbeit.* Berlin: Edition Sigma.

Kotthoff, H., & Reindl, J. (1990). *Die soziale Welt kleiner Betriebe: Wirtschaften, Arbeiten und Leben im mittelständischen Industriebetrieb.* Göttingen: Schwartz.

Lewin, K. (1963). Gleichgewichte und Veränderungen in der Gruppendynamik. In K. Lewin (Hrsg.), *Feldtheorie in den Sozialwissenschaften* (S. 223–270). Bern: Hans Huber.

Offensive Mittelstand. (2012). *Unternehmensführung für den Mittelstand.* Stuttgart: Schäffer-Poeschel.

Schein, E. (1995). *Unternehmenskultur: Ein Handbuch für Führungskräfte.* Frankfurt am Main: Campus.

Sennett, R. (2008). *Handwerk.* Berlin: Bundesverband Technik des Einzelhandels e. V.

Wien, A., & Franzke, N. (2014). *Unternehmenskultur: Zielorientierte Unternehmensethik als entscheidender Erfolgsfaktor.* Wiesbaden: Springer Gabler.

Zentralverband des Deutschen Handwerks (ZDH). (Hrsg.). (1997). *Handwerkskultur – Ziele – Thesen – Positionen.* Bonn: Zentralverband des Deutschen Handwerks e. V.

Zentralverband des Deutschen Handwerks (ZDH). (2011). *Das Prinzip Handwerk – Werte inhabergeführter Unternehmen.* Berlin: Zentralverband des Deutschen Handwerks e. V.

Identifizierung, Anerkennung und Nutzung von Kompetenzen – die Rolle der Betriebskultur

Unterstützungskultur trifft auf digitale Lösungen: Kompetenzentwicklung mit dem KOMPETENZ-NAVI optimieren

Timo Kortsch, Hilko Paulsen, Simone Kauffeld

© Springer-Verlag GmbH Deutschland 2018
S. Kauffeld, F. Frerichs (Hrsg.), *Kompetenzmanagement in kleinen und mittelständischen Unternehmen*, Kompetenzmanagement in Organisationen, DOI 10.1007/978-3-662-54830-1_11

Zusammenfassung

Handwerksbetriebe stehen vor der Herausforderung der Fachkräftesicherung. Beschäftigte werden mehr denn je zu einer wertvollen Ressource. Handwerksbetriebe wie die AGW Elektro Große-Wördemann GmbH & Co. KG sind gefordert, Fachkräfte auszubilden, zu binden und weiterzuentwickeln. Angestoßen durch die Geschäftsführung professionalisiert der Betrieb seine Personalarbeit. In diesem Beitrag wird der Einsatz des Kompetenz-Navi, einem webbasierten Tool zum Kompetenzmanagement, bei der AGW Elektro Große-Wördemann GmbH im Zuge eines Modellprojektes beschrieben. Das Kompetenz-Navi wurde eingesetzt, um die Kompetenzentwicklung im Betrieb effizienter und systematischer zu gestalten. Es zeigt sich konkret, dass das Kompetenz-Navi beispielsweise zur Bedarfsanalyse von internen Trainings und der Zusammenstellung von Lern-Tandems genutzt werden kann. Kümmerstrukturen auf betrieblicher Ebene sind dabei hilfreich, um den Nutzen zu erhöhen. Handlungsempfehlungen sowie weitere Anwendungsszenarien des Kompetenz-Navi werden diskutiert.

11.1 AGW Elektro Große-Wördemann GmbH & Co. KG – ein Handwerksbetrieb auf dem Weg zu einer professionellen Personalentwicklung

Die AGW Elektro Große-Wördemann GmbH & Co. KG (kurz: AGW) ist ein Handwerksbetrieb mit ca. 120 Beschäftigten. AGW wurde vor über 60 Jahren in Georgsmarienhütte in Niedersachsen gegründet. Das Unternehmen bietet in den Regionen um die Städte Osnabrück und Münster Produkte und Dienstleistungen für die Bereiche Elektroinstallation und -anlagenbau, Sicherheits- und Kommunikationstechnik sowie Automatisierungstechnik vor allem für öffentliche und gewerbliche Kunden an. Im Vergleich zu kleinen Handwerksbetrieben besteht bei der AGW mit ca. 120 Beschäftigten eine kontinuierliche und natürliche Fluktuation des Personalstammes. Beispielsweise gehen Mitarbeitende in den Ruhestand oder wechseln den Wohnort. Aufgrund des im Handwerk jedoch verbreiteten Fachkräftemangels wird es immer schwieriger, neue Beschäftigte auf dem Arbeitsmarkt zu finden. Da gleichzeitig die Kompetenzanforderungen durch neue Technologien steigen, gewinnt die Kompetenz- und Personalentwicklung an strategischer Bedeutung.

11.1.1 Mitarbeitende ausbilden, binden und entwickeln als strategische Zukunftsaufgaben

Der Erfolg von vielen Betrieben steht und fällt mit den Kompetenzen ihrer Beschäftigten (Crook et al., 2011). Gerade in Dienstleistungssektoren wie dem Elektrohandwerk ist die Produktivität von Unternehmen eng an die Kompetenzen der Beschäftigten gebunden. Kompetente Beschäftigte sind – gerade im stark vom Fachkräftemangel betroffenen Handwerk – rar (Bußmann, 2015; ZDH, 2011). Daher steht die Bindung der Beschäftigten bei vielen Handwerksbetrieben hoch im Kurs. Doch es reicht nicht aus, Beschäftigte zu binden. Durch kontinuierliche Veränderungen im Wettbewerbsumfeld müssen Beschäftigte auf neue Anforderungen vorbereitet werden.

In ◘ Abb. 11.1 sind durch Delphi-Studien identifizierte, gewerkübergreifende Trends sowie die Beurteilung der gegenwärtigen und zukünftigen Relevanz durch Handwerksbetriebe dargestellt (für detaillierte Beschreibungen siehe auch Naegele et al., 2015). Erwartungen von Kunden bringen erhöhte Beratungs- und Serviceleistungen mit sich. Neue vernetzte Technologien führen zu komplexeren Systemen (z. B. im Smart Home). Der Wunsch nach „Leistungen aus einer Hand" erfordert z. B. zunehmende gewerkübergreifende Zusammenarbeit. Gesetzliche

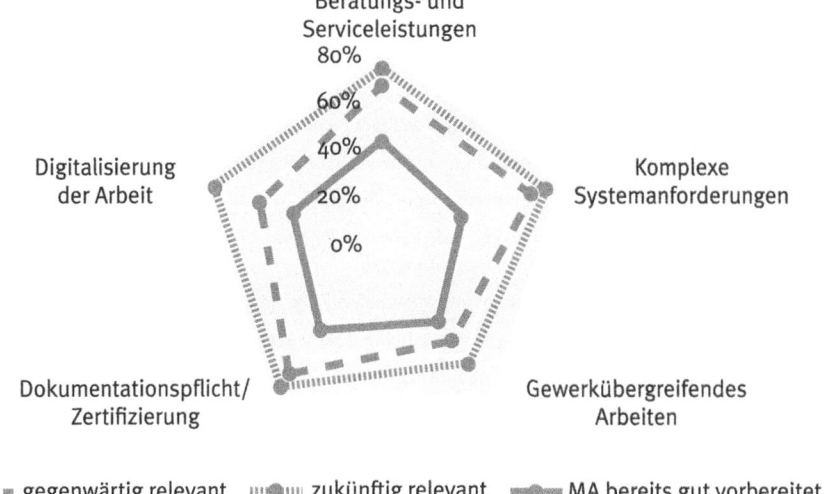

● **Abb. 11.1** Gewerkübergreifende Trends im Handwerk

Rahmenbedingungen und Herstellervorgaben ziehen vermehrte Dokumentationspflichten nach sich. Auch die Digitalisierung macht sich im Handwerk bemerkbar. Diese Trends werden zukünftig von Betrieben als noch relevanter eingeschätzt (vgl. Kortsch et al., 2016).

Kleine und mittlere Betriebe sind daher stärker denn je gefordert, in ihr Personal zu investieren und sich im Personalmanagement neu aufzustellen. Die Personalentwicklung gewinnt an strategischer Relevanz, um zukünftig erforderliche Kompetenzen frühzeitig aufzubauen. Betriebe sind gefordert, Beschäftigte bei der Kompetenzentwicklung zu unterstützen und mit ihnen langfristig Perspektiven für ihre Laufbahnen zu erarbeiten (Kauffeld u. Paulsen, im Druck).

Diese Aufgaben führen zu erhöhten Anforderungen an das Personalmanagement. Betriebe brauchen einen Überblick über vorhandene Kompetenzen und Instrumente der Kompetenzmessung und -entwicklung, um Beschäftigte adäquat und strategisch entwickeln zu können. Um einen solchen Überblick zu gewinnen, bedarf es jedoch zeitlicher Ressourcen. Umso bedeutender werden effiziente Instrumente, die zeitsparend sind.

11.1.2 Status quo der Personalentwicklung bei AGW

Um wettbewerbsfähig zu bleiben, legt die AGW seit ca. fünf Jahren gesteigerten Wert darauf, neue Fachkräfte auszubilden und zu entwickeln. Die Ausbildung spielt seither eine besondere Rolle. Da sich der Fachkräftemangel am eher ländlich gelegenen Standort schon vor einigen Jahren bemerkbar machte und auch die Bewerbungszahlen für Ausbildungsplätze zurückgingen, mussten Lösungen zur Sicherung der benötigten Fachkräfte entwickelt werden. Seitens des Geschäftsführers kam daher der Impuls, Positionen im Unternehmen zu schaffen, die u. a. für die Personalentwicklung zuständig sein sollten. Damit soll die Personalentwicklung zielgerichteter und nachhaltig gestaltet werden.

Es wurde dabei im ersten Schritt im Hinblick auf die gegenwärtige Knappheit an Nachwuchs vor allem Wert auf die Ausbildung als Personalentwicklungsinstrument gelegt. In diesem Zuge wurde vor etwa fünf Jahren die Position eines Ausbildungsbeauftragten geschaffen, die ein Beschäftigter aus dem Betrieb übernahm. Er war vorher bereits als Ausbilder tätig und konnte zudem auf seine Erfahrungen aus dem Ehrenamt als Fußballtrainer zurückgreifen. Der

Bereich	**Maßnahmen**
Fachliche Unterstützung	Regelmäßige Feedbackgespräche
	Patenprogramm im ersten Lehrjahr mit einem erfahrenen Beschäftigten
	Innerbetriebliche Schulungen
	Unterstützung bei der Prüfungsvorbereitung (Zwischen- und Abschlussprüfung)
	Einarbeitungstage zum Ausbildungsbeginn
	Möglichkeit zur Übernahme von Projekten
Finanzielle Unterstützung	Zuschuss zur Finanzierung von Tickets für den öffentlichen Personennahverkehr
	Finanzielle Belohnungen für gut abgeschlossene Prüfungen
	Finanzielle Unterstützung für die Prüfungsvorbereitung
Soziale Unterstützung	Regelmäßige Auszubildendentreffen
	Einmal jährlich ein „Azubi-Nachmittag"

◙ Tab. 11.1 Maßnahmen für eine strukturierte und attraktive Ausbildung

Ausbildungsbeauftragte strukturierte und standardisierte die Ausbildung seit 2016 mit ganz konkreten Maßnahmen (◙ Tab. 11.1). Außerdem ist der Ausbildungsbeauftragte die zentrale Ansprechperson für Auszubildende: Er erleichtert den Einstieg in das Unternehmen, koordiniert die Ausbildung und führt auch Gespräche mit den Ausbildern im Betrieb.

Die Ausbildung ist in den normalen betrieblichen Ablauf integriert. Entsprechend ist auch ein Großteil der Beschäftigten daran beteiligt. Der Ausbildungsbeauftragte stellt sicher, dass die Auszubildenden bei der Arbeit im Betrieb auch Lernaufgaben und -gelegenheiten erhalten sowie entsprechend ihrer Fähigkeiten eingesetzt und gefördert werden. Lernen, Fördern und Unterstützen werden damit zu zentralen Werten des Unternehmens und spiegeln die Unternehmenskultur wider. Neben Maßnahmen wie internen Trainings werden Auszubildenden in einem fortgeschrittenen Stadium ihrer Ausbildung Mini-Projekte, z. B. die eigenverantwortliche Leitung eines Bauabschnittes, ermöglicht. Dies wird von einem erfahrenen Beschäftigten begleitet. So können die Auszubildenden ihre bisherigen Erfahrungen praktisch umsetzen und entsprechende Kompetenzen für eine ganzheitliche Aufgabe erwerben. Die Investition zahlt sich bereits für den Betrieb aus: Am Ende der Ausbildung stehen dem Betrieb wertvolle Fachkräfte mit den betrieblich relevanten Kompetenzen zur Verfügung. Im Jahr 2016 wurde zusätzlich eine Personalreferentin eingestellt, die u. a. die Personalentwicklung für das gesamte Personal plant und steuert. Hier spielt auch die Zertifizierung des Betriebes nach EN ISO 9001 eine Rolle, die u. a. auch strukturierte und bedarfsorientierte Entwicklungsangebote für die Beschäftigten vorschreibt. Dem wird angesichts der überarbeiteten Norm bei der anstehenden Rezertifizierung im Jahr 2017 zukünftig eine noch größere Bedeutung zukommen.

Damit vollzieht sich auch ein Wandel in der Betriebskultur. Beschäftigte und ihre Potenziale erhalten von Beginn der Ausbildung an eine hohe Wertschätzung und der Betrieb bemüht sich darum, den individuellen Karrierevorstellungen Raum zu gewähren. Neben den strukturellen Voraussetzungen für eine professionelle Personalentwicklung umfasst diese auch die strategische Ausrichtung. Zu einer professionellen Personalentwicklung gehört die strategische Kompetenzentwicklung, die im Folgenden skizziert wird.

11.2 Strategische Kompetenzentwicklung

11.2.1 Kompetenzentwicklung im Kontext von Personal- und Organisationsentwicklung

Kompetenz- und Personalentwicklung ist kein Selbstzweck, sondern erfolgt eingebettet in einen unternehmerischen Kontext. Die Ziele der Kompetenz- und Personalentwicklung lassen sich aus der Organisationsstrategie ableiten. Damit leistet eine erfolgreiche Kompetenz- und Personalentwicklung einen Beitrag zur Organisationsentwicklung. Umgekehrt machen organisationale Veränderungen oft auch eine Kompetenzentwicklung notwendig (Kauffeld, 2016; Kauffeld u. Paulsen, im Druck).

Eine strategische Kompetenz- und Personalentwicklung überlässt den Aufbau von Kompetenzen und die Entwicklung von Mitarbeitenden nicht dem Zufall. Ausgehend von einer Unternehmensstrategie wird die Kompetenz- und Personalentwicklung systematisch geplant, durchgeführt und kontrolliert.

Bei der AGW ist die Entwicklung von Auszubildenden von strategischer Bedeutung. Auszubildende sollen während ihrer Ausbildung unterstützt werden, um nach der Ausbildung möglichst eigenständig Aufgabenbereiche zu übernehmen. Dies bedingt, dass der Aufbau von Kompetenzen systematisch geplant, gesteuert und kontrolliert wird.

Ausgangspunkt einer strategischen Kompetenz- und Personalentwicklung ist dabei immer eine Bedarfsanalyse. Innerhalb dieser muss geklärt werden, welche Kompetenzen überhaupt relevant sind und welche Kompetenzen bei welchen Beschäftigten aufgebaut werden müssen. Die für das Unternehmen erforderlichen und strategisch relevanten Kompetenzanforderungen lassen sich in Kompetenzmodellen beschreiben. Kompetenzmodelle dienen dazu, erforderliche Kompetenzanforderungen zu systematisieren und transparent zu machen (▶ Exkurs: Gewerkspezifische Kompetenzmodelle). Das Kompetenzmodell ist dann Ausgangspunkt für verschiedene Instrumente zur Kompetenzentwicklung und verleiht diesen eine Richtung. Sie bilden auch die Basis für eine Erfassung des Ist-Zustandes der Kompetenzen im Unternehmen und ermöglichen so einen Abgleich mit dem durch die Unternehmensstrategie vorgegebenen Soll.

Exkurs

Gewerkspezifische Kompetenzmodelle

Kompetenzmodelle dienen dazu, relevante Anforderungen systematisch festzuhalten. Sie bestehen aus Kompetenzen, also Fähigkeiten, Fertigkeiten und Wissen, die benötigt werden, um konkrete Arbeitsaufgaben erfolgreich zu bewältigen (vgl. Kauffeld, 2006). Sie zeichnen sich zumeist durch eine verhaltensnahe Beschreibung aus und machen somit transparent, was erfolgreiches Handeln bedeutet. Kompetenzmodelle sollten zudem fachliche sowie überfachliche Anforderungen umfassen. Während in größeren Unternehmen oft eigene, sehr spezifische Kompetenzmodelle entwickelt werden, fehlen gerade in kleineren und mittleren Betrieben Ressourcen zur Entwicklung eigener Modelle oder das Wissen über die Erarbeitung von Kompetenzmodellen. Im BMBF-geförderten Projekt „In-K-Ha" wurden daher gewerkspezifische Kompetenzmodelle für vier Handwerksgewerke (Elektro, Sanitär-Heizung-Klima, Metall, Kfz) entwickelt. Ausgehend von gegenwärtigen Anforderungen sowie künftigen Trends beschreiben diese Kompetenzmodelle übergeordnete Kompetenzanforderungen. Kleinere und mittlere Handwerksbetriebe können diese Kompetenzmodelle nutzen und bei Bedarf anpassen. Zudem liefern die vorhandenen Modelle eine Vorstellung, wie Kompetenzmodelle aufgebaut werden können. So können weitere Kompetenzmodelle ergänzt werden (z. B. zur Baustellenleitung; ▶ Kap. 9).

11.2.2 Bedarfsanalysen als Element einer professionellen Personalentwicklung

Um notwendigen Entwicklungsbedarf zu erkennen, ist es erforderlich, zu diagnostizieren, welche Kompetenzen in welchem Ausmaß im Betrieb und bei den Beschäftigten vorhanden sind. Im Folgenden können Kompetenzen dann gezielt entwickelt und zukünftige Bedarfe abgeschätzt werden. Gerade in kleineren Unternehmen wird oft argumentiert, dass ein Austausch zwischen Beschäftigten und Führungskräften gegeben ist und Führungskräfte ihre Beschäftigten gut genug kennen, um Entwicklungsbedarfe ableiten zu können. Allerdings besteht bei wachsenden Betriebsgrößen sowie umfangreichen Kompetenzanforderungen leicht die Gefahr, dass der Überblick verloren geht.

Während früher systematische Befragungen oft mit hohem Aufwand verbunden waren, ermöglichen softwaregestützte Verfahren wie das Kompetenz-Navi nun eine systematische und effiziente Bedarfsanalyse.

11.2.3 Das Kompetenz-Navi – eine webbasierte Kompetenzdiagnose (nicht nur) für das Handwerk

Um Kompetenzentwicklungsmaßnahmen strategisch zu planen und zu steuern, können IT-basierte Tools eingesetzt werden. Eine solche Lösung stellt das im Projekt „In-K-Ha" entwickelte webbasierte Kompetenz-Navi dar (vgl. Kortsch et al., 2016). Die Kompetenzfeststellung erfolgt hier durch ein Befragungstool, in dem Kompetenzen aus vorher definierten Kompetenzmodellen eingeschätzt werden müssen. Die erfassten Werte werden als Kompetenzprofile dargestellt, anhand derer schnell und frühzeitig z. B. Kompetenzlücken erkannt oder Potenziale identifiziert werden können.

Webbasierte Software bietet den Vorteil, dass sie auf mobilen Endgeräten und von verschiedenen Nutzern (z. B. Führungskräfte, Personalentwickler und Beschäftigte) gleichzeitig und ortsunabhängig genutzt werden kann. Das Kompetenz-Navi ist zudem adaptiv, sodass z. B. betriebsspezifische, zur Betriebskultur passende Kompetenzen abgebildet werden können. Ebenso können anlassbezogene Kompetenzmodelle erstellt werden.

Die Kompetenzdiagnose automatisiert administrative Prozesse wie das Erstellen von Erhebungen und Auswertungen. Diese Auswertungen sind visuelle Aufbereitungen der Kompetenzeinschätzungen, die Entscheidern wichtige und gut kommunizierbare Informationen zur Verfügung stellen (siehe auch Kauffeld, 2016). In der individuellen Auswertung können Kompetenzprofile von Beschäftigten abgebildet werden. So werden Stärken, aber auch Lücken in Relation zu einem Soll-Profil, sichtbar gemacht (◘ Abb. 11.2). Auch können Selbst- und Fremdeinschätzungen oder Entwicklungen über mehrere Messzeitpunkte gegenübergestellt werden. In der betriebsbezogenen Auswertung werden in einer Matrix die Kompetenzen aller Beschäftigten nebeneinander dargestellt. Eine Aggregation über alle Beschäftigten gibt zudem Aufschluss über bestehende Stärken und Lücken auf Betriebsebene. Das Kompetenz-Navi kann für verschiedene praktische Fragen des Personalmanagements eingesetzt werden: im Rahmen der Personaleinsatzplanung, zur Ermittlung von Kompetenzentwicklungsbedarfen, für die Laufbahngestaltung, für die Nachfolgeplanung oder zur Strategieplanung, z. B. um neue Geschäftsfelder für den Betrieb zu identifizieren.

Abb. 11.2   Prototyp des KOMPETENZ-NAVI in der Kompetenzprofilansicht

11.3   Bedarfsanalyse mit dem KOMPETENZ-NAVI zur Optimierung der Kompetenzentwicklung für Auszubildende

11.3.1 Ausgangslage und Anlass der Kompetenzentwicklung

Für die AGW beginnt die Personalentwicklung mit der Ausbildung. Die Geschäftsführung hebt die Bedeutung der Ausbildung als eine Investition in die Zukunft hervor. Auszubildende sollen frühzeitig im Betrieb eigenständige Aufgaben übernehmen und benötigte Kompetenzen aufbauen. Nach Abschluss der Ausbildung sollen sie eigenständig und eigenverantwortlich Arbeiten durchführen können. Dafür ist der erfolgreiche Abschluss der Ausbildung Voraussetzung. Zudem sind durch neue Technologien die Anforderungen an die Berufsausbildung im Elektrohandwerk stark gestiegen. Die AGW unterstützt Auszubildende zusätzlich durch verschiedene Maßnahmen der Kompetenzentwicklung, um sie auf künftige Aufgaben vorzubereiten. Die Ressourcen für solche Maßnahmen sind allerdings begrenzt.

Daher sollen Maßnahmen wie die im Folgenden beschriebenen internen Trainings möglichst maßgeschneidert gestaltet werden, um die Kompetenzen der Auszubildenden optimal zu erweitern. Ziel der in diesem Beitrag beschriebenen Erprobung des Kompetenz-Navi war somit, zunächst einen Ist-Zustand aller an einem Training teilnehmenden Auszubildenden zu erfassen. Bisher wurden dazu Gespräche mit den Auszubildenden selbst sowie mit dem Ausbildungsbeauftragten und erfahrenen Kollegen/-innen geführt, um sich ein Bild zu machen. Dieses Bild wurde durch Leistungen in der Berufsschule ergänzt. Allerdings zeigte sich hier, dass aufgrund der Vielfalt an Anforderungen oft kein vollständiger Überblick gewonnen werden konnte. Schließlich fiel es einzelnen Auszubildenden auch schwer, Kompetenzlücken ad hoc zu benennen.

Daher bestand der Wunsch, umfassende und systematisch erfasste Informationen der Auszubildenden zu generieren, um die Trainings besser auf die konkreten Bedarfe der Auszubildenden abzustimmen. Das Kompetenz-Navi sollte also zur Analyse des Kompetenzentwicklungsbedarfs genutzt werden, um auf dessen Grundlage die Inhalte des Trainings zu bestimmen. Gleichzeitig sollte es passend zur Unterstützungskultur als Feedbackinstrument dienen und Auszubildende befähigen, eigene Stärken sowie Kompetenzlücken zu identifizieren und darüber zu sprechen.

11.3.2 Einbindung des Kompetenz-Navi

Der Gebrauch von IT-Tools wie dem Kompetenz-Navi ist kein Selbstzweck, sondern hat vor allem die Optimierung von Prozessen zum Ziel. Da bereits Maßnahmen zur Kompetenzentwicklung für die Auszubildenden geplant waren, bot diese Ausbildung eine gute Gelegenheit zur Einbindung des Kompetenz-Navi bei der AGW. Die Einbindung des Kompetenz-Navi wurde von der Personalreferentin des Betriebes angestoßen und von dem Ausbildungsbeauftragten operativ unterstützt. Psychologen der Technischen Universität Braunschweig begleiteten zusätzlich den Einsatz des Kompetenz-Navi. Zur Einführung von Software-Lösungen wie dem Kompetenz-Navi empfiehlt sich generell ein mehrphasiges Vorgehen (◘ Tab. 11.2). Dabei sollte vor der Durchführung der Maßnahme (Phase 3) immer ausreichend Zeit für die Vorbereitung eingeplant werden.

Die erste Phase umfasste eine Zielklärung, die Klärung der Beteiligten und die Planung des Ablaufs der Kompetenzentwicklungsmaßnahme einschließlich der Einbindung des KompetenzNavi. Die Idee war, die Maßnahme zunächst als Pilotprojekt für die aktuelle Kohorte der Auszubildenden durchzuführen, um Erfahrungen mit dem Einsatz des Kompetenz-Navi zu sammeln. Die Pilotgruppe waren die vier aktuellen Auszubildenden der Fachrichtung Energie- und Gebäudetechnik und der Fachrichtung Automatisierungstechnik, die kurz vor den Abschlussprüfungen standen und darauf gut vorbereitet werden sollten. Dazu sollte das Kompetenz-Navi als Tool zur Bedarfsanalyse und Planung eingesetzt werden. Die Trainings sollten entsprechend inhaltlich so gestaltet werden, dass sie besonders auf einen Kompetenzaufbau bei den Kompetenzlücken fokussierten. Aufgrund der sehr konkreten Vorstellungen vonseiten des Betriebes und weil die relevanten Akteure diese Maßnahme bereits initiierten, ging die erste Phase zügig in die zweite Phase der konkreten Planung über. Vorteilhaft war zudem, dass der Geschäftsführer bereits eine Professionalisierung des Personalmanagements angestoßen hatte und eine Systematisierung der Ausbildung befürwortete. Der Ausbildungsbeauftragte sowie die

Personalverantwortliche hatten zudem den notwendigen Gestaltungs- und Handlungsspielraum, um die dafür notwendigen Entscheidungen zu treffen.

In der zweiten Phase wurden Vorüberlegungen getroffen. So wurde entschieden, nur eine Selbst- und keine Fremdeinschätzungen mit dem KOMPETENZ-NAVI einzuholen. Ausschlaggebend waren mehrere Gründe: So bestand – gerade weil derartige systematische Instrumente noch keine Verbreitung haben – die Gefahr, dass Fremdeinschätzungen den Bewertungscharakter der Situation erhöhen und damit zu bedrohlich wirken könnten. Zudem wäre zusätzlicher Planungs- und Koordinierungsaufwand erforderlich gewesen, da nicht die Fremdeinschätzung einzelner Personen, sondern mehrerer Personen für ein vollständiges Bild der Kompetenzen der Auszubildenden erforderlich gewesen wären. Schließlich sollte die Eigenverantwortung der Auszubildenden gestärkt werden, sich mit eigenen Stärken und Entwicklungsfeldern auseinanderzusetzen. Dies integriert sich in die Betriebskultur, in der Unterstützung und Feedback vor allem darauf abzielen, langfristig Eigenverantwortlichkeit zu erhöhen. Wichtig war entsprechend, dass der Einsatz des KOMPETENZ-NAVI als Unterstützung und nicht als Bewertung wahrgenommen wird. Um die zentralen Werte Lernen, Fördern und Unterstützen auch bei dem Einsatz des KOMPETENZ-NAVI zu realisieren, wurde beschlossen, dass die Auswertung in Form von Reflexionsgesprächen mit den Ausbildungsbeauftragten erfolgt und mit dem Auszubildenden konkrete Möglichkeiten besprochen werden, wie sie erforderliche Kompetenzen aufbauen können.

Im ersten Schritt der Umsetzung wurden von betrieblicher Seite konkrete Kompetenzanforderungen für die Auszubildenden ermittelt, die die Basis für die Kompetenzerfassung mit dem KOMPETENZ-NAVI darstellten. In diesem Pilotprojekt sollten alle für den erfolgreichen Abschluss der Ausbildung erforderlichen Kompetenzen systematisch erfasst und in einem eigenständigen Kompetenzmodell beschrieben werden. Grundlage bildeten vorhandene Dokumente und Erfahrungen im Betrieb.

Diese Kompetenzanforderungen wurden dann im KOMPETENZ-NAVI als eigenständiges Kompetenzmodell hinterlegt, das zudem gewerkspezifische Kompetenzmodelle für die Gewerke Elektro, Kfz, Sanitär-Heizung-Klima und Metall beinhaltet (▶ Exkurs: Gewerkspezifische Kompetenzmodelle). Die vier Auszubildenden wurden anschließend zur Kompetenzanalyse eingeladen und schätzen ihre Kompetenzen selbst ein. Auf Fremdeinschätzungen, die mit dem KOMPETENZ-NAVI auch einholbar sind, wurde – wie beschrieben – verzichtet.

Als alle Ergebnisse vorlagen, konnte sich der Ausbildungsbeauftragte nun die Kompetenzprofile im KOMPETENZ-NAVI anzeigen lassen. Er konnte sich so einen Überblick verschaffen, welche Kompetenzen strukturell bei allen oder mehreren Auszubildenden noch nicht hinreichend entwickelt waren und wo individuelle Stärken und Defizite lagen. Außerdem bekamen auch die Auszubildenden einen guten Eindruck von ihren Kompetenzlücken. Insbesondere konnten so Lücken entdeckt werden, die bislang einen „blinden Fleck" darstellten. Die Ergebnisse wurden nun genutzt, um die Kompetenzentwicklung der Auszubildenden zu planen. Bei deutlichen Abweichungen vom Soll-Bereich wurden vom Ausbildungsbeauftragten für diese Bereiche innerbetriebliche Trainings mit den Auszubildenden durchgeführt. Lagen die Kompetenzen nur leicht unter dem Anforderungsprofil, wurden für diese inhaltlichen Bereiche nach Möglichkeit Tandems aus zwei Auszubildenden gebildet. Bei der Zusammenstellung der Tandems halfen die Ergebnisse aus der Kompetenzdiagnose. Ein Auszubildender, der in bestimmten Bereichen Kompetenzlücken aufwies, erhielt als Tandem-Partner einen Auszubildenden, der über die entsprechenden Kompetenzen verfügte. Da die Kompetenzen sehr aufgabennah formuliert waren (z. B. Installation einer Serienschaltung), konnten schnell geeignete Aufgaben abgeleitet werden. Hierbei unterstützte der Ausbildungsbeauftragte. Die Tandems bearbeiteten diese Aufgaben dann weitgehend selbstorganisiert. Ein Auszubildender mit hohen Kompetenzausprägungen in dem betreffenden Bereich machte dazu eine zur Kompetenz passende Aufgabe vor (z. B. Installation einer

Serienschaltung). Der Tandem-Partner, der diese Aufgaben noch nicht hinreichend bewältigen konnte, erhielt daraufhin die Möglichkeit, diese Aufgabe nachzumachen und dabei Feedback zu erhalten (für eine Strukturierung von Lern-Tandems siehe auch ▶ Kap. 9).

Die Maßnahme erstreckte sich über einen Zeitraum von insgesamt ca. sechs Monaten. Es standen zwei Prüfungen an. Sowohl für die theoretische als auch für die praktische Abschlussprüfung wurden jeweils sechs Trainingseinheiten (5× 1,5 Stunden plus 1–2× 6 Stunden) geplant, die sich zur Prüfung hin verdichteten. Zwischenevaluationen der Maßnahme mit dem KOMPETENZ-NAVI dienen zum einen dazu, die Wirksamkeit der Maßnahme zu überprüfen. Zum anderen bekommen die Auszubildenden auf diesem Weg nochmals ein Feedback, welche Kompetenzen bereits im Soll liegen und welche Kompetenzen noch aufzubauen sind (Phase 4, ◘ Tab. 11.2).

Die Auszubildenden wurden vor der ersten Analyse über das Vorhaben informiert und deren Nutzen herausgestellt. Dabei war wichtig, hervorzuheben, dass die Bedarfsanalyse neben Stärken auch Defizite sichtbar macht, Kompetenzlücken jedoch zu erwarten sind. Es wurde unterstrichen, dass das KOMPETENZ-NAVI als Feedbackinstrument den Auszubildenden helfen soll. Es wurde auch betont, dass es sich um ein Pilotprojekt handelt, mit dem Erfahrungen gesammelt werden sollen.

◘ **Tab. 11.2** Phasen der Einführung des Kompetenzmanagements mit dem KOMPETENZ-NAVI

	Phase	Inhalte	Gewünschtes Ergebnis	Was muss vorher geschehen?
1	Informieren und Bereitschaft entwickeln	Information über geplanten Ablauf und Vorgehen: – Einbindung von relevanten Akteuren (z. B. Geschäftsführung, Betriebsrat) – Vorstellen des Vorhabens – Aufnehmen von Bedenken und Befürchtungen	– Bereitschaft von Betrieb und Belegschaft zur Planung eines Pilotprojektes – Commitment zum Projekt	– Idee und Zielsetzung für ein mögliches Pilotprojekt entwickeln – Mit Inhaber/ Geschäftsführer Möglichkeiten und Grenzen abstecken – Vorteile und Nutzen für Beschäftigte konkretisieren (insbesondere: Welche Erwartungen dürfen geweckt werden?)
2	Planen	Strategisch: – Bildung einer Projektgruppe – Definition von Rahmenbedingungen und Zielen des Pilotprojektes – Identifikation von förderlichen und hinderlichen Faktoren bei der Umsetzung Operativ: – Planung der Umsetzung, insbesondere Zeitplanung – Erstellen von Informationsmaterialien	– Gemeinsame Vorstellung des Pilotprojektes: „Kompetenzmanagement mit dem KOMPETENZ-NAVI" – Maßnahmenplan	– Zusammensetzung des Projektteams klären – Zeitressourcen der Beteiligten klären – Kontakte herstellen und Raum organisieren

◻ **Tab. 11.2** Fortsetzung

	Phase	Inhalte	Gewünschtes Ergebnis	Was muss vorher geschehen?
3	Durchführen	– Sicherstellen, dass der geplante Ablauf eingehalten wird (z. B. durch Vorinformationen an Beteiligte) – Bei Terminverschiebungen Ersatztermine organisieren	Erfolgreiche Durchführung	– Briefing aller Beteiligten – Klar benannte Ansprechpersonen
4	Bewerten und Verankern	– Reflexion der Maßnahme und des Ablaufs – Identifikation von förderlichen und hinderlichen Faktoren – Nachbesprechung mit Projektteam Bei Erfolg: – Ausweitung der Maßnahme auf weitere Zielgruppen – Verankerung der Maßnahme in Routinen	– Dokumentation der Lernergebnisse (Learnings) aus dem Projekt – Publikation der Learnings	– Bereitschaft für Übertragung auf andere Bereiche entwickeln – Optimierungen und Anpassungen vornehmen – Schrittweise Verankerung

11.4 Fazit: Kümmerstrukturen und IT-gestützte Instrumente professionalisieren die Personalentwicklung

Für die AGW konnte das Kompetenz-Navi die Planung von Maßnahmen zur Kompetenzentwicklung wie interne Trainings und Lern-Tandems wesentlich unterstützen. Durch das Kompetenz-Navi konnte schnell ein Überblick über vorhandene Kompetenzen sowie Kompetenzlücken gewonnen werden. Für die Auszubildenden stellte die Selbsteinschätzung eine Möglichkeit dar, sich zu reflektieren und auch „blinde Flecken" sichtbar zu machen. Durch die Auswertungsfunktionen konnte rasch erkannt werden, wo Auszubildende Lücken aufwiesen und wo sich Tandems anboten.

Diese Anwendung des Kompetenz-Navi bei der AGW stieß auf eine förderliche Betriebskultur. Insbesondere im Bereich der Ausbildung wird dem Lernen, Fördern und Unterstützen eine hohe Bedeutung zugewiesen. Zusammenfassend lässt sich die erfolgreiche Anwendung des Kompetenz-Navi auf folgende zentrale Erfolgsfaktoren zurückführen:

1. Die Geschäftsführung unterstützte die Maßnahme und räumte den nötigen Gestaltungs- und Handlungsspielraum zu deren Umsetzung ein.
2. Es gab mit der Personalverantwortlichen und dem Ausbildungsbeauftragten eine Kümmerin und einen Kümmerer, die den Prozess der Implementierung des Kompetenz-Navi gestalteten und begleiteten.
3. Mit dem Kompetenz-Navi wurden bestehende Prozesse unterstützt, deren Nutzen unmittelbar erkennbar war.

Die Bedarfsanalyse von internen Trainings für Auszubildende ist jedoch nur ein möglicher Anwendungsfall für das Kompetenz-Navi. Es eignet sich beispielsweise auch zur Unterstützung von Mitarbeitergesprächen, in denen dann beispielsweise eine Laufbahnplanung besprochen werden kann. Stärken geben dann z. B. Aufschluss, welche Laufbahnwege Beschäftigte einschlagen können (zur Laufbahnplanung vgl. ▶ Kap. 13). Auch eignet es sich zur Dokumentation und Anerkennung von im Arbeitsleben erworbenen Kompetenzen (vgl. ▶ Kap. 12; Paulsen et al., 2016).

Unabhängig vom Anwendungsfall lässt sich das in diesem Beitrag beschriebene Vorgehen auf andere Betriebe übertragen. Wichtig ist es, im Vorfeld die Unterstützung der Geschäftsführung einzuholen und auch Verantwortliche auf betrieblicher Ebene zur Gestaltung und Umsetzung dieser Maßnahme zu haben. Derartige Kümmerstrukturen waren im beschriebenen Anwendungsfall ein zentraler Erfolgsfaktor. Neben den Verantwortlichen, die Lernprozesse initiieren und begleiten, kommt jedoch auch Vorgesetzten sowie Kolleginnen und Kollegen eine Bedeutung bei. Aus der Training-Transfer-Forschung ist bekannt, dass das Arbeitsumfeld und die Unterstützung von Vorgesetzten und dem Kollegium für den Lerntransfer und den Aufbau von Motivation beim Lernenden von Bedeutung sind (Massenberg et al., 2015, 2016).

Bei der AGW hatte mit der Installation des Ausbildungsbeauftragten, der die Ausbildung systematisiert, bereits ein Veränderungsprozess begonnen, der günstige Voraussetzungen zur Implementierung der Maßnahme bot. Neben Kümmerinnen und Kümmerern im Betrieb können zudem auch unterstützende Angebote der Handwerkskammern oder von selbstständigen Beraterinnen und Beratern hilfreich sein, um die Implementierung des Kompetenz-Navi zu unterstützen und zu begleiten (z. B. Anpassung von Kompetenzmodellen oder Erarbeitung eigener Kompetenzmodelle). Dies betrifft insbesondere Betriebe, die bislang wenig Erfahrungen im Bereich Personalentwicklung besitzen.

Die Vorbereitungsphase war in diesem Beispiel sehr kurz, da Strukturen bereits vorhanden waren und Abstimmungen schnell vorgenommen werden konnten. Diese Voraussetzungen sind jedoch nicht immer gegeben. Es empfiehlt sich also, ausreichend Zeit für die Vorbereitung einzukalkulieren. In der Phase 4 „Bewerten und Verankern" können zudem ergänzend weitere Instrumente zur ergebnisbezogenen (z. B. Questionnaire for Professional Training Evaluation, Q4TE; Grohmann u. Kauffeld, 2013) bzw. prozessbezogenen Evaluation eingesetzt werden (z. B. Lerntransfer-System-Inventar, GLTSI; Kauffeld et al., 2008).

> **Fazit**
> Durch schnelle technologische Entwicklungen bei gleichzeitigem Fachkräftemangel wird die Kompetenzentwicklung der Beschäftigten zu einer Schlüsselfunktion. Damit Kompetenzentwicklungsmaßnahmen erfolgreich umgesetzt werden können, sollten sie auf die Betriebskultur abgestimmt sein. Sehr hilfreich sind betriebliche Unterstützungsstrukturen, die durch Kümmerinnen und Kümmerer im Betrieb gelebt werden. Kümmerinnen und Kümmerer begleiten die Einführung und ermöglichen so eine erfolgreiche Umsetzung von Maßnahmen der Kompetenzentwicklung. Um Kompetenzentwicklungsmaßnahmen systematisch und strategisch zu planen, können Software-Lösungen wie das Kompetenz-Navi unterstützen. Dabei sollten stets Hinweise der Beschäftigten aufgenommen werden, um diese Maßnahmen für die Beschäftigten und den Betrieb gewinnbringend zu gestalten.

Weiterführende Literatur und Links

- Grote, S., Kauffeld, S., & Frieling, E. (Hrsg.) (2012). *Kompetenzmanagement: Grundlagen und Praxisbeispiele* (2. Aufl.). Stuttgart: Schäffer-Poeschel.
- Kauffeld, S. (2016). *Nachhaltige Personalentwicklung und Weiterbildung. Betriebliche Seminare und Trainings entwickeln, Erfolge messen, Transfer sichern* (2. Aufl.). Berlin, Heidelberg: Springer.

- Kauffeld, S., & Spurk, D. (im Druck). *Handbuch Karriere und Laufbahnmanagement.* Berlin, Heidelberg: Springer.
- Kauffeld, S., Grote, S., & Frieling, E. (Hrsg.) (2009). *Handbuch Kompetenzentwicklung.* Stuttgart: Schäffer-Poeschel.
- Kauffeld, S., & Paulsen, H. (im Druck). *Kompetenzmanagement.* Stuttgart: Kohlhammer.
- Kortsch, T., Paulsen, H., Naegele, L., Frerichs, F., & Kauffeld, S. (2016). Branchentrends und Betriebskultur als Basis strategischer Kompetenzentwicklung. *PERSONALquarterly* 2, 16–21.
- Paulsen, H. F. K., Kortsch, T., Kauffeld, S., Naegele, L., Mobach, I., & Neumann, B. (2016). Anerkennung der beruflichen Kompetenzen von Flüchtlingen - Ein Beitrag zur Integration. *Gruppe. Interaktion. Organisation. Zeitschrift für angewandte Organisationspsychologie* 47(3), 243–254.
- Webseite des Forschungs- und Entwicklungsprojektes „In-K-Ha": http://www.in-k-ha.de/
- Webseite des Kompetenz-Navi: http://kompetenz-navi.de/

Literatur

Bußmann, S. (2015). *Fachkräfteengpässe in Unternehmen – Geschlechterunterschiede in Engpassberufen.* Köln: Institut der deutschen Wirtschaft Köln e. V.

Crook, T. R., Todd, S. Y., Combs, J. G., Woehr, D. J., & Ketchen, D. J. (2011). Does human capital matter? A meta-analysis of the relationship between human capital and firm performance. *The Journal of applied psychology* 96(3),443–456.

Grohmann, A., & Kauffeld, S. (2013). Evaluating training programs: Development and correlates of the Questionnaire for Professional Training Evaluation. *International Journal of Training and Development* 17, 135–155.

Kauffeld, S. (2006). *Kompetenzen messen, bewerten, entwickeln.* Stuttgart: Schäffer-Poeschel.

Kauffeld, S. (2016). *Nachhaltige Personalentwicklung und Weiterbildung. Betriebliche Seminare und Trainings entwickeln, Erfolge messen, Transfer sichern* (2. Aufl.). Berlin, Heidelberg: Springer.

Kauffeld, S., & Paulsen, H. (im Druck). *Kompetenzmanagement.* Stuttgart: Kohlhammer.

Kauffeld, S., Bates, R. Holton III, E. F., & Müller, A. C. (2008). Das deutsche Lerntransfer-System-Inventar (GLTSI): Psychometrische Überprüfung der deutschsprachigen Version. *Zeitschrift für Personalpsychologie* 7, 50–69.

Kortsch, T., Paulsen, H., Naegele, L., Frerichs, F., & Kauffeld, S. (2016). Branchentrends und Betriebskultur als Basis strategischer Kompetenzentwicklung. *PERSONALquarterly* 2, 16–21.

Massenberg, A.-C., Spurk, D., & Kauffeld, S. (2015). Social Support at the workplace, motivation to transfer, and training transfer: A multilevel indirect effects model. *International Journal of Traning and Development* 19, 161–178.

Massenberg, A.-C., Schulte, E.-M., & Kauffeld, S. (2016). Never too early: Learning Transfer System Factors Affecting Motivation to Transfer Before and After Training Programs. *Human Resource Development Quarterly* 28, 55–85. doi:10.1002/hrdq.21256.

Naegele, L., Kortsch, T., Paulsen, H., Wiemers, D., Kauffeld, S., & Frerichs, F. (2015). *Zukunft im Blick: Trends erkennen, Kompetenzen entwickeln, Chancen nutzen. Drei Perspektiven auf die Zukunft des Handwerks. Ergebnisse aus dem Projekt "Integrierte Kompetenzentwicklung im Handwerk" (In-K-Ha).* Braunschweig: Technische Universität Braunschweig.

Paulsen, H., Kortsch, T., Kauffeld, S., Naegele, L., Mobach, I., & Neumann, B. (2016). Anerkennung der beruflichen Kompetenzen von Flüchtlingen – Ein Beitrag zur Integration. *Gruppe. Interaktion. Organisation. Zeitschrift für angewandte Organisationspsychologie* 47(3),243–254.

Zentralverband des Deutschen Handwerks (ZDH). (2011). *Fachkräftesicherung im Handwerk. Ergebnisse einer Umfrage bei Handwerksunternehmen im 1. Quartal 2011.* Berlin: Zentralverband des Deutschen Handwerks.

Personalentwicklung und Anerkennung betrieblich erworbener Kompetenzen im Handwerk

Ireen Mobach, Bernd Neumann

© Springer-Verlag GmbH Deutschland 2018
S. Kauffeld, F. Frerichs (Hrsg.), *Kompetenzmanagement in kleinen und mittelständischen Unternehmen*,
Kompetenzmanagement in Organisationen, DOI 10.1007/978-3-662-54830-1_12

Zusammenfassung

Von Branchen- und Betriebskultur geprägt findet die Personalentwicklung im Handwerk in der festen Bahn des sogenannten „Königsweges" statt. Fachkräftemangel führt dazu, dass auch alternative Wege erkundet werden. Insbesondere die Möglichkeit der Anerkennung betrieblich erworbener Kompetenz ist ein solcher alternativer Weg in der Personalentwicklung. Im Rahmen des BMBF-geförderten Verbundprojektes „In-K-Ha" wurde die Anerkennungsprozesskette im Handwerk auf ihren möglichen Schnittstellen mit der Personalentwicklung im Handwerk untersucht. Hier stand die externe Gesellenprüfung wegen ihrer zentralen Bedeutung in der Durchlässigkeit des Aus-, Fort- und Weiterbildungssystems im Handwerk im Fokus. Ein innovatives Tool zur Unterstützung der Betriebe im Anerkennungsprozess betrieblich erworbener Kompetenzen ihrer Beschäftigten auf die externe Gesellenprüfung wurde entwickelt, erprobt und in das KOMPETENZ-NAVI, ein Instrument zur Kompetenzfeststellung für das Handwerk, integriert. So wurde die Schnittstelle zwischen Personalentwicklung und Anerkennung betrieblich erworbener Kompetenzen für die Handwerksbetriebe in einem praxistauglichen Instrument abgebildet.

12.1   Betriebliche Personalentwicklung gemäß deshandwerklichen „Königsweges"

Angetrieben durch Megatrends wie die Globalisierung und der technologische und demografische Wandel müssen Betriebe im Handwerk sich auf eine veränderte Arbeitswelt einstellen (vgl. Naegele et al., 2015). Vor allem der demografische Wandel in Form eines voranschreitenden Fachkräftemangels wirkt sich auf fast alle Gewerke des Handwerks direkt oder indirekt aus. Die Absolventen/-innen des Königsweges über Erstausbildungen, Geselle/Gesellin zum Meister/zur Meisterin können den Bedarf an qualifizierten Mitarbeitenden in den neuen Technologien kaum decken, und es wird prognostiziert, dass dieses zukünftig noch schwieriger wird. Die derzeitige Hochkonjunktur und der starke Zuzug von EU-Bürgern und Geflüchteten verändern den Arbeitsmarkt zusätzlich.

Für die überwiegend kleinen Betriebe mit weniger als 50 Mitarbeitenden ist es dabei schwierig, strukturelle, konjunkturelle und politische Effekte zu unterscheiden. Aus der Sicht der Betriebe ist der Wettbewerb um die besten Auszubildenden mit der Industrie, anderen Gewerken und anderen Betrieben des gleichen Gewerks auf dem regionalen Ausbildungsmarkt sehr groß. Die Betriebe merken bereits deutlich, dass sich die Bewerberstruktur für die freien Ausbildungsplätze verschlechtert hat. Auch gehen wesentlich weniger Bewerbungen ein als noch vor einigen Jahren. Viele Betriebe fühlen sich auf diesem Ausbildungs- und Arbeitsmarkt mehr und mehr auf der Verliererseite und sehen für sich Handlungsbedarf. Dabei suchen die Betriebe zuerst nach Lösungen, die in die vom Königsweg geprägte Betriebskultur passen und den bekannten Pfaden folgen (▶ Exkurs: Der Königsweg im Handwerk).

Exkurs

Der Königsweg im Handwerk

Der „Königsweg" ist in Handwerksunternehmen in der Betriebskultur der vornehmlich anzutreffende und fest verankerte Lösungsansatz zur Personalentwicklung. Er ist ein wesentliches Merkmal der handwerklichen Betriebskultur und eine der „gemeinsamen Grundannahmen, die die Gruppe bei der Bewältigung ihrer Probleme externer Anpassung und interner Integration erlernt hat, die sich bewährt hat und somit als bindend gilt; und die daher an neue Mitglieder als rational und emotional korrekter Ansatz für den Umgang mit Problemen weitergegeben wird" (Schein, 2004, S. 17; Übersetzung des Autorenteams).

Einerseits führt der große Fachkräftebedarf zu einer intensiven Suche nach neuen Auszubilden-den, Gesellen/-innen, Meistern/-innen, teilweise mit Zusatzqualifikationen. Diese Suche erfolgt über die eigene Webseite, Datenbanken Dritter, Stellenanzeigen und Ausbildungsmessen. Auch beteiligen sich viele Betriebe an Schülerpraktika, Betriebsbesichtigungen und anderen Aktionen der Haupt- und Realschulen bzw. Gesamt- und Gemeinschaftsschulen in der näheren Umgebung, um freie Ausbildungsstellen zu besetzen. Die Betriebe werden in ihrer Suche von den regional zuständigen Institutionen wie der Innung, der Handwerkskammer und der Kreishandwerker-schaft, aber auch durch die Gebietskörperschaften, die zuständige Arbeitsagentur und das Job-center unterstützt.

Andererseits richtet sich der Blick der Betriebe unweigerlich nach innen zur eigenen Beleg-schaft, um den Fachkräftebedarf zu decken. Sowohl Gesellen/-innen als auch Meister/-innen des jeweiligen Gewerks werden innerbetrieblich und in Fort- und Weiterbildungsmaßnahmen für zukünftige Aufgaben qualifiziert.

Auch richtet sich der Blick auf an- und ungelernte Beschäftigte mit Potenzial, inklusive derjenigen, die die Gesellenprüfung nicht bestanden haben. Erfahrene An- und Ungelernte können in einzelnen Gewerken auf Positionen eingesetzt werden, für die ein Gesellenbrief nicht unbedingt erforderlich ist, z. B. auch als Baustellenaufsicht auf kleineren, weniger kom-plexen Baustellen. Wichtig sind den Betrieben für diese Art von Positionen die handwerk-lich-praktische Fachkompetenz, die Sozialkompetenz und die Deutschkenntnisse des jewei-ligen Beschäftigten. Für alle darüber hinausgehenden Tätigkeiten und Positionen müssen die Beschäftigten einen Gesellenbrief oder sogar den Meisterbrief vorweisen, beide ggf. mit Zusatzqualifikationen.

Die Kompetenz der Handwerksbetriebe in der Personalentwicklung liegt im bewährten Weg von der dualen Berufsausbildung zur Meisterprüfung. Alle zur Verfügung stehenden Kapazitä-ten für Personalakquise und -entwicklung werden entsprechend dieses bewährten Weges ein-gesetzt. Hier werden die Betriebe und die Beschäftigten von einer gewachsenen Infrastruktur aus Berufsschule, überbetriebliche Lehrlingsunterweisung, Nachhilfe und Weiterbildungsträ-gern unterstützt.

12.2 Anerkennung betrieblich erworbener Kompetenzen als Ergänzung zum derzeitigen Instrumentarium der Personalentwicklung im Handwerk

„Alternative" Wege, z. B. über die Antragstellung auf Zulassung zur Externenprüfung (▶ Exkurs: Zulassung zur externen Gesellenprüfung), werden selten beschritten, da sich diese Wege außer-halb des bewährten Instrumentariums der Personalentwicklung befinden und daher zeit- und arbeitsaufwendig sind. Aus Sicht der Betriebe ist der Aufwand höher als der Nutzen. Um für Handwerksbetriebe diese Wege der Kompetenzentwicklung zu eröffnen, hat das vom BMBF geförderte Verbundprojekt „In-K-Ha" im Rahmen der Forschungs- und Entwicklungsarbeit der Fokusgruppe „Betriebskultur und Kompetenznutzung" handwerksspezifische, integrierte Instrumente zur Kompetenzfeststellung und -diagnose entwickelt, u. a. das webbasierte Tool KOMPETENZ-NAVI (vgl. Kauffeld, 2016; ▶ Kap. 11). Für das methodische Vorgehen wurde ein kombinierter Ansatz von Literaturstudium, eigener Recherche – Angebotsanalyse der Kam-merorganisationen und im Internet – mit anschließenden persönlichen Expertengesprächen gewählt. Anschließend wurden mehrere Unternehmensberatungen durchgeführt. Für die interne Kompetenzentwicklung können diese Instrumente, exemplarisch entwickelt für das Elektro-, Metall-, Kfz- und SHK-Handwerk, an die Erfordernisse des Anerkennungsprozes-ses betrieblich erworbener Kompetenzen gekoppelt werden. Dabei sollten vor allem an- und ungelernte Beschäftigte und Beschäftige mit einem ausländischen Berufsabschluss in den Fokus genommen werden.

Der Gesellenebene kommt für diese Zielgruppen eine Schlüsselrolle in der Personalentwicklung und der Anerkennung betrieblich erworbener Kompetenzen zu: Der Gesellenbrief eröffnet den Zugang zum Fort- und Weiterbildungssystem des Handwerks und damit zu einer Karriere im Handwerk. Außerdem können bei vorliegendem Gesellenbrief auf der Gesellen-Plus-Ebene betrieblich erlangte berufliche Kompetenzen wiederum den Weg zu einer Anerkennung auf höherer Ebene, beispielsweise zur Führung eines zulassungspflichtigen Handwerksbetriebes oder für eine Betriebsleitertätigkeit mit einer Ausnahmebewilligung gemäß § 8 Handwerksordnung (HwO) eröffnen (BMJV, 2015).

Exkurs

Zulassung zur externen Gesellenprüfung

Der Zugang zur Gesellenebene für an- und ungelernte Beschäftigte ist über die „Zulassung zur Externenprüfung" möglich: Das deutsche Berufsbildungssystem bietet Beschäftigten mit entsprechender Berufserfahrung die Möglichkeit, auch ohne duale Berufsausbildung einen anerkannten Berufsabschluss zu erlangen. Das heißt, dass sie unter bestimmten rechtlichen Bedingungen als externe Teilnehmende ihre betrieblich erlangten beruflichen Kompetenzen in einer öffentlich-rechtlichen Prüfung formal nachweisen können. Die rechtlichen Grundlagen der Zulassung zur externen Gesellenprüfung sind in § 37, Abs. 2, der Handwerksordnung (HwO) geregelt (BMJV, 2015). Danach besteht ein Rechtsanspruch auf die Zulassung zur Gesellenprüfung, wenn die Person nachweist, dass sie mindestens das Eineinhalbfache der als Ausbildungszeit vorgeschriebenen Zeit in dem Beruf tätig gewesen ist, in dem sie die Prüfung ablegen möchte. Bei einem dreieinhalbjährigen Ausbildungsberuf sind das mehr als fünf Jahre und drei Monate an nachzuweisender Berufserfahrung. Aber auch wenn kein oder kein vollständiger Nachweis dieser Mindestzeit der Berufstätigkeit möglich ist, kann eine Prüfungszulassung erfolgen. Hierzu muss die Person durch Zeugnisse oder auf andere Weise glaubhaft machen, dass sie die berufliche Handlungsfähigkeit erworben hat, die eine Prüfungszulassung rechtfertigt. Dabei sind auch ausländische Bildungsabschlüsse und Zeiten der Berufstätigkeit im Ausland zu berücksichtigen. Diese Regelungen können in Zeiten des Fachkräftemangels insbesondere Betrieben mit an- und ungelernten Beschäftigten und Quereinsteigern/-innen mit Migrationshintergrund zugutekommen (Paulsen et al., 2016).

Daneben gibt es für Beschäftigte mit einem entsprechenden ausländischen Berufsabschluss die Möglichkeit, über eine „Gleichwertigkeitsfeststellung" einen anerkannten Berufsabschluss zu erlangen. In dem Prozess zur Gleichwertigkeitsfeststellung spielt die Anerkennung betrieblich erworbener Kompetenzen eine Nebenrolle, im Prozess zur externen Gesellenprüfung aber die Hauptrolle. Die „Zulassung zur Externenprüfung" ist für den Zugang zur Gesellenebene damit der wichtigste Anerkennungsprozess für die innerbetriebliche Personalentwicklung im Handwerksbetrieb.

12.3   Anerkennungsprozesskette betrieblich erworbener Kompetenzen

---

Die Anerkennungsprozesskette kann in fünf Phasen aufgeteilt werden: Beginnend mit der Festlegung des Anerkennungsziels erfolgt nach einer Beratungsphase mit etwaiger Korrekturschleife die formelle Antragstellung. Anschließend prüft die zuständige Stelle die Antragsunterlagen und erlässt einen Bescheid über das Prüfungsergebnis (◘ Abb. 12.1).

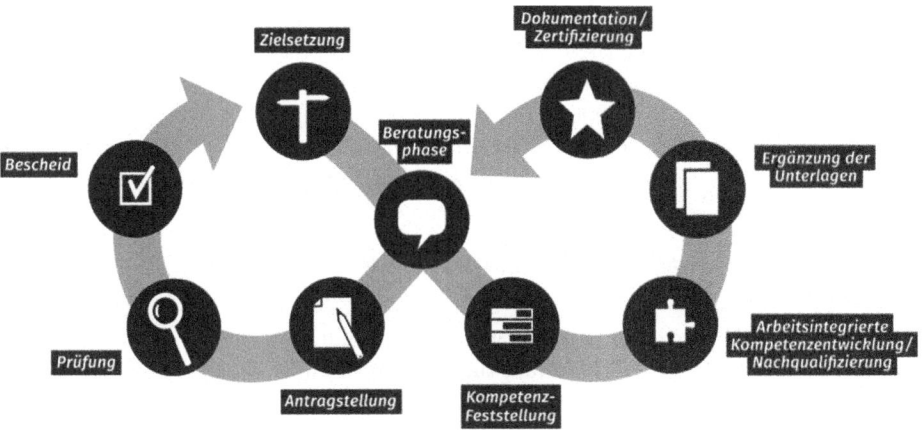

◘ Abb. 12.1   Anerkennungsprozesskette mit Korrekturschleife (nach Paulsen et al., 2016)

12.3.1 Zielsetzung

In der ersten Phase entscheidet der Handwerksbetrieb, ob als Personalentwicklungsziel die Anerkennung betrieblich erworbener Kompetenzen für Mitarbeitende angestrebt werden sollte. Zum Abgleich mit möglichen Referenzberufen und -abschlüssen muss zuerst eine berufliche Ist-Analyse der Kompetenzen der Beschäftigten durchgeführt werden. Diese Analyse kann z. B. mit dem neu entwickelten Anerkennungstool im Kompetenz-Navi des BMBF-Projektes „In-K-Ha" vorgenommen werden. Anschließend erfolgt die Entscheidung für einen Referenzberuf/-abschluss, der die Messlatte für die Anerkennung darstellt.

Grundsätzlich können Betriebe und Beschäftigte sich bei der Identifikation und anschließenden Entscheidung für einen Referenzberuf bei der zuständigen Stelle informieren und beraten lassen. Die Betriebe und Beschäftigten wählen zur Erstinformation über den Referenzberuf häufig das Internet. Da diese Informationen nicht von allen zuständigen Stellen in gleicher Form und mit dem gleichen Inhalt (Checklisten, Merkblätter, Zulassungsverfahren, Antragsformulare, Ansprechpartner) zur Verfügung gestellt werden, holen sich die Ratsuchenden häufig unabsichtlich die Erstinformationen bei einer für sie nicht zuständigen Stelle, z. B. in einem anderen Bundesland. Da diese Stellen aber nicht die zuständigen Entscheidungträger für die Ratsuchenden sind, ist eine Beratung bei der zuständigen Stelle unerlässlich. In der Regel unterstützen die Handwerksorganisationen (z. B. die eigene Innung, Kreishandwerkerschaft und Handwerkskammer) die Ratsuchenden bei der Feststellung der zuständigen Stelle. Die zuständigen Stellen übernehmen anschließend die Beratungen im Rahmen ihrer örtlichen und sachlichen Zuständigkeit.

Im Handwerk entscheidet grundsätzlich der Prüfungsausschussvorsitzende des jeweiligen Handwerks im jeweiligen Bezirk über die Zulassung zur Gesellenprüfung (§ 37a, Abs. 1 HwO). In den einzelnen Handwerkskammerbezirken gibt es eine unterschiedliche Anzahl von Prüfungskommissionen pro Gewerk und damit von zuständigen Stellen. Hintergrund ist die Größe der einzelnen Handwerkskammerbezirke und die Anzahl der Prüflinge für die jeweiligen Ausbildungsberufe in den einzelnen Regionen. Im Handwerkskammerbezirk Osnabrück-Emsland-Grafschaft Bentheim gibt es z. B. eine Struktur mit vier Kreishandwerkerschaften (Osnabrück, Lingen, Meppen, Nordhorn), in denen die meisten Innungen der verschiedenen Gewerke organisiert sind. Die Handwerkskammer hat die Durchführung der üblichen Gesellenprüfungen überwiegend an die Innungen delegiert. Somit kann es vorkommen, dass es insgesamt vier Prüfungskommissionen für ein Handwerk gibt, da regional eine Prüfungskommission ansässig und zuständig ist. Für die ratsuchenden Antragsteller/-innen ist es deshalb wichtig, die für sie zuständige Stelle zu identifizieren und anzusprechen. Im gesamten Prozess werden die Innungen als zuständige Stelle von der Handwerkskammer und den Kreishandwerkerschaften unterstützt. Die Handwerkskammer selbst übernimmt Gleichwertigkeitsfeststellungen für ausländische handwerkliche Berufsabschlüsse.

12.3.2 Beratungsphase mit Korrekturschleife

Die Beratung erfolgt durch die zuständige Stelle. Die zuständigen Stellen für die Zulassung zur externen Gesellenprüfung sind die Prüfungsausschussvorsitzenden des jeweiligen Handwerksberufs (§ 37a HwO). Die zuständige Stelle gibt Aufschluss darüber, welche Dokumente und Nachweise für eine erfolgreiche Antragstellung notwendig sind.

In der Beratungsphase untersucht die zuständige Stelle schon im Vorfeld der Antragstellung, ob die Nachweise vollständig vorliegen, damit die Antragstellung möglichst erfolgreich ist und Ablehnungen vermieden werden können. Deswegen kann aus der Beratung eine Korrekturschleife hervorgehen (◘ Abb. 12.1), die letztendlich die Erfolgswahrscheinlichkeit an der nächsten Station der Anerkennungsprozesskette erhöht. Hier setzt wieder die betriebliche Personalentwicklung an, da in der Korrekturschleife ggf. noch Kompetenzfeststellungen vorgenommen und Anpassungs-, Nachqualifizierungs- oder betriebliche Kompetenzentwicklungsmaßnahmen etc. durchgeführt werden müssen. Auch kann es notwendig sein, dass zusätzliche (übersetzte) Nachweise über berufliche Tätigkeiten eingeholt oder dokumentiert werden müssen. Da es keine formellen Vorgaben für die Dokumentation gibt, die „auf anderer Weise" erfolgen kann (▶ Exkurs: Zulassung zur externen Gesellenprüfung), kann eine solche Dokumentation auch mithilfe des Anerkennungstools im KOMPETENZ-NAVI erstellt werden.

Die Möglichkeiten, auf die die Personalentwicklung in der Korrekturschleife zurückgreifen kann, sind regional sehr unterschiedlich. In den meisten Handwerkskammerbezirken gibt es, mangels ausreichender Nachfrage, keine speziellen Angebote zur Vorbereitung auf die externe Gesellenprüfung. Nur einige Handwerksorganisationen im Bundesgebiet haben sich in den Jahren 2000–2013 an diesbezüglichen Projektausschreibungen beteiligt, beispielsweise im Rahmen der Förderinitiative "Abschlussorientierte modulare Nachqualifizierung" im Programm „Perspektive Berufsabschluss" des BMBF. Aber auch im Rahmen von ESF-Landesförderung in Bayern oder im IQ-Projekt (Integration durch Qualifizierung) haben Handwerksorganisationen eigene Instrumente entwickelt, erprobt und Erfahrungen gesammelt (▶ Exkurs: Instrumente für die Korrekturschleife). Sie wenden diese Instrumente an oder entwickeln sie weiter für neue Zielgruppen, z. B. Flüchtlinge, oder wechseln von der Vorbereitung auf die externe Gesellenprüfung zur Vorbereitung auf die Gleichwertigkeitsfeststellung. Auch beteiligten sie sich an aktuellen Projektausschreibungen für die Förderperiode 2014–2020, z. B. für das IQ-Prototyping. Zu diesen Handwerksorganisationen gehören u. a. Handwerkskammern in Bayern, Thüringen und Hamburg.

Exkurs

Instrumente für die Korrekturschleife

Die bayerischen Handwerkskammern und der Landesinnungsverband	des Bayerischen Maler- und Lackiererhandwerks haben unter Federführung der	Handwerkskammer Oberfranken im Rahmen des Projektes „Quali-ADAPT" (gefördert aus dem

ESF und vom Land Bayern) ein Angebot zur berufsbegleitenden Qualifizierung von an- und ungelernten Beschäftigten ohne Berufsabschluss entwickelt mit dem Ziel, einen Gesellenbrief zu erwerben. Hier wurde zuerst eine detaillierte theoretische und praktische Kompetenzfeststellung (maximal 50 Unterrichtsstunden) durchgeführt. Diese bildete die Voraussetzung für die anschließende Nachqualifizierung im Bildungszentrum (Umfang maximal 1.100 Unterrichtsstunden, berufsbegleitend), die mit der Teilnahme an der externen Gesellenprüfung abschloss. Die Feststellung des Bildungsbedarfs fand in der jeweils zuständigen Handwerkskammer statt, die Qualifizierung konnte in Bildungszentren an verschiedenen Standorten der bayrischen Handwerkskammern/Innungen erfolgen. Die Handwerkskammer Oberfranken bietet die entwickelten Maßnahmen nach Ende der Projektförderung zurzeit nicht an.

In Südthüringen ist im Rahmen der „Perspektive Berufsabschluss" eine regionale Struktur für die Korrekturschleife im Prozess zur externen Gesellenprüfung entwickelt worden, in der die zuständigen Stellen die Modulgliederungen des Projektes als Curriculum für die Nachqualifizierung prüfen und verbindlich freigeben. Damit bestimmt die Handwerkskammer Südthüringen die Grundlagen für die Nachqualifizierung maßgeblich mit. Indem die zuständigen Stellen frühzeitig in die Korrekturschleife mit einbezogen sind, sichert und

erleichtert das gleichzeitig die spätere Zulassung zur Externenprüfung. In 2009 unterzeichneten die Handwerkskammer sowie die Industrie- und Handelskammer in Südthüringen eine Vereinbarung zu gemeinsamen Regelungen im Zulassungsprozess zur externen Gesellen- bzw. Abschlussprüfung. In der Vereinbarung wird das Vorgehen definiert, nach dem den Teilnehmenden der Zugang zur Externenprüfung durch den Nachweis der beruflichen Handlungsfähigkeit ermöglicht wird. Die Zulassung basiert auf der gesetzlichen Grundlage gemäß Berufsbildungsgesetz § 45, Abs. 2 (Zulassung in besonderen Fällen), bzw. der Handwerksordnung § 37, Abs. 2. Die Nachqualifizierungen fanden für Arbeitslose betrieblich und überbetrieblich in den Bildungszentren der Handwerkskammer Südthüringen statt, für Beschäftigte überwiegend im Betrieb (Projektträger im Deutschen Zentrum für Luft- und Raumfahrt e. V., 2012). Das Angebot wurde nach Projektende (2011) weiterentwickelt und seitdem weitergeführt. In 2016 wurde das Angebot angepasst an die Bedürfnisse der Zielgruppe Flüchtlinge.Im Projekt „Anpassungsqualifizierung im Handwerk" (gefördert durch den ESF und die Hansestadt Hamburg, 2012–2014) wurden Fachkräfte im Handwerk, die einen Berufsabschluss im Ausland erworben haben, über Anpassungsqualifizierungen an die Gleichwertigkeit ihres Abschlusses mit einem deutschen Abschluss herangeführt.

Die Prozesskette startete in der Anerkennungsstelle der Handwerkskammer Hamburg mit einem Antrag auf Überprüfung der Gleichwertigkeit. Anschließend wurde in fünf Bausteinen eine Anpassungsqualifizierung zum Aufbau nicht nachgewiesener Kenntnisse durchgeführt. Der betriebliche Teil dieser Anpassungsqualifizierung fand in anerkannten handwerklichen Ausbildungsbetrieben statt und war maßgeblich für die Kompetenzfeststellung und Kompetenzentwicklung (6–12 Monate). Der Betrieb bestätigte gegenüber der Anerkennungsstelle, dass der Anerkennungssuchende die bisher nicht nachgewiesenen Kenntnisse in der Praxis bewiesen hatte. Diese Dokumentation erfolgte auf der Grundlage der Prüfungsordnung des jeweiligen handwerklichen Ausbildungsberufs. Im Anschluss an die Anpassungsqualifizierung wurde bei der Anerkennungsstelle der Handwerkskammer Hamburg ein Folgeantrag gestellt. Die Anerkennungsstelle der Handwerkskammer Hamburg akzeptierte hierfür die Dokumentation des Ausbildungsbetriebs als Nachweis für die zu Beginn der Korrekturschleife nicht nachgewiesenen Kenntnisse (ESF-Projekt „Anpassungsqualifizierung im Handwerk", 2014). Im Anschluss baut das Projekt „Anpassungsqualifizierung in dualen Berufen" (gefördert durch ESF und BMAS) im Zeitraum 2015–2018 die aufgebauten Strukturen zur Vorbereitung auf die Gleichwertigkeitsfeststellung weiter aus.

12.3.3 Antragstellung

Die zuständigen Stellen für die Zulassung zur externen Gesellenprüfung sind die Prüfungsausschussvorsitzenden des jeweiligen Handwerksberufs (§ 37a, Abs. 1 HwO). Nach Antragseingang bei der zuständigen Stelle müssen diese feststellen, ob der Beschäftigte die notwendigen Voraussetzungen erfüllt und eine Antragsberechtigung besteht. Wenn die Vorsitzenden die Zulassungsvoraussetzungen für nicht gegeben ansehen, entscheidet jeweils der gesamte Prüfungsausschuss über die Zulassung zur Prüfung. Bei der Entscheidung, ob die Voraussetzungen für eine Zulassung als „externer" Prüfling vorliegen, kommt der zuständigen Stelle ein Ermessensspielraum zu. Sieht sie die Voraussetzungen als gegeben, hat der Antragsteller einen Anspruch auf Zulassung.

12.3.4 Prüfungsphase

Hat der Beschäftigte seine Antragsunterlagen bei der zuständigen Stelle eingereicht, erhält er eine Eingangsbestätigung. Die zuständige Stelle prüft im ersten Schritt die Vollständigkeit der Unterlagen und kann, falls erforderlich, bei dem Beschäftigten als Antragsteller/-in Unterlagen nachfordern. Erst wenn die Unterlagen aus Sicht der zuständigen Stelle vollständig vorliegen, erfolgt die inhaltliche Prüfung der Unterlagen.

12.3.5 Bescheid der zuständigen Stelle

Der Beschäftigte erhält von der Prüfungskommission einen Bescheid über das Ergebnis der Prüfung mit Rechtsmittelbelehrung. Wird der Antragstellende für die Externenprüfung zugelassen, informiert ihn der Prüfungsausschuss im Standardverfahren, ebenso wie die regulär zugelassenen Auszubildenden, über Prüfungstermine, -inhalte, -dauer usw. Der Beschäftigte wird dann an einer regulären Gesellenprüfung teilnehmen.

12.4   Das Anerkennungstool als Instrument der handwerklichen Personalentwicklung

Die Analyse der Anerkennungsprozesskette ergab, dass die größten Hürden in der ersten Phase der Prozesskette liegen: der Festlegung des Ziels zur Anerkennung betrieblich erworbener Kompetenzen für die Personalentwicklung eines Beschäftigten. Die Unternehmen bringen ihre betriebliche Kompetenzfeststellung und -entwicklung nicht mit der Anerkennung von betrieblich erworbenen Kompetenzen in Verbindung und setzen sich diesbezüglich selten Ziele in der Personalentwicklung.

Im Forschungs- und Entwicklungsprojekt „In-K-Ha" war es das Ziel, ein Instrument zu entwickeln, welches diese Verbindung in der ersten Phase der Prozesskette erleichtert und anschließend die Arbeit der Personalentwicklung im Anerkennungsprozess unterstützt, insbesondere wenn eine Korrekturschleife nach der Beratungsphase notwendig ist.

Dazu wurde im Rahmen des Projektes das Anerkennungstool für das KOMPETENZ-NAVI entwickelt und in dieses integriert. Die große Herausforderung bei der Entwicklung einer Verbindung zwischen Kompetenzfeststellung für betriebliche Zwecke und für die Anerkennung liegt darin, dass die Kompetenzmodelle für die betriebliche Personalentwicklung anders strukturiert, aufgebaut und mit anderen Inhalten gefüllt werden müssen als die Kompetenzmodelle für den Anerkennungsprozess (◨ Tab. 12.1; ▶ Exkurs: Bewertungstiefen).

▣ **Tab. 12.1** Kompetenzmodelle für die Personalentwicklung und die Anerkennung

Kompetenzmodelle für Unternehmen zur betrieblichen Personalentwicklung	Kompetenzmodelle für Anerkennungsstellen und Unternehmen zur Anerkennung betrieblich erworbener Kompetenzen
Basieren auf betrieblichen Erfordernissen	Basieren auf den Ausbildungsverordnungen
Beinhalten aktuelle und zukünftig notwendige Kompetenzen	Beinhalten aktuell notwendige Kompetenzen entsprechend der Ausbildungsverordnung
Beinhalten gewerkeübergreifende Kompetenzen	Beinhalten keine gewerkeübergreifenden Kompetenzen
Bewertung auf Kompetenzebene	Bewertung auf Verhaltensankerebene
Bewertungsskala (6-stufig) von „keine Kenntnisse" bis „Expertenwissen"	Bewertung (2-stufig) mit „Kenntnisse vorhanden" und „Kenntnisse nicht vorhanden"

Auch mussten praktische Anforderungen bei der Entwicklung des Anerkennungstools berücksichtigt werden, damit das Anerkennungstool von den Handwerksunternehmen im Alltag eingesetzt und benutzt wird. Das Tool muss einfach und intuitiv zu bedienen sein, da der Prozess zur Anerkennung betrieblich erworbener Kompetenzen nicht regelmäßig in den Betrieben vorkommt, sondern eher die Ausnahme darstellt. Es muss eine strukturierte Ausgabe von vorhandenen und nicht vorhandenen Kompetenzen ermöglichen, die relevant sind für den Anerkennungsprozess.

Grundsätzlich unterscheiden sich die Kompetenzmodelle darin, dass betriebliche Kompetenzmodelle als Grundlage für die betriebliche Personalentwicklung alle heutigen und zukünftig „betriebsrelevanten" Aspekte berücksichtigen müssen, damit das Unternehmen langfristig am Markt existieren kann. Sie sind somit auf die Gegenwart und Zukunft fokussiert. Bei den Kompetenzmodellen für den Anerkennungsprozess geht es um die Feststellung, ob bei einem Antragstellenden die Kompetenzen entsprechend einer gesetzlichen Verordnung vorhanden sind, sodass die zuständige Stelle sie im Anerkennungsprozess zulassen kann.

Bei einem **Kompetenzmodell für die betriebliche Personalentwicklung** stehen die betrieblichen Erfordernisse im Vordergrund. Die notwendigen Kompetenzen der Beschäftigten richten sich u. a. nach den besetzten Marktsegmenten, den angebotenen Produkten und Dienstleistungen des Unternehmens und nach dem Grad der Spezialisierung. Unternehmen im Elektrohandwerk, die sich auf Automatisierungstechniken konzentriert haben, benötigen andere Kompetenzen als Unternehmen, die sich auf den Einbau von Gebäudetechnik fokussieren, obwohl sie zum gleichen Handwerk gehören. Auch die Märkte, in denen die Unternehmen tätig sind, bestimmen, welche Kompetenzen vorhanden sein müssen. Sind Unternehmen z. B. im Ausland aktiv, so werden entsprechende Sprachkenntnisse der Beschäftigten vorausgesetzt. Diese individuellen und betriebsnotwendigen Kompetenzen muss das KOMPETENZ-NAVI abbilden können.

Im Kompetenzmodell für die Personalentwicklung sind auch die „zukünftig" erforderlichen Fertigkeiten, Kenntnisse und Fähigkeiten der Mitarbeiterinnen und Mitarbeiter sehr wichtig. Die Unternehmensziele und die -strategie geben vor, welche neuen Produkte und neuen Dienstleistungen angeboten, welche neuen Technologien eingesetzt und welche neuen Märkte betreten werden sollen. Die Personalentwicklung muss sicherstellen, dass die notwendigen Kompetenzen zur Erreichung der Unternehmensziele im Unternehmen zum richtigen Zeitpunkt vorhanden sind.

Ein immer wichtiger werdender Aspekt in betrieblichen Kompetenzmodellen ist das Vorhandensein sogenannter gewerkeübergreifender Kompetenzen. „Gewerkeübergreifend" bedeutet in diesem Zusammenhang, dass in den Unternehmen Kompetenzen aus anderen Handwerken vorhanden sein müssen. So halten z. B. Neuerungen in der Smart-Home-Technologie Einzug in viele Handwerksbranchen und -betriebe. Unternehmen aus der SHK-Branche überprüfen heutzutage Heizungsanlagen per Fernwartung und müssen den entsprechenden Anschluss in den Haushalten einrichten können. Dazu sind Fähigkeiten in der Informationselektronik notwendig, die vormals nur bei Unternehmen aus der Elektrobranche vorhanden waren.

Entsprechend der eigenen Anforderungen wird jedes Unternehmen ein individuelles betriebliches Kompetenzmodell erstellen müssen, das seine individuellen betrieblichen Erfordernisse berücksichtigt. Dabei müssen individuelle, aktuelle, zukünftig notwendige und gewerkeübergreifende Kompetenzen abgebildet werden. Dieses sind Anforderungen, die die angebotenen Kompetenzmodelle im KOMPETENZ-NAVI erfüllen müssen.

Anders gestaltet es sich mit den **Kompetenzmodellen für den Anerkennungsprozess.** Diese orientieren sich an rechtlichen Erfordernissen, die in Gesetzen und Verordnungen verankert sind. Dabei werden individuelle, betriebliche Erfordernisse nicht berücksichtigt, sondern allgemeine, für alle Unternehmen einer Branche geltende Regelungen vorgegeben. Durch eine Verallgemeinerung kann sichergestellt werden, dass die Ausbildung in einem Handwerksberuf bundeseinheitlich geregelt ist, entsprechend strukturiert abläuft und Auszubildende unabhängig von ihrem Wohnsitz und der Betriebszugehörigkeit die gleichen Fertigkeiten, Kenntnisse und Fähigkeiten erwerben. Ebenfalls schließt die Ausbildung bundeseinheitlich mit einer Gesellenprüfung ab.

Bevor eine Ausbildungsverordnung verabschiedet wird, legen Fachgremien die notwendigen Kompetenzen fest und beraten den Gesetzgeber hinsichtlich der bundeseinheitlichen Regelung. Die Auszubildenden müssen die in den Ausbildungsverordnungen festgelegten Fertigkeiten, Kenntnisse und Fähigkeiten im Laufe ihrer Ausbildungszeit erlernen und bei der Gesellenprüfung nachweisen. In diesen Kompetenzmodellen werden vornehmlich aktuell notwendige Kompetenzen berücksichtigt. Auch Zukunftsaspekte werden mit einbezogen, jedoch nur auf einem allgemeinen Niveau, wohingegen Spezialisierungen nicht berücksichtigt werden können.

An- und Ungelernte sowie Quereinsteiger können keinen Abschluss einer regulären Ausbildung durch eine bestandene Gesellenprüfung nachweisen. Wird von diesen Beschäftigten ein Antrag auf Zulassung zur externen Gesellenprüfung gestellt, sind die Vorgaben der entsprechenden Ausbildungsverordnung heranzuziehen, dem sogenannten Referenzberuf. Für die Anerkennung betrieblich erworbener Kompetenzen müssen entsprechend des festgelegten Referenzberufs die vorhandenen Fertigkeiten, Kenntnisse und Fähigkeiten der Antragsteller überprüft und belegt werden. Für die Unterstützung des Anerkennungsprozesses durch das KOMPETENZ-NAVI bedeutet das, dass das Kompetenzmodell des Anerkennungsprozesses alle notwendigen Kompetenzen entsprechend der Ausbildungsverordnung enthalten muss. Mit dem Anerkennungstool im KOMPETENZ-NAVI kann der Betrieb im Rahmen seiner Personalentwicklung dem beschäftigen Antragsteller seine vorhandenen und betrieblich erworbenen Kompetenzen dokumentieren und bescheinigen.

Exkurs

Bewertungstiefen

Nicht nur in der Art und Zusammenstellung der Kompetenzen unterscheiden sich die Kompetenzmodelle für die betriebliche Personalentwicklung und für den Anerkennungsprozess, sondern auch in der Kompetenztiefe, in der die Kompetenzen bewertet und dokumentiert werden müssen. Die folgende Darstellung zeigt die Möglichkeiten der „Bewertungstiefe" anhand eines Auszugs aus der Ausbildungsverordnung für Elektronikerinnen und Elektroniker.

- Ausbildungsordnung:
  - ElektronAusbV 2008
- Kompetenz:

- Montieren und Installieren (§ 4, Abs. 2, Abschnitt A, Nr. 9)
- Verhaltensindikatoren (= Verhaltensanker):
  a. Antragsunterlagen prüfen und mit örtlichen Gegebenheiten vergleichen, Abgrenzung zu bauseitigen Leistungen festlegen
  b. vorhandene Stromversorgung beurteilen, Änderungen planen
  c. …

In den betrieblichen Kompetenzmodellen ist eine Bewertung auf Kompetenzebene ausreichend, wohingegen beim Anerkennungsprozess eine Bewertung auf Verhaltensankerebene notwendig ist. Im Anerkennungsprozess muss durch eine entsprechende Dokumentation nachgewiesen werden, dass der Antragsteller jede der einzelnen Fertigkeiten, Kenntnisse und Fähigkeiten, die eine Kompetenz ausmachen, auch tatsächlich besitzt.

Dementsprechend müssen „Werkzeuge" wie das Kompetenz-Navi eine Beurteilung und Bewertung auf verschiedenen Ebenen zulassen. Ein weiteres Unterscheidungsmerkmal zwischen betrieblicher Personalentwicklung und der Anerkennung betrieblich erworbener Kompetenzen ist die Tiefe der Skalierung. Wohingegen beim Anerkennungsprozess eine dichotome Skalierung mit den Ausprägungen „Kompetenz vorhanden" und „Kompetenz nicht vorhanden" ausreicht, muss bei der betrieblichen Personalentwicklung auf eine feingliedrigere Skalierung zurückgegriffen werden. Dieses ist aus betrieblicher Sicht notwendig, da in betrieblichen Unternehmen Mitarbeiterinnen und Mitarbeiter mit unterschiedlichen Ausbildungsstufen beschäftigt werden und Kompetenzen auf unterschiedlichen Kompetenzniveaus vorhanden sein müssen. Spezialisierte Unternehmen benötigen Beschäftigte mit

sehr hoch ausgeprägtem und spezialisiertem Wissen für das Spezialgebiet des Unternehmens, wohingegen generalistische Unternehmen ein ausgeglichenes Wissensspektrum über alle notwendigen Fähigkeiten des entsprechenden Handwerks verfügen müssen. Das Kompetenz-Navi greift für die betriebliche Personalentwicklung auf eine Skala mit sechs Verhaltensausprägungen zurück; von der Stufe „0 = keine Kenntnisse" bis zur Stufe „5 = Kompetenz auf Expertenniveau". Für den Anerkennungsprozess wird auf eine dichotome Skala mit den Ausprägungen „Kenntnisse vorhanden" oder „Kenntnisse nicht vorhanden" zurückgegriffen. Zur Nutzung für den Anerkennungsprozess ist es ausreichend, die Stufe 0 = „keine Erfahrung" und die Stufen 1 bis 5 = „Grundkenntnisse" bis „Expertenkenntnisse" in die Ausprägungen „Kenntnisse nicht vorhanden" und „Kenntnisse vorhanden" zu überführen.

Alle vorhandenen Kompetenzen können inklusive ihrer festgestellten Ausprägungshöhe für eine Dokumentation ausgegeben werden (▶ Exkurs: Bewertungstiefen). Diese Dokumentation kann dann wiederum der Anerkennungsstelle als Nachweis für die Zulassung zur Externenprüfung übergeben werden.

Außerdem können im Kompetenz-Navi Selbst- und Fremdeinschätzungen vorgenommen werden. Der Antragstellende kann sich „selbst" einschätzen und bewerten oder durch Fremde bewerten und einschätzen lassen. Eine Fremdeinschätzung kann z. B. durch Ausbilder/-innen, Firmeninhaber/-innen oder die Anerkennungsstelle erfolgen. Dadurch können verschiedene Einstufungsergebnisse dokumentiert werden und für eine Bewertung und Prüfung herangezogen werden.

Fazit

Die Kompetenz der Handwerksbetriebe in der Personalentwicklung liegt im bewährten Weg vom Auszubildenden zum Meister. Alle zur Verfügung stehenden Kapazitäten für Personalakquise und -entwicklung werden entsprechend dieses bewährten Weges eingesetzt. Hier werden die Betriebe und die Beschäftigten von einer gewachsenen Infrastruktur aus Berufsschule, überbetrieblicher Lehrlingsunterweisung, Nachhilfe und

Weiterbildungsträgern unterstützt. Alternative Wege, z. B. über die Antragstellung auf Zulassung zur Externenprüfung, werden selten beschritten, da sich diese Wege außerhalb des bewährten Instrumentariums der Personalentwicklung befinden und daher zeit- und arbeitsaufwendig sind. Aus Sicht der Betriebe ist der Aufwand höher als der Nutzen.

Der Gesellenebene kommt eine Schlüsselrolle in der Personalentwicklung und der Anerkennung betrieblich erworbener Kompetenzen zu: Der Gesellenbrief eröffnet den Zugang zum Fort- und Weiterbildungssystem des Handwerks und damit zu einer Karriere im Handwerk. Außerdem können bei vorliegendem Gesellenbrief auf der Gesellen-Plus-Ebene betrieblich erlangte berufliche Kompetenzen wiederum den Weg zu einer Anerkennung auf höherer Ebene eröffnen.

Die Analyse der Anerkennungsprozesskette ergab, dass die größten Hürden in der ersten Phase der Prozesskette liegen: der Festlegung des Ziels zur Anerkennung betrieblich erworbener Kompetenzen für die Personalentwicklung eines Beschäftigten. Die Unternehmen bringen ihre betriebliche Kompetenzfeststellung und -entwicklung nicht mit der Anerkennung von betrieblich erworbenen Kompetenzen in Verbindung und setzen sich diesbezüglich selten Ziele in der Personalentwicklung.

Das im Rahmen des Projektes „In-K-Ha" entwickelte Kompetenz-Navi kann durch das integrierte Anerkennungstool die Handwerksunternehmen nicht nur bei der betrieblichen Personalentwicklung, sondern auch in der Anerkennungsprozesskette unterstützen. Das Instrument leistet damit einen Beitrag zur Verringerung der Hürden im Anerkennungsprozess betrieblich erworbener Kompetenzen.

Weiterführende Literatur und Links

- Kauffeld, S. (2016). *Nachhaltige Personalentwicklung und Weiterbildung. Betriebliche Seminare und Trainings entwickeln, Erfolge messen, Transfer sichern* (2. Aufl.). Berlin, Heidelberg: Springer.
- Naegele, L. Kortsch, T., & Wiemers, D. (2015). *Zukunft im Blick. Trends erkennen, Kompetenzen entwickeln, Chancen nutzen. Drei Perspektiven auf die Zukunft des Handwerks: Eine Befragung von Experten, Führungs-kräften und Beschäftigten. Ergebnisse aus dem Projekt "Integrierte Kompetenzentwicklung im Handwerk (In-K-Ha)*. Braunschweig: Technische Universität Braunschweig.
- Paulsen, H. F. K., Kortsch, T., Kauffeld, S., Naegele, L., Mobach, I., & Neumann, B. (2016). Anerkennung der beruflichen Kompetenzen von Flüchtlingen – Ein Beitrag zur Integration. Gruppe. Interaktion. Organisation. *Zeitschrift für angewandte Organisationspsychologie* 47(3), 243–254.
- Webseite des Forschungs- und Entwicklungsprojektes „In-K-Ha": http://www.in-k-ha.de/
- Webseite des Kompetenz-Navi: http://kompetenz-navi.de/

Literatur

Bundesministerium der Justiz und für Verbraucherschutz (BMJV). (2015). Gesetz zur Ordnung des Handwerks (Handwerksordnung). Handwerksordnung in der Fassung der Bekanntmachung vom 24. September 1998 (BGBl. I S. 3074; 2006 I S. 2095), die zuletzt durch Artikel 283 der Verordnung vom 31. August 2015 (BGBl. I S. 1474) geändert worden ist. https://www.gesetze-im-internet.de/hwo/. Zugegriffen: 21. Februar 2017.

ESF-Projekt „Anpassungsqualifizierung im Handwerk" (2014). *Handwerkliches Können nutzen. Mit individueller Quali-fizierung zur vollen Anerkennung ausländischer Berufsabschlüsse. Transferbericht des ESF-Projekts "Anpassungs-qualifizierung im Handwerk"*. Hamburg: Elbcampus Kompetenzzentrum der Handwerkskammer Hamburg.

Kauffeld, S. (2016). *Nachhaltige Personalentwicklung und Weiterbildung. Betriebliche Seminare und Trainings entwi-ckeln, Erfolge messen, Transfer sichern* (2. Aufl.). Berlin, Heidelberg: Springer.

Naegele, L., Kortsch, T., Paulsen, H., Wiemers, D., Kauffeld, S., & Frerichs, F. (2015). *Zukunft im Blick: Trends erkennen, Kompetenzen entwickeln, Chancen nutzen. Drei Perspektiven auf die Zukunft des Handwerks. Ergebnisse aus dem Projekt "Integrierte Kompetenzentwicklung im Handwerk" (In-K-Ha)*. Braunschweig: Technische Universität Braunschweig.

Paulsen, H. F. K., Kortsch, T., Kauffeld, S., Naegele, L., Mobach, I., & Neumann, B. (2016). Anerkennung der beruflichen Kompetenzen von Flüchtlingen – Ein Beitrag zur Integration. Gruppe. Interaktion. Organisation. *Zeitschrift für angewandte Organisationspsychologie* 47(3),243–254.

Projektträger im Deutschen Zentrum für Luft- und Raumfahrt e. V. (Hrsg.). (2012). *Beratungs- und Serviceangebote für die Nachqualifizierung – Instrumentarien, Methoden und Praxiserfahrungen*. Bielefeld: W. Bertelsmann Verlag.

Schein, E. H. (2004). *Organizational culture and leadership* (3rd ed.). San Francisco: John Wiley & Sons.

Laufbahngestaltung als Maßnahme der Kompetenznutzung und -entwicklung – ein Beispiel aus dem Handwerk

Laura Naegele, Frerich Frerichs

© Springer-Verlag GmbH Deutschland 2018
S. Kauffeld, F. Frerichs (Hrsg.), *Kompetenzmanagement in kleinen und mittelständischen Unternehmen*, Kompetenzmanagement in Organisationen, DOI 10.1007/978-3-662-54830-1_13

Zusammenfassung

Die Notwendigkeit, Kompetenzen von älteren Beschäftigten bis ins höhere Alter nicht nur zu nutzen, sondern stetig weiterzuentwickeln, ist auch im Handwerk von zunehmender Bedeutung. Nachwuchs- und Fachkräftemangel stellen Handwerksbetriebe bereits heute vor die schwer lösbare Aufgabe, genügend qualifiziertes Personal zu finden, um als Betrieb langfristig in einer sich wandelnden Arbeitswelt bestehen zu können. Der vorliegende Beitrag diskutiert die Potenziale von Laufbahngestaltung als Maßnahme zur Nutzung und Entwicklung der Kompetenzen älterer Beschäftigter im Handwerk. Dazu wird, neben Erkenntnissen aus dem arbeitswissenschaftlichen Diskurs um Laufbahngestaltung, auf Daten des Forschungs- und Entwicklungsprojektes „In-K-Ha" (Integrierte Kompetenzentwicklung im Handwerk) zurückgegriffen. Ziel des Beitrags ist es, auf der einen Seite einen Blick auf die aktuelle Verbreitung von Laufbahngestaltung im Handwerk zu werfen und in einem weiteren Schritt praktische Umsetzungsbeispiele kompetenzorientierter Laufbahngestaltung aus Betrieben und deren Potenziale als Best Practices für andere Handwerksbetriebe zu diskutieren.

13.1   Laufbahngestaltung im Handwerk: Tradierte Strukturen, wandelnde Arbeitswelten, alternde Belegschaften

Spricht man vom Handwerk, weckt das in vielen Köpfen häufig zunächst Assoziationen zu den historischen Wurzeln der Branche. Sei es die Vorstellung vom Handwerk als Abbild der betrieblichen Realität in der vorindustriellen Zeit oder die Ansicht, es handelte sich bei Handwerksbetrieben um Betriebe, die ihre Produkte ausschließlich in Handarbeit, d. h. durch manuelle Produktion, herstellen (Glasl et al., 2008). Tatsächlich jedoch hat sich das Handwerk seit seinen Ursprüngen grundlegend gewandelt. Der Einsatz innovativer und digitaler Technologien, die zunehmende Bedeutung von Dienstleistung oder die zu verzeichnende Zunahme an gewerkeübergreifenden Arbeiten – um hier nur einige Beispiele zu nennen – hat die Arbeits- und Lebensweisen in vielen Gewerken des Handwerks nachhaltig verändert. Ein Großteil der Betriebe sehen sich vor diesem Hintergrund zunehmend mit gewandelten oder grundlegend neuen Kompetenzanforderungen an ihre Mitarbeitenden konfrontiert, auf die es mithilfe von betrieblichem Kompetenzmanagement zu reagieren gilt (Naegele et al., 2015).

Hinzu kommt die demografische Alterung der Erwerbsbevölkerung, die auch Handwerksbetriebe vor die Herausforderung stellt, dass ihnen in Zukunft nicht nur immer weniger Fachkräfte zur Verfügung stehen, sondern diese im Durchschnitt auch immer älter sein werden (Dürig et al., 2012). Zwar gibt es über die konkrete Altersstruktur der Belegschaften in Handwerksbetrieben nur unzureichende Daten, jedoch konnte Zoch (2008) in einer Stichprobenuntersuchung, an der sich 212 Handwerksbetriebe aus dem Bundesgebiet beteiligten, zeigen, dass der Anteil der Beschäftigten mit einem Alter über 50 Jahren bei den befragten Handwerksunternehmen mit 26 % ein wenig niedriger ausfällt als im Bundesdurchschnitt (30 %). Es ist davon auszugehen, dass hier insbesondere Tätigkeiten mit einer begrenzten Tätigkeitsdauer ins Gewicht fallen dürften, d. h. Berufe mit hohen physischen und psychischen Belastungen, in denen ein „Durchaltern" im Beruf für viele Beschäftigte nach wie vor eine große Herausforderung darstellt. So kann die Situation des viel beschworenen Dachdeckers, der mit 60 Jahren nicht mehr auf dem Dach arbeiten kann, nahtlos auf viele Handwerksberufe und ihre älteren Mitarbeitenden übertragen werden (Naegele, 2016). Grundsätzlich kann im Handwerk zwar noch nicht von einem flächendeckenden Fachkräftemangel gesprochen werden, allerdings können sich Betriebe Externalisierungsstrategien bezüglich ihrer leistungsgewandelten und/oder älteren Mitarbeitenden – hin zu anderen

Betrieben, in die Arbeitslosigkeit oder in die Frühverrentung – inzwischen „nicht mehr leisten" (Behrens, 2001a). So gibt es Hinweise, dass selbst diejenigen Gewerke, die bislang als besonders attraktiv unter Bewerbern galten (z. B. Metall- und Elektrogewerbe), zunehmend Schwierigkeiten haben, Auszubildende zu rekrutieren bzw. ihre vakanten Stellen neu zu besetzen (Lehner et al., 2009). Bedenkt man, dass der Anteil der Facharbeiter mit 80 % im Handwerk so hoch wie in keinem anderen Wirtschaftsbereich in Deutschland ist, ist diese Entwicklung durchaus als problematisch anzusehen (ZDH, 2014).

Handwerksbetriebe stehen vor dem hier skizzierten Hintergrund daher vor der großen Herausforderung, sich auf der einen Seite auf ein schrumpfendes Erwerbspersonenpotenzial, veränderte Arbeitswelten mit neuen Kompetenzanforderungen vorzubereiten und dies auf der anderen Seite zeitgleich mit einer sich wandelnden betrieblichen Altersstruktur zu bewerkstelligen. Die eigenen fachlich versierten Mitarbeitenden gilt es unter dem Aspekt der Kompetenznutzung so lange wie möglich im Betrieb zu halten, während deren Kompetenzen gleichermaßen stetig weiterentwickelt werden müssen, damit ihr Fach- und Erfahrungswissen Betrieben auch bis ins höhere Alter zur Verfügung steht. Diese „Mammutaufgabe" trifft im Handwerk auf Betriebskulturen bzw. soziale und organisatorische Strukturen, die häufig in den tradierten Handlungsweisen des Handwerks verankert sind und diese bis heute stark beeinflussen.

» Trotz des technischen, strukturellen und ökonomischen Wandels in den vergangenen Jahrhunderten im Handwerk und in seinen Organisationen sind viele Grundzüge, insbesondere die sozialen Strukturen, innerbetrieblich wie außerbetrieblich bis heute erhalten geblieben. Die verhaltensprägenden mentalen und sozialen Grundprinzipien sind vielfach seit Jahrhunderten wirksam. (Glasl et al. 2008, S. 7)

Etwaige Maßnahmen, die in Betrieben angestoßen werden, um Kompetenzen von Mitarbeitenden zu entwickeln bzw. bis ins höhere Alter in den Betrieben nutzen zu können, müssen dem Rechnung tragen und die speziellen Handlungsbedingungen und Betriebskulturen, unter denen Handwerksbetriebe agieren, berücksichtigen.

In der Wissenschaft werden im Kontext der demografisch bedingten Alterung von Belegschaften, der Problematik begrenzter Tätigkeitsdauer sowie der Förderung der Beschäftigungsfähigkeit älterer Mitarbeitender in den letzten Jahren verstärkt die Potenziale der **Laufbahngestaltung** diskutiert (Schorn et al., 2016). Gemeint mit Laufbahngestaltung ist die alters- und lebensphasenorientierte (Aus-)Gestaltung von innerbetrieblichen Mobilitätsprozessen, d. h. das Durchlaufen unterschiedlicher Positionen und Tätigkeitsfelder unter der Prämisse von Aspekten der Gesundheitsprävention, dem Erhalt der Arbeitsmotivation sowie der stetigen Kompetenzentwicklung (Frerichs, 2016b). Dabei ist an dieser Stelle auf die doppelte Funktion von Maßnahmen der Laufbahngestaltung hinzuweisen: So ermöglichen Sie auf der einen Seite die längere und gezielte Kompetenz**nutzung** von vorhandenen Fach- und Erfahrungswissen älterer Beschäftigter, indem eine Ausweitung der Erwerbsphase bis ins höhere Alter ermöglicht wird. Andererseits aktivieren sie durch das aktive Anstoßen von Lern- und Kompetenzentwicklungsphasen aber auch die Kompetenz**entwicklungs**potenziale älterer Beschäftigter und fördern damit das Verstetigen von Lernprozessen über den gesamten Lebensverlauf. Letzteres gewinnt im Kontext sich wandelnder Arbeitswelten und neuer Kompetenzanforderungen auch im Handwerk zunehmend an Bedeutung (Naegele, 2016).

Dieser Beitrag möchte im Folgenden konzeptionelle Überlegungen zu den Potenzialen der Laufbahngestaltung für ältere Erwerbstätige im Handwerk diskutieren sowie einen Überblick über den heutigen „Status quo" der Laufbahngestaltung im Handwerk geben. Dazu soll im Folgenden zunächst ein Überblick über die arbeitswissenschaftliche Diskussion von Kompetenznutzung und

Kompetenzentwicklung im Kontext der Laufbahngestaltung gegeben werden (▶ Abschn. 13.2). In ▶ Abschn. 13.3 werden dann, basierend auf Daten des vom BMBF finanzierten Forschungs- und Entwicklungsprojektes „In-K-Ha" erste deskriptive Erkenntnisse zur Verbreitung und Umsetzung von Laufbahngestaltung im Handwerk vorgestellt. ▶ Abschn. 13.4 wirft weiter einen Blick in die Praxis und beschreibt anhand von Fallbeispielen konkrete Umsetzungsstrategien kompetenzorientierter Laufbahngestaltung in Handwerksbetrieben, bevor in ▶ Abschn. 13.5 versucht wird, die Potenziale der Laufbahngestaltung für das Handwerk in einer ersten Annäherung zu bewerten.

13.2 Laufbahngestaltung – eine kurze Verortung der wissenschaftliche Debatte

In den arbeitswissenschaftlichen Diskursen wird **Laufbahngestaltung** seit Längerem im Kontext der Suche nach alternierenden Karrieremodellen thematisiert. Dahinter steht die Idee, dass für viele Arbeitnehmer – und hier insbesondere diejenigen, die in nicht altersadäquaten Berufen mit hohen physischen und psychischen Belastungen arbeiten – das Erreichen des gesetzlichen Rentenalters bei stetigem Verbleib im gleichen Beruf nur schwer möglich ist. Gleichzeitig ist jedoch davon auszugehen, dass sich nicht alle Arbeitsplätze mit begrenzter Tätigkeitsdauer, d. h. „[…] Arbeitsplätze, die von mehr als 50 % der Beschäftigten nicht bis zum gesetzlichen Rentenalter und häufig nicht einmal bis zum 55. Lebensjahr ausgefüllt werden können […]" (Sporket, 2011, S. 134), alter(n)sadäquat umgebaut werden können. Arbeitsplätze mit hoher Belastungsstruktur – physischer oder psychischer Natur –, so lautet die einhellige Meinung der Experten, wird es auch zukünftig immer geben. Dies gilt insbesondere auch für das Handwerk, eine Branche, in der trotz vieler technologischer Innovationen, nicht in allen aber in vielen Gewerken, nach wie vor zahlreiche Arbeitsplätze mit einer hohen Belastungsstruktur zu finden sind (Behrens, 2001b).

Möchte man verhindern, dass Betriebe in der Konsequenz verfrüht qualifizierte Mitarbeitende verlieren, könnten Maßnahmen der Laufbahngestaltung dazu beitragen, dieser Problemlage strategisch und nachhaltig zu begegnen (Sporket, 2011). Das Konzept der Laufbahngestaltung tut dies, indem es anstelle des tradierten Gedankens, dass eine Person ein ganzes Erwerbsleben lang im gleichen Beruf verweilt, einen auf die individuellen Lebensphasen angepassten geplanten Wechsel der Tätigkeitsfelder – und damit auch eine Veränderung der Belastungsstruktur – propagiert (Frerichs, 2016a; Sporket, 2011).

> **»** Laufbahnen ordnen im erwerbsbiographischen Verlauf Anforderungen, Anreize und Belastungen so hintereinander, dass ein Erwerbsleben bis ins gesetzliche Rentenalter hinein regelmäßig erreicht werden kann, auch dann, wenn die einzelne Tätigkeit nur befristet auszuüben ist (z. B. Schichtarbeit, schweres Heben und Tragen). (Sporket, 2011, S. 134)

Ein solcher Wechsel der Tätigkeitsfelder ist jedoch nicht immer „einfach so" möglich, da beispielsweise für leistungsgewandelte Personen erst adäquate Positionen gefunden werden müssen oder eine neue Position bzw. ein neues Tätigkeitsfeld häufig veränderte oder gänzlich neue Kompetenzen notwendig macht (Behrens, 2001a; Frerichs, 2016b). Insbesondere Letzteres hat dazu geführt, dass Laufbahngestaltung zunehmend auch im Kontext der Freisetzung von Qualifizierungs- bzw. Kompetenzentwicklungspotenzialen für ältere Arbeitnehmer diskutiert wird. Es bietet sich hier beispielsweise die Chance, dass Ältere einerseits ihr eigenes, über den Berufsverlauf erworbenes Erfahrungswissen einbringen, andererseits die eigenen Kompetenzen weiterentwickeln bzw. an neue Kompetenzanforderung anpassen können (Krenn u. Vogt, 2004). Kompetenzentwicklung muss dabei nicht immer in formalen Lernsettings (z. B. Seminare oder Schulungen) erfolgen, sondern kann auch arbeitsintegriert, d. h. im Prozess der Arbeit, eingebunden sein (vgl. ▶ Kap. 9). Letzteres bietet sich an dieser Stelle aus mehrfacher Hinsicht für das Handwerk und seine älteren Mitarbeitenden an: Zum einen entspricht das arbeitsintegrierte Lernen den tradierten Lern- und Ausbildungsweisen des Handwerks, bei denen der Lehrling nach dem „Imitatio-Modell" durch das „[…] stehlen mit dem Auge und seiner zunehmenden Mitwirkung an der Erledigung betrieblicher Aufträge […]" (Hahne, 2003, S. 29) lernt. Auf der anderen Seite kommt das Lernen im Prozess der Arbeit dem individualisierten und erfahrungsbasierten Lernstil Älterer entgegen und befördert so „[…] eine Verstetigung von Lernprozessen über den gesamten Erwerbsverlauf hinweg […]" (Frerichs, 2010, S. 36).

Werden in der Literatur häufig insbesondere die Vorteile von (erfolgreicher) Laufbahngestaltung aus der individuellen Perspektive, d. h. aus Sicht des Mitarbeitenden, thematisiert (Vermeidung von physisch-psychischem Verschleiß, Pflege und Aktualisierung von Kompetenzen bzw. Qualifikationen oder Erhalt der Arbeitsmotivation), gibt es aber auch aus betrieblicher Perspektive Gründe, die für eine aktive Laufbahngestaltung von Mitarbeitenden sprechen (Behrens, 2001a). Häufig genannt in diesem Kontext ist beispielsweise der Aspekt der **Mitarbeiterbindung**, d. h. der Wunsch der Unternehmen, das eigene bereits vorhandene qualifizierte Fachpersonal langfristig an das Unternehmen zu binden. Gemeint sind an dieser Stelle jedoch nicht nur die älteren Beschäftigten, sondern auch explizit jene (ausgelernten) Mitarbeitenden, die erst seit einigen Jahren im Berufsleben stehen und somit quasi „die personelle Zukunft" der Betriebe darstellen. Ein in der Literatur häufig genanntes Mittel zur Mitarbeiterbindung ist typischerweise das Eröffnen **beruflicher Entwicklungsperspektiven** für die Belegschaft. Fehlen diese, kann dies für einen Handwerksbetrieb beispielsweise bedeuten, dass qualifizierte Facharbeiter entweder in andere (größere) Betriebe oder auch in andere Wirtschaftssektoren (z. B. die Industrie) abwandern, in denen ihnen vermeintlich mehr Möglichkeiten zur Verfügung stehen (Müller u. Reißig, 2007).

In diesem Kontext ist auf die Unterscheidung zwischen horizontalen und vertikalen Laufbahnen hinzuweisen. Während unter **vertikalen** Laufbahnen das „Aufrücken" innerhalb einer betrieblichen Organisation – meist in Führungspositionen – verstanden wird, bezeichnen **horizontale** Laufbahnen Karrieremodelle, bei welchen innerhalb der eigenen Organisation gänzlich neue Tätigkeitsfelder erschlossen werden, die sich beispielsweise in besonderer Weise für den Einsatz von älteren Arbeitnehmern/-innen eigenen oder mit dem Blick auf jüngere Mitarbeitende einzelne „Talente" gezielt fördern (Frerichs, 2016b). Horizontale Laufbahnen bieten sich insbesondere auch dann an, wenn Leitungspositionen in einem Unternehmen z. B. aufgrund der Betriebsgröße nur in einem geringen Ausmaß verfügbar sind. Sollen solche horizontalen Positionen jedoch den gewünschten Effekt der Mitarbeiterbindung, Talentförderung oder insbesondere der Förderung der Beschäftigungsfähigkeit älterer Arbeitnehmer erzielen, ist zwingend darauf zu achten, dass es sich bei den neuen Positionen nicht um sogenannte „Schonarbeitsplätze" handelt, sondern um

» (Experten-)Funktionen, die zwar ebenfalls körperlich weniger belastend sind, darüber hinaus aber auch dem besonderen Erfahrungswissen sowie den persönlichen Interessen älterer Beschäftigter Rechnung tragen, Entwicklungsperspektiven eröffnen und von den Beschäftigten nicht als Status- und Reputationsverlust wahrgenommen werden. (Frerichs, 2016b, S. 11)

Bereits angesprochen wurden die besonderen Handlungsbedingungen und Betriebskulturen im Handwerk. Vor diesem Hintergrund sollen im folgenden Abschnitt die Begrenzungen, aber auch die Potenziale und Chancen der Laufbahngestaltung im Handwerk herausgearbeitet werden. Mit anderen Worten geht es darum, was (theoretisch) machbar ist.

13.3   Laufbahngestaltung im Kontext der Betriebskultur im Handwerk – Begrenzungen, Potenziale und Chancen

Eines der zentralen Merkmale von Handwerksbetrieben ist ihre klein- bzw. kleinstbetriebliche Struktur, was sich nicht nur in den geringen Mitarbeiterzahlen ausdrückt, sondern unter Umständen auch in den Entwicklungsmöglichkeiten, die sich dort Beschäftigten bieten. So beschäftigen laut Statistischem Bundesamt – basierend auf Zahlen des Unternehmensregisters – im Jahr 2012 ca. 59 % der Betriebe im Handwerk weniger als 5 und lediglich 2,1 % mehr als 50 Beschäftigte (Statistisches Bundesamt, 2014). Legt man das klassische vertikale Verständnis von Laufbahngestaltung an, muss man anerkennen, dass viele der Handwerksbetriebe bedingt durch ihre Betriebsstruktur hier an Grenzen stoßen. Kleinen Betrieben fällt es schlicht und einfach schwer, Mitarbeitende insbesondere in den höheren Qualifikationsniveaus Entwicklungspotenziale zu bieten, da der Betrieb im Ganzen nur über eine sehr begrenzte Anzahl von Führungspositionen verfügt.

Auch zu bedenken im Kontext horizontaler Laufbahngestaltung sind die tradierten Qualifikationswege und -muster im Handwerk. So galt der Weg vom Auszubildenden über den Gesellen zum Meister lange Zeit als einzige Karriereentwicklungsmöglichkeit, welche sich Mitarbeitenden im Handwerk bot. Obwohl sich auch im Handwerk im Zuge der Weiterbildungsexpansion beginnend in den 1970er-Jahren ein wahrer Wust an anderen Weiterbildungsangeboten etabliert hat, ist die Popularität dieses handwerkstypischen Qualifizierungsweges nach wie vor ungebrochen und alternierende Karrieremodelle kämpfen um Anerkennung in der Praxis (Diettrich, 2001). Dazu kommt, dass bestimmte Rechts- und Haftungsfragen im Handwerk häufig unmittelbar an öffentlich-rechtliche Berufsabschlüsse geknüpft sind. So ist trotz der sogenannten „Lockerung der Meisterpflicht", welche im Zuge der Handwerksnovellierung vom 01.01.2004 die Existenzgründung im Handwerk zwar erleichterte, der Meistertitel nach wie vor von zentraler Bedeutung und nicht „einfach jeder" ist befugt, entsprechende Tätigkeiten auszuüben (Müller, 2013). So urteilte das Bundesarbeitsgericht (BAG) in seinem Urteil von 18. März 2009 in einem konkreten Fall beispielsweise, dass es sich um einen strafrechtlich relevanten Tatbestand handelt, wenn zwar ein geprüfter Meister formal als Betriebsleiter angestellt sei, aber die im Betrieb anfallenden Tätigkeiten von Personen ohne entsprechenden „Meisterbrief" durchgeführt würden. Wortwörtlich führte das BAG aus, dass zum Schutz der hohen Qualitätsstandards im Handwerk ein geprüfter Meister unabdingbar sei, da dieser dafür zu sorgen hat, dass „[...] die handwerklichen Arbeiten auch tatsächlich ,meisterhaft' ausgeführt werden, er hat über den Handwerksbetrieb in seiner fachlichen Ausgestaltung und seinen technischen Ablauf zu bestimmen und insoweit die Verantwortung zu tragen" (BAG, 2011). Vor diesem Hintergrund sind vertikale Laufbahnen im Handwerk unter Umständen als begrenzt zu begreifen.

Dazu kommt, dass – wenn man Betriebe auf den herrschenden Fachkräftemangel anspricht – viele Inhaber/-innen darauf hinweisen, dass es nicht Meister sind, die im Handwerk fehlen, sondern Gesellen mit einigen Jahren Arbeitserfahrungen. So hat der Wegfall der Gesellenjahre im Zuge der Handwerksnovelle 2004 dazu geführt, dass viele junge Handwerker direkt im Anschluss an die Ausbildung den Meistertitel „aufsatteln" und so im mittleren Qualifikationssegment, d. h.

bei den Gesellen, die Fachkräfte knapp werden (BMJV, 2015). Wollen Handwerksbetriebe langfristig genügend qualifiziertes Personal zur Verfügung haben, gilt es – neben dem Schaffen von Entwicklungsperspektiven für ältere Beschäftigte – daher ebenfalls die Gesellenebene in den Blick zu nehmen.

Für Handwerksbetriebe – und hier insbesondere im Kontext der dortigen Betriebskulturen – bieten sich hier aus vielerlei Hinsicht Anknüpfungspunkte für horizontale Laufbahnen, d. h. für Laufbahnen auf gleicher Ebene, an. Packebusch und Weber (2000) argumentieren, dass gerade durch die kleinbetriebliche und tradierte Organisationsstruktur und Betriebskultur im Handwerk an dieser Stelle erhebliches Potenzial zu eröffnen sei. So zeichnen sich Handwerksbetriebe, den Autoren nach, zum einen durch ihre flachen Hierarchien und übersichtlichen organisationalen Strukturen aus. Informations- und Entscheidungswege zwischen der Belegschaft und dem Inhaber/der Inhaberin sind in der Regel direkt und von einer gewissen „sozialen Nähe" zwischen der Führungs- und der Mitarbeiterebene geprägt. So können beispielsweise interne Betriebs- und Arbeitsabläufe (Planung, Ausführung- und Kontrolltätigkeiten, Materialbeschaffung etc.) zeitnah und flexibel auf veränderte Ausgangslagen angepasst werden. Des Weiteren ist die Handwerkstätigkeit durch Aufgabenvielfalt geprägt, d. h. eine „[…] Entfremdung von der Arbeit und monotone Tätigkeiten aufgrund einer extremen Arbeitsteilung, z. B. bei industriellen Tätigkeiten, sind im Handwerk kaum anzutreffen" (Packebusch u. Weber, 2000, S. 46).

Alle diese Elemente lassen sich, den Autoren nach, als förderliche Bedingungen für die Umsetzung von Laufbahngestaltung interpretieren. So ist die Implementation von Laufbahnen und/oder Kompetenzentwicklungsmaßnahmen immer auch verbunden mit internen Kommunikationsprozessen (vgl. ► Kap. 9) und der Anpassung von Arbeits-, Betriebs- und Organisationsabläufen (vgl. ► Kap. 10). Kleinere Betriebe mit einem entsprechenden „engen sozialen Gefüge" könnten – so die These – an dieser Stelle deutlich flexibler agieren und Möglichkeiten bzw. Chancen zur Laufbahngestaltung für ihre (älteren) Mitarbeiter/-innen ermöglichen. Gleichzeitig stehen für Mitarbeitende, die – salopp ausgedrückt – durch wandelnde Arbeits- und Kompetenzanforderungen „das Lernen nicht verlernt" haben, die Chancen für einen Wechsel der Tätigkeitsbereiche deutlich besser als für Mitarbeitende, die beispielsweise über Kompetenzen bzw. Qualifikationen verfügen, die im Hinblick auf neue Arbeitsanforderungen inzwischen obsolet geworden sind. Die besondere Nähe des Handwerks zum „Lernen im Prozess der Arbeit" kommt zudem dem individualisierten und erfahrungsbasierten Lernstil (lernentwöhnter) Älterer entgegen, denen vielleicht in formalen Schulungen ein Einstieg in neue Wissensinhalte deutlich schwerer fallen würde (Packebusch u. Weber, 2000).

> Handwerkstätigkeit zeichnet sich durch […] eine ständige Qualifizierung durch Arbeit aus. Die Beschäftigten sind einem ständigen Qualifizierungsprozess unterworfen, da z. B. jedes Dach, jede Reparatur eine eigenständige Aufgabenstellung hat und damit neue Problemlöseprozesse erfordert. (Packebusch u. Weber, 2000, S. 58)

13.4 Laufbahngestaltung im Handwerk – Best Practices gesucht!

Wenige Beispiele in der Forschung existieren, die sich mit der Frage der konkreten Umsetzung von Laufbahngestaltung im Handwerk beschäftigen und in diesem Kontext explizit auch die Idee der horizontalen Laufbahnen aufgreifen. Georg et al. (2005) arbeiten, basierend auf einer Reihe von qualitativen Fallstudien in handwerksnahen Kleinbetrieben, „Laufbahngestaltung" bzw. die

„Gestaltung von Erwerbsverläufen" als einen von acht Aspekten heraus, die ein altersgerechtes Arbeiten im Handwerk ermöglichen können. Sie gehen dabei davon aus, dass Laufbahnen unterschiedlich ausgestaltet sein können und Beschäftigte so

» [...] systematisch von besonderen Belastungseinflüssen ausnehmen, gezielt auf innerbetriebliche Karrieren (vertikal) hin arbeiten oder auf neue (horizontale) Tätigkeitsfelder vorbereiten. Auch eine gezielte einvernehmliche Externalisierung (Neugründung, outsourcing) ist als Laufbahn denkbar. (Georg et al., 2005, S. 78)

Die Autoren beziehen sich dabei u. a. auf die bereits angeführten Arbeiten von Packebusch und Weber, die konsternieren, dass für eine erfolgreiche Laufbahngestaltung neben Auf-, Um- oder Ausstiegsszenarios auch Anstrengungen im Bereich der Personalplanung, Arbeitsorganisation, der aktiven Mitarbeiteransprache (z. B. im Rahmen von Mitarbeitergesprächen) und insbesondere der Qualifizierung notwendig sind (Georg et al., 2005; Packebusch u. Weber, 2000). An dieser Stelle zeigt sich erneut deutlich, dass Laufbahngestaltung immer auch im Kontext mit Kompetenzentwicklung gedacht werden sollte. So bieten Laufbahnen durch ihre Umsetzung nicht nur die Möglichkeit, vorhandene Kompetenzen von Mitarbeitenden bis ins höhere Alter zu nutzen, sondern sie eröffnen gleichzeitig auch Potenziale für eine stetige Kompetenzentwicklung von älteren Beschäftigten.

Konträr zu den genannten Potenzialen führt Behrens (2001a) an dieser Stelle jedoch an, dass in der handwerksbetrieblichen Praxis Maßnahmen der Laufbahngestaltung bis dato nur selten unter dem Aspekt der gezielten **Kompetenznutzung und -entwicklung** konzeptualisiert werden. So liegt das Augenmerk seitens der Betriebsinhaber meist primär darauf, ältere Beschäftigte aus besonders körperlich belastenden Tätigkeiten „herauszulösen", nicht jedoch deren vorhandene Kompetenzen systematisch einzusetzen bzw. zukunftsorientiert weiterzuentwickeln (Behrens, 2001a). Im Rahmen von 30 Betriebsfallstudien im Maler- und Baugewerbe identifizierte Behrens fünf typische Strategien des Umgangs mit leistungsgewandelten (älteren) Beschäftigten im Handwerk, die den Widerspruch zwischen den Potenzialen der Laufbahngestaltung und der (bis dato) praktischen Umsetzung widerspiegeln (Behrens, 2001a):
1. Spezialisieren des eigenen (betrieblichen) Angebotes
2. (Betriebs-)interne Arbeitsteilung
3. Arbeitsteilung mit Zurückgriff auf Subunternehmer
4. Technische Arbeitsplatzgestaltung
5. Externalisierung leistungsgewandelter Mitarbeitender

So beinhaltet beispielsweise das „Spezialisieren des eigenen (betrieblichen) Angebotes" im betrieblichen Alltag eben meist nicht das Eröffnen neuer Geschäftsfelder unter Rückgriff auf die im Betrieb vorhandenen Kompetenzen. Vielmehr werden einzelne Dienstleistungen, die körperlich besonders anstrengend sind – beispielsweise das Verrücken von schweren Möbeln im Vorlauf zu etwaigen Handwerkstätigkeiten – nicht mehr als Dienstleistung des eigenen Betriebes bzw. nur noch mit Rückgriff auf Subunternehmen dem Kunden angeboten. Im Idealfall, so Behrens (2001a), sollte eine Laufbahn ältere Mitarbeitende jedoch nicht nur von physischen Anstrengungen entlasten, sondern auch jene Tätigkeiten vertiefen, bei denen das Erfahrungswissen bzw. die Kompetenzen dieses Mitarbeitenden besonders genutzt werden können und die Kompetenzentwicklung fördern.

Es stellt sich also die Frage, ob die in der wissenschaftlichen Diskussion propagierte Laufbahngestaltung im Sinne der „Kompetenznutzung" sowie der „Freisetzung von Qualifizierungs- bzw. Kompetenzentwicklungspotenzialen für ältere Arbeitnehmer" bisher überhaupt in der Praxis angekommen ist. Praktizieren Handwerksbetriebe den durch Lernphasen unterstützten geplanten Tätigkeitswechsel für ihre älteren Mitarbeitenden? Falls ja, kommen ältere Arbeitnehmer in der Konsequenz auch in ihren neuen Positionen an? Diesen Fragen soll in den folgenden Abschnitten nachgegangen werden.

13.5 Laufbahngestaltung im Handwerk – Verbreitung, Umsetzung und Ausgestaltung in der Praxis

13.5.1 Verbreitung und Ausgestaltung von Laufbahngestaltung im Handwerk

Um Einblicke in die betrieblichen Handlungsweisen von Handwerksbetrieben im Kontext von Weiterbildung, Kompetenzentwicklung und Laufbahngestaltung zu erlangen, wurde im Rahmen des vom BMBF geförderten Forschungs- und Entwicklungsprojektes „In-K-Ha" eine Befragung von Inhabern und Führungskräften aus dem Handwerk durchgeführt. Insgesamt wurden über einen Zeitraum von sechs Monaten (10/2014–04/2015) 257 Inhaber und Führungskräfte aus dem Handwerk zum Weiterbildungs- bzw. Kompetenzentwicklungsverhalten ihrer Betriebe befragt. Die Befragten kamen dabei vorwiegend aus den vier Fokusgewerken Elektro, Sanitär-Heizung-Klima (SHK), Kfz sowie Metall, waren überwiegend männlich (73 %) und deckten eine Altersspanne von 26–76 Jahren ab (im Durchschnitt 39 Jahre).

Zunächst wurden die Betriebsinhaber und Führungskräfte im Rahmen der Studie gefragt, ob Sie berufliche Laufbahngestaltung für ältere Beschäftigte (abgefragt als: „Durch systematisch geplante Tätigkeitswechsel und Lernphasen wird die berufliche Laufbahn von Mitarbeitern auch im höheren Alter entwickelt") in ihren Betrieben anbieten. ❏ Abb. 13.1 zeigt, dass über die Gesamtheit gesehen knapp ein Drittel (35 %) der Befragten angaben, zurzeit keine Laufbahngestaltung in ihren Betrieben anzubieten, während immerhin 17,9 % der Befragten dies zukünftig

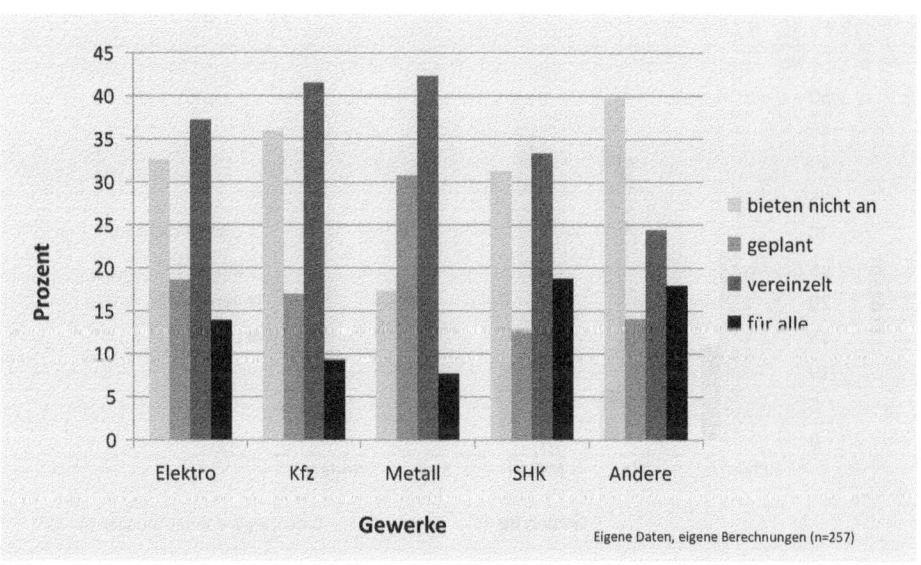

❏ Abb. 13.1 Angebotene Maßnahmen der Laufbahngestaltung nach Gewerken

planten und 47,9 % von bereits heute existierenden Maßnahmen der Laufbahngestaltung in ihren Betrieben berichteten. Bei den „Nicht-Anbietern" zeigten sich im Weiteren deutliche gewerke-spezifische Varianzen, was auf einen unterschiedlichen Entwicklungsstand in Bezug auf die Lauf-bahngestaltung zwischen den Gewerken hinweisen könnte: Während mit 17,3 % Metallhand-werksbetriebe am seltensten keine Maßnahmen der Laufbahngestaltung für ihre Mitarbeitenden anboten, waren es im Kfz-Handwerk immerhin 36 % der befragten Betriebe.

Jedoch zeigte sich auch, dass die wenigsten Betriebe Laufbahngestaltung flächendeckend, d. h. für alle ihre Beschäftigten, anbieten. Vielmehr scheint es so, als würde es sich meist um Ein-zelfalllösungen handeln, weniger um betriebsweit strukturell verankerte Maßnahmen. So liegen beispielsweise die Verbreitungsquoten für vereinzelte Maßnahmen der Laufbahngestaltung deut-lich höher – zwischen 42,3 % (Metall) und 33,3 % (SHK) – als für betriebsweite Angebote, d. h. Angebote, die sich an alle (älteren) Beschäftigten richten. Allerdings könnten die Befunde hier auch als eine Form des „Trade-off" interpretiert werden: So finden sich unter den Gewerken mit besonders niedrigen Verbreitungsquoten für flächendeckende Maßnahmen (z. B. 7,7 % im Metall) gerade jene Gewerke wieder, die stark auf Einzelfalllösungen zu setzen scheinen. Auf-fällig ist auch, dass in Relation zu den anderen Gewerken Inhaber bzw. Führungskräfte aus dem Metallhandwerk deutlich häufiger (30,8 %) planten Laufbahngestaltung für ihre älteren Mitarbei-tenden in Zukunft anbieten zu wollen, was an dieser Stelle unter Umständen als Konsequenz der hohen physischen Belastungen für Mitarbeitende insbesondere in diesem speziellen Gewerk interpretiert werden könnte.

Will man sehen, ob sich für ältere Mitarbeitende Laufbahnentwicklungen realisieren lassen, könnte im Rahmen einer ersten Annäherung ein Blick auf das „Ankommen" von älteren Mit-arbeitenden in (neuen) Positionen, in denen das spezielle Erfahrungswissen dieser Personen-gruppe zum Tragen kommen sollte, Aufschluss geben (◘ Abb. 13.2).

In Bezug auf den „gezielten Einsatz von Älteren als Trainer, Berater bzw. Ausbilder" zeigt sich im Metallhandwerk zunächst eine höhere Umsetzungsquote als in den respektiven drei Ver-gleichsgewerken. So geben lediglich 19,2 % der Inhaber und Führungskräfte aus dem Metall-handwerk an, ältere Mitarbeitende nicht gezielt auf Trainerpositionen einzusetzen, während dieser Anteil in den anderen drei Gewerken bei jeweils über 30 % liegt. Bei der Frage danach,

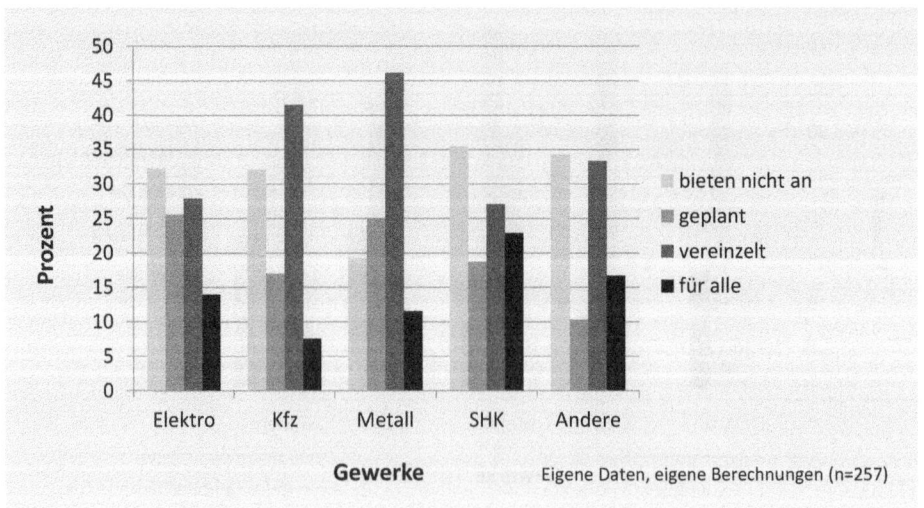

◘ **Abb. 13.2**   Gezielter Einsatz von Älteren als Trainer, Berater bzw. Ausbilder nach Gewerken

ob dieses Angebot vereinzelt oder betriebsweit angeboten wird, bestätigt sich insofern auch hier der bereits beschriebene Trend zur Einzelfalllösung, als die Umsetzungsquoten vereinzelt umgesetzter Maßnahmen im Schnitt höher liegen. Fast ein wenig paradox erscheint an dieser Stelle zunächst das „gespaltene" Bild, das sich im SHK-Handwerk abzeichnet. So stellen die Befragten aus dem SHK-Handwerk mit 35,4 % auf der einen Seite den höchsten Anteil derer, die ältere Mitarbeitende nicht gezielt in Trainerpositionen o. Ä. einsetzen, auf der anderen Seite – wenn sie es tun – erfolgt dies scheinbar häufiger systematisiert bzw. betriebsweit (27,1 %) als in den anderen Gewerken. Dieser Befund ist jedoch im Hinblick auf die Betriebsgrößen vorsichtig zu interpretieren. So gaben knapp über 60 % der Inhaber und Führungskräfte aus dem SHK-Handwerk an, weniger als 10 Mitarbeitende zu beschäftigen, während diese Betriebsgrößengruppe im Elektro- und Metallhandwerk lediglich knapp 25 % der Betriebe stellt. Betriebsgröße könnte an dieser Stelle daher der entscheidende Faktor sein: So ist es bei wenigen Beschäftigten ggf. einfacher, „alle" älteren Mitarbeitenden in eine Maßnahme einzubinden, als bei höheren Mitarbeiterzahlen.

Abschließend lässt sich sagen, dass das von Behrens in der Praxis identifizierte einseitige Auslegen von Laufbahngestaltung als Mittel zur Veränderung des Belastungsspektrums sich in den Zahlen nur bedingt finden lässt. So sind im Handwerk sowohl Maßnahmen der Laufbahngestaltung, die explizit Lern- und Kompetenzentwicklungsphasen beinhalten, als auch Ältere, die „auf neuen Positionen ankommen", verbreitet – jedoch mit gewerkespezifischen Varianzen und häufiger vereinzelt als flächendeckend bzw. betriebsweit. Anzumerken ist, dass zwischen den Erhebungszeitpunkten beider Studien etwas über 15 Jahre liegen und sich in dieser Zeitspanne auch das Handwerk vor dem Hintergrund der zukünftigen Fachkräftesicherung mit der Ausweitung der Erwerbsphase älterer Mitarbeitender auseinandersetzen und entsprechende Maßnahmen in die Wege leiten musste.

Wie können solche Maßnahmen in der handwerklichen Praxis aussehen? Finden sich Beispiele – in Anlehnung an Behrens – die Kompetenzen von älteren Mitarbeitenden sowohl **zielgerichtet nutzen** als auch **spezifisch weiterentwickeln**? Lassen sich – in Anlehnung an Packebusch und Weber – Hinweise für die **Förderlichkeit der handwerklichen Betriebskultur** für die Umsetzung von Laufbahnen in den Betrieben finden? Dies soll im folgenden Kapitel exemplarisch anhand von verschiedenen betrieblichen Praxisbeispielen, die im Rahmen des „In-K-Ha" Projekts ermittelt wurden, diskutiert werden.

13.5.2 „Laufbahnausgestaltung konkret" – ein Blick in die Praxis

Betriebsbeispiel I
Eckdaten: Elektrohandwerksbetrieb; ca. 180 Beschäftigte
Expertenposition „Facility Management & Wartung"
Ausgangslage war ein älterer Mitarbeiter, der lange Zeit für das Unternehmen Montagetätigkeiten im Aus- und Inland ausgeführt hat und sich aufgrund der starken körperlichen Belastung für die letzten Jahre seiner Berufstätigkeit eine Tätigkeitsveränderung wünschte. Parallel wurde seitens des Geschäftsführers der Einstieg in ein für den Betrieb neues Geschäftsfeld „Facility Management & Wartung" (Wartung, Kundenbetreuung etc.) angestrebt. Idee dahinter war es, durch die Schaffung einer Expertenposition ein entsprechendes Serviceangebot aufzubauen und so potenzielle Absatzchancen für das Unternehmen zu erschließen. Die neue Expertenposition „Facility Management & Wartung" erforderte einen erfahrenen Mitarbeitenden, der auf der einen Seite vertraut mit den Produkten und Arbeitsweisen des Unternehmens ist und auf der anderen Seite über eine gewisse System- bzw. Führungskompetenz verfügt. Hier konnte eine gute Passung mit besagtem

Mitarbeiter gefunden werden, den die neue Position zusätzlich aus den stark körperlichen Anforderungen seiner vorherigen Position und den wechselnden Arbeitsorten herauslöste. In der Praxis wurden nun alle bis dato laufenden Arbeiten im Bereich von Service und Wartung bei der neu geschaffenen Expertenposition gebündelt, während dieser gleichzeitig die Aufgabe hat, diesen Bereich konzeptionell und personell neu aufzubauen. Unterstützt wird der Mitarbeiter in seiner Position durch das Detailfachwissen, welches je nach Auftragsausgestaltung von Kollegen/-innen im Betrieb hinzugezogen wird. Ziel ist es mittelfristig, den so neu entstandenen Geschäftsbereich an eine neue – jüngere – Führungskraft zu übergeben, wenn für den jetzigen Positionsinhaber die Zeit für den Eintritt in den Ruhestand gekommen ist.

Konnte Behrens (2001) in seinen Betriebsfallstudien, in Bezug auf die „(betriebs-)interne Arbeitsteilung" im Umgang mit älteren leistungsgewandelten Mitarbeitenden, meist nur Maßnahmen der physischen Entlastung identifizieren, zeigt dieses Praxisbeispiel einen anderen Weg auf: So führte die in diesem Betrieb erfolgte horizontale Laufbahngestaltung dazu, dass bereits im Betrieb vorhandene Kompetenzen gewinnbringend im Rahmen eines neuen Tätigkeitsfeldes eingesetzt werden konnten, der Lern- und Kompetenzentwicklungsprozess des (älteren) Mitarbeiters angeregt wurde sowie in der Konsequenz eine Ausweitung der Erwerbsphase dieses Mitarbeiters erzielt werden konnte. Es bleibt jedoch anzumerken, dass die Maßnahme zum Zeitpunkt der Berichterstellung gerade erst angelaufen war, d. h. noch wenige Erfahrungswerte über die Nachhaltigkeit und den Erfolg der beschriebenen Laufbahn vorliegen.

Betriebsbeispiel II

Eckdaten: Elektrohandwerksbetrieb; ca. 180 Beschäftigte

„Karriere-Tandems"

Ausgangslage dieser Laufbahngestaltungsmaßnahme war es, sowohl zukünftiges Personal für betriebsspezifische Führungspositionen zu entwickeln als auch Entwicklungsperspektiven für junge, talentierte Mitarbeitende zu schaffen, um diese langfristig an das Unternehmen zu binden. In der Umsetzung wurden jeweils zwei Mitarbeitende (Wissensnehmer und Wissensgeber) in Rahmen eines Tandems über einen längeren Zeitraum zusammen auf Baustellen eingesetzt. Durch das begleitete und gezielte Herbeiführen von sogenannten „Lernmomenten" wurde der Wissenstransfer zwischen den Tandem-Teilnehmern forciert mit dem Ziel, den Wissensnehmer an betriebsspezifisches Wissen heranzuführen bzw. eine Kompetenzentwicklung anzustoßen.

Durch den Einsatz von erfahrenen (älteren) Mitarbeitenden in wissensvermittelnden Positionen, konnte auch hier vorhandenes betriebsspezifische Erfahrungswissen der Wissensgeber erfolgreich genutzt werden, während für die Wissensnehmer die Grundlagen einer innerbetrieblichen Laufbahngestaltung mit dem Ziel der „Baustellenleitung" gelegt wurde. So konnten talentierte Mitarbeiter/-innen gezielt in Richtung einer betriebsinternen Führungsposition gefördert werden, ohne dabei jedoch direkt einen weiteren, höher berufsqualifizierenden Abschluss anzustreben.

In der Umsetzung der „Karriere-Tandems" zeigte sich, dass in Anlehnung an Packebusch und Weber die handwerkliche Betriebskultur gute Anknüpfungspunkte für eine solche Maßnahme bot. So war den Tandemteilnehmern die Zusammenarbeit eines erfahrenen Mitarbeitenden mit einem jüngeren aus der handwerklichen Meister-Gesellen-Ausbildungskultur vertraut, und arbeitsorganisationale Anpassungen ließen sich – nach gründlicher Vorbereitung – gut in den handwerksbetrieblichen Tagesablauf implementieren. Anzumerken ist jedoch, dass eine solche karriereorientierte Laufbahngestaltung nicht auf alle Betriebe im Handwerk zu übertragen ist. Vielmehr ist davon auszugehen, dass sie sich insbesondere für die etwas größeren Betriebe im Handwerk eignet. So sind neben potenziellen Laufbahnpositionen, arbeitsorganisatorische Anpassungen, aber auch personelle und finanzielle Ressourcen notwendig, um ein entsprechendes „Karriere-Tandem" durchzuführen (vgl. ▶ Kap. 9).

Betriebsbeispiel III

Eckdaten: Kfz-Handwerksbetrieb, Schwerpunkt Gabelstapler; ca. 40 Beschäftigte

„Rotationsprinzip"

Ausgangslage in dem Betrieb war die in der Region schwierige Lage, qualifiziertes Personal, insbesondere mit Arbeitserfahrung, d. h. ausgelernte Mitarbeitende auf Gesellenniveau, zu finden. Dazu kam, dass der Betrieb durch seine Spezialisierung im Bereich der Gabelstapler neben den notwendigen Fachkompetenzen hochgradig betriebsspezifische Kompetenzanforderungen an neue Mitarbeiter/-innen stellt, die diese im seltensten Fall aus ihren vorherigen Tätigkeiten mitbringen. Um hier für den Betrieb die Möglichkeit zu eröffnen, neue – gerne auch ältere Mitarbeitende – von extern einzustellen, etablierte der Inhaber das sogenannte „Rotationsprinzip", welches sich als eine Form der – insbesondere auf Kompetenzentwicklung ausgelegte – Laufbahngestaltung interpretieren lässt. Idee dahinter ist, dass neue Mitarbeitende durch einen systematischen Wechsel von Lerneinheiten (sowohl durch die im Handwerk typischen Produktschulungen als auch das „Eingliedern" in ein bestehendes Arbeitsteam innerhalb des Betriebes) kombiniert mit dem selbstständigen Ausführen von Arbeitseinsätzen langfristig jene Kompetenzen entwickeln können, die ihnen beim Einstieg in den Betrieb unter Umständen noch fehlen. Dabei beginnen die neuen Mitarbeitenden meist zunächst in der betriebseigenen Werkstatt im Bereich Wartung, Geräteaufbereitung und Reparatur – die sich so über die Jahre zu einer Art „Ausbildungsplattform" entwickelt hat – und gehen von dort aus weiter über andere Stationen (z. B. in den Notfall- oder Kundendienst), bis sie schlussendlich selbstständig im Außendienst tätig sein können. Begleitet werden die Maßnahmen bzw. die so eingesetzten Mitarbeitenden durch eine engmaschige Betreuung durch den Werkstattleiter – einem erfahrenen Mitarbeiter des Betriebes – sowie durch regelmäßige Gespräche mit dem Betriebsinhaber. Im Rahmen dieses Rotationsprinzip sind in den vergangenen Jahren mehrere neue Mitarbeitende (darunter auch zwei Mitarbeitende, die zum Zeitpunkt ihres Betriebseintritts über 50 Jahre alt waren) erfolgreich in die Arbeitsabläufe des Betriebes integriert worden.

Auch dieses Beispiel zeigt die Potenziale, die im gezielten Einsatz von älteren und erfahrenen Mitarbeitenden – hier im Sinne eines „inoffiziellen Ausbildungsleiter" – liegen. Gleichzeitig lässt die im Handwerk übliche flexible Betriebs- und Arbeitsorganisation neuen Mitarbeitenden Raum (und Zeit), sich neue Kompetenzen anzueignen. Zudem entspricht das Lernen an und über stetig wechselnde Arbeits- und Lernorte dem erfahrungsbasierten Lernstil Älterer und fördert so die Verstetigung von Lern- und Kompetenzentwicklungsprozessen über den gesamten Erwerbsverlauf (Frerichs, 2010; Packebusch u. Weber 2000). Anzumerken ist an dieser Stelle jedoch, dass die Länge der und die einzelne Stationen innerhalb der Maßnahme stark an die individuellen Voraussetzungen der neuen Mitarbeitenden gebunden sind. So berichtete der Inhaber, dass eine entsprechende Laufbahngestaltung gelegentlich über ein Jahr andauert, bis Personen schlussendlich eigenständig ihre angestrebte Position übernehmen können.

Fazit
Die Handwerkliche Betriebskultur bietet guten Nährboden für Laufbahngestaltung, weiterer Forschungsbedarf und Umsetzungsvorschläge für die Praxis sind jedoch notwendig.
Die Daten aus dem „In-K-Ha"-Projekt zeigen, dass – trotz der gängigen Meinung, Handwerksbetriebe würden an alten Strukturen haften – Maßnahmen zur Laufbahngestaltung in der Praxis bereits Verbreitung gefunden haben. Jedoch sind diese häufig (noch) Einzelfalllösungen und ein betriebsweites Angebot der Laufbahngestaltung findet sich bis dato

nur punktuell. Auch bleibt es – trotz einiger in der Praxis gefundenen Beispiele – fraglich, ob an dieser Stelle die in der Literatur diskutierten Qualifizierungs- bzw. Kompetenzentwicklungspotenziale wirklich umgesetzt sind. So muss eingeschränkt werden, dass die hier vorgestellten Best Practices unter dem Begriff der „anekdotischen Evidenz" zu fassen sind, da sie individuelle Laufbahnen einzelner Mitarbeitender beschreiben, die in ihrer Entstehung und Umsetzung eng im jeweiligen betriebsspezifischen Kontext zu interpretieren sind. An dieser Stelle ist weiterer Forschungsbedarf notwendig.

Im Rahmen des „In-K-Ha"-Projektes konnte jedoch auch herausgearbeitet werden, dass die Bedingungen bzw. Betriebskulturen im Handwerk an vielen Stellen fruchtbare Anknüpfungspunkte für Laufbahngestaltung bieten: flache Hierarchien, flexible Organisationsstrukturen, stetige Lernanreize und gute Lernbedingungen insbesondere auch für ältere Beschäftigte, um an dieser Stelle nur einige zu nennen. Durch abwechslungsreiche Arbeitsinhalte sowie den hohen individuellen Einsatz für einzelne Mitarbeitende innerhalb des „sozialen Betriebsgefüges" bietet die handwerkliche Betriebskultur (theoretisch) einen guten Nährboden für Maßnahmen der Laufbahngestaltung. Vor diesem Hintergrund ist auch die Übertragbarkeit der skizzierten Maßnahmen auf andere Betriebe denkbar. Generelle Systematiken oder sogar eine „One-Size-fits-all"-Strategie bereits an dieser Stelle abzuleiten, wäre jedoch verfrüht. Hervorzuheben ist, dass die Implementation entsprechender Maßnahmen gut vorbereitet und strukturell begleitet werden müssen. Hieraus ergibt sich die Notwendigkeit für weitere praxisnahe Forschungstätigkeiten, die insbesondere die handwerksspezifischen Betriebskultur und Handlungsbedingungen berücksichtigen und praxistaugliche Lösungsvorschläge für Handwerksbetriebe bereitstellen müssen. Im Hinblick auf ältere Beschäftigte muss außerdem die Perspektive geweitet werden. So sollten verstärkt Maßnahmen entwickelt, implementiert und für die Praxis bereitgestellt werden, die ihren Blick nicht nur auf das „Herauslösen" von physisch anstrengenden Tätigkeiten beschränken, sondern gezielt die Förderung von Qualifizierungs- und Kompetenzentwicklungspotenzialen in den Blick nehmen.

Weiterführende Literatur und Links

- Webseite des Forschungs- und Entwicklungsprojektes „In-K-Ha": http://www.in-k-ha.de/
- Webseite des Instituts für Gerontologie an der Universität Vechta: https://www.uni-vechta.de/einrichtungen-von-a-z/ifg/home/

Literatur

Behrens, J. (2001a). Handwerkstätigkeiten in kleinen Betrieben: bestandener Härtetest für betriebliche und individuelle Laufbahngestaltung. In Handwerkskammer Hamburg (Hrsg.), *Zukunftsfähige Konzepte für das Handwerk zur Bewältigung des demografischen Wandels* (S. 122–141). Stuttgart: Frauenhofer Informationszentrum Raum und Bau.

Behrens, J. (2001b). Was uns vorzeitig "alt aussehen" lässt. Arbeits- und Laufbahngestaltung Voraussetzung für eine länger andauernde Erwerbstätigkeit. *Aus Politik und Zeitgeschichte* B 3–4, 14–22.

Bundesarbeitsgericht (BAG). (2011). Urteil vom 18.03. 2009,Aktenzeichen 5 AZR 355/08. *openJur* 97644, 1–4.

Bundesministerium für Justiz und Verbraucherschutz (BMJV). (2015). Gesetz zur Ordnung des Handwerks (Handwerksordnung). Handwerksordnung in der Fassung der Bekanntmachung vom 24. September 1998 (BGBl. I S. 3074; 2006 I S. 2095), die zuletzt durch Artikel 283 der Verordnung vom 31. August 2015 (BGBl. I S. 1474) geändert worden ist. http://www.gesetze-im-internet.de/hwo/BJNR014110953.html#BJNR014110953BJ NG000102377. Zugegriffen: 22. Februar 2017.

Diettrich, A. (2001). Handwerksbetriebe als Lernende Organisation. In H. Reinisch, R. Bader, & G. Straka (Hrsg.), *Modernisierung der Berufsbildung in Europa. Neue Befunde wirtschafts- und berufspädagogischer Forschung* (S. 215–227). Opladen: Leske + Budrich.

Dürig, W., Eckl, V., Grundert, P., Lagemann, B., Peistrup, M., & Trettin, L. (2012). Entwicklung der Märkte des Handwerks und betriebliche Anpassungserfordernisse – Teil I: Analyse. http://www.rwi-essen.de/media/content/pages/publikationen/rwi-projektberichte/PB_Maerkte-des-Handwerks_I.pdf. Zugegriffen: 22. Februar 2017.

Frerichs, F. (2010). Alternsgerechte Qualifizierung und Lernen im Erwerbsverlauf. Themenschwerpunkt. *Berufsbildung in Wissenschaft und Praxis* 5, 36–39.

Frerichs, F. (Hrsg.). (2016a). *Fachlaufbahnen in der Altenpflege. Grundlagen, Konzepte, Praxiserfahrungen. Vechtaer Beiträge zur Gerontologie.* Wiesbaden: Springer VS.

Frerichs, F. (2016b). Fachlaufbahnen in der Altenpflege gestalten – Herausforderungen im demografischen Wandel. In F. Frerichs (Hrsg.), *Fachlaufbahnen in der Altenpflege. Grundlagen, Konzepte, Praxiserfahrungen. Vechtaer Beiträge zur Gerontologie* (S. 9–19). Wiesbaden: Springer VS.

Georg, A., Barkholdt, C., & Frerichs, F. (2005). *Modelle altersgerechter Arbeit aus Kleinbetrieben und ihre Nutzungsmöglichkeiten. Abschlussbericht.* Dortmund, Berlin, Dresden: Bundesagentur für Arbeitsschutz und Arbeitsmedizin.

Glasl, M., Maiwald, B., & Wolf, M. (2008): Das Handwerk. Bedeutung, Definition, Abgrenzung. http://www.lfi-muenchen.de/lfi/moe_cms/main/ASSETS/bwl_pdfs/LFI_bwl_Definition_Handwerk.pdf. Zugegriffen: 22. Februar 2017.

Hahne, K. (2003). Zur Bedeutung der Arbeit in Lernkonzepten der beruflichen Bildung. Ein vergleichender Blick auf die Entwicklungen in Industrie und Handwerk. *BWP – Berufsbildung in Wissenschaft und Praxis* 1, 29–34.

Krenn, M., & Vogt, M. (2004). *Ältere Arbeitskräfte in belastungsintensiven Tätigkeitsbereichen: Probleme und Gestaltungsansätze. FORBA Forschungsbericht 1/2004.* Wien: Kammer für Arbeiter und Angestellte Wien und der Gewerkschaft Bau-Holz.

Lehner, F. Neumann, S., & Rolff, K. (2009). Nachwuchsprobleme im Handwerk: Eine Studie im nördlichen Ruhrgebiet. *Forschung Aktuell* 1, 1–9.

Müller, K (2013). Strukturentwicklungen im Handwerk. *Wirtschaftsdienst* 93, 9, 636–642.

Struktur- und Potenzialanalyse des Handwerks in der Göttinger handwerkswirtschaftliche Studien Müller, K., & Reißig, S. (2007). Struktur- und Potenzialanalyse des Handwerks in der Metropolregion Hannover-Braunschweig-Göttingen. *Göttinger handwerkswirtschaftliche Studien* (Bd. 75). Duderstadt, Niedersachsen: Mecke-Druck.

Naegele, L. (2016). Kompetenzbasierte Laufbahngestaltung im Handwerk – Die Situation älterer Mitarbeiter vor dem Hintergrund einer sich wandelnden Arbeitswelt. In F. Frerichs (Hrsg.), *Altern in der Erwerbsarbeit* (S. 209–232). Wiesbaden: Springer Fachmedien.

Naegele, L., Kortsch, T., & Wiemers, D. (2015). *Zukunft im Blick: Trends erkennen, Kompetenzen entwickeln, Chancen nutzen: Drei Perspektiven auf die Zukunft des Handwerks: Eine Befragung von Experten, Führungskräften und Beschäftigten. Ergebnisse aus dem Projekt "Integrierte Kompetenzentwicklung im Handwerk" (In-K-Ha).* Braunschweig: Technische Universität Braunschweig.

Packebusch, L., & Weber, B. (2000). Personalentwicklung im Handwerk – die Zukunft gestalten. In C. Ax (Hrsg.), *Die alternde Gesellschaft. Herausforderung und Chance für das Handwerk* (S. 43–61). Hannover: Schlüter.

Schorn, N. K., Grüner, T., Werner, A.-C. (2016). Fachlaufbahnen in der Altenpflege – Entwicklung, Systematisierung und Praxisansätze. In F. Frerich (Hrsg.), *Fachlaufbahnen in der Altenpflege. Grundlagen, Konzepte, Praxiserfahrungen. Vechtaer Beiträge zur Gerontologie* (S. 23–49). Wiesbaden: Springer VS.

Sporket, M. (2011). *Organisationen im demographischen Wandel. Altersmanagement in der betrieblichen Praxis. Dortmunder Beiträge zur Sozialforschung.* Wiesbaden: VS Verlag für Sozialwissenschaften.

Statistisches Bundesamt (2014). Produzierendes Gewerbe. Unternehmen, tätige Personen und Umsatz im Handwerk – Jahresergebnisse 2014. https://www.destatis.de/DE/Publikationen/Thematisch/UnternehmenHandwerk/Handwerkszaehlung/UnternehmenPersonenUmsatz2040720114/004.pdf?__blob=publicationFile. Zugegriffen: 09. März 2017.

Zentralverband des Deutschen Handwerks (ZDH). (2014). Daten und Fakten – Betriebszahlen – Beschäftigte/Umsätze. https://www.zdh.de/daten-fakten/betriebszahlen/beschaeftigte-umsaetze/. Zugegriffen: 22. Februar 2017.

Zoch, B. (Hrsg.) (2008). *Beschäftigungssituation von älteren Arbeitnehmern im Handwerk. Eine empirische Untersuchung von Handwerksbetrieben aus dem Bundesgebiet.* Berlin: Deutsches Handwerksinstitut.

The manufacturer's authorised representative in the EU is Springer
Nature Customer Service Centre GmbH, Europaplatz 3, 69115 Heidelberg,
Germany. If you have any concerns regarding our products, please
contact ProductSafety@springernature.com

Printed and bound by CPI Group (UK) Ltd, Croydon, CR0 4YY
27/04/2026
02097655-0014